DERIVATIVOS E RISCO DE MERCADO

O GEN | Grupo Editorial Nacional – maior plataforma editorial brasileira no segmento científico, técnico e profissional – publica conteúdos nas áreas de ciências sociais aplicadas, exatas, humanas, jurídicas e da saúde, além de prover serviços direcionados à educação continuada e à preparação para concursos.

As editoras que integram o GEN, das mais respeitadas no mercado editorial, construíram catálogos inigualáveis, com obras decisivas para a formação acadêmica e o aperfeiçoamento de várias gerações de profissionais e estudantes, tendo se tornado sinônimo de qualidade e seriedade.

A missão do GEN e dos núcleos de conteúdo que o compõem é prover a melhor informação científica e distribuí-la de maneira flexível e conveniente, a preços justos, gerando benefícios e servindo a autores, docentes, livreiros, funcionários, colaboradores e acionistas.

Nosso comportamento ético incondicional e nossa responsabilidade social e ambiental são reforçados pela natureza educacional de nossa atividade e dão sustentabilidade ao crescimento contínuo e à rentabilidade do grupo.

ADRIANO SIMÕES
CRISTIANE FERREIRA
DANIEL NEGRINI
DIOGO GOBIRA
FELIPE CANEDO DE FREITAS PINHEIRO
FELIPE NORONHA TAVARES
LUCAS DUARTE PROCESSI
MARCOS LOPEZ
RENATO RANGEL LEAL DE CARVALHO

AUTORES

FABIO GIAMBIAGI
ORGANIZAÇÃO

DERIVATIVOS E RISCO DE MERCADO

- Os autores deste livro e a editora empenharam seus melhores esforços para assegurar que as informações e os procedimentos apresentados no texto estejam em acordo com os padrões aceitos à época da publicação, *e todos os dados foram atualizados pelos autores até a data de fechamento do livro*. Entretanto, tendo em conta a evolução das ciências, as atualizações legislativas, as mudanças regulamentares governamentais e o constante fluxo de novas informações sobre os temas que constam do livro, recomendamos enfaticamente que os leitores consultem sempre outras fontes fidedignas, de modo a se certificarem de que as informações contidas no texto estão corretas e de que não houve alterações nas recomendações ou na legislação regulamentadora.

- Os autores e a editora se empenharam para citar adequadamente e dar o devido crédito a todos os detentores de direitos autorais de qualquer material utilizado neste livro, dispondo-se a possíveis acertos posteriores caso, inadvertida e involuntariamente, a identificação de algum deles tenha sido omitida.

- Atendimento ao cliente: (11) 5080-0751 | faleconosco@grupogen.com.br

- Direitos exclusivos para a língua portuguesa
Copyright © 2018 (Elsevier Editora Ltda) © , 2023 (9ª impressão) by
GEN | GRUPO EDITORIAL NACIONAL S.A.
Publicado pelo selo Editora Atlas Ltda.
Uma editora integrante do GEN | Grupo Editorial Nacional
Travessa do Ouvidor, 11
Rio de Janeiro – RJ – 20040-040
www.grupogen.com.br

Reservados todos os direitos. É proibida a duplicação ou reprodução deste volume, no todo ou em parte, em quaisquer formas ou por quaisquer meios (eletrônico, mecânico, gravação, fotocópia, distribuição pela Internet ou outros), sem permissão, por escrito, da Editora Atlas Ltda.

- Capa: Guilherme Xavier
- Editoração eletrônica: Yunelsy Nápoles
- Ficha catalográfica

Em coedição com:
Editora PUC-Rio
Rua Marquês de S. Vicente, 225
Casa Editora/Projeto Comunicar
22451-900 – Gávea
Rio de Janeiro – RJ
Tel.: (21)3527–1838/1760
www.puc-rio.br/editorapucrio

Reitor
Pe. Josafá Carlos de Siqueira SJ

Vice-reitor
Pe. Francisco Ivern Simó SJ

Vice-reitor para Assuntos Acadêmicos
Prof. José Ricardo Bergmann

Vice-reitor para Assuntos Administrativos
Prof. Luiz Carlos Scavarda do Carmo

Vice-reitor para Assuntos Comunitários
Prof. Augusto Luiz Duarte Lopes Sampaio

Vice-reitor para Assuntos de Desenvolvimento
Prof. Sergio Bruni

Decanos
Prof. Júlio Cesar Valladão Diniz (CTCH) Prof. Luiz Roberto A. Cunha (CCS) Prof. Luiz Alencar Reis da Silva Mello (CTC) Prof. Hilton Augusto Koch (CCBM)

Conselho editorial
Augusto Sampaio, Fernando Sá, Hilton Augusto Koch, José Ricardo Bergmann, Júlio Cesar Valladão Diniz, Luiz Alencar Reis da Silva Mello, Luiz Roberto A. Cunha, Miguel Pereira e Sergio Bruni.

CIP-Brasil. Catalogação-na-fonte
Sindicato Nacional dos Editores de Livros, RJ

D476

Derivativos e risco de mercado / organização Fabio Giambiagi. – 1. ed. [9ª Reimp.]. - Rio de Janeiro: GEN | Grupo Editorial Nacional: PUC-Rio. Publicado pelo selo Editora Atlas, 2023.

311 p.: il.; 24 cm.

Inclui bibliografia e índice
ISBN (Elsevier) 978-85-352-4884-5
ISBN (PUC-Rio): 978-85-8006-234-2

1. Brasil - Política econômica. 2. Desenvolvimento econômico. I. Giambiagi, Fabio.

17-44971

CDD: 330.0981
CDU: 338.1(81)

"All models are wrong. Some models are useful."
George E. P. Box, estatístico inglês

Biografias dos autores

FABIO GIAMBIAGI (Organizador). Economista, com graduação e mestrado na UFRJ. Ex-professor da UFRJ e da PUC-Rio. Ex-membro do staff do Banco Inter-Americano de Desenvolvimento (BID) em Washington. Ex-assessor do Ministério de Planejamento. Coordenador do Grupo de Acompanhamento Conjuntural do IPEA entre 2004 e 2007. Autor ou organizador de vinte e cinco livros sobre Economia Brasileira. Assina uma coluna mensal no jornal Valor Econômico e outra no jornal O Globo. Entre novembro de 2007 e maio de 2016, ocupou o cargo de Chefe do Departamento de Gestão de Risco de Mercado do BNDES.

ADRIANO SIMÕES. Graduado em Economia pela PUC-Rio, com mestrado em Economia pela FGV/EPGE. Foi responsável pela Gestão de Risco de Mercado da mesa proprietária do Banco Icatu em 2000/2001. Ocupou o cargo de analista financeiro da Brasil Telecom de 2002 até 2004, como responsável pela gestão da dívida da empresa. Funcionário do BNDES desde 2004, trabalha no Departamento de Renda Fixa desde 2006, onde ocupa o cargo de Gerente responsável pela gestão da carteira de tesouraria internacional e pela gestão do descasamento de taxas e moedas.

CRISTIANE FERREIRA. Mestre em Métodos Matemáticos em Finanças pelo IMPA e em Matemática Aplicada pela PUC-Rio. Graduada em Engenharia de Computação pela PUC-Rio. Desde 2006, é funcionária do BNDES. Possui 10 anos de experiência como analista de sistemas, tendo trabalhado na empresa RiskControl (atualmente parte da Accenture) e no SERPRO.

DANIEL NEGRINI. Graduado em Engenharia de Computação pela Universidade Estadual de Campinas (UNICAMP). Cursou uma segunda graduação (Master of Engineering), com ênfase em Economia e Finanças, na Télécom ParisTech (ENST) em Paris. Ocupa o cargo de gerente no Departamento de Mercado de Capitais do BNDES.

DIOGO GOBIRA. Engenheiro de Computação pela Universidade Federal do Espírito Santo (UFES) e Mestre em Finanças Matemáticas pelo Instituto Nacional de Matemática Pura e Aplicada (IMPA). Trabalhou como Analista de Sistemas nas empresas ArcelorMittal e Petrobras. Atualmente, trabalha como Gerente no Departamento de

Gestão de Risco de Mercado do BNDES. Entre as suas principais áreas de interesse estão temas como Precificação de opções e debêntures conversíveis, Otimização de carteira, Análise de riscos e Simulação atuarial.

FELIPE CANEDO DE FREITAS PINHEIRO. Economista, graduado pela PUC-Rio e mestre em Economia e Finanças pelo IBMEC. Funcionário concursado do BNDES desde 2008. Antes disso, entre 2003 e 2008, foi inicialmente analista de Macroeconomia no IPEA – contratado pelo PNUD – e posteriormente trabalhou no Banco Credit Suisse e ocupou posições técnicas e gerenciais no BNDES. Desde 2016, ocupa o cargo de Chefe do Departamento de Gestão de Risco de Mercado do BNDES.

FELIPE NORONHA TAVARES. Mestre em Economia pelo IBMEC/RJ. Graduado em Engenharia de Computação pelo Instituto Militar de Engenharia (IME). Professor da cadeira de Engenharia Financeira no MBA do IAG da PUC-Rio no período de 2012 a 2017. Atualmente, ocupa o cargo de gerente no Departamento de Gestão de Risco de Mercado do BNDES.

LUCAS DUARTE PROCESSI. Engenheiro de produção, graduado pela Universidade Federal Fluminense (UFF). Ex-analista de projetos na Financiadora de Estudos e Projetos (FINEP). Funcionário do BNDES a partir de 2012. Desde 2013, é funcionário do Departamento de Gestão de Risco de Mercado do BNDES.

MARCOS LOPEZ. Mestre em Economia e Finanças pelo IBMEC/RJ. Graduado em Engenharia de Telecomunicações pelo Instituto Militar de Engenharia (IME). Funcionário do BNDES desde 2010. Entre 2008 e 2010, foi analista de risco de mercado no Banco Santander. Atualmente, ocupa o cargo de operador de renda fixa no BNDES.

RENATO RANGEL LEAL DE CARVALHO. Graduado em Engenharia de Telecomunicações pelo Instituto Militar de Engenharia (IME), com curso de mestrado em Finanças na PUC-Rio. Funcionário concursado do BNDES desde 2009. Previamente, foi consultor de Risco de Mercado na Algorithmics e coordenador de risco da empresa Saiph. Participou de projetos ligados à avaliação do risco de mercado na Vale, na Petrobras e na Previ. Desde 2012, ocupa o cargo de gerente no Departamento de Gestão de Risco de Mercado do BNDES.

Prefácio

Derivativos e gestão de risco são dois assuntos intimamente conectados. Embora contratos derivativos sejam comumente associados à especulação, sua origem está relacionada com a demanda de agentes econômicos por proteção (*hedge*) contra variações nos preços de ativos, especialmente *commodities*. Podemos dizer que os contratos derivativos surgiram como um mecanismo inteligente de gestão de riscos. Eles permitem o compartilhamento do risco entre os agentes econômicos, sem a necessidade de transferência de ativos e desembolsos monetários. Portanto, é importante estudar esses dois assuntos conjuntamente, sendo essa a principal proposta deste livro.

Adicionalmente, o livro concentra esforços no mercado financeiro nacional, o qual é cercado de peculiaridades. Primeiramente, a liquidez de diversos ativos é baixa. Em segundo lugar, alguns produtos são típicos do mercado brasileiro, não havendo correspondente em outro local do mundo. Essas duas características dificultam o emprego direto da forma canônica dos modelos de apreçamento e, por si só, já justificariam um livro sobre derivativos e risco em língua portuguesa e dedicado ao Brasil. Porém, há mais razões para a existência deste texto. Convivemos por extenso período de tempo com taxas de juros altíssimas. Como consequência, uma aplicação na taxa Selic ao longo dos últimos 20 anos produziu uma rentabilidade que é cerca do triplo daquela corrigida pelo Ibovespa. Isso inverte a relação risco/retorno no Brasil, gerando um fenômeno que pode ser considerado um *equity premium* puzzle às avessas. Ademais, a economia e o mercado financeiro brasileiro foram "poluídos" por uma sequência de crises. Somente após a consolidação da estabilidade da moeda, em 1994, podemos identificar ao menos três eventos de nervosismo com origem local (desvalorização cambial de 1999, eleição de 2002 e crise política/fiscal de 2015/2016) e outros quatro reflexos de contágio internacional (crise da Ásia de 1997, crise da Rússia de 1998, crise das "ponto.com" de 2000 e crise do *subprime* de 2008). Adicionalmente, novos eventos continuam impactando o mercado brasileiro. Esse ambiente de grande volatilidade e estresse representa um desafio para gestores de risco de mercado no país.

A princípio, poderíamos achar surpreendente que tal livro ainda não tenha sido escrito, uma vez que o Brasil é uma das maiores economias do mundo e, apesar das dificuldades recentes, nos últimos 15 anos foi destaque entre os emergentes. No entanto, um olhar mais aguçado revela o motivo de tal falha. Um texto didático e ao mesmo tempo profundo sobre derivativos e gestão de risco exige autores com competência técnica diferenciada. Esses assuntos estão longe de serem simples e envolvem conhecimentos de finanças, mercados financeiros, economia e matemática avançada. Não é fácil encontrar profissionais com competências sólidas em todos esses segmentos. Essa foi a tarefa deste que compõem um time de primeira linha. Contando com nove especialistas, o editor Fabio Giambiagi, organizou um texto claro e coerente, sem abdicar da precisão.

Existem outros livros no mercado brasileiro sobre derivativos e gestão de risco. Porém, o nível de todos eles é básico. Esses livros se limitam a descrever alguns produtos e operações, pouco entrando em questões mais técnicas, tais como modelos de apreçamento e estimação de volatilidade. O presente texto vai além, cobrindo, além dos mecanismos básicos do mercado de derivativos, o ferramental moderno da teoria de finanças quantitativas. Como professor de pós-graduação, é com imenso prazer que vejo o surgimento deste texto. Certamente ele preencherá uma lacuna na literatura econômica local, podendo ser utilizado como referência em cursos avançados de graduação, MBA e mestrados e também por profissionais do mercado.

O livro é estruturado em dois grandes blocos, contendo, no total, 11 capítulos. A apresentação dos assuntos segue uma linha contínua e gradual na complexidade. Na primeira parte do livro, referente a derivativos, o capítulo inicial discute as principais características desses instrumentos financeiros. Nos capítulos 2 e 3, são estudados modelos de apreçamento em tempo discreto e em tempo contínuo. O capítulo 4 apresenta as ferramentas numéricas para solução de problemas de apreçamento e cálculo das letras gregas. Os capítulos 5 e 6 são dedicados ao mercado de renda fixa, abordando os bônus e os derivativos de taxas de juros. Na segunda parte, o foco muda para a gestão de risco. No capítulo 7 são discutidos os principais tipos de risco a que estão sujeitas as instituições financeiras. O capítulo 8 estuda os modelos de estimação de volatilidade. Os capítulos 9 e 10 analisam as principais técnicas de mensuração de risco via *Value-at-Risk*. O último capítulo trata da moderna teoria de gestão de carteiras.

Além da relação *hedge*-especulação, derivativos e gestão de risco compartilham outra propriedade interessante. Boa parte da teoria econômica é de difícil aplicação prática. Os modelos econômicos servem mais para nos dar direcionamento e intuição, descrevendo como o mundo funciona, do que como ferramentas de precisão na solução de problemas do dia a dia. No entanto, em Finanças, os modelos econômicos encontram um campo amplo de aplicação, constituindo-se no que se costuma denominar de "engenharia financeira". Derivativos e gestão de risco fazem parte deste campo e são, sem sombra de dúvida, a parte mais charmosa e brilhante da engenharia financeira. Equações matemáticas são postas em operação, fornecendo respostas para diversos problemas do mundo real. O presente texto mostra essa face com maestria.

Contratos derivativos não são uma inovação. Há registros na Grécia antiga de negociação de mercadorias a termo. O que é novo é sua imensa difusão nos últimos 30 anos. Atualmente, o volume de contratos derivativos negociados no mundo é algumas vezes o PIB de diversos países. Não há grande empresa no mundo contemporâneo que não se utilize de derivativos para gestão de risco de seus ativos e passivos. Portanto, caro leitor, aproveite o presente texto. Se você quer ser um profissional de destaque na área financeira, deverá ter este livro na sua estante.

José Valentim Machado Vicente
Professor do mestrado em Economia do Ibmec-RJ
Julho 2017

Apresentação

Este livro se destina ao público interessado em Finanças. A motivação para a organização desta obra se relaciona com a percepção da existência de uma lacuna no panorama editorial local ligado ao segmento da área da qual este livro trata: apreçamento de instrumentos financeiros derivativos e de renda fixa e cálculo de risco de mercado. Com efeito, há na literatura brasileira alguns livros sobre o tema e, certamente, há excelentes livros em inglês, que um público mais sofisticado no conhecimento dos assuntos abordados pelo livro pode adquirir e estar em condições de ler. Porém, entendeu-se que havia um nicho não devidamente ocupado, num campo muito específico: o da prática do gerenciamento de risco de mercado, aplicado a carteiras do mercado local e na linguagem local, incluindo temas que formam o pré-requisito necessário para estudos mais avançados em Finanças.

Este livro foi concebido então, desde o início, como um produto com um grau intermediário de dificuldade de leitura, o que se reflete na preocupação em ter uma linguagem assumidamente técnica, mas acessível a um aluno que aspire a se aprofundar no tema, mesmo sem ter originalmente uma expertise demasiadamente avançada. Ele é, de certa forma, um produto híbrido em vários aspectos. Primeiro, foi escrito com o intuito de ser útil como material didático para o professor, mas pode ser lido também por quem queira ser autodidata na matéria. Segundo, ele pode ser avaliado como um complemento mais avançado de certa literatura introdutória ao tema, mas pode ser encarado também como um curso introdutório, para depois o leitor se aventurar na literatura mais complexa produzida no exterior. E terceiro, ele foi pensado como um livro para cursos de MBA em Finanças, mas pode ser adotado igualmente por professores de cursos de cadeiras eletivas nas etapas finais da graduação.

O livro está dividido em duas partes. A primeira aborda temas associados ao apreçamento de instrumentos financeiros derivativos e de renda fixa. Sob a ótica da mensuração do risco de mercado, os valores destes instrumentos serão afetados por preços de outros instrumentos tidos como fundamentais, cujos preços são dados (imediatamente disponíveis no mercado), tais como preços de ações, moedas, taxas de juros, e índices financeiros ou econômicos. Após o capítulo 1, de natureza introdutória, o capítulo 2 explora e descreve os conceitos de apreçamento por não arbitragem através do estudo da árvore binomial e o capítulo 3 evolui para o caso específico das opções europeias, pelo modelo Black-Scholes. Em seguida, no capítulo 4, são apresentadas soluções de implementação computacional do apreçamento destes instrumentos na prática, com base em instrumentos do mercado brasileiro. Por fim, nos capítulos 5 e 6 são tratados os instrumentos de renda fixa e seus derivativos, respectivamente.

Na segunda parte do livro, é dissecado o tema do cálculo do risco de mercado. Após um capítulo 7 introdutório ao tema, o ferramental estatístico envolvido é apresentado no capítulo 8, permitindo a evolução do tema para a construção de modelos de Value At Risk (VaR). Após a apresentação dos modelos tradicionais no capítulo 9, o capítulo 10 expõe os modelos avançados de VaR e técnicas complementares para a avaliação do risco de mercado. Por último, no capítulo 11 é feita a ligação entre os temas do risco e do retorno, apresentando conceitos de gerenciamento de carteiras, o que envolve temas de análise de performance do retorno das carteiras ajustadas pelo risco incorrido. No final do livro, espera-se que o leitor domine as técnicas apresentadas e esteja apto a trabalhar em tesourarias de bancos de investimento, gestão de fundos, departamentos de risco de mercado de instituições financeiras, ou até na área de Finanças de empresas em geral.

O conjunto de autores tem um denominador comum: são todos funcionários do BNDES, incluindo cinco membros do staff da área de gestão de riscos, dois da área financeira, um da área de mercado de capitais e outro da área de tecnologia da informação, todos eles com especialização em temas de Finanças. Tal fato reflete a crescente profissionalização das áreas-meio da instituição, que nos últimos 10 anos passou por um processo de renovação significativo do seu quadro, além da criação da Área de Gestão de Risco, tema esse que anteriormente não era contemplado no dia a dia da casa. Os capítulos, porém, tratam de temas que são de interesse geral relacionados com o risco e não especificamente com as questões do BNDES.

Cabe fazer aqui um esclarecimento metodológico: embora cada capítulo seja assinado por autores específicos, os capítulos foram submetidos a um esforço de edição, de modo a – tentativamente – harmonizar estilos e linguagem para unificar a forma de redação dos capítulos. O objetivo foi colocar na mão do leitor um conjunto de capítulos que pudessem ser lidos como se tivessem sido escritos por um único autor. Espera-se que esse esforço tenha sido bem-sucedido e que os leitores se beneficiem do material que têm em mãos.

Por último, é um dever registrar aqui o reconhecimento especial aos autores Felipe Noronha Tavares e Daniel Negrini, que, além da função desempenhada na autoria dos respectivos capítulos, tiveram um papel-chave na edição do livro. Sem a ajuda deles, este livro não teria sido possível. Fica aqui o devido agradecimento pelo notável trabalho que realizaram.

O organizador
Junho de 2017

Sumário

Biografias dos autores vii

Prefácio ix

Apresentação xi

Lista de Tabelas xx

Lista de Figuras xxiii

Parte I Derivativos

1 Introdução aos Instrumentos Derivativos 3
Felipe Noronha Tavares

    1.1 Termo 3
        1.1.1 Características do Contrato a Termo 4
        1.1.2 *Payoff* do Contrato a Termo 4
        1.1.3 *Hedging* com Contrato a Termo 5

    1.2 Opções 6
        1.2.1 Características das Opções 7
        1.2.2 *Payoff* das Opções 7
        1.2.3 Prêmio 10
        1.2.4 *Moneyness* 11

    1.3 *Swaps* 11

    1.4 Principais Agentes 12

    1.5 Resumo 13

2 Modelo Binomial 15
Felipe Noronha Tavares

   2.1   Exemplo Numérico 15

   2.2   Modelo Binomial de 1 período: Caso Genérico 20

   2.3   Modelo Binomial Multiperíodo 26

   2.4   Resumo 30

3 Modelo de Black-Scholes 31
Lucas Duarte Processi

   3.1   Movimento Browniano Geométrico e Lema de Itô 31

   3.2   Modelo de Black-Scholes 40

   3.3   Paridade *put-call* 43

   3.4   Extensões do Modelo de Black-Scholes 44

   3.5   Gregas 48

   3.6   Aplicabilidade do Modelo de Black-Scholes 53

   3.7   Resumo 54

4 Métodos numéricos para derivativos de ações 55
Daniel Alonso Negrini

   4.1   Ferramentas de Programação Matemática 56

   4.2   Árvore binomial 60

   4.3   Árvore completa / Convergência com Black-Scholes 65

   4.4   Entendendo o método de simulação de Monte Carlo 68

   4.5   Simulação de Monte Carlo – Precificação de opções europeias 72

   4.6   Simulação de Monte Carlo – Opções que dependem do caminho 76

   4.7   Modelo Longstaff e Schwartz 80

   4.8   Gregas 85
       4.8.1   Delta 85
       4.8.2   Gamma 89
       4.8.3   Theta 89
       4.8.4   Vega 91
       4.8.5   Rhô 92
       4.8.6   Análise das Gregas 92

Sumário

4.9 Volatilidade 93

4.10 Algumas questões práticas: pontos de atenção em relação aos parâmetros 98

4.11 Resumo 99

5 Renda Fixa 101
Adriano Nascimento Simões, Felipe Noronha Tavares e Marcos Lopez

5.1 Taxa de Juros 101
    5.1.1 Retorno Discreto 101
    5.1.2 Taxa Composta 102
    5.1.3 Convenções para contagem do tempo 102
    5.1.4 Taxa Linear 103
    5.1.5 Retorno Contínuo 103

5.2 Fator de Correção e Fator de Desconto 104

5.3 Taxa Interna de Retorno (TIR) 104

5.4 Principais Características dos Títulos Padronizados 105

5.5 *Duration* 107

5.6 *Duration* Modificada 108

5.7 Convexidade 108

5.8 Características dos Títulos Públicos Federais no Mercado Brasileiro 109
    5.8.1 Letras do Tesouro Nacional (LTNs) 110
    5.8.2 Notas do Tesouro Nacional, Série F (NTN-Fs) 110
    5.8.3 Notas do Tesouro Nacional, Série B (NTN-Bs) 110
    5.8.4 Letras Financeiras do Tesouro (LFTs) 110

5.9 Características dos Títulos da Dívida Externa Brasileira 111
    5.9.1 *Globals* e *BRL Bonds* 111
    5.9.2 *EURO Bonds* 111

5.10 Cotação de Preços de Títulos Públicos Federais da Dívida Interna 111
    5.10.1 Letras do Tesouro Nacional (LTNs) 113
    5.10.2 Notas do Tesouro Nacional, Série F (NTN-Fs) 113
    5.10.3 Notas do Tesouro Nacional, Série B (NTN-Bs) 114
    5.10.4 Letras Financeiras do Tesouro Nacional (LFTs) 116

5.11 Cotação de Preços de Títulos Públicos Federais da Dívida Externa 117
    5.11.1 *Globals* e *BRL Bonds* 118
    5.11.2 *Euro Bonds* 118

5.12 Estrutura a Termo da Taxa de Juros (Curva de Juros) 118
    5.12.1 Taxa *Forward* 121
    5.12.2 Métodos de Interpolação para a ETTJ 122

| | 5.12.3 | Modelos de ETTJ | 124 |
| | 5.12.4 | *Bootstrapping* | 125 |

5.13	Curvas de Juros do Mercado Brasileiro	127
	5.13.1	Curva de Juros Prefixados em Reais	127
	5.13.2	Curva de Juros Prefixados de Títulos Públicos	127
	5.13.3	Curva de Juros de Cupom de IPCA	128
	5.13.4	Curva de Juros Prefixados em dólares (cupom cambial)	128

| 5.14 | Resumo | 132 |

6 Modelos para Derivativos de Renda Fixa ... 133
Diogo Barboza Gobira

6.1	Definições Gerais	134
	6.1.1	*Bank-Account* (*Money-Market Account*)	134
	6.1.2	Fator Estocástico de Desconto	135

6.2	Modelagem das Taxas de Juros	136
	6.2.1	Modelos *short-rate*	136
	6.2.2	Calibragem de Modelos *Short-Rate* de 1 Fator	138
	6.2.3	Precificação Usando Modelos *Short-Rate* de 1 Fator	142
	6.2.4	Modelos para a Estrutura a Termo	144
	6.2.5	Calibragem no *framework* HJM	146

6.3	Debêntures Conversíveis	150
	6.3.1	Debêntures Conversíveis Prefixadas Europeias	151
	6.3.2	Debêntures Conversíveis Prefixadas Americanas	152
	6.3.3	Debêntures Conversíveis Pós-Fixadas Europeias	153

| 6.4 | Debêntures Exóticas | 155 |

6.5	Incluindo o Risco de Crédito	159
	6.5.1	Modelos de Intensidade de Default	160
	6.5.2	Incorporando o Risco de Crédito ao Apreçamento de Debêntures	162

| 6.6 | Resumo | 165 |

Parte II Risco

7 Risco: Introdução ... 169
Felipe Noronha Tavares, Renato Rangel Leal de Carvalho

| 7.1 | Risco × Retorno | 169 |

7.2	Natureza dos Riscos em Instituições Financeiras	171
	7.2.1	Risco de Mercado	172
	7.2.2	Risco de Liquidez	172
	7.2.3	Risco de Crédito	172
	7.2.4	Risco Operacional	173

Sumário   xvii

7.3   Evolução da Gestão de Risco 174

7.4   Resumo 174

8   Estimação de Volatilidade e Matrizes de Covariância 177
Lucas Duarte Processi

8.1   Introdução 177

8.2   A Distribuição Normal 177

8.3   Volatilidade e Matriz de Covariância 182

8.4   Estimação de Volatilidade 184
     8.4.1   Volatilidade Histórica com Pesos Iguais 184
     8.4.2   Modelo EWMA 187
     8.4.3   Modelo GARCH 192
     8.4.4   Estrutura a Termo de Volatilidade 197

8.5   Resumo 198

9   Mensuração de Risco e *Value at Risk* 201
Renato Rangel Leal de Carvalho

9.1   *Value at Risk* (VaR) 201

9.2   Os 5 Passos para Realizar o Cálculo do VaR 204

9.3   Modelos de VaR 217
     9.3.1   VaR Paramétrico Normal 217
     9.3.2   VaR RiskMetrics 219
     9.3.3   Simulação Histórica Padrão 224
     9.3.4   Simulação Histórica com Fator de Decaimento: o Modelo BRW 226
     9.3.5   Modelo Hull-White (HW) 228
     9.3.6   VaR por Simulação de Monte Carlo 231

9.4   Resumo 234

10   Value at Risk: Tópicos Avançados 237
Cristiane Azevedo Ferreira

10.1   Backtesting 238
     10.1.1   Teste de Kupiec 239
     10.1.2   Teste de Independência entre as Extrapolações 242
     10.1.3   Gerando as séries de Extrapolações 244

10.2   Testes de Estresse 245

10.3   Correlações e Cópulas 247
     10.3.1   Definições 248
     10.3.2   Cópulas Fundamentais 249

	10.3.3	Cópulas Implícitas	251
	10.3.4	Cópulas Arquimedianas	252
	10.3.5	Dependência de cauda	254

10.4 Teoria dos Valores Extremos 255

10.5 Abordagem de *block maxima* 256

10.6 Medidas Coerentes de Risco 259
    10.6.1 *Expected Shortfall* 262

10.7 Resumo 265

11 Gestão de Carteiras 267
Felipe Canedo de Freitas Pinheiro

11.1 Teoria Moderna da Carteira 268
    11.1.1 Carteiras Eficientes com N ativos arriscados 273
    11.1.2 Carteiras de mercado com N ativos arriscados 276

11.2 Modelos de Fatores 278
    11.2.1 Modelo de 1 Fator 278
    11.2.2 Modelo de Múltiplos Fatores 280

11.3 Intervenções nas Estimativas de Retorno 282

11.4 Resumo 284

Referências 285

Índice Remissivo 289

Lista de Tabelas

3.1 Calibrando um MBG a partir de dados históricos. 38
3.2 Simulação de um Movimento Browniano Geométrico. 39
3.3 Gregas das Opções. 49
3.4 Exemplo - Gregas dos Instrumentos. 52
3.5 Exemplo - Carteira de *delta-gamma hedge*. 52
3.6 Exemplo - Carteira de *delta-gamma hedge* com choque de 5% na ação XYZ. 53
3.7 Exemplo - Carteira de *delta-gamma hedge* com choque de 5% na volatilidade. 53
5.1 Descrição dos principais títulos da dívida interna brasileira. 109
5.2 Descrição dos principais títulos da dívida externa brasileira. 111
5.3 Detalhe do cálculo da cotação da NTN-F com vencimento em 1/1/2019, no dia 16/2/2017 (data de liquidação). 114
5.4 Número de Dias Úteis (DU) para cada data de vencimento da NTN-B com vencimento em 15/05/2017. 116
5.5 Preços de refrência da ANBIMA para as LTNs no fechamento de 02/03/2017. 119
5.6 Vencimentos e preços unitários para os títulos do exemplo. 126
5.7 Taxas *spot* extraídas a partir do método *bootstrapping*. 126
5.8 Vértices calculados para a curva de cupom cambial do exemplo. 132
6.1 Modelos *Short-Rate* de 1 Fator 137
6.2 Calibragem CIR para DI1 141
6.3 Calibração Detalhada CIR para DI1 (15/09/2014) 142
6.4 Parâmetros HJM - 3 Fatores 148
8.1 Funções Relacionadas à Distribuição Normal 179
8.2 Exemplo de Média Móvel Simples 185
8.3 Exemplo de Modelo EWMA $\lambda = 0,94$ 191
8.4 Exemplo de Implementação do GARCH Normal Simétrico 195
8.5 Resultado da Otimização de um GARCH Normal Simétrico 195
8.6 Exemplo de Previsão do Modelo GARCH 198
9.1 Fluxos de caixa da NTN-F do Exemplo 9.1. 204
9.2 Séries utilizadas no Exemplo 9.11. 223

9.3	Séries utilizadas no Exemplo 9.12.	230
10.1	Número de extrapolações para não rejeição do modelo	242
10.2	Funções geradoras das cópulas de Gumbel, Clayton e Frank.	253
10.3	Probabilidades condicionais e dependência de cauda.	255
11.1	Parâmetros estimados para se achar a fronteira eficiente.	278
11.2	Parâmetros estimados para se achar a fronteira eficiente.	279
11.3	Parâmetros estimados para se achar a fronteira eficiente.	282

Lista de Figuras

1.1	*Payoff* da posição *long* de um contrato a termo.	5
1.2	*Payoff* da posição *short* de um contrato a termo.	6
1.3	*Payoff* da posição *long* em uma *call*.	8
1.4	*Payoff* da posição *short* em uma *call*.	9
1.5	*Payoff* da posição *long* em uma *put*.	10
1.6	*Payoff* da posição *short* em uma *put*.	10
2.1	Dinâmica para o preço da ação.	16
2.2	Dinâmica para o preço do ativo de renda fixa.	16
2.3	Dinâmica para o preço da ação com possibilidade de arbitragem.	17
2.4	Dinâmica para o preço da opção.	18
2.5	Dinâmica para o preço de um portfólio (x,y).	19
2.6	Dinâmica para o preço da ação.	21
2.7	Dinâmica para o preço do ativo de renda fixa.	22
2.8	Dinâmica para o preço da opção.	24
2.9	Dinâmica do preço da ação para três períodos.	26
2.10	Dinâmica do preço da ação para o exemplo numérico.	28
2.11	Apreçamento do Derivativo.	28
2.12	Apreçamento do Derivativo.	29
3.1	Realizações de um Movimento Browniano Aritmético.	34
3.2	Realizações de um Movimento Browniano Geométrico.	35
3.4	Intervalo de confiança para $logS_i$ e S_i (95%).	39
3.3	Simulação de um Movimento Browniano Geométrico.	40
4.1	Exemplo do *Jupyter* - Precificação de uma opção usando a fórmula de Black-Scholes.	58
4.2	Equivalência da representação da árvore binomial.	63
4.3	Cálculo dos últimos nós da árvore binomial.	63
4.4	Cálculo dos nós intermediários da árvore binomial.	64
4.5	Cálculo do nó inicial da árvore binomial.	65
4.6	Convergência da árvore binomial.	67
4.7	Diversos caminhos aleatórios possíveis resultantes da simulação, considerando MBG para ações.	73
4.8	Cinco simulações de ações seguindo o MBG.	73

4.9	Diagrama de cálculo de uma opção pelo método de Monte Carlo.	74
4.10	Convergência na simulação de Monte Carlo.	76
4.11	Exemplo de precificação de opção asiática.	77
4.12	Estratégia ingênua, e errada, para precificar opções americanas com o método de Monte Carlo.	81
4.13	Diagrama para o cálculo do modelo de Longstaff e Schwartz.	82
5.1	Fluxo de caixa do primeiro título.	105
5.2	Fluxo de caixa do segundo título.	105
5.3	Fluxo de caixa descontado como função de y.	106
5.4	Exemplo de fluxo de caixa de um título padronizado.	106
5.5	Preço do Título Padronizado em relação à TIR.	107
5.6	Preços dos títulos *zero-coupon* com base nas LTNs em 02/03/2017.	120
5.7	Estrutura a Termo da Taxa de Juros com base nas LTNs em 02/03/2017.	120
6.1	Funções de Volatilidade HJM - 3 Fatores	149
7.1	Densidade de probabilidade de duas variáveis aleatórias R_1 e R_2.	170
7.2	Três possibilidades de investimento: A, B, C.	171
8.1	Distribuição Normal	178
8.2	Representação Gráfica dos Exemplos	180
8.3	Volatilidade Histórica com Média Móvel Simples (Janelas de 30 e 90 dias)	186
8.4	Modelo EWMA ($\lambda = 0{,}97$ e $\lambda = 0{,}90$)	189
8.5	Exemplo de Séries de Volatilidade EWMA ($\lambda = 0{,}94$)	192
8.6	Modelo GARCH e Modelo EWMA	196
8.7	Exemplo de Previsão do Modelo GARCH	199
9.1	Função densidade de probabilidade de uma distribuição normal padronizada.	202
9.2	Alocação de exposição com vencimento T_i nos vértices padronizados P_i e P_j, quando T_i não coincide com nenhum dos vértices predefinidos.	212
9.3	Funções de precificação lineares e não lineares em relação aos fatores de risco.	215
9.4	Aproximações *delta* e *delta-gamma* para o preço de uma posição comprada em uma *call*.	216
9.5	Evolução da volatilidade diária das ações da Petrobras (PETR3), de janeiro de 2007 a dezembro de 2015. A volatilidade foi medida por dois métodos: volatilidade amostral tradicional com janela de 252 dias úteis e modelo EWMA com fator de decaimento 0,90.	220
9.6	Evolução dos pesos w_{t-i} de acordo com o prazo i, para uma janela de dados de 252 dias úteis.	228
10.1	Séries de retorno do Ibovespa (linha cinza) e VaR de 1 dia com 99% de confiança e volatilidade calculada por EWMA (linha preta). O dados do gráfico superior referem-se ao período de 1 ano a partir de outubro de 2006, e abaixo são mostrados 8 anos de dados a partir da mesma data.	238
10.2	Densidade de probabilidade qui-quadrada com um grau de liberdade. A área cinza indica o resultado do teste no primeiro exemplo. A linha tracejada indica o valor mínimo da estatística $\Lambda(v)$ para a hipótese ser rejeitada.	241

Lista de Figuras

10.3 Séries de retorno e VaR de uma carteira indexada pelo Ibovespa, de agosto de 2007 a outubro de 2008. 245

10.4 Gráficos tridimensional (à esquerda) e de curvas de nível (à direita) da cópula de independência. 250

10.5 Gráficos tridimensional (à esquerda) e de curvas de nível (à direita) da cópula de monotonicidade. 251

10.6 Correlação entre uma posição comprada em Ibovespa (eixo horizontal) e de uma posição vendida em dólares no mesmo dia (eixo vertical). 253

10.7 Densidade da distribuição GEV com três parâmetros k distintos. A linha contínua é a distribuição de Gumbel, com $k = 0$; a linha tracejada corresponde a uma distribuição Frèchet com $k = 0.5$, e a linha pontilhada é uma distribuição de Weibull com $k = -0.9$. 257

10.8 Máximos por bloco de uma série de 1 ano de retornos de dólar, de outubro de 2005 a setembro de 2006. Cada bloco possui 21 pontos. 257

10.9 Retornos acima do limiar de 1,5% em uma série de 1 ano de retornos de dólar, de outubro de 2005 a setembro de 2006. 258

10.10 Distribuições de probabilidade da perda e VaR com nível de confiança de 90% de duas carteiras: a da esquerda corresponde a uma debênture emitida pela empresa A, e a da direita, a uma carteira com uma debênture de A e outra de B. 261

10.11 VaR e *Expected Shortfall* para perdas com distribuição normal e t de Student. 263

11.1 Risco e retorno de combinações possíveis de 2 ativos. 269

11.2 Risco e retorno de combinações possíveis de 2 ativos com possibilidade de assumir posição vendida em um deles. 270

11.3 Carteira com ativo livre de risco. 271

11.4 Combinação da fronteira eficiente com reta de mercado. 272

11.5 Carteiras eficientes com taxa de captação superior à taxa livre de risco. .. 273

Parte I
Derivativos

CAPÍTULO 1

Introdução aos Instrumentos Derivativos

Felipe Noronha Tavares

Derivativos Financeiros são fascinantes. Para as pessoas que não são ligadas ao mercado financeiro, os derivativos remetem à quebra de bancos, a crises financeiras, ou à história de algum conhecido que ganhou ou perdeu muito dinheiro com pouco ou nenhum investimento inicial. Para muitos que estudam Finanças, tratam-se de instrumentos financeiros complicados de entender.

Afinal, o que justifica a existência destes contratos? Podemos afirmar que, fundamentalmente, os derivativos são contratos que permitem a transferência de risco de um agente para outro. Matematicamente, podemos compreender um derivativo como um contrato financeiro cujo *payoff*, isto é, seu resultado financeiro, depende da realização de uma *variável aleatória*, normalmente representado por um preço de um ativo em uma data futura. Vamos ilustrar este conceito estudando os principais tipos de derivativos: o contrato a termo, a opção e o swap.

1.1 Termo

Considere o caso de uma empresa brasileira que realiza a exportação de um bem. Normalmente este tipo de transação é feita em dólares, que é uma moeda estrangeira. Além disso, é comum que exista prazo entre o fechamento do negócio e o efetivo pagamento pela mercadoria. Como é no momento do fechamento do negócio que o preço em dólares por unidade do produto é determinado, o exportador fica sujeito ao risco de oscilação da cotação do dólar[1] entre a data da negociação e o recebimento do pagamento[2]. Por ter seu

---

[1] Cotação do dólar em relação à moeda local.

[2] Data da liquidação financeira.

custo indexado em reais, moeda local, é natural que o exportador queira transferir este risco de oscilação da moeda estrangeira para outra pessoa, de forma que seja possível *eliminar a incerteza* sobre quanto ele irá receber, em moeda local, pelo bem exportado.

Nesta situação, o exportador pode utilizar um contrato a termo para se proteger com relação à oscilação da moeda estrangeira, estabelecendo, no momento da negociação, qual a cotação do dólar que será utilizada para trocar dólares por reais numa data futura combinada. Além disso, no momento da negociação não é realizado nenhum pagamento: apenas assina-se o contrato estabelecendo este compromisso futuro.

1.1.1 Características do Contrato a Termo

Vamos analisar o caso de um contrato a termo de dólares. O negócio é fechado no instante de tempo $t = 0$. O comprador irá comprar N dólares, numa data futura $t = T$, por uma cotação K determinada no momento do fechamento do negócio ($t = 0$). Assim, temos as seguintes características para o contrato:

- **Ativo Subjacente**: é o ativo que será comprado/vendido numa data futura. Neste caso é o dólar.
- **Maturidade**: é o prazo entre a abertura do contrato ($t = 0$) e o vencimento ($t = T$).
- **Preço a Termo**: é o valor de K determinado no momento da negociação ($t = 0$). Estabelece o preço do ativo subjacente que será utilizado no vencimento do contrato ($t = T$).
- **Comprador**: a parte que terá a obrigação de realizar a compra no vencimento do contrato. Dizemos que esta parte possui uma posição comprada (*long*) no contrato a termo.
- **Vendedor**: a parte que terá a obrigação de realizar a venda no vencimento do contrato. Dizemos que esta parte possui uma posição vendida (*short*) no contrato a termo.
- **Nocional**: determina quantas unidades do ativo subjacente serão transacionadas.
- **Não há fluxo de caixa na abertura do contrato**: as partes simplesmente "assinam" o contrato, e não há necessidade de realizar pagamento entre as partes[3] em $t = 0$. Isso implica que este derivativo possui valor zero no momento da sua abertura.

O nocional é uma variável de livre escolha e varia de contrato para contrato. Vamos analisar, sem perda de generalidade, o caso em que $N = 1$, isto é, 1 contrato a termo dá o direito de comprar 1 unidade do ativo subjacente[4].

1.1.2 *Payoff* do Contrato a Termo

Chamaremos de *payoff* o resultado financeiro do derivativo no vencimento. Seja S_T o preço do ativo subjacente no vencimento do contrato a termo. Na ótica do comprador,

---

[3] Podem existir, entretanto, custos de transação e necessidade de depósito de garantias.

[4] Com o objetivo de permitir uma análise padronizada, utilizaremos a convenção de que 1 unidade do contrato está associada a 1 unidade do ativo subjacente neste livro, exceto nos casos em que o nocional é definido explicitamente.

ele estará obrigado a pagar o preço K para comprar o ativo subjacente que, em $t = T$, vale S_T. Ou seja, ele terá que desembolsar K para obter um ativo que, se ele vender imediatamente a mercado, implicará um recebimento de S_T. Assim, a função

$$payoff_{long} = S_T - K \qquad (1.1)$$

representa o *payoff* no vencimento de uma posição comprada (*long*) no contrato a termo.

Veja que o comprador poderá ganhar ou perder dinheiro no vencimento, a depender da diferença entre o preço de mercado do ativo subjacente (S_T) e o preço a termo que foi combinado na abertura do contrato (K). A Figura 1.1 mostra o valor do *payoff* da posição comprada no vencimento para diferentes valores do preço do ativo subjacente. De forma equivalente, o vendedor será obrigado a vender por K um ativo que, em $t = T$,

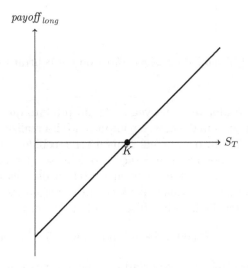

Figura 1.1: *Payoff* da posição *long* de um contrato a termo.

vale S_T. Ou seja, ele receberá o valor K pela venda de um ativo que ele teria que comprar a mercado por S_T. A função

$$payoff_{short} = K - S_T \qquad (1.2)$$

representa o *payoff* no vencimento numa posição vendida (*short*) no contrato a termo. Este valor de *payoff* pode ser observado na Figura 1.2

1.1.3 *Hedging* com Contrato a Termo

Vamos voltar ao caso do exportador e ilustrar como ele poderia utilizar o mercado de contratos a termo para se proteger da oscilação cambial.

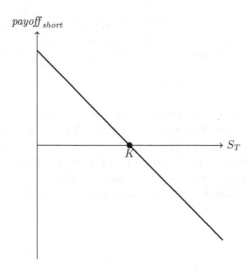

Figura 1.2: *Payoff* da posição *short* de um contrato a termo.

Suponha que o exportador realize a venda de um produto que vale US$ 1.000,00. A mercadoria só será entregue em 6 meses, e o importador irá realizar o pagamento quando receber a mercadoria. Assim, o valor em reais a ser recebido pelo exportador será de $1000 \times S_T$. O exportador pode travar a cotação do dólar se operar um contrato a termo: se entrar numa posição vendida num contrato a termo de dólares com nocional US$ 1.000,00, o *payoff* resultante das duas operações (a venda da mercadoria e o resultado do contrato de venda a termo de dólares) será dado pela função

$$payoff_{carteira} = 1000 \times S_T + 1000 \times (K - S_T) = 1000 \times K. \tag{1.3}$$

Veja que, com esta estratégia, o exportador elimina a incerteza sobre o seu resultado futuro, tendo em vista que o preço a termo K é estabelecido em $t = 0$. Suponha que, olhando para o mercado a termo de dólares, o preço a termo observado seja de $K = 3{,}50$. Com isso, o resultado para o exportador será R$ 3.500,00, independentemente de qual for a cotação do dólar no momento da entrega da mercadoria. Neste exemplo, dizemos que o exportador utilizou o contrato a termo para realizar o *hedging* de sua exposição em moeda estrangeira[5].

1.2 Opções

Um contrato de opção é um derivativo que dá ao seu detentor escolhas futuras. Podemos comparar opções a seguros: o detentor tem o direito, mas não a obrigação de realizar uma determinada ação durante ou ao final da "vida" do contrato.

---

[5] Neste contexto, podemos interpretar *hedging* como sinônimo de proteção.

1.2.1 Características das Opções

Os dois tipos básicos de opções são:

- **Opção de Compra (*Call*)**: dá ao seu detentor o direito, mas não a obrigação, de comprar um determinado ativo em uma data futura por um determinado preço de exercício (*strike*).
- **Opção de Venda (*Put*)**: dá ao seu detentor o direito, mas não a obrigação, de vender um ativo em uma data futura por um determinado preço de exercício (*strike*).

Quando é chegado o dia do vencimento da opção, o comprador (ou detentor) da opção irá decidir se quer ou não adquirir o ativo subjacente pelo preço de exercício estabelecido no contrato. A parte vendedora (lançador da opção) terá a obrigação de realizar a venda do ativo pelo preço de exercício se esta for a vontade da parte compradora.

As opções também se diferenciam com relação ao tipo de exercício. Os principais são:

- **Opções Europeias**: o exercício só pode ser realizado no vencimento do contrato.
- **Opções Americanas**: o exercício pode ser realizado a qualquer momento até o vencimento do contrato.

Assim, temos as seguintes características para um contrato de opção:

- **Ativo Subjacente**: é o ativo que será comprado/vendido ao se exercer a opção.
- **Maturidade**: é o prazo entre a abertura do contrato ($t = 0$) e o vencimento ($t = T$).
- ***Strike***: estabelece o preço do ativo subjacente quando do exercício da opção (preço de exercício).
- **Comprador**: é o detentor do direito de realizar o exercício da opção. Dizemos que esta parte possui uma posição comprada (*long*) no contrato de opção.
- **Vendedor**: é a parte que será exercida pela contraparte. Dizemos que esta parte possui uma posição vendida (*short*) no contrato de opção.
- **Nocional**: determina quantas unidades do ativo subjacente serão transacionadas.
- **Tipo de Opção**: determina qual é o direito do comprador (*call* ou *put*).
- **Tipo de Exercício**: determina em qual circunstância se dá a possibilidade de exercício da opção pelo comprador (exercício americano, europeu, entre outros).

1.2.2 *Payoff* das Opções

O investidor só irá exercer a opção se o exercício for lucrativo. A ideia principal é que o investidor irá exercer a opção se conseguir comprar barato o ativo para em seguida vendê-lo caro. Caso contrário, o investidor deixará a opção expirar sem ser exercida.

Payoff de uma *call*

Suponha uma posição comprada numa opção europeia de compra sobre uma ação com *strike* $K = 100$. Se, no vencimento, o valor da ação for 110, o investidor pode exercer a opção, realizando lucro com a seguinte transação: ele irá comprar a ação por 100 através do exercício da opção, e, em seguida, ele venderá as ações imediatamente por 110 a mercado. O *payoff* desta transação será 110 - 100 = 10.

Se, de outra forma, o valor da ação for 90, o investidor não irá exercer a opção. Pois não é lucrativo comprar por 100 algo que vale 90. Portanto, o *payoff* neste caso é 0.

De forma genérica, seja S_T o valor da ação no vencimento da opção, e K o *strike*, temos duas situações possíveis:

- Se $S_T > K$, então o investidor exerce a opção, comprando a ação por K e a vende em seguida por S_T, obtendo o *payoff* $S_T - K$.
- Se $S_T \leq K$, o investidor não exerce a opção, e fica com *payoff* igual a zero.

Logo, para uma opção europeia de compra, o *payoff* de uma posição comprada será dado pela função

$$payoff_{long,call} = max(S_T - K, 0), \tag{1.4}$$

representada na Figura 1.3.

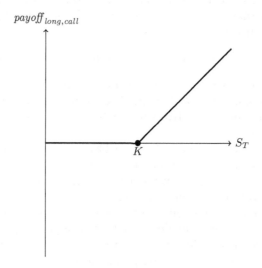

Figura 1.3: *Payoff* da posição *long* em uma *call*.

A contraparte, lançadora da opção, será exercida pelo mesmo valor, mas com sinal oposto. Portanto, o *payoff* de uma posição vendida numa *call* será dado pela função

$$payoff_{short,call} = -max(S_T - K, 0), \tag{1.5}$$

representada na Figura 1.4.

Payoff de uma *put*

Suponha agora uma posição comprada numa opção europeia de venda sobre uma ação com *strike* $K = 100$. Se, no vencimento, o valor da ação for 90, o investidor pode exercer

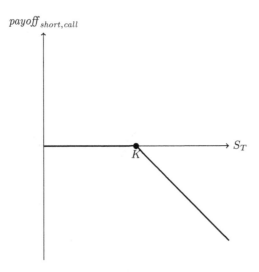

Figura 1.4: *Payoff* da posição *short* em uma *call*.

a opção, realizando lucro com a seguinte transação: ele irá comprar a ação por 90 a mercado, e, em seguida, ele venderá as ações por 100 através do exercício da opção. O *payoff* desta transação será 100ˇ90 = 10.

Se, de outra forma, o valor de mercado da ação for 110, o investidor não irá exercer a opção. Pois não é lucrativo vender por 100 algo que teria que ser comprado por 110. Portanto, o *payoff* neste caso é 0.

De forma genérica, seja S_T o valor da ação no vencimento da opção, e K o *strike*, temos duas situações possíveis:

- Se $S_T < K$, então o investidor compra a ação a mercado por S_T, e exerce a opção, vendendo a ação por K, obtendo o *payoff* $K - S_T$
- Se $S_T \geq K$, o investidor não exerce a opção, e fica com *payoff* igual a zero.

Logo, para uma opção europeia de venda, o *payoff* de uma posição comprada será dado pela função

$$payoff_{long,put} = max(K - S_T, 0), \qquad (1.6)$$

representada na Figura 1.5.

A contraparte, lançadora da opção, será exercida pelo mesmo valor, mas com sinal oposto. Portanto, o *payoff* de uma posição vendida numa *put* será dado pela função

$$payoff_{short,call} = -max(K - S_T, 0), \qquad (1.7)$$

representada na Figura 1.6.

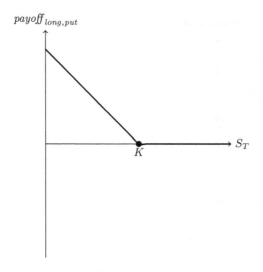

Figura 1.5: *Payoff* da posição *long* em uma *put*.

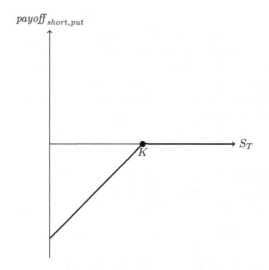

Figura 1.6: *Payoff* da posição *short* em uma *put*.

1.2.3 Prêmio

Note nas Figuras 1.3 e 1.5 que o *payoff* para o comprador é necessariamente maior ou igual a zero, embora não se saiba o seu valor exato no momento da abertura do contrato. Isto é, quando o investidor possui uma posição comprada na opção, não existe a possibilidade de perder dinheiro. Da mesma forma, quem possui uma posição vendida

1 Introdução aos Instrumentos Derivativos

perde dinheiro ou fica no zero a zero. Se não houvesse nenhum tipo de incentivo, ninguém estaria disposto a assumir uma posição vendida[6].

Quando estudamos os contratos a termo, vimos que uma das características era a ausência de fluxo de caixa na abertura do contrato. Se as opções tivessem esta mesma característica, ser o detentor de uma opção seria uma arbitragem, isto é, uma possibilidade de ganhar dinheiro sem incorrer em risco de perder dinheiro e com investimento inicial nulo.

Como "não existe almoço grátis", o comprador deve pagar um **prêmio** ao vendedor no momento da abertura do contrato. Este prêmio representa o valor de mercado da opção no momento da sua negociação, e sua determinação é o tema central para os modelos de apreçamento de opções que serão apresentados nos próximos capítulos.

1.2.4 *Moneyness*

O *moneyness* de uma opção é a posição relativa do preço à vista (*spot*) do ativo subjacente em relação ao *strike* da opção. Esta medida é relacionada ao valor intrínseco da opção, definido como o *payoff* do derivativo caso fosse exercido imediatamente.

Existem três classificações de *moneyness*. Uma opção é dita *in the money* (dentro do dinheiro) quando ela dá lucro se exercida imediatamente. Caso contrário, ela é dita *out of the money* (fora do dinheiro). Se o preço à vista do ativo subjacente for igual ao *strike* da opção, a opção é dita *at the money* (no dinheiro).

1.3 *Swaps*

São contratos negociados em ambiente de balcão que realizam a troca de fluxos de caixa entre as partes, tendo como base a comparação da rentabilidade entre dois indexadores definidos no contrato. No seu vencimento, as partes se obrigam a trocar o resultado líquido das diferenças entre os dois fluxos de rendimentos.

Vamos analisar o caso de um *Swap* PRE × DI, que é um contrato muito comum no mercado de balcão organizado da BM&FBovespa[7]. As partes determinam um valor nocional N do contrato que será corrigido entre a abertura do contrato e o vencimento por dois indexadores:

- o primeiro indexador é uma taxa prefixada, combinada entre as partes no momento da negociação;
- o segundo indexador é a taxa DI[8] acumulada entre a abertura e o vencimento do contrato.

Na data de vencimento do contrato, apura-se a diferença entre o valor do nocional corrigido por ambos os indexadores. Seja DU o número de dias úteis entre a abertura e

---

[6] Como só pode haver uma venda se alguém estiver comprando, também não haveria posições compradoras. Ou seja, o mercado de opções não existiria.

[7] www.bmfbovespa.com.br

[8] A Taxa Média de Depósitos Interfinanceiros de Um Dia (DI), definida e divulgada pela Central de Custódia e de Liquidação Financeira de Títulos (www.cetip.com.br).

a data de vencimento, e DI_i a taxa DI ao ano[9] para o i-ésimo dia de vida do contrato, esta diferença será calculada por

$$N \times (1 + \text{PRE})^{\frac{DU}{252}} - N \times \prod_{i=1}^{DU}(1 + DI_i)^{\frac{1}{252}}. \qquad (1.8)$$

O resultado de 1.8 será o *payoff* da parte do contrato que está comprada em taxa prefixada (vendida em taxa DI). A outra parte do contrato terá o *payoff* com sinal oposto, dado por

$$N \times \prod_{i=1}^{DU}(1 + DI_i)^{\frac{1}{252}} - N \times (1 + \text{PRE})^{\frac{DU}{252}}. \qquad (1.9)$$

Do ponto de vista do apreçamento deste contrato, este contrato vale zero na sua abertura, assim como no caso dos contratos a termo. Isto é, as partes não realizam pagamentos entre si para assinar o contrato[10].

O *Swap* PRE $\times$ DI apresentado é apenas um exemplo. As partes podem definir quaisquer indexadores, bem como quaisquer fluxos de caixa[11]. Por isso, costuma-se modelar um contrato de *Swap* como sendo uma posição comprada e outra vendida em dois contratos de renda fixa independentes, mas com mesmo valor na abertura, de forma que o valor líquido deste portfólio seja zero no momento da abertura do contrato.

1.4 Principais Agentes

No mercado de contratos derivativos, podemos identificar três tipos de agentes:

- **Hedger**: é o agente que visa transferir seu risco para outro agente. Como exemplo, temos o exportador do caso estudado na seção 1.1. Ele buscou o mercado de derivativos para eliminar a incerteza sobre seu resultado futuro.
- **Arbitrador**: é o agente que se aproveita da diferença de preços de um mesmo ativo entre mercados diferentes para travar um lucro sem risco. Ele funciona como um regulador de preços entre mercados, tendo em vista que as leis de oferta e demanda acabam por equilibrar os preços, eliminando as possibilidades de arbitragem.
- **Especulador**: é aquele que busca lucro através da oscilação dos preços de mercado. A atuação do especulador envolve uma aposta sobre a direção dos preços, se beneficiando do diferencial entre os preços de compra e venda.

A atuação entre estes três agentes se complementa, o que garante eficiência do mercado de derivativos.

---

[9] Embora o DI seja uma taxa divulgada diariamente, normalmente ela é divulgada como uma taxa ao ano, conforme conceitos apresentados na seção 5.1.3.

[10] Podem existir, entretanto, custos de transação e necessidade de depósito de garantias.

[11] Um contrato de *Swap* não está restrito a ter apenas um fluxo de pagamentos no vencimento. Pode-se definir um contrato de *Swap* com pagamentos intermediários.

1.5 Resumo

Derivativos são instrumentos financeiros cujo resultado depende da realização de uma *variável aleatória*, normalmente representado por um preço de um ativo em uma data futura. Eles existem para permitir a transferência de risco entre agentes da economia. Vimos três dos principais tipos de derivativos: termo, opção e swap.

O contrato a termo consiste em combinar hoje o valor que será utilizado no futuro para comprar ou vender um determinado ativo subjacente. Neste contrato não há troca inicial de fluxo de caixa. Um exportador que realiza uma venda de produto em moeda estrangeira pode se proteger da oscilação cambial entre o fechamento do negócio e o recebimento do dinheiro do importador operando um contrato de venda a termo de forma concomitante ao contrato de exportação. Assim, é possível travar qual será a cotação utilizada na conversão da moeda estrangeira para moeda nacional.

O contrato de opção dá ao seu detentor o direito de realizar escolhas futuras. No caso de uma opção de compra (*call*), o detentor tem a opção, mas não a obrigação, de comprar um determinado ativo por um preço estabelecido no contrato (*strike*), em data ou período também determinado no contrato. De forma análoga, uma opção de venda (*put*) dá o direito de realizar uma venda. Diferentemente dos contratos a termo, a negociação do contrato envolve pagamento de prêmio, caso contrário haveria uma possibilidade de arbitragem (ganhar dinheiro sem risco, com uma estratégia com valor inicial nulo).

CAPÍTULO 2

Modelo Binomial

Felipe Noronha Tavares

Quanto devemos pagar para adquirir um contrato derivativo? Em particular, qual deve ser o valor justo do prêmio que pagamos por uma opção?

Quando estudamos Economia, aprendemos que o valor de qualquer *bem*, ou, no nosso contexto, de um *ativo financeiro*, pode ser determinado por condições de equilíbrio entre oferta e demanda. Para que seja possível determinar as condições de equilíbrio, é necessário conhecer as preferências dos investidores, representadas matematicamente pela *função utilidade*. Na prática, adotar o apreçamento de ativos financeiros pelas condições de equilíbrio é um trabalho complexo.

Entretanto, para o caso de um derivativo, seu valor depende do valor de outra variável da Economia. Se um derivativo define um *payoff* que é função do valor de outro *ativo básico* da Economia, podemos estabelecer uma relação entre seus valores? Sim! A ideia é replicar o *payoff* do derivativo utilizando uma carteira com os ativos básicos da Economia. Se esta replicação for possível, então o preço do derivativo deve ser igual ao preço da carteira replicadora. Este é o argumento do *apreçamento por não arbitragem*.

Neste capítulo, vamos explorar esta possibilidade através do *modelo binomial*. Veremos que, utilizando apenas matemática básica, este modelo é capaz de ilustrar os principais conceitos da Teoria de Finanças, além de ser uma poderosa ferramenta para conduzir o apreçamento de derivativos em geral.

2.1 Exemplo Numérico

Considere uma economia de 2 períodos: $t = 0$, e $t = 1$. Nesta conomia, o investidor só pode realizar transações, isto é, comprar ou vender qualquer quantidade de qualquer ativo disponível na economia, nestes dois instantes de tempo, devendo manter a carteira fixa no intervalo de tempo entre $t = 0$ e $t = 1$.

Dinâmica dos Ativos Básicos

Vamos introduzir dois ativos básicos: uma ação, e um ativo de renda fixa. Em $t = 0$, o preço da ação é conhecido, e vale 10. Já em $t = 1$, o preço da ação é incerto. Entretanto, vamos admitir que existem apenas dois cenários possíveis: ou o preço da ação irá subir para 14 com probabilidade p, ou cairá para 6 com probabilidade $(1 - p)$. Podemos representar a dinâmica do preço da ação pelo diagrama[1] da Figura 2.1.

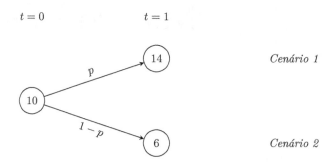

Figura 2.1: Dinâmica para o preço da ação.

Já a dinâmica para o preço do ativo de renda fixa é determinística. Em $t = 0$, a renda fixa vale 1 unidade monetária. E em $t = 1$, valerá 1,2 em ambos os cenários possíveis da Economia. A dinâmica da renda fixa está representada no diagrama da Figura 2.2.

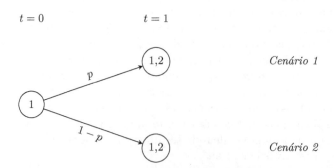

Figura 2.2: Dinâmica para o preço do ativo de renda fixa.

---

[1] Observe que as probabilidades estão intimamente ligadas aos cenários. Ou seja, p mede a probabilidade de ocorrência do *Cenário 1*, e $(1 - p)$ a probabilidade do *Cenário 2*.

2 Modelo Binomial

Ausência de Possibilidades de Arbitragem

Observe que o retorno de um investimento na ação não domina totalmente o retorno de um investimento na renda fixa, e vice-versa:

- Se aplicarmos N unidades monetárias na ação em $t = 0$, resgataremos $1{,}4N$ em $t = 1$ no cenário em que a ação sobe. Portanto, o *fator de correção* deste investimento é de 1,4.
- Para o cenário em que a ação cai, o *fator de correção* é de 0,6.
- Para um investimento na renda fixa, o *fator de correção* é fixo em 1,2.
- Portanto, temos que $0{,}6 < 1{,}2 < 1{,}4$.

Esta observação é importante pois nos permite concluir que esta Economia é *livre de arbitragem*, isto é, não é possível ganhar dinheiro, sem incorrer em risco de perder dinheiro, através de um portfólio cujo valor inicial é nulo: *there's no free lunch* [2]. Para entender isso, suponha que o preço ação fosse de acordo com a dinâmica da Figura 2.3. A dinâmica da renda fixa continuaria sendo aquela representada na Figura 2.2.

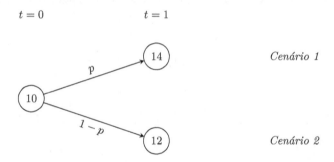

Figura 2.3: Dinâmica para o preço da ação com possibilidade de arbitragem.

Para provar que existe a possibilidade de arbitragem, vamos montar o seguinte portfólio:

- tome um empréstimo de 10 unidades monetárias[3],
- compre 1 unidade da ação por 10 unidades monetárias.

Observe que este portfólio vale 0 em $t = 0$. Já em $t = 1$, este portfólio valerá:

- $1 \times 14 - 10 \times 1{,}2 = 2$, no *Cenário 1*,
- $1 \times 12 - 10 \times 1{,}2 = 0$, no *Cenário 2*.

---

[2] Seja V_t o valor de um portfólio no instante de tempo t. Não é possível montar um portfólio em $t = 0$ com valor $V_0 = 0$ de forma que $V_1 \geq 0$ para todos os cenários e $V_1 > 0$ para ao menos um dos cenários.

[3] Equivale a vender o ativo de renda fixa.

Em ambos os casos, não é possível perder dinheiro a partir de um portfólio com valor inicial nulo. Além disso, existe a possibilidade de ganhar dinheiro se o *Cenário 1* ocorrer. Temos, portanto, uma arbitragem. Desta forma, mostramos que, quando o retorno da ação domina o retorno da renda fixa, temos uma possibilidade de arbitragem na Economia[4].

Apreçando um derivativo

Retomando o caso em que a Economia não admite arbitragem, a ação segue a dinâmica da Figura 2.1, e a renda fixa a dinâmica da Figura 2.2. Vamos agora introduzir nesta Economia uma *opção de compra* sobre a ação, com *strike* igual a 10 unidades monetárias, e vencimento em $t = 1$.

Se, em $t = 1$, o preço da ação for a 14, o investidor que tiver esta opção na sua carteira terá o interesse de exercê-la, adquirindo a ação por 10, para, em seguida, vendê-la a 14 pelo preço de mercado, obtendo um *payoff* de 4 unidades monetárias. Pelo mesmo raciocínio, se o preço da ação, em $t = 1$, for a 6, não será interessante o exercício desta opção, sendo o *payoff* igual a 0. Podemos representar a dinâmica do preço desta opção pelo diagrama da Figura 2.4, onde c é o prêmio que iremos pagar para adquirir a opção em $t = 0$.

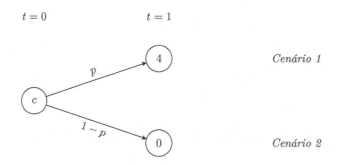

Figura 2.4: Dinâmica para o preço da opção.

Para determinar o preço c que pagaríamos para adquirir este derivativo em $t = 0$, vamos construir um portfólio com os ativos básicos da Economia, de forma que seu valor apresente o mesmo *payoff* do derivativo para cada cenário possível em $t = 1$. Se este portfólio existir, o chamaremos de *portfólio replicador*, e o seu valor em $t = 0$ deverá ser igual ao preço do derivativo. Caso contrário haveria uma possibilidade de arbitragem.

Seja o par ordenado (x,y) a representação de um portfólio composto por um investimento de x unidades monetárias no ativo de renda fixa, e y unidades da ação. O seu preço para cada cenário pode ser representado pelo diagrama da Figura 2.5.

---

[4] De forma análoga, pode-ser verificar que também existe possibilidade de arbitragem se o retorno da renda fixa majorar o da ação.

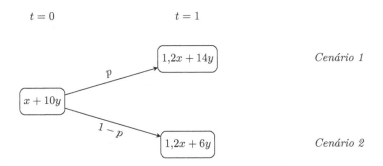

Figura 2.5: Dinâmica para o preço de um portfólio (x,y).

Para replicar o *payoff* do derivativo, basta montar um sistema de equações igualando o valor do *portfólio replicador* ao *payoff* do derivativo em $t = 1$.

$$1{,}2x + 14y = 4$$
$$1{,}2x + 6y = 0. \qquad (2.1)$$

Com duas equações e duas incógnitas, é possível resolver o sistema 2.1, obtendo como resultado: $x = -2{,}5$ e $y = 0{,}5$. Isso significa que para montar o portfólio que replica o mesmo *payoff* do derivativo basta realizar as seguintes transações no instante $t = 0$:

- tomar um empréstimo de 2,5 unidades monetárias,
- comprar 0,5 unidades da ação.

Portanto, o preço do derivativo em $t = 0$ será igual ao valor do portfólio replicador no mesmo instante. Assim, podemos determinar que o valor a ser pago pelo prêmio da opção deve ser igual a 2,5 unidades monetárias. De outra forma, haveria uma possibilidade de arbitragem.

$$c = x + 10y$$
$$c = -2{,}5 + 10 \times 0{,}5$$
$$c = 2{,}5. \qquad (2.2)$$

Um resultado interessante deste exercício é que não foi necessário fazer inferências sobre as preferências do investidor, e também não foi necessário obter as probabilidades de realização dos cenários: p e $(1 - p)$. Com isso, podemos observar que o preço do derivativo em $t = 0$ independe das probabilidades de realização dos cenários em $t = 1$. Em particular, seu preço em $t = 0$ independe do valor esperado do *payoff* do derivativo em $t = 1$.

Explorando Oportunidades de Arbitragem

O que aconteceria se o derivativo do exemplo estivesse sendo negociado a 2,0? Neste cenário, certamente haveria uma possibilidade de arbitragem: o preço de mercado da opção está abaixo do valor de um portfólio que replica o mesmo *payoff* da opção. Para obter lucro, podemos "comprar barato" a opção a mercado, e "vender caro" o seu portfólio replicador. Esta estratégia seria executada através das seguintes transações em $t = 0$:

- comprar 1 unidade da opção por 2 unidades monetárias,
- vender[5] 0,5 unidades da ação por 5 unidades monetárias,
- investir 2,5 unidades monetárias no ativo de renda fixa.

Observe que, ao executar estas transações, sobram $5 - 2 - 2,5 = 0,5$ unidades monetárias como lucro para o investidor em $t = 0$. Resta analisar o que ocorre em $t = 1$:

- Se o *Cenário 1* ocorrer, ocorrerá o exercício da opção, resultando no *payoff* de 4. O investidor terá que recomprar a ação pagando $0,5 \times 14 = 7$, e haverá o resgate do investimento em renda fixa com valor de $2,5 \times 1,2 = 3$. O *payoff* da estratégia no *Cenário 1* será, portanto, $4 - 7 + 3 = 0$.
- Se o *Cenário 2* ocorrer, a opção apresentará *payoff* nulo, pois não haverá exercício. O investidor terá que recomprar a ação pagando $0,5 \times 6 = 3$, e haverá o resgate do investimento em renda fixa com valor de 3. O *payoff* da estratégia no *Cenário 2* será $0 - 3 + 3 = 0$.

Com isso, obtemos valor 0 para a estratégia em $t = 1$ para os dois cenários possíveis. Como o investidor já obteve lucro em $t = 0$, temos uma arbitragem.

2.2 Modelo Binomial de 1 período: Caso Genérico

Agora que entendemos a mecânica de apreçamento para um caso específico, vamos analisar o mesmo problema para um derivativo genérico. Isso nos permitirá realizar o apreçamento para qualquer derivativo, mas ainda restrito ao caso da Economia de dois períodos.

Suponha uma Economia de dois períodos: $t = 0$ e $t = T$. Seguindo o mesmo raciocínio da seção 2.1 o investidor só pode realizar compras ou vendas nestes dois instantes de tempo, devendo manter a carteira fixa no intervalo de tempo entre $t = 0$ e $t = T$. Além disso, só existem dois cenários possíveis em $t = T$.

Dinâmica dos Ativos Básicos

Vamos introduzir dois ativos básicos: uma ação e um investimento em renda fixa. O preço da ação é dado por S_t, onde:

$$S_0 = s,$$
$$S_T = sZ. \tag{2.3}$$

O valor da ação em $t = 0$ é conhecido, e dado por uma constante s. Em $t = T$, o seu preço é incerto, e depende da realização da variável aleatória Z que pode assumir apenas dois valores possíveis:

---

[5] Admitindo a possibilidade de vendas a descoberto da ação.

- $Z = u$, com probabilidade p_u, ou
- $Z = d$, com probabilidade p_d.

Sem perda de generalidade, vamos arbitrar que $u > d$. Com isso, a dinâmica do preço da ação pode ser representada pela Figura 2.6.

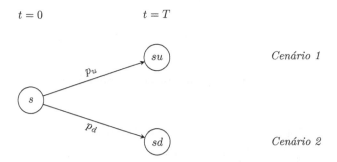

Figura 2.6: Dinâmica para o preço da ação.

A partir da definição da variável aleatória Z, podemos concluir que seu valor esperado é dado por:[6]

$$E(Z) = up_u + dp_d. \qquad (2.4)$$

Podemos obter também o valor esperado da ação:

$$E(S_T) = E(sZ) = sE(Z) = s(up_u + dp_d). \qquad (2.5)$$

Para o caso da renda fixa, seu preço é determinístico, dado por B_t, onde:

$$B_0 = 1,$$
$$B_T = R. \qquad (2.6)$$

Por convenção, este investimento em renda fixa possui valor inicial de 1 unidade monetária. No instante $t = T$, seu valor R representará o *fator de correção* da renda fixa relativo ao prazo T. Podemos associar R a uma taxa de juros fixa, conforme a necessidade. Por exemplo, seja r uma taxa de juros cotada com composição contínua (ver seção 5.1.5), então teremos que $R = e^{rT}$. Observe que $1/R$ representa o fator de desconto em $t = 0$ relativo ao vencimento $t = T$. Esta dinâmica pode ser observada na Figura 2.7.

Premissas

Vamos assumir que são verdadeiras as seguintes hipóteses:

- são permitidas posições vendidas,

---

[6] Aqui, é importante observar que $p_u + p_d = 1$.

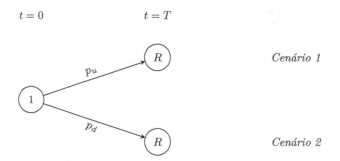

Figura 2.7: Dinâmica para o preço do ativo de renda fixa.

- é permitido obter qualquer fração dos ativos básicos,
- não existe *bid-ask spread*[7],
- não existe custo de transação,
- o mercado é perfeitamente líquido.

Ausência de Possibilidades de Arbitragem

Conforme visto no exemplo numérico da seção 2.1, para que não haja possibilidades de arbitragem nesta Economia, o fator de correção de um investimento na ação não pode dominar totalmente o fator da renda fixa, e vice-versa. Isso implica que esta Economia é *livre de arbitragem* se, e somente se, a seguinte condição for válida:

$$d < R < u. \tag{2.7}$$

A condição de não arbitragem da equação 2.7 pode ser vista de outra forma: se R é um número entre d e u, então podemos expressar o valor R como uma média ponderada entre os números d e u. Sejam q_d e q_u os pesos desta média ponderada, podemos reescrever a condição de não arbitragem como:

$$q_u + q_d = 1,$$
$$uq_u + dq_d = R. \tag{2.8}$$

Observe a semelhança entre as equações 2.8 e 2.4. Se interpretarmos que os valores q_u e q_d representam probabilidades, podemos reescrever a equação 2.8 como:

$$R = E^Q(Z). \tag{2.9}$$

---

[7] O preço para comprar um ativo é igual ao preço para vender o mesmo ativo.

2 Modelo Binomial 23

Neste contexto, Q representa uma nova *medida de probabilidade*, definida pelas probabilidades q_u e q_d, que tomam o lugar das verdadeiras probabilidades p_u e p_d utilizadas na equação 2.4[8].

Repetindo o que foi feito na equação 2.5 para a nova *medida de probabilidade* Q, teremos que o valor esperado da ação é dado por:

$$E^Q(S_T) = suq_u + sdq_d = s(uq_u + dq_d) = sR, \qquad (2.10)$$

ou ainda, isolando s na equação 2.10 e lembrando que $S_0 = s$:

$$S_0 = \frac{E^Q(S_T)}{R}. \qquad (2.11)$$

A equação 2.11 nos informa que o preço da ação em $t = 0$ é igual ao seu valor esperado em $t = T$ descontado a valor presente utilizando o fator de desconto do ativo *livre de risco* da Economia[9]. Mas a ação não é um ativo livre de risco, pois possui *payoff* incerto. Apenas um investidor *neutro ao risco*[10] faria o apreçamento desta forma. Por este motivo, definimos que Q é a *medida neutra ao risco*.

Valuation. Quando estudamos *Valuation* de empresas, ou finanças corporativas, aprendemos que deve-se aplicar a seguinte equação de apreçamento para o caso de ativos arriscados:

$$S_0 = \frac{E(S_T)}{R+p}. \qquad (2.12)$$

onde p é o *prêmio de risco*, que indica a rentabilidade adicional que o investidor cobra, em relação ao investimento *livre de risco*, para investir em um ativo arriscado.

Se $p = 0$ e utilizarmos a medida de probabilidade Q, temos o resultado da equação 2.11.

É importante frisar que não iremos supor que o investidor é de fato *neutro ao risco*. A medida Q surge diretamente da condição de não arbitragem da equação 2.7. Este é apenas um artifício matemático que nos permitirá evoluir para modelos mais complexos com maior facilidade.

Por fim, nada nos impede de utilizar a equação 2.12 para realizar o apreçamento da ação. O resultado será exatamente o mesmo da equação 2.11. O único problema é que teríamos que conhecer o valor do *prêmio de risco* cobrado pelo investidor.

---

[8] Neste contexto, $E(Z) = up_u + dp_d$, onde p_u e p_d são as probabilidades *verdadeiras*, isto é, aquelas que observamos no mundo real, ou *medida objetiva*. Podemos definir novas probabilidades para os mesmos cenários possíveis para a variável aleatória Z. Fazendo isso, definimos uma nova *medida de probabilidade*.

[9] O ativo de renda fixa é dito *livre de risco* pois não há incerteza, no instante de tempo $t = 0$, sobre qual será seu valor em $t = T$.

[10] Um investidor *neutro ao risco* não cobra prêmio de risco. Sobre esta perspectiva, ele cobra de um investimento arriscado a mesma rentabilidade esperada para um investimento sem risco.

Resolvendo o sistema de equações 2.8 encontramos os valores das *probabilidades neutras ao risco*:

$$q_u = \frac{R-d}{u-d}, \quad q_d = 1 - q_u = \frac{u-R}{u-d}. \tag{2.13}$$

Apreçando um *derivativo*

Neste modelo, um derivativo é definido como qualquer contrato negociado em $t = 0$ cujo *payoff* em $t = T$ pode ser descrito por uma função f sobre a variável aleatória Z que foi definida na equação 2.3. Seja X_t o valor do derivativo no instante t, estamos interessados em determinar o valor X_0. E temos que:

$$X_T = f(Z). \tag{2.14}$$

Um derivativo é dito replicável quando conseguimos montar uma carteira em $t = 0$ cujo *payoff* é exatamente o mesmo do derivativo em $t = T$ para todos os cenários possíveis. Numa Economia, se todos os derivativos podem ser replicados[11], então dizemos que *o mercado é completo*. Para este modelo, se a Economia for *livre de arbitragem*, então o *mercado é completo*.

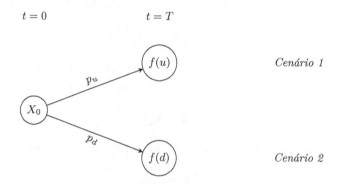

Figura 2.8: Dinâmica para o preço da opção.

Na Figura 2.8, para determinar o preço X_0 que pagaríamos para adquirir este derivativo em $t = 0$, vamos construir um *portfólio replicador* representado pelo par ordenado (x,y), composto por um investimento de x unidades monetárias no ativo de renda fixa, e y unidades da ação. O valor do portfólio em $t = T$ deverá ser igual ao *payoff* do derivativo em cada cenário:

$$xR + ysu = f(u),$$
$$xR + ysd = f(d). \tag{2.15}$$

---

[11] Para o Modelo Binomial de 1 período, o derivativo genérico da equação 2.14 cobre todos os derivativos possíveis.

Resolvendo o sistema de equações 2.15 para x e y, temos as seguintes soluções:

$$x = \frac{uf(d) - df(u)}{R(u - d)},$$

$$y = \left(\frac{1}{s}\right)\frac{f(u) - f(d)}{u - d}. \tag{2.16}$$

Para determinar o preço inicial X_0 do derivativo, basta igualar seu valor ao preço do portfólio replicador em $t = 0$:

$$X_0 = x + ys$$

$$= \frac{uf(d) - df(u)}{R(u - d)} + s\left(\frac{1}{s}\right)\frac{f(u) - f(d)}{u - d}$$

$$= \frac{R^{-1}\left(uf(d) - df(u)\right) + \left(f(u) - f(d)\right)}{u - d}$$

$$= \frac{R^{-1}\left(uf(d) - df(u)\right) + \left(f(u) - f(d)\right)R^{-1}R}{u - d}$$

$$= R^{-1}\left(\frac{uf(d) - df(u) + Rf(u) - Rf(d)}{u - d}\right)$$

$$= R^{-1}\left(\frac{R - d}{u - d}f(u) + \frac{u - R}{u - d}f(d)\right)$$

$$= R^{-1}\left(q_u f(u) + q_d f(d)\right)$$

$$= \frac{E^Q(X_T)}{R}. \tag{2.17}$$

O resultado da equação 2.17 nos mostra que, no caso de um mercado completo, existe um único preço para o derivativo, e este preço é dado pela fórmula de apreçamento neutro ao risco que introduzimos na equação 2.11. A introdução deste contrato derivativo na Economia não adiciona nenhuma informação (ou incerteza) nova, dado que podemos substituir perfeitamente o derivativo por um portfólio replicador que contém apenas os ativos básicos da Economia.

Por fim, vimos que a existência das probabilidades neutras ao risco q_u e q_d está intimamente relacionada à condição de não arbitragem expressa na equação 2.7. Este resultado é conhecido como **Teorema Fundamental de Finanças**, que afirma que não existe arbitragem se, e somente se, existem probabilidades neutras ao risco.

2.3 Modelo Binomial Multiperíodo

Considere agora uma Economia de n períodos. Vamos considerar a presença dos mesmos ativos básicos, com as mesmas características. A única diferença é a quantidade de períodos: vamos dividir o intervalo de tempo entre $t = 0$ e $t = T$ em n períodos igualmente espaçados por $\Delta t = \frac{T}{n}$. Desta forma, a dinâmica para a ação será dada por:

$$\begin{aligned} S_0 &= s, \\ S_{i+1} &= S_i Z_i. \end{aligned} \quad (2.18)$$

onde $Z_0, Z_1, \ldots, Z_{n-1}$ são variáveis aleatórias i.i.d., e

$$\begin{aligned} P(Z_i = d) &= p_d, \\ P(Z_i = u) &= p_u. \end{aligned} \quad (2.19)$$

A Figura 2.9 mostra como ficaria a dinâmica da ação para os três primeiros períodos.

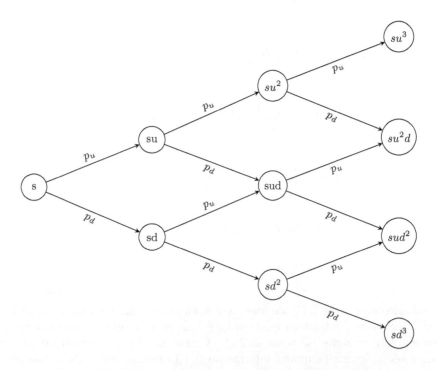

Figura 2.9: Dinâmica do preço da ação para três períodos.

2 Modelo Binomial 27

A dinâmica para o ativo de renda fixa será dada por:

$$B_0 = 1,$$
$$B_{i+1} = B_i R. \tag{2.20}$$

onde R é o fator de correção para o ativo de renda fixa no intervalo de tempo Δt. Podemos associar R a uma taxa de juros cotada com composição contínua r pela relação: $R = e^{r\Delta t}$. Ao final de cada período, o investidor pode comprar ou vender os ativos básicos. Podemos chamar de estratégia uma sequência de portfólios $h_i = (x_i, y_i)$, $i = 0, 1, \ldots, n - 1$.

Para replicar o *payoff* de um derivativo neste modelo, podemos escolher uma determinada estratégia. Neste contexto, só nos interessam as estratégias autofinanciáveis, isto é, aquelas que satisfazem a seguinte condição:

$$x_i R + y_i S_{i+1} = x_{i+1} + y_{i+1} S_{i+1}. \tag{2.21}$$

A equação 2.21 é uma restrição orçamentária: o valor do portfólio escolhido em i deverá ser, ao final do período, igual ao valor inicial do portfólio escolhido em $i + 1$. Isso implica que não há injeção ou resgate de capital ao longo do tempo: ao final de cada período, ao rebalancear a carteira, o investidor vende o portfólio atual e compra o próximo portfólio com o mesmo dinheiro, sem precisar de dinheiro a mais, e sem sobrar dinheiro. Isso faz sentido sob o ponto de vista de um investidor que lançou uma opção e está replicando o *payoff* deste derivativo utilizando como capital inicial apenas o prêmio adquirido na venda da opção.

Como exemplo, considere o modelo de três períodos, com os seguintes dados: $s = 50$, $u = 1,2$, $d = 0,8$, $R = 1,1$. A dinâmica do preço da ação está representada na Figura 2.10.

Vamos replicar o *payoff* de uma *call* europeia com *strike* 50. A Figura 2.11 representa o valor do derivativo a cada instante de tempo. Como ponto de partida do exercício, conhecemos os valores finais da opção, que são dados pelo *payoff* da *call* em cada cenário no vencimento do derivativo. Por exemplo, para o caso em que a ação vale 86,4 no vencimento da opção, o investidor pode exercer a opção, comprando a ação pelo valor do *strike* 50, e, ao vender a ação a mercado, teria um lucro de: $86,4 - 50 = 36,4$. Em seguida, vamos determinar o valor da opção para cada cenário anterior ao vencimento do contrato.

Para cada par de valores do derivativo no vencimento, podemos determinar o valor do derivativo no instante de tempo imediatamente anterior aplicando o resultado do modelo binomial de 1 período, isto é, aplicando a equação de apreçamento 2.17. Por exemplo, para o caso do nó imediatamente anterior aos valores 36,4 e 7,6, a conta seria:

$$X_2 = \frac{E^Q(X_3)}{R} = \frac{q_u \times 36,4 + q_d \times 7,6}{R} = \frac{0,75 \times 36,4 + 0,25 \times 7,6}{1,1} = 26,55. \tag{2.22}$$

Aplicando o mesmo raciocínio para o restante da árvore, partindo do vencimento e indo até a abertura do contrato, temos o resultado mostrado na Figura 2.12.

Utilizando as equações para o portfólio replicador 2.16, podemos verificar que esta solução utiliza uma estratégia autofinanciável. Para ilustrar, vamos analisar o portfólio replicador a cada etapa da árvore nos cenários em que o preço da ação sobe.

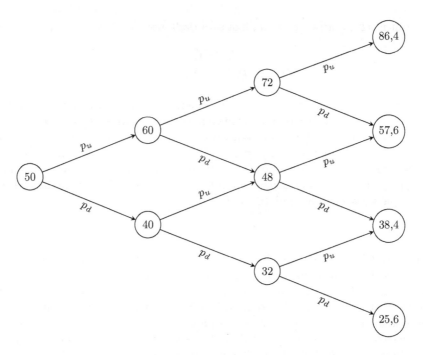

Figura 2.10: Dinâmica do preço da ação para o exemplo numérico.

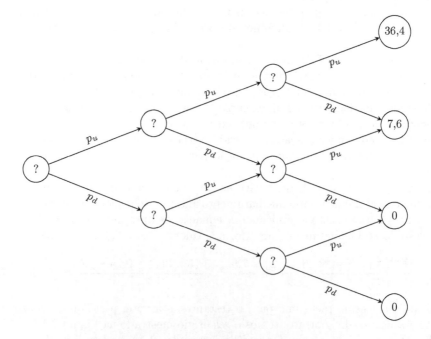

Figura 2.11: Apreçamento do Derivativo.

2 Modelo Binomial

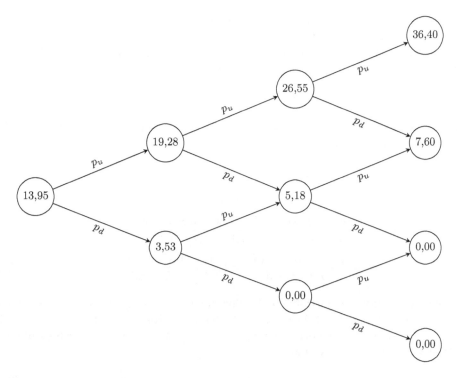

Figura 2.12: Apreçamento do Derivativo.

Portfólio replicador em $t = 0$

$$x_0 = \frac{uf(d) - df(u)}{R(u-d)} = \frac{1{,}2 \times 3{,}53 - 0{,}8 \times 19{,}28}{1{,}1 \times (1{,}2 - 0{,}8)} = -25{,}41$$

$$y_0 = \left(\frac{1}{s}\right)\frac{f(u) - f(d)}{u-d} = \left(\frac{1}{50}\right)\frac{19{,}28 - 3{,}53}{1{,}2 - 0{,}8} = 0{,}79. \qquad (2.23)$$

Veja que podemos checar que o valor do portfólio em 2.23 se iguala ao valor da opção em $t = 0$: $x_0 + sy_0 = -25{,}41 + 50 \times 0{,}79 = 13{,}95$.

Portfólio replicador em $t = 1$

$$x_1 = \frac{uf(d) - df(u)}{R(u-d)} = \frac{1{,}2 \times 5{,}18 - 0{,}8 \times 26{,}55}{1{,}1 \times (1{,}2 - 0{,}8)} = -34{,}13$$

$$y_1 = \left(\frac{1}{s}\right)\frac{f(u) - f(d)}{u-d} = \left(\frac{1}{60}\right)\frac{26{,}55 - 5{,}18}{1{,}2 - 0{,}8} = 0{,}89. \qquad (2.24)$$

Checando se o valor do portfólio replicador em $t = 1$ se iguala ao valor da opção: $x_1 + sy_1 = -34,13 + 60 \times 0,89 = 19,28$.

Checando a condição estabelecida em 2.21, vemos que a transição do portfólio replicador entre $t = 0$ e $t = 1$ representa uma estratégia auto financiável. Como

$$x_0 R + y_0 S_1 = -25,41 \times 1,1 + 0,79 \times 60 = 19,28, \tag{2.25}$$

o valor do portfólio escolhido em $t = 0$ vale 19,28 em $t = 1$, que é exatamente o valor do portfólio replicador de $t = 1$.

Portfólio replicador em $t = 2$

$$x_2 = \frac{uf(d) - df(u)}{R(u - d)} = \frac{1,2 \times 7,60 - 0,8 \times 36,40}{1,1 \times (1,2 - 0,8)} = -45,45$$

$$y_2 = \left(\frac{1}{s}\right) \frac{f(u) - f(d)}{u - d} = \left(\frac{1}{72}\right) \frac{36,40 - 7,60}{1,2 - 0,8} = 1,00. \tag{2.26}$$

Checando se o valor do portfólio replicador em $t = 2$ se iguala ao valor da opção: $x_2 + sy_2 = -45,45 + 72 \times 1,00 = 26,55$. Checando a condição estabelecida em 2.21, vemos que a transição do portfólio replicador entre $t = 1$ e $t = 2$ representa uma estratégia auto financiável. Como

$$x_1 R + y_1 S_2 = -34,13 \times 1,1 + 0,89 \times 72 = 26,55, \tag{2.27}$$

o valor do portfólio escolhido em $t = 1$ vale 19,28 em $t = 2$, que é exatamente o valor do portfólio replicador de $t = 2$.

Neste exemplo, testamos apenas um dos caminhos possíveis na árvore de preços. Deixamos como exercício para o leitor verificar que a estratégia é auto financiável para todos os caminhos possíveis.

2.4 Resumo

Vimos que o *apreçamento por não arbitragem* consiste em replicar o *payoff* de um derivativo utilizando um portfólio replicador contendo os ativos básicos da Economia. Através do Modelo Binomial, vimos como determinar o portfólio replicador e apresentamos o conceito do apreçamento por neutralidade ao risco, que consiste em realizar o apreçamento do derivativo como sendo o valor médio do *payoff* do derivativo na medida neutra ao risco, descontado a valor presente pela taxa livre de risco. Para um Modelo Binomial de múltiplos períodos, vimos como aplicar uma estratégia auto financiável, determinando como replicar o derivativo, e, portanto, qual deve ser seu preço.

CAPÍTULO 3

Modelo de Black-Scholes

Lucas Duarte Processi*

Este capítulo tratará da precificação de opções por meio do Modelo de Black-Scholes (Modelo de BS) e suas extensões. Por serem frequentemente utilizados na precificação de diversos derivativos, o gestor de risco deve conhecer as hipóteses em que se baseiam os modelos dessa família, bem como suas limitações e sua aplicabilidade no apreçamento de instrumentos financeiros derivativos e na mensuração de riscos.

O modelo original de Fischer Black e Myrion Scholes foi publicado em artigo de 1973 [Black and Scholes, 1973], e estabelecia uma nova forma de precificar opções e de se proteger dos seus riscos inerentes. Robert Merton, no mesmo ano, publicou outro artigo [Merton, 1973], incorporando novos elementos à análise, e consolidando o chamado Modelo de Black-Scholes-Merton. Mais de vinte anos depois, Merton e Scholes receberiam o prêmio Nobel de Economia em razão da invenção desse "novo método de determinar o valor dos derivativos".

3.1 Movimento Browniano Geométrico e Lema de Itô

Para se apreçar um contrato derivativo, primeiramente é preciso modelar o processo que rege a dinâmica do ativo-objeto. No caso das ações e índices, alguns modelos assumem que o preço do ativo-objeto segue um processo estocástico chamado *Movimento Browniano Geométrico* (MBG). Veremos nesta seção como é definida essa dinâmica dos preços, bem como suas propriedades e características.

Para ajudar na definição do processo estocástico de movimento browniano geométrico, primeiro imaginemos um pequeno exemplo (baseado em [Wilmott, 2007, pp.71-75]). Va-

---

* Agradeço ao colega Felipe Canedo de Freitas Pinheiro pelo minucioso trabalho de revisão deste capítulo. Não obstante, ressalto que quaisquer erros ou omissões aqui encontrados são de minha inteira responsabilidade.

mos criar um experimento em que se joga sucessivamente uma moeda não viciada. Cada vez que o jogador obtiver "cara" ele ganha R$ 1, caso contrário ele paga R$ 1. Se R_i é a quantidade obtida na i-ésima rodada:

$$E(R_i) = 0,$$
$$Var(R_i) = 1,$$
$$Cov(R_i, R_j) = 0, \quad \text{para todo } i \neq j. \tag{3.1}$$

A quantidade total de dinheiro do jogador ao final de i rodadas é dada por:

$$S_i = \sum_{j=1}^{i} R_j. \tag{3.2}$$

Sendo as jogadas independentes, o valor esperado e a variância do saldo são dadas por:

$$E(S_i) = 0$$
$$Var(S_i) = \sum_{j=1}^{i} 1 = i. \tag{3.3}$$

Se já conhecemos nosso saldo após a i-ésima rodada, a esperança condicional do saldo em $i+1$ é dada por:
$$E(S_{i+1}|R_1, \ldots, R_i) = S_i. \tag{3.4}$$

Diz-se então que S_i segue um processo estocástico discreto chamado de passeio aleatório (*random walk*). Este exemplo ilustra duas propriedades do movimento browniano. O comportamento da variável S_{i+1}, condicionada a todas as variáveis passadas, depende apenas do último valor disponível, S_i. Isso é coerente com a *hipótese fraca de mercados eficientes* [Fama, 1970], em que toda informação do passado (de S_1 a S_{i-1}) da ação está incorporada no preço atual (S_i). Esta é a chamada *Propriedade de Markov*. Qualquer processo que exiba esta propriedade é chamado de *Processo de Markov*.

A segunda propriedade está expressa no fato de que o valor esperado do saldo futuro é sempre igual ao saldo atual: $E(S_{i+1}|R_1, R_2, \ldots, R_i) = S_i$. É a definição de um jogo justo: um jogo em que as partes entrantes não esperam ganhar nem perder sistematicamente. Este conceito é coerente com a ideia de não arbitragem utilizada no apreçamento de instrumentos financeiros. Esta propriedade é chamada de *martingal*.

Se modificarmos o experimento em questão, de forma a jogarmos n moedas por segundo, e modificarmos o tamanho da aposta por rodada para $\sqrt{\frac{t}{n}}$, teremos um processo em que:

$$E(S_i) = 0$$
$$Var(S_i) = n \left(\sqrt{\frac{t}{n}} \right)^2 = t \tag{3.5}$$

À medida em que aceleramos o jogo ($n \to \infty$), a variável S_i vai se aproximando do chamado movimento browniano, visto como a versão em tempo contínuo de um passeio aleatório. O valor do tamanho da aposta foi deliberadamente escolhido para garantir que o saldo S_i será sempre finito em um tempo finito.

Agora suponha que, por exemplo, a ação XYZ siga um Processo de Markov com valor inicial igual a R\$ 10 e que o incremento ΔZ de valor na ação (ou seja, o ganho ou a perda em reais) ao final de um ano seja dado pela distribuição $N(0,1)$, onde $N(\mu,\sigma^2)$ é uma distribuição normal de média μ e variância σ^2.

A distribuição do incremento ΔZ em dois anos será dada pela distribuição $N(0,2)$, uma vez que os incrementos do primeiro e do segundo anos são independentes. Para qualquer tempo T, ΔZ será dado pela distribuição $N(0,T)$. Para um período bem curto Δt, a distribuição de Z se torna $N(0,\Delta t)$.

Note que o desvio-padrão da distribuição de ΔZ é igual a $\sqrt{\Delta t}$. Esse processo descrito acima, na forma discreta, é dado por:

$$\Delta Z = \epsilon\sqrt{\Delta t}, \text{ em que } \epsilon \sim N(0,1). \tag{3.6}$$

Os valores de ΔZ são independentes para intervalos de tempo diferentes. Quando $\Delta T \to 0$, dizemos que Z segue um *Processo Básico de Wiener*, em que os valores de dZ são dados por distribuição normal de média 0 e variância dt.

De forma mais abrangente, se Z segue um Processo Básico de Wiener, definimos como *Processo de Wiener Generalizado* qualquer variável x que siga a equação diferencial:

$$dx = adt + bdZ. \tag{3.7}$$

Na equação, a constante a é chamada de nível (ou *drift*) e é responsável pela tendência do processo, enquanto a constante b é a volatilidade e determina o tamanho da variabilidade do processo. Quando a e b, em vez de constantes, variam com o valor de x e com o tempo, temos um *Processo de Itô*, dado pela equação:

$$dx = a\,(x,t)\,dt + b\,(x,t)\,dZ. \tag{3.8}$$

Podemos representar um *Movimento Browniano Aritmético* (MBA) por meio de um Processo Generalizado de Wiener. Para isso, iremos renomear as variáveis a e b para μ e σ. Vamos também trocar a variável x por S, para enfatizar que ela agora se refere ao preço *spot* de uma ação. Assim, o processo se torna:

$$dS = \mu dt + \sigma dZ, \tag{3.9}$$

ou, na forma discreta, podemos escrever:

$$\Delta S = \mu\Delta t + \sigma\epsilon\sqrt{\Delta t}. \tag{3.10}$$

Isto significa que toda a variação ΔS (ou $S_t - S_{t-1}$) no preço da ação é dada por um termo constante proporcional ao tempo Δt, acrescido a um termo aleatório regido por uma distribuição normal padrão e multiplicado por $\sigma\sqrt{\Delta t}$. Se fôssemos utilizar um movimento browniano aritmético para representar a evolução do preço de XYZ, notaríamos que o preço da ação, ao longo da série, poderia se tornar negativo, como mostrado na simulação de cinco caminhos de um MBA, representada na Figura 3.1. Essa é uma situação que claramente não ocorre com a série histórica de uma ação no mundo real, e por isso esse processo não é adequado para se modelar o preço de uma ação.

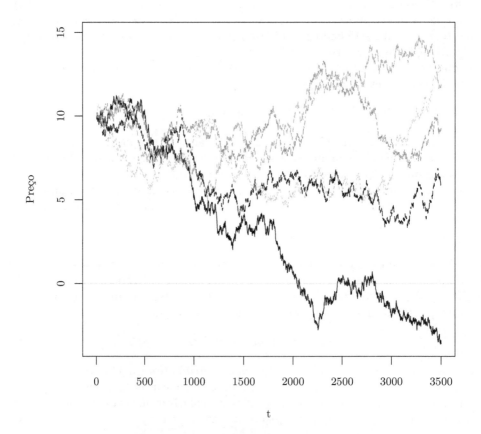

Figura 3.1: Realizações de um Movimento Browniano Aritmético.

Um processo utilizado para representar a evolução de um preço de ação é o *Movimento Browniano Geométrico* (MBG), cuja equação é dada por:

$$\frac{dS}{S} = \mu dt + \sigma dZ, \qquad (3.11)$$

ou, na versão discreta, por:

3 Modelo de Black-Scholes

$$\frac{\Delta S}{S} = \mu \Delta t + \sigma \epsilon \Delta t. \tag{3.12}$$

A alteração introduzida na parte esquerda da equação nos sugere que, na versão discreta do MBG, são os retornos de S (ou seja, $\frac{\Delta S}{S}$) que seguem um movimento browniano aritmético. Se $\log x$ é o logaritmo natural de x, e C é uma constante, sabemos que:

$$\int \frac{dS}{S} = \log|S| + C. \tag{3.13}$$

Portanto, o MBG pode ser visto como um MBA do logaritmo de S. No MBG, o tamanho dos incrementos ΔS é proporcional ao valor de S e não é possível haver valores negativos para S. A Figura 3.2 nos mostra cinco caminhos simulados de um MBG.

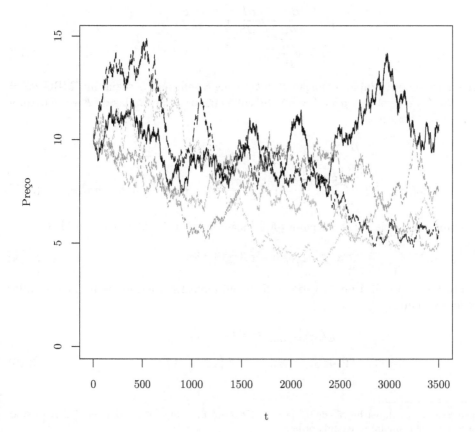

Figura 3.2: Realizações de um Movimento Browniano Geométrico.

Antes de explorar as propriedades do MBG, convém apresentarmos uma importante identidade do cálculo estocástico, conhecida como *Lema de Itô*. Este lema nos permite identificar a dinâmica seguida por uma função de uma variável aleatória. Suponha que a variável S é regida por um processo de Itô:

$$dS = a(S,t)dt + b(S,t)dZ. \qquad (3.14)$$

Em que Z segue um processo básico de Wiener. O *Lema de Itô* nos diz que, se $F(S,t)$ é uma função escalar duplamente diferenciável[1], o processo estocástico que governa $F(S,t)$ é:[2]

$$dF = \left(\frac{\partial F}{\partial t} + a\frac{\partial F}{\partial S} + \frac{b^2}{2}\frac{\partial^2 F}{\partial S^2} \right) dt + b\frac{\partial F}{\partial S}dZ. \qquad (3.15)$$

A prova formal dessa equação envolve o limite de uma sequência de variáveis aleatórias, e foge do escopo deste livro[3]. Porém, um resultado deste lema é que a função $F(S,t)$ também segue um processo de Itô, com *drift* e volatilidades:

$$\mu_F = \frac{\partial F}{\partial t} + a\frac{\partial F}{\partial S} + \frac{b^2}{2}\frac{\partial^2 F}{\partial S^2},$$
$$\sigma_F = b\frac{\partial F}{\partial S}. \qquad (3.16)$$

Tomemos como exemplo a função $F(S,t) = \log S$, em que S segue um MBG $dS = \mu S dt + \sigma S dZ$, ou seja, $a = \mu S$ e $b = \sigma S$. Se calcularmos as derivadas de F e aplicarmos o *Lema de Itô*, teremos:

$$\frac{\partial F}{\partial S} = \frac{1}{S}, \qquad \frac{\partial^2 F}{\partial S^2} = -\frac{1}{S^2} \qquad e \qquad \frac{\partial F}{\partial t} = 0,$$
$$d\log S = \left(0 + \frac{\mu S}{S} - \frac{\sigma^2 S^2}{2S^2} \right) dt + \frac{\sigma S}{S}dZ = \left(\mu - \frac{\sigma^2}{2} \right) dt + \sigma dZ. \qquad (3.17)$$

Integrando dos dois lados, chegamos à solução da equação diferencial do MBG:

$$S_t = S_0 e^{(\mu - \frac{\sigma^2}{2})t + \sigma(Z_t - Z_0)}. \qquad (3.18)$$

Este resultado implica que a variável S_t segue uma distribuição log-normal de valor esperado e variância:

$$E(S_t) = S_0 e^{\mu t + \frac{\sigma^2}{2}t},$$
$$Var(S_t) = S_0^2 e^{2\mu t + \sigma^2 t} \left(e^{\sigma^2 t} - 1 \right). \qquad (3.19)$$

---

[1] Função escalar é qualquer função de $\mathbb{R}^n$ para $\mathbb{R}$. Uma função é duplamente diferenciável se existem suas derivadas de primeira e segunda ordem.

[2] Note que, para simplificar a fórmula, omitimos os índices e representamos $F(S,t)$, $a(S,t)$ e $b(S,t)$ por, respectivamente, F, a e b.

[3] Os leitores interessados podem consultar [Hull, 2009, pp.275-276] para ver uma derivação do *Lema de Itô*.

3 Modelo de Black-Scholes

Quando $t = 0$, o valor esperado de S é S_0 e sua variância é zero. À medida que vamos projetando a distribuição de valores de S à frente, vemos que a incerteza sobre o valor de S, representada pela variância, aumenta.

Se S_t segue a distribuição log-normal que descrevemos acima, pode-se demonstrar que $\log S_t$, por sua vez, segue uma distribuição normal com os seguintes parâmetros:

$$E(\log S_t) = \log S_0 + \left(\mu - \frac{\sigma^2}{2}\right) t,$$

$$Var(\log S_t) = \sigma^2 t. \tag{3.20}$$

Por fim, os parâmetros μ e σ de um MBG podem ser calibrados a partir de dados históricos. Se $x_i = \log\left(\frac{S_i}{S_{i-1}}\right) = \log S_i - \log S_{i-1}$ são os log-retornos da série histórica, então $x_i \sim N(\mu, \sigma^2)$, e os estimadores de máxima verossimilhança para μ e σ^2 são:

$$\hat{\mu} = \sum_{i=1}^{n} \frac{x_i}{n},$$

$$\hat{\sigma^2} = \sum_{i=1}^{n} \frac{(x_i - \hat{\mu})^2}{n}. \tag{3.21}$$

Quando temos dados diários das ações negociadas na BOVESPA podemos fazer a seguinte transformação[4], considerando-se 252 dias úteis por ano:

$$\mu_{\text{anual}} = \mu_{\text{diário}} \cdot 252,$$

$$\sigma_{\text{anual}} = \sigma_{\text{diário}} \cdot \sqrt{252}. \tag{3.22}$$

Exemplo

Vamos utilizar os dados históricos da ação XYZ para calibrar um processo estocástico de MBG. Na Tabela 3.1, podemos ver os preços de fechamento do ativo, bem como o log-preço ($\log S_i$) e o log-retorno ($x_i = \log(S_i/S_{i-1})$). Os valores estimados de μ e σ, em termos anuais, são respectivamente $-0{,}392$ e $0{,}480$.

Apesar de o exemplo utilizar apenas um mês de dados, deve-se sempre observar que a amostra precisa ser grande o suficiente para que se obtenha uma boa estimação.

De posse dos parâmetros do MBG, podemos realizar algumas simulações do valor ativo, por exemplo, no horizonte de um ano. Na Tabela 3.2, a coluna ϵ_i contém simulações de uma normal-padrão, enquanto a coluna ΔS contém a variação calculada com a equação discreta $\Delta S_i = \mu S_{i-1}\Delta t + \sigma S_{i-1}\epsilon_i\sqrt{\Delta t}$ e o Δt escolhido foi $0{,}001$. Por fim, os valores de S_i são calculados com $S_i = S_{i-1} + \Delta S_i$. O gráfico com os mil valores simulados de S_i está representado na Figura 3.3.

Para finalizar, calcularemos o intervalo de confiança de 95% do valor de S_i ao final de um ano. Se sabemos que $\log S_i$ segue uma distribuição normal $\log S_i \sim N\left(\log S_0 + (\mu - \sigma^2/2)t, \sigma^2 t\right)$, temos que ao final de um ano $\log S_i \sim N\left(2{,}032; 0{,}230\right)$.

---

[4] O caso mais geral dessa regra de transformação, conhecida como "regra da $\sqrt{h}$", será melhor discutido no Capítulo 8.

Tabela 3.1: Calibrando um MBG a partir de dados históricos.

Data	S_i	$\log S_i$	x_i
01/05	13,05	2,569	
04/05	13,80	2,625	0,056
05/05	14,38	2,666	0,041
06/05	13,64	2,613	−0,053
07/05	13,70	2,617	0,004
08/05	13,52	2,604	−0,013
11/05	13,72	2,619	0,015
12/05	13,79	2,624	0,005
13/05	13,97	2,637	0,013
14/05	13,89	2,631	−0,006
15/05	14,06	2,643	0,012
18/05	13,78	2,623	−0,020
19/05	12,91	2,558	−0,065
20/05	12,89	2,556	−0,002
21/05	13,45	2,599	0,043
22/05	13,08	2,571	−0,028
25/05	12,80	2,549	−0,022
26/05	12,39	2,517	−0,033
27/05	12,55	2,530	0,013
28/05	12,67	2,539	0,010

Parâmetro	Diário	Anual
$\hat{\mu}$	−0,002	−0,392
$\hat{\sigma}$	0,030	0,480

Assim:

$$2,032 - 1,645\sqrt{0,230} < \log S_{1ano} < 2,032 + 1,645\sqrt{0,230},$$
$$1,242 < \log S_{1ano} < 2,822. \tag{3.23}$$

Dessa forma o intervalo de confiança para S_i é obtido exponenciando-se as inequações em 3.23.

$$IC_{95\%}^{S_{1ano}} = \left[e^{1,242}; e^{2,822}\right] = [3,464; 16,806]. \tag{3.24}$$

Isso significa que, com 95% de confiança, o valor de S_i deve estar entre 3,464 e 16,806 ao final de um ano, conforme mostra a Figura 3.4.

3 Modelo de Black-Scholes

Tabela 3.2: Simulação de um Movimento Browniano Geométrico.

Parâmetro	Valor
S_0	12.67
μ	0.392
σ	0.480
Δt	0.001

i	t	ϵ_i	ΔS	S_i
0	0.0000			12.6700
1	0.0010	-1.7853	-0.3484	12.3216
2	0.0020	0.4707	0.0832	12.4048
3	0.0030	-0.7611	-0.1482	12.2566
4	0.0040	0.4835	0.0852	12.3418
5	0.0050	-0.5171	-0.1017	12.2401
...				
995	0.9950	-0.1313	-0.0261	10.9179
996	0.9960	-1.5361	-0.2589	10.6590
997	0.9970	-0.0041	-0.0048	10.6541
998	0.9980	0.2254	0.0323	10.6864
999	0.9990	-0.5283	-0.0899	10.5965
1000	1.0000	0.4189	0.0632	10.6597

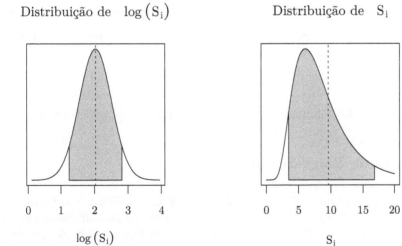

Figura 3.4: Intervalo de confiança para $logS_i$ e S_i (95%).

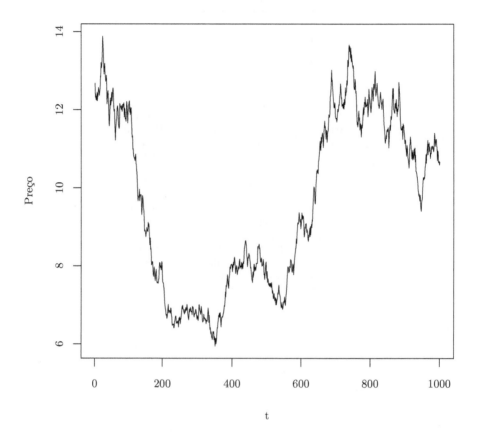

Figura 3.3: Simulação de um Movimento Browniano Geométrico.

3.2 Modelo de Black-Scholes

O *Modelo de Black-Scholes* (Modelo de BS), publicado em [Black and Scholes, 1973], é um método de precificação de opções europeias. Apesar de possuir limitações e hipóteses sabidamente pouco realistas, a fórmula ainda é utilizada no mercado, e extensões do modelo que relaxam algumas de suas hipóteses foram sendo desenvolvidas e publicadas. Veremos nesta seção o Modelo de Black-Scholes para o apreçamento de opções europeias sobre ativos que não pagam dividendos. Depois nos concentraremos no *Modelo de Merton*, cuja modelagem incorpora o pagamento de dividendos do ativo-objeto. Por fim, falaremos de algumas outras extensões do modelo, que nos permitem precificar opções sobre outros tipos de ativo-objeto.

São hipóteses do Modelo de Black-Scholes:

3 Modelo de Black-Scholes

- o preço do ativo-objeto segue um movimento browniano geométrico,
- o ativo-objeto não paga dividendos durante a vigência do contrato,
- não há custos de transação,
- é permitido vender a descoberto,
- é permitido negociar continuamente qualquer fração do valor do ativo,
- a taxa livre de risco (r) é constante e igual para todos os vencimentos,
- não há oportunidades de arbitragem.

No Modelo de BS, o ativo-objeto segue um MBG e não paga dividendos, ou seja: $dS = \mu S dt + \sigma S dZ$, onde Z segue um processo de Wiener. Sabemos que o preço de um derivativo qualquer sobre S é uma função do preço do ativo e do tempo, $V(S,t)$. Pelo lema de Itô, temos que:

$$dV = \left(\frac{\partial V}{\partial S} \mu S + \frac{\partial V}{\partial t} + \frac{1}{2} \frac{\partial^2 V}{\partial t^2} \sigma^2 S^2 \right) dt + \frac{\partial V}{\partial S} \sigma S dZ. \tag{3.25}$$

Se construirmos um portfólio especial Π, conhecido como portfólio de *delta hedge*, montado por meio da venda de uma opção e a compra de uma quantidade $\frac{\partial V}{\partial S}$ do ativo-objeto, teremos[5]:

$$\Pi = -V + \frac{\partial V}{\partial S} S \tag{3.26}$$

$$d\Pi = -dV + \frac{\partial V}{\partial S} dS \tag{3.27}$$

Substituindo dV pelo valor já calculado na equação 3.25 e dS pela definição do MBG dada pela equação 3.11, e manipulando o resultado algebricamente:

$$d\Pi = - \left(\frac{\partial V}{\partial S} \mu S + \frac{\partial V}{\partial t} + \frac{1}{2} \frac{\partial^2 V}{dt^2} \sigma^2 S^2 \right) dt - \frac{\partial V}{\partial S} \sigma S dZ + \frac{\partial V}{\partial S} \mu S dt + \frac{\partial V}{\partial S} \sigma S dZ$$

isto é,

$$d\Pi = \left(-\frac{\partial V}{\partial t} - \frac{1}{2} \sigma^2 S^2 \frac{\partial^2 V}{\partial S^2} \right) dt. \tag{3.28}$$

Note que $d\Pi$ não possui termo aleatório dZ. Em um paradigma neutro ao risco em que valem as hipóteses do Modelo de BS, se não há risco (leia-se aleatoriedade) no portfólio Π, por não arbitragem ele deve evoluir à taxa livre de risco:

$$d\Pi = r \Pi dt. \tag{3.29}$$

Substituindo esse resultado na equação 3.28 e usando a definição da equação 3.26, depois de algumas manipulações algébricas chegamos à equação diferencial parcial do Modelo de Black-Scholes:

---

[5] Note que só podemos fazer estas afirmações se valem as hipóteses do modelo.

$$r \Pi \cancel{dt} = \left(-\frac{\partial V}{\partial t} - \frac{1}{2}\sigma^2 S^2 \frac{\partial^2 V}{\partial S^2} \right) \cancel{dt}$$

$$-rV + rS\frac{\partial V}{\partial S} = -\frac{\partial V}{\partial t} - \frac{1}{2}\sigma^2 S^2 \frac{\partial^2 V}{\partial S^2},$$

ou seja,

$$\frac{\partial V}{\partial t} + \frac{1}{2}\sigma^2 S^2 \frac{\partial^2 V}{\partial S^2} + rS\frac{\partial V}{\partial S} - rV = 0 \tag{3.30}$$

Existem infinitas funções $V(S,t)$ que satisfazem a equação diferencial 3.30. Pode-se verificar, por exemplo, que $V(S,t) = e^{rt}$ é uma dessas funções. Contudo, para encontrarmos uma solução para um determinado contrato, é preciso que a função satisfaça também algumas condições de contorno e siga uma determinada fórmula de *payoff*. No caso das *opções de compra europeias*, definindo o *payoff* no vencimento como $C(S_T, T) = max(S_T - K, 0)$, os autores do artigo de 1973 chegaram à solução analítica seguinte:

$$C(S, t, K, T, r, \sigma) = SN(d_1) - e^{r(T-t)}KN(d_2), \tag{3.31}$$

onde K é o *strike* da opção, T é o seu vencimento, r é a taxa de juros contínua livre de risco, σ é a volatilidade do ativo-objeto[6], $N(x)$ é a função de distribuição normal-padrão acumulada, e:

$$d_1 = \frac{\log\left(\frac{S}{K}\right) + \left(r + \frac{\sigma^2}{2}\right)(T-t)}{\sigma\sqrt{T-t}}$$

$$d_2 = d_1 - \sigma\sqrt{T-t} \tag{3.32}$$

Para *opções de venda europeias*, a fórmula principal é dada por:

$$P(S,t,K,T,r,\sigma) = -\left[SN(-d_1) - e^{r(T-t)}KN(-d_2)\right]. \tag{3.33}$$

Exemplo

Calcule o valor da *call* e da *put* de *strike* R\$ 15 e vencimento em 6 meses sobre a ação XYZ, se o preço *spot* da ação é R\$ 12,67, sua volatilidade é de 48% a.a. e a taxa de juros contínua é 12% a.a.

$$d_1 = \frac{\log\frac{12,67}{15} + \left(0,12 + \frac{0,48^2}{2}\right)0,5}{0,48\sqrt{0,5}} = -0,15$$

$$d_2 = -0,21 - 0,48\sqrt{0,5} = -0,49$$

$$C(S,t) = 12,67 \cdot N(-0,15) - e^{-0,12\cdot0,5} \cdot 15 \cdot N(-0,49) = 1,17$$

$$P(S,t) = -\left[12,67 \cdot N(0,15) - e^{-0,12\cdot0,5} \cdot 15 \cdot N(0,49)\right] = 2,62. \tag{3.34}$$

---

[6] Em todo este capítulo, usaremos o ano como unidade de tempo dos modelos. Assim, t e T são dados em anos. As taxas, como a taxa livre de risco r e a volatilidade σ, são definidas como taxas anuais.

3 Modelo de Black-Scholes   43

Observe que o preço da opção na fórmula de Black-Scholes depende da taxa de juros do mercado, de características do contrato (como seu *strike* e vencimento), e de parâmetros do ativo-objeto (como seu preço *spot* e sua volatilidade). Contudo, o valor da opção independe do *drift* da ação. A princípio, este resultado é contra intuitivo: se uma ação tem um *drift* muito positivo, sua *call* não deveria ter maior probabilidade de apresentar *payoff* maior que zero no vencimento do contrato? A verdade é que, em um mundo neutro ao risco e em que valem as hipóteses do Modelo de BS, um investidor sempre poderá realizar um *hedge* perfeito do ativo-objeto. Por essa razão, o ativo-objeto deve evoluir à mesma taxa do ativo livre de risco, r. Vejamos de outra forma. No mundo real, os investidores exigem um retorno da ação a título de prêmio de risco, que pode ser expresso pelo seu índice Sharpe λ:

$$\lambda = \frac{\mu - r}{\sigma}. \tag{3.35}$$

Este índice mede o retorno adicional à taxa livre de risco requerido pelo investidor (representado por $\mu - r$) para correr uma unidade de risco (representado pelo denominador σ). Assim, o retorno de qualquer ação pode ser medido por:

$$\mu = r + \lambda\sigma. \tag{3.36}$$

Dessa forma, seu MBG pode ser representado por:

$$dS = (r + \lambda\sigma)Sdt + \sigma SdZ. \tag{3.37}$$

No mundo neutro ao risco, em que todos os investidores são indiferentes ao risco, temos que $\lambda = 0$. Por isso, temos também que:

$$dS = rSdt + \sigma Sd\tilde{Z}, \tag{3.38}$$

onde $\tilde{Z}$ segue um novo processo de Wiener. É importante notar que, no mundo neutro ao risco, apesar de o *drift* do ativo-objeto mudar de μ para r, a volatilidade σ do processo permanece inalterada.

3.3 Paridade *put-call*

Existe uma relação entre o preço de uma *call* e uma *put* europeias de mesmo *strike* e mesmo vencimento, chamada de *paridade put-call*. Na prática, isto significa que se sabemos o preço da *call* então podemos obter o preço da *put* correspondente[7], e vice-versa. Para chegarmos a essa relação, utilizamos o conceito de não arbitragem e criamos dois portfólios:

- Portfólio (1): Comprar uma *call* e vender uma *put*
- Portfólio (2): Comprar uma unidade do ativo-objeto e tomar Ke^{-rT} reais emprestado

---

[7] Isto é, uma opção de venda sobre o mesmo ativo-objeto, com o mesmo *strike* K e o mesmo vencimento T.

No vencimento T, o detentor do portfólio (2) possui uma ação, mas deve pagar K reais ao emprestador. Assim, o valor do portfólio (2) no vencimento é $S_T - K$.

O detentor do portfólio (1) se depara com duas possibilidades:

- Se no vencimento o preço da ação for maior que o *strike* $(S_T > K)$, ele exerce a *call* enquanto sua contrapartida na *put* não exerce seu direito, restando o *payoff* $S_T - K$.
- Se no vencimento o preço da ação for menor que o *strike* $(S_T < K)$, o detentor deixa de exercer sua *call*, mas tem sua *put* exercida pela contraparte, e por isso é obrigado a pagar $K - S_T$, o que faz com que o *payoff* do portfólio seja $-(K - S_T) = S_T - K$.

Assim, no vencimento T, os portfólios (1) e (2) possuem sempre o mesmo valor (*payoff*), a saber: $S_T - K$. Em um contexto de não arbitragem, os valores destes portfólios têm que ser iguais em qualquer tempo t. Isso porque se o portfólio (1), em um dado momento, valesse mais que o portfólio (2), alguém poderia comprar o portfólio (1) e vender o portfólio (2), obtendo lucro no vencimento sem incorrer em riscos. Assim, temos que no instante t:

$$C(S,t) - P(S,t) = S - Ke^{-rT}. \tag{3.39}$$

Exemplo

Se uma *call* de XYZ com vencimento em 1 ano e *strike* R\$ 11 vale R\$ 3, o preço atual de XYZ é R\$ 10 e a taxa de juros contínua em 1 ano é de 12%, qual é o valor da *put* de XYZ de mesmo *strike* e vencimento?

$$P(S,t) = C(S,t) - S + Ke^{-rT} = 3 - 10 + 11e^{-0,12} = 2,76. \tag{3.40}$$

3.4 Extensões do Modelo de Black-Scholes

Por serem as premissas do Modelo de BS muitas vezes pouco realistas, foram desenvolvidos modelos similares que relaxam algumas das restrições do problema original, ou que incorporam a ele características observadas no mundo real. Veremos nesta seção alguns desses desenvolvimentos.

Dividendos Contínuos, Moeda Estrangeira e *Commodities*

Quando consideramos no modelo que o ativo subjacente paga dividendos a uma taxa contínua q, devemos descontar o valor da ação S por essa taxa, utilizando o fator $e^{-q(T-t)}$. Isso porque se sabe que, na data *ex-dividendo*, o preço da ação sofre uma queda igual ao valor do dividendo pago por papel. Assim, as equações do *Modelo de Black-Scholes-Merton* se tornam:

3 Modelo de Black-Scholes

$$V(S,t,K,T,r,\sigma,q) = \omega \left[Se^{-q(T-t)}N(\omega d_1) - e^{r(T-t)}KN(\omega d_2) \right],$$

$$d_1 = \frac{\log(\frac{S}{K}) + \left(r - q + \frac{\sigma^2}{2} \right)(T-t)}{\sigma\sqrt{T-t}},$$

$$d_2 = d_1 - \sigma\sqrt{T-t}, \tag{3.41}$$

onde V é o valor da opção, e ω é uma variável que assume valor 1 quando a opção é uma *call*, e -1 quando é uma *put*. Da mesma forma, podemos alterar o argumento da paridade *put-call* para incorporar dividendos contínuos, e chegaremos à seguinte equação:

$$C(S,t) - P(S,t) = Se^{-qT} - Ke^{-rT}. \tag{3.42}$$

Apesar de a hipótese de um ativo pagar dividendos contínuos não ser realista, essa característica se aproxima um pouco mais da realidade quando falamos de opções sobre índices compostos por muitos ativos que pagam dividendos espalhados ao longo do ano. Também é muito útil quando consideramos outras interpretações para o *dividend yield* q.

Uma dessas interpretações dá as bases para o chamado *Modelo de Garman-Kohlhagen*, que se aplica a opções sobre moedas estrangeiras. Ao determos uma dessas opções, recebemos os juros na taxa livre de risco estrangeira (r_f). Assim, para chegarmos à equação do modelo, basta considerarmos a taxa r_f como *dividend yield*. Portanto, se S é a taxa de câmbio *spot* e K a taxa de câmbio definida no contrato da opção:

$$V(S,t,K,T,r,\sigma,r_f) = \omega \left[Se^{-r_f(T-t)}N(\omega d_1) - e^{r(T-t)}KN(\omega d_2) \right],$$

$$d_1 = \frac{\log(\frac{S}{K}) + \left(r - r_f + \frac{\sigma^2}{2} \right)(T-t)}{\sigma\sqrt{T-t}},$$

$$d_2 = d_1 - \sigma\sqrt{T-t}. \tag{3.43}$$

No caso de opções sobre *commodities*, é comum se dar outra interpretação à taxa de dividendos contínuos. Possuir uma *commodity* implica incorrer em custos de armazenagem, seguros, e transporte da mercadoria (*storage costs*). Por outro lado, há também benefícios em se manter o ativo em estoque, como a possibilidade de se proteger da escassez temporária do bem e, para indústrias que usam o ativo como matéria-prima, de se manter os níveis de produção (*convenience yield*). Assim, se c é a taxa contínua que representa o custo de carregamento (*cost of carry*), obtido deduzindo-se da taxa contínua s que representa o *storage cost* a taxa contínua y a título de *convenience yield*, então:

$$V(S,t,K,T,r,\sigma,c,s) = \omega \left[Se^{c(T-t)} N(\omega d_1) - e^{r(T-t)} KN(\omega d_2) \right],$$

$$d_1 = \frac{\log(\frac{S}{K}) + \left(r + c + \frac{\sigma^2}{2} \right)(T-t)}{\sigma\sqrt{T-t}},$$

$$d_2 = d_1 - \sigma\sqrt{T-t},$$

$$c = s - y. \tag{3.44}$$

Note que, diferentemente do caso da taxa de juros em moeda estrangeira, ao substituirmos na equação usamos $q = -c$, porque dessa vez estamos incorrendo em custos ao invés de recebermos dividendos ou juros.

Dividendos Discretos

Um caso mais geral de incorporação de dividendos no Modelo de BS é aquele caso em que os dividendos são pagos em valores discretos e em intervalos de tempo irregulares. Quando isso ocorre, podemos seguir a mesma intuição do *Modelo de Merton*: devemos descontar do valor *spot* do ativo-objeto (S) o valor presente dos dividendos a serem pagos até a expiração da opção (D). Assim, a equação se torna:

$$V(S,t,K,T,r,\sigma) = \omega \left[(S-D)N(\omega d_1) - e^{r(T-t)} KN(\omega d_2) \right],$$

$$d_1 = \frac{\log(\frac{S-D}{K}) + \left(r + \frac{\sigma^2}{2} \right)(T-t)}{\sigma\sqrt{T-t}},$$

$$d_2 = d_1 - \sigma\sqrt{T-t}. \tag{3.45}$$

Este modelo é muito útil caso se tenha disponível um modelo de projeção do valor dos dividendos futuros e sua distribuição no tempo. Nesse caso, basta descontarmos devidamente os pagamentos e, somando-os todos, teremos o valor de D.

Opções sobre Futuros (Modelo de Black)

Opções em *Spot*, como as que vimos até o momento, são contratos que dão ao detentor o direito (mas não a obrigação) de comprar ou vender um determinado ativo *spot* por um determinado preço. Nas Opções sobre Futuros, o ativo subjacente é um contrato futuro, ou seja, o contratante tem direito a entrar (comprado ou vendido) em um contrato futuro.

No mundo neutro ao risco, o preço de um contrato futuro pode ser obtido considerando o futuro como um ativo que paga uma *dividend yield* igual à taxa livre de risco, r. Isto porque, conforme vimos anteriormente neste livro, $F = S_0 e^{rT} \rightarrow S_0 = Fe^{-rT}$. Assim, o MBG que segue o contrato futuro em um mundo neutro ao risco é dado por $dF = (r-q)Fdt + \sigma FdZ = (r-r)Fdt + \sigma dZ = \sigma dZ$. Disso decorre que o MBG seguido por um contrato futuro é um *martingal*, ou seja, não possui *drift*. Isso simplifica bastante a fórmula analítica resultante, também conhecida como *Modelo de Black*:

3 Modelo de Black-Scholes

$$V(F,t,K,T_{op},r,\sigma) = \omega e^{-r(T_{op}-t)}\left[FN(\omega d_1) - KN(\omega d_2)\right],$$

$$d_1 = \frac{\log(\frac{F}{K}) + \frac{\sigma^2}{2}(T_{op}-t)}{\sigma\sqrt{T_{op}-t}},$$

$$d_2 = d_1 - \sigma\sqrt{T_{op}-t}. \tag{3.46}$$

Note que T_{op} se refere ao vencimento da opção, e não do contrato futuro, que pode vencer em alguma data posterior (T_{ft}).

Uma importante característica do *Modelo de Black* é que ele vale mesmo para situações em que a taxa de juros não é constante. Para chegarmos à solução para qualquer estrutura a termo de juros, basta substituirmos o termo $e^{-r(T_{op}-t)}$ pelo valor do título *zero-coupon* que tem vencimento em T_{op}. Ainda que não haja um título *zero-coupon* negociado com vencimento nesta data específica, podemos usar alguma técnica de interpolação para aproximar seu valor.

Quando os vencimentos da opção europeia e de seu contrato futuro subjacente coincidem $(T_{op} = T_{ft})$, o preço da opção europeia em futuro se iguala ao preço da opção em *spot* de mesmo vencimento e *strike*. Essa propriedade se torna muito útil, uma vez o *Modelo de Black* independe do *dividend yield* (no caso das ações) ou do custo de carregamento (no caso das *commodities*). A razão disso é que essas quantidades (normalmente difíceis de serem estimadas) já estão embutidas no preço do contrato futuro. Para verificar esta afirmação, podemos recorrer à paridade *put-call* no contexto do *Modelo de Black*. Se T é o vencimento da opção e de seu contrato futuro subjacente, esta relação é dada por:

$$C(F,t,T) - P(F,t,T) = C(S,t,T) - P(S,t,T) = e^{-r(T-t)}(F - K). \tag{3.47}$$

Então, igualando o lado direito da paridade no *Modelo de Black-Scholes* com o lado direito da paridade no *Modelo de Black*, chegamos à própria equação de apreçamento de um contrato futuro:

$$Se^{-q(T-t)} - \cancel{Ke^{-r(T-t)}} = Fe^{-r(T-t)} - \cancel{Ke^{-r(T-t)}}$$

$$F = Se^{(r-q)(T-t)}. \tag{3.48}$$

Como em geral são conhecidos o preço do contrato futuro (F), o preço do ativo *spot* (S) e o tempo até o seu vencimento $(T-t)$, podemos utilizar o contrato futuro para chegar ao *dividend yield* implícito:

$$q = \frac{r(T-t) - \log\frac{F}{S}}{T-t}. \tag{3.49}$$

Então, se queremos apreçar uma opção sobre *spot* e há um contrato futuro cujo vencimento coincide com a nossa opção, podemos utilizar este contrato no âmbito do *Modelo de Black* para apreçar nossa opção, e com isso não precisamos nos preocupar em estimar o *dividend yield* do ativo *spot*.

Exemplo

Qual é o preço de uma *call* europeia na ação XYZ com vencimento em 2 anos e *strike* R\$12, se existe um contrato futuro de XYZ de mesmo vencimento cotado a R\$ 11 e o preço *spot* da ação é R\$ 10? Considere a taxa de juros contínua 13% a.a. e a volatilidade anual de XYZ 30%.

Para resolver este problema, podemos calcular o dividendo implícito em 6 meses e utilizá-lo no Modelo de BS. Assim:

$$q = \frac{0{,}13 \cdot 2 - \log \frac{11}{10}}{2} = 8{,}23\%. \tag{3.50}$$

Aplicando o resultado do Modelo de BS, chegamos a:

$$d_1 = \frac{\log\left(\frac{10}{12}\right) + \left(0{,}12 - 0{,}0823 + \frac{0{,}3^2}{2}\right) \cdot 2}{0{,}3 \cdot \sqrt{2}} = 0{,}007$$

$$d_2 = d_1 - 0{,}3 \cdot \sqrt{2} = -0{,}42$$

$$C(10{,}0; 12; 2; 12\%; 30\%; 8{,}23\%) = 10e^{-0{,}0823 \cdot 2} N(0{,}007)$$

$$-e^{0{,}12 \cdot 2} \cdot 12 \cdot N(-0{,}42) = 1{,}135 \tag{3.51}$$

De outra forma, poderíamos resolver este problema utilizando apenas o contrato futuro e o *Modelo de Black*. Vejamos:

$$d_1 = \frac{\log\left(\frac{11}{12}\right) + \frac{0{,}3^2}{2} \cdot 2}{0{,}3 \cdot \sqrt{2}} = 0{,}007$$

$$d_2 = d_1 - 0{,}3 \cdot \sqrt{2} = -0{,}42$$

$$V(11{,}0; 12; 2; 12\%; 30\%) = e^{-0{,}12 \cdot 2}[11 \cdot N(0{,}007)$$

$$-12 \cdot N(-0{,}42)] = 1{,}135 \tag{3.52}$$

3.5 Gregas

Vimos anteriormente que o preço de uma opção depende de uma série de parâmetros. Uma pergunta que se fazem frequentemente os gestores de risco é: o que acontece com o valor da minha opção (ou da minha carteira de opções) quando há variações nesses parâmetros? Adiantando uma discussão que virá em outros capítulos do livro, podemos reformular a pergunta: qual é o risco a que um portfólio está submetido em razão das variações do mercado?

Uma parte da resposta a essa pergunta está relacionada com uma série de quantidades, quase sempre representadas por letras gregas, que medem a sensibilidade da opção com relação a seus parâmetros mais comuns. Essas quantidades são chamadas *gregas* da opção.

3 Modelo de Black-Scholes

As gregas são obtidas pelo cálculo das derivadas parciais do preço da opção com relação a um (ou mais) de seus parâmetros. No Modelo de BS, que possui fórmula fechada diferenciável, há solução analítica para o cálculo das gregas. Em outros casos, muitas vezes é preciso recorrer a técnicas de derivação numérica para encontrar seus valores. Dependendo do número de derivações, podemos ter gregas de primeira ordem (como *delta*) ou de segunda ordem (como *gamma*). Gregas de terceira ordem também são utilizadas, apesar de serem menos comuns. Na Tabela 3.3, podemos ver a definição de algumas gregas mais utilizadas, bem como sua fórmula analítica no Modelo de *Black-Scholes-Merton*.

Tabela 3.3: Gregas das Opções.

Nome	Símbolo	Definição	Fórmula Black-Scholes-Merton
Delta	Δ	$\frac{\partial V}{\partial S}$	$\omega e^{-q(T-t)}\Phi(\omega d_1)$
Gamma	Γ	$\frac{\partial^2 V}{\partial S^2}$	$e^{-q(T-t)}\frac{\phi(d_1)}{S\sigma\sqrt{T-t}}$
Vega	ν	$\frac{\partial V}{\partial \sigma}$	$Se^{-q(T-t)}\phi(d_1)\sqrt{T-t}$
Theta	Θ	$\frac{\partial V}{\partial t}$	$-Se^{-q(T-t)}\left[\omega q\Phi(\omega d_1)-\frac{\phi(d_1)\sigma}{2\sqrt{T-t}}\right]-\omega rKe^{-r(T-t)}\Phi(\omega d_2)$
Rô	ρ	$\frac{\partial V}{\partial r}$	$\omega K(T-t)e^{-r(T-t)}\Phi(\omega d_2)$

OBS 1: $\Phi(x)$ é a função distribuição normal padrão acumulada, e $\phi(x)$ é sua função de densidade de probabilidade.

OBS 2: $\omega = 1$ se a opção é uma *call*, $\omega = -1$ se é uma *put*.

Nas próximas seções iremos discutir algumas dessas medidas apresentadas na tabela.

Delta

Delta, a mais famosa das gregas, mede a sensibilidade da opção em relação ao valor do seu ativo subjacente. É uma medida importante porque, em geral, é a grega que representa mais risco em um portfólio de opções. Esta medida foi usada na montagem do portfólio Π utilizado para chegarmos à equação diferencial de Black-Scholes. Isto porque, se montamos uma carteira que a todo instante contenha uma unidade da opção e *delta* unidades do ativo subjacente, eliminamos por completo o risco desse portfólio particular[8]. Obviamente, no mundo real não valem as hipóteses de negociação contínua e ausência de custos de transação e, principalmente por isso, apenas conseguimos nos aproximar desse portfólio ideal sem risco. Esse processo de mitigação de risco é chamado de *delta hedging*, e se enquadra na categoria de *hedges dinâmicos dinâmico*, isto é, que requerem rebalanceamentos periódicos[9].

---

[8] Nesse caso, a eliminação é completa porque, no Modelo de BS, é possível rebalancearmos o portfólio instantânea e continuamente.

[9] Para alguns exemplos de *hedges dinâmicos* mais usuais, ver [Alexander, 2008b, pp. 159-167].

Posições compradas em *calls* apresentam *delta* positivo, enquanto posições compradas em *puts* têm *delta* negativo[10]. O *delta* de uma opção aproxima-se de zero quando a opção está muito fora-do-dinheiro[11]. Quando muito dentro-do-dinheiro, o *delta* da *call* comprada tende a 1, enquanto o da *put* tende a -1. Por isso mesmo, pode-se entender o módulo de *delta* como uma medida aproximada de *moneyness* da opção.

Gamma

Gamma é uma derivada de segunda ordem do valor da opção com relação ao valor do ativo-objeto. Em outras palavras, é a sensibilidade do *delta* com relação ao preço da ação. Podemos observar por sua fórmula que, no Modelo de BS, ela é sempre positiva e igual para *calls* e *puts*. O *gamma* costuma ser maior quanto menor for a certeza acerca do *moneyness* da opção no vencimento. Essa medida é utilizada para se realizar o *delta-gamma hedging*, processo que costuma ser mais efetivo que o *delta hedging* por levar em consideração os efeitos de segunda ordem da variação do ativo subjacente sobre a carteira.

Para mostrar a intuição por trás deste fato, suponha que o valor do ativo subjacente muda de S para $S + \varepsilon$ unidades monetárias. Quando isso ocorre, o valor da opção varia em $V(S + \varepsilon) - V(S)$ unidades monetárias. Mas, pela expansão de Taylor de $V(S)$ ao redor de S[12]:

$$V(S + \varepsilon) - V(S) = \frac{\partial V}{\partial S}\varepsilon + \frac{\partial^2 V}{\partial S^2}\frac{\varepsilon^2}{2!} + \frac{\partial^3 V}{\partial S^3}\frac{\varepsilon^3}{3!} + \frac{\partial^4 V}{\partial S^4}\frac{\varepsilon^4}{4!} + \cdots$$
$$= \Delta\varepsilon + \Gamma\frac{\varepsilon^2}{2!} + \frac{\partial^3 V}{\partial S^3}\frac{\varepsilon^3}{3!} + \frac{\partial^4 V}{\partial S^4}\frac{\varepsilon^4}{4!} + \cdots$$

para pequenos valores de ε, então o módulo da variação de uma carteira com *delta* e *gamma* zerados será menor que o módulo da variação de uma carteira com apenas o *delta hedge*.

Vega

Vega é a derivada do preço da opção com relação à volatilidade do ativo subjacente. Em geral, uma maior volatilidade nos dá uma maior probabilidade de um lucro grande no vencimento, mas por outro lado a nossa perda é limitada (em posições compradas, é claro). Por isso, temos que o *vega* das opções europeias é positivo e tende a ser maior para opções de maturidade mais longa. Da mesma forma, para nos protegermos das variações de *delta* ocasionadas por variações no preço do ativo subjacente ou em sua volatilidade, utiliza-se o *delta-gamma-vega hedging*.

---

[10] Apesar de estarmos usando o termo genérico *call* e *put* nessa seção, convém alertar que estas conclusões valem para *calls* e *puts* europeias, que são os instrumentos tradicionalmente precificados pelo Modelo de BS.

[11] *Moneyness* é uma medida que tem relação com o valor intrínseco da opção, isto é, com o tamanho de seu *payoff* caso fosse (e pudesse ser) exercida agora. Chamam-se dentro-do-dinheiro as opções com valor intrínseco positivo, e fora-do-dinheiro aquelas cujo valor intrínseco é negativo.

[12] Recorde-se que $\frac{\partial V}{\partial S} = \Delta$ e $\frac{\partial^2 V}{\partial S^2} = \Gamma$.

3 Modelo de Black-Scholes

Theta

Theta pode ser vista como a taxa de decaimento do valor da opção ao longo do tempo. Em geral, tanto o valor da *call* quanto o da *put* são menores quanto menor for o tempo até a expiração do contrato, mantidas constantes todas as outras variáveis. Essa observação é fundamental para que não se pense que as opções estão destinadas a perder valor até o seu vencimento. É preciso lembrar que os parâmetros têm também relações entre si: por exemplo, enquanto o tempo até a expiração diminui, é esperado um aumento no preço do ativo subjacente, que evolui a uma taxa r em um paradigma neutro ao risco.

Rô

Rô é a derivada do preço da opção com relação à taxa de juros. É, juntamente com *theta*, uma das gregas de primeira ordem que representam menos risco a uma carteira de opções. Por ser a taxa de juros r considerada constante no Modelo de BS, essa medida tem interpretação limitada. Somado isso ao fato de geralmente o valor da opção ser pouco sensível a variações de r, essa é uma medida que não costuma ter aplicação para este tipo de contrato.

Exemplo

Sejam três instrumentos derivativos sobre a opção XYZ, que não paga dividendos e possui valor spot $S = 10$ e volatilidade $\sigma = 40\%$, dados pelas seguintes características:

- *Call*: opção de compra sobre a ação XYZ, com *strike* igual a 12 e vencimento em 6 meses.
- *Put*: opção de venda sobre a ação XYZ, com *strike* igual a 9 e vencimento em 18 meses.
- Futuro: contrato futuro sobre a ação XYZ, com vencimento em 6 meses.

Considerando-se a taxa livre de risco contínua anual igual a 13% a.a., o preço desses instrumentos e suas gregas podem ser vistos na Tabela 3.4. As gregas das opções foram calculadas com as fórmulas da Tabela 3.3. As gregas do contrato futuro são também calculadas pelas derivadas do preço com relação às mesmas variáveis listadas nas seções anteriores[13].

---

[13] Se S é o preço *spot* do ativo-objeto, r é a taxa de juros contínua, q é a taxa contínua de dividendos e T o vencimento, o preço do contrato futuro é dado por $F(t) = Se^{(r-q)(T-t)}$. Assim, suas gregas são:

$$\Delta = \partial F/\partial S = e^{(r-q)(T-t)},$$
$$\Gamma = \partial \Delta/\partial S = 0,$$
$$\nu = \partial F/\partial \sigma = 0,$$
$$\theta = \partial F/\partial t = -(r-q)Se^{(r-q)(T-t)},$$
$$\rho = \partial F/\partial r = (T-t)Se^{(r-q)(T-t)}.$$

Tabela 3.4: Exemplo - Gregas dos Instrumentos.

	Valor Unitário	*delta*	*gamma*	*vega*	*theta*	*rô*
Call	0.453	0.288	0.116	2.329	-0.873	-0.226
Put	0.452	-0.136	0.042	2.504	-0.275	-0.677
Futuro	10.672	1.067	0.000	0.000	-1.387	5.336

Seja P um portfólio que possui, respectivamente, q_{call}, q_{put} e q_{futuro} unidades da *call*, da *put* e do contrato futuro descritos acima. Utilizando-se a propriedade de linearidade da diferenciação[14], o *delta* da carteira será dado por:

$$\Delta_P = q_{call}\Delta_{call} + q_{put}\Delta_{put} + q_{futuro}\Delta_{futuro}.$$

Suponha que um *trader* acredite que a volatilidade da ação XYZ aumentará no curto prazo, mas tem pouca certeza em predizer se a ação irá subir ou descer neste mesmo período. Ele, então, poderia montar um portfólio que aumenta de valor quando a volatilidade da ação aumenta, mas cujo valor é pouco afetado por movimentos no preço da ação. Para isso, montar uma carteira que possuísse *delta* e *gamma* zerados, e *vega* positivo (por exemplo, igual a 1). As quantidades desse portfólio podem ser obtidas resolvendo-se o seguinte sistema linear:

$$q_{call}\Delta_{call} + q_{put}\Delta_{put} + q_{futuro}\Delta_{futuro} = 0,$$
$$q_{call}\Gamma_{call} + q_{put}\Gamma_{put} + q_{futuro}\Gamma_{futuro} = 0,$$
$$q_{call}\nu_{call} + q_{put}\nu_{put} + q_{futuro}\nu_{futuro} = 1.$$

As quantidades que resolvem esse sistema estão ilustradas na Tabela 3.5, bem como o valor da carteira e suas gregas.

Tabela 3.5: Exemplo - Carteira de *delta-gamma hedge*.

	Quantidade	Valor Unitário	Valor	*delta*	*gamma*	*vega*	*theta*	*rô*
Call	-0.21468	0.45266	-0.09718	-0.06184	-0.02500	-0.50000	0.18737	0.04859
Put	0.59897	0.45158	0.27049	-0.08146	0.02500	1.50000	-0.16484	-0.40573
Futuro	0.13428	10.67159	1.43298	0.14330	0.00000	0.00000	-0.18629	0.71649
TOTAL	—	—	1.60629	0.00000	0.00000	1.00000	-0.16376	0.35935

O que acontece com o valor do portfólio encontrado se há uma mudança no preço da ação XYZ? Na Tabela 3.6, calculou-se o valor do portfólio substituindo o valor *spot* da ação S por $1,05S$. Pode-se ver que uma mudança de 5% no preço da ação diminui o valor do portfólio em apenas 0,01%. É importante notar que, com a mudança do preço da ação, também se alteram o valor das gregas dos instrumentos e da carteira. Em uma estratégia de *hedge* dinâmico, o portfólio deve ser rebalanceado periodicamente para manter suas gregas próximas ao nível desejado pelos gestores. Por fim, se as expectativas do *trader* se confirmarem e volatilidade da ação XYZ aumentar em 5%, pode-se ver que o valor do portfólio aumenta em 1,26%. O resultado está descrito na tabela 3.7.

---

[14] Isto é, se $f(x)$ e $g(x)$ são duas funções diferenciáveis, e $h(x) = \alpha f(x) + \beta g(x)$, então $\frac{dh}{dx} = \alpha\frac{df}{dx} + \beta\frac{dg}{dx}$.

Tabela 3.6: Exemplo - Carteira de *delta-gamma hedge* com choque de 5% na ação XYZ.

	Quantidade	Valor Unitário	Valor	delta	gamma	vega	theta	rô
Call	-0.21468	0.61141	-0.13125	-0.07452	-0.02559	-0.56415	0.20860	0.06563
Put	0.59897	0.38855	0.23273	-0.06985	0.02150	1.42247	-0.15941	-0.34910
Futuro	0.13428	11.20517	1.50463	0.14330	0.00000	0.00000	-0.19560	0.75232
TOTAL	—	—	1.60611	-0.00107	-0.00408	0.85832	-0.14641	0.46885

Tabela 3.7: Exemplo - Carteira de *delta-gamma hedge* com choque de 5% na volatilidade.

	Quantidade	Valor Unitário	Valor	delta	gamma	vega	theta	rô
Call	-0.21468	0.49969	-0.10727	-0.06454	-0.02425	-0.50923	0.19993	0.05364
Put	0.59897	0.50223	0.30082	-0.08423	0.02433	1.53270	-0.17547	-0.45123
Futuro	0.13428	10.67159	1.43298	0.14330	0.00000	0.00000	-0.18629	0.71649
TOTAL	—	—	1.62653	-0.00547	0.00008	1.02347	-0.16183	0.31890

3.6 Aplicabilidade do Modelo de Black-Scholes

A princípio, como vimos anteriormente, o Modelo de BS e suas extensões aplicam-se a opções do tipo europeia, ou seja, que só podem ser exercidas em sua data de expiração. O fato de não haver possibilidade de exercício antecipado foi o que nos possibilitou chegar a uma fórmula analítica para o valor do contrato. O direito ao exercício antecipado faz com que geralmente uma opção americana tenha valor superior à sua contraparte europeia.

Contudo, pode-se demonstrar que não há incentivo econômico para se exercer antecipadamente *calls* americanas em ativos que não pagam dividendos. Nesses casos, o prêmio pelo exercício antecipado é zero e o valor da *call* americana se iguala ao valor da *call* europeia equivalente. Isto implica que, se o ativo não paga dividendos no horizonte do contrato, podemos apreçar uma *call* americana utilizando o Modelo de BS. O mesmo não é válido para *puts* americanas, que devem ser precificadas utilizando-se outros métodos, a serem discutidos no próximo capítulo.

Por fim, no mercado brasileiro grande parte das opções sobre ações têm a característica de serem "blindadas contra dividendos", isto é, de terem seu *strike* ajustado no mesmo montante dos dividendos sempre que esses são pagos aos acionistas. Na prática, é comum assumir que este tipo de opção se comporta como uma opção em que o ativo-objeto não paga dividendos. Contudo, esse mecanismo provê apenas uma blindagem parcial, e o uso do modelo de BS tende a superestimar o valor de *calls* e subestimar o valor de *puts*.

De uma forma geral, os contratos de opção de compra negociadas em bolsa no mercado brasileiro são do tipo americana com *strike* ajustado por dividendos. Por sua vez, as opções de venda costumam ser do tipo europeia. Estas últimas podem ser precificadas utilizando os modelos descritos neste capítulo. Opções negociadas em balcão costumam ser mais variadas, e é preciso observar com mais cuidado suas características para uma correta precificação.

3.7 Resumo

Processo Básico de Wiener é um processo estocástico contínuo em que os incrementos dZ são independentes e seguem uma distribuição normal de média 0 e variância dt. O Movimento Browniano Geométrico (MBG) é um dos processos estocásticos utilizados para representar o comportamento de ações e índices, cuja equação é dada por $dS = \mu S dt + \sigma S dZ$, onde Z segue um processo básico de Wiener, μ é o *drift* do MBG e σ é sua volatilidade. No MBG, o valor de $S(t)$ segue uma distribuição log-normal cuja variância aumenta ao longo do tempo. Os log-retornos de S, por sua vez, seguem uma distribuição normal.

O Lema de Itô é uma identidade que nos permite descrever o processo seguido por uma função de uma variável aleatória estocástica. Se $F(S, t)$ é função da variável estocástica $dS = a(S,t)dt + b(S,t)dZ$ e do tempo, então $dF = \left(\frac{\partial F}{\partial t} + a\frac{\partial F}{\partial S} + \frac{b^2}{2}\frac{\partial^2 F}{\partial S^2} \right) dt + b\frac{\partial F}{\partial S}dZ$.

O Modelo de Black-Scholes (Modelo de BS) é um método de precificação de opções europeias, cujas hipóteses incluem um ativo-objeto que segue um MBG e não paga dividendos, e a possibilidade de transações contínuas e sem custo. O valor da opção, no Modelo de BS, independe do *drift* da ação, mas varia em função do preço e volatilidade do ativo-objeto, do *strike* e do vencimento do contrato, e da taxa de juros *risk-free*.

A paridade *put-call* estabelece uma relação entre os preços de uma *call* e uma *put* europeias. As gregas são quantidades que medem a variação do preço da opção em função de mudanças no valor de seus parâmetros. Essas medidas podem ser utilizadas para se medir o risco de uma carteira de opções e/ou para se montar carteiras de *hedge*.

Depois do Modelo de BS original, diversos outros modelos surgiram para apreçar outros tipos de ativo-objeto, como opções sobre ações que pagam dividendos (*Modelo de Merton*), em *commodities*, em moedas estrangeiras (*Modelo de Garman-Kohlhagen*) ou em contratos futuros (*Modelo de Black*).

Apesar de o Modelo de BS ser originalmente aplicado apenas opções europeias, *calls* americanas cujos ativos objetos não pagam dividendos comportam-se como se fossem europeias. Por essa razão, pode-se utilizar o Modelo de BS para precificar esses instrumentos.

CAPÍTULO 4

Métodos numéricos para derivativos de ações

Daniel Alonso Negrini[*]

Muitos livros que discutem apreçamento de derivativos apresentam modelos de forma genérica e deixam ao leitor a tarefa de aprender a melhor forma de implementá-los. Não é raro o leitor que desenhe uma árvore binomial na mão ou em células do *Excel*, pois conhece o modelo, mas não foi introduzido a softwares matemáticos que facilitam o cálculo.

O objetivo deste capítulo é demonstrar a aplicabilidade dos modelos de precificação de derivativos na prática. Com apoio de uma ferramenta adequada, que envolve programação em linguagem *Python*[1], os modelos serão apresentados por meio de exemplos. Desta forma, a ferramenta será apresentada juntamente com os modelos. O material online que acompanha este livro[2] disponibiliza todos os exemplos apresentados neste capítulo[3].

Inicialmente, serão apresentadas algumas ferramentas que podem ser usadas para a implementação de métodos numéricos e a razão de ter sido escolhido *Python* para os exemplos deste capítulo.

Em seguida, serão apresentados dois exemplos de árvore binomial: um mais simples, para o leitor se familiarizar com a mecânica do modelo; e um completo, em que é possível precificar opções americanas de compra ou venda, com ou sem dividendos no modelo.

---

[*] Agradeço a Filipe Barreto Baetas e Allan Machado da Silva pelo paciente trabalho de revisão, lembrando que eles não são responsáveis pelos eventuais erros remanescentes.

[1] www.python.org.

[2] github.com/danielnegrini/livro-derivativos-e-risco-de-mercado.

[3] Em alguns exemplos a implementação dos modelos não é a mais eficiente do ponto de vista computacional, a fim de privilegiar a facilidade de compreensão. O material *online* disponibiliza o código mais eficiente para alguns destes casos.

Dada a relevância do modelo de *Monte Carlo* em Finanças, será mostrado um exemplo de como calcular a área sob uma curva usando Monte Carlo[4]. Este passo é importante para que fique bem claro o funcionamento do modelo. Neste exemplo também serão apresentados alguns detalhes de implementação que serão usados depois para precificar derivativos.

Novamente, será apresentado um exemplo de precificação de uma opção europeia, desta vez usando a técnica de Monte Carlo. A principal vantagem deste técnica é a flexibilidade[5]. Um exemplo disto é a facilidade de precificar derivativos que dependem da trajetória, como, por exemplo, opções asiáticas. Logo a seguir será apresentado um exemplo de como precificar opções asiáticas.

Em seguida será apresentado o algoritmo de *Longstaff e Schwartz* que usa o processo de simulação por Monte Carlo para precificar derivativos em que o exercício é possível antes do vencimento, como opções americanas [Longstaff and Schwartz, 2001].

Uma das questões de grande relevância na precificação de derivativos é conhecer e controlar os riscos envolvidos. Para isto, normalmente, são calculadas as gregas. Serão apresentados códigos de como calculá-las e seus significados. Adicionalmente, de forma intuitiva, serão apresentados alguns conceitos de como o leitor pode testar, de forma gráfica, a relação entre elas e as variáveis dos derivativos.

Para finalizar, será mostrado o cálculo da volatilidade baseada na volatilidade histórica ou implícita e alguns pontos dos parâmetros usados na precificação que merecem atenção.

4.1 Ferramentas de Programação Matemática

Existem diversas ferramentas que podem ser usadas para a precificação de derivativos. Uma frequentemente usada no mercado é o *Excel*. Isto se deve ao fato do *Excel* já estar disponível em quase todos os escritórios e, normalmente, ser uma ferramenta bastante conhecida e utilizada por quem trabalha com Finanças.

No entanto, existem diversas alternativas. Dentre elas, há três que se destacam: *Matlab*[6], *R*[7] e *Python*[8]. Embora estas três linguagens sejam perfeitamente viáveis para se trabalhar com derivativos, foi escolhido o uso de *Python* para os exemplos deste capítulo.

Podemos enumerar algumas razões para a escolha de *Python*: é fácil de aprender e ser usada mesmo para profissionais que não possuam conhecimento prévio de programação; se integra facilmente com diversas bases de dados, tendo inclusive API para serviços como o terminal Bloomberg[9]; está entre as mais ágeis e produtivas linguagens modernas; possui vasta gama de bibliotecas matemáticas em que diversos algoritmos usados para

---

[4] Existem algoritmos mais eficientes para calcular a área abaixo de uma curva, no entanto este exemplo é bem útil para consolidar a compreensão do método de Monte Carlo.

[5] Flexibilidade em relação às características do derivativo, ao processo estocástico e à quantidade de variáveis usadas na simulação.

[6] www.mathworks.com/products/matlab.html.

[7] www.r-project.org.

[8] www.python.org.

[9] Bloomberg é um dos principais provedores de informação para o mercado financeiro.

4 Métodos numéricos para derivativos de ações

análise de dados e Finanças já estão implementados; é usado por diversas instituições financeiras desde grandes bancos de investimento até pequenas gestoras; e é *open source*.

Dentre as diversas bibliotecas *Python* com foco em Matemática, duas se destacam: *Numpy*[10] e *Pandas*[11]. A primeira é muito útil para cálculo matricial e será usada neste capítulo para simulações de Monte Carlo e a segunda, para manipular séries temporais. Além da facilidade em utilizar as funções já prontas disponíveis nestas bibliotecas, as implementações destas funções costumam ser muito eficientes do ponto de vista computacional[12].

Para iniciar a usar *Python*, recomendamos que seja instalada alguma distribuição que já contenha as bibliotecas necessárias para cálculos matemáticos. Sugere-se começar com *WinPython*[13]. Para isso, basta fazer o download da última versão[14]. Ela é portátil e pode ser instalada diretamente em um *pendrive*.

Uma característica de *Python* bem útil para o propósito deste livro é a integração com o *Jupyter Notebook*[15] que é um ambiente de computação interativa que permite combinar código, texto, fórmulas matemáticas, gráficos e outras mídias. Na Figura 4.1, é possível ver um exemplo da tela do *Jupyter*. Ela é acessada por um *browser*, que pode ser o *Google Chrome*.

Para iniciá-lo, basta entrar no diretório onde foi instalado o *WinPython* e iniciar o aplicativo *Jupyter Notebook*. Isto irá inicializá-lo no navegador padrão. Neste exemplo, o *Chrome*. Isto é tudo que é necessário para seguir todos os exemplos deste capítulo.

Na Figura 4.1, é escrita a fórmula de Black-Scholes como mostrado no capítulo 3 e logo abaixo, no primeiro bloco de comando[16], é definida a função `black_scholes(S0, K, T, r, sigma)` com a mesma fórmula. Esta fórmula recebe os parâmetros: preço inicial (`S0`), preço de exercício (`K`), vencimento (`T`), taxa livre de risco (`r`) e volatilidade (`sigma`).

No segundo bloco de comando, logo abaixo, é chamada a função definida no primeiro bloco com o preço da ação de 8,50, preço de exercício de 10, prazo de um ano, taxa de juros de 10% e volatilidade de 35%. A função calcula o valor do derivativo e retorna o valor da opção, que neste exemplo vale 96 centavos.

---

[10] www.numpy.org.

[11] pandas.pydata.org.

[12] Para o leitor que quiser se aprofundar em *Python* e o uso destas bibliotecas para análise de dados, recomenda-se o livro [McKinney, 2012].

[13] winpython.github.io.

[14] Todos os exemplos do livro foram testados na versão 3.6.2.0-64bit.

[15] jupyter.org.

[16] Este bloco de comando é identificado por *In[1]:*.

Figura 4.1: Exemplo do *Jupyter* - Precificação de uma opção usando a fórmula de Black-Scholes.

Alternativamente, é possível usar o *Excel* e escrever a fórmula em *VBA*, como no Código 4.1. Neste caso, basta chamar a função – neste exemplo `black_scholes()` – em uma planilha com as características do derivativo e ela retornará o valor da opção.

```
Public Function black_scholes(S0, K, r, T, sigma)

    Dim D1, D2, ND1, ND2

    D1 = (Log(S0 / K) + (r + 0.5 * sigma^2) * T)/(sigma * Sqr(T))
    D2 = (Log(S0 / K) + (r - 0.5 * sigma^2) * T)/(sigma * Sqr(T))
    ND1 = Application.NormSDist(D1)
    ND2 = Application.NormSDist(D2)
    black_scholes = S0 * ND1 - K * Exp(-r * T) * ND2

End Function
```

Código 4.1: Fórmula de Black-Scholes em VBA

Para opções europeias, o *VBA* com *Excel* se adequa perfeitamente bem. No entanto, para derivativos mais complexos, o *VBA* possui vários pontos negativos, sendo um dos

4 Métodos numéricos para derivativos de ações   59

principais o fato de não possuir bibliotecas matemáticas. Caso se queira fazer algo simples, como a multiplicação de duas matrizes, será necessário escrever o código.

No restante deste capítulo, todos os exemplos serão em $Python$[17]. Existirão dois tipos de exemplos: a definição de funções, como no Código 4.2; e a execução da função, como no Código 4.3.

```
def minha_funcao(var_1, var_2): ❶ ❷ ❸
    resultado = var_1 + var_2 + 3 ❹
    return resultado ❺
```

Código 4.2: Definição de função - Exemplo.

❶ Para definir uma nova função em $Python$ deve-se usar o comando **def** seguido pelo nome da função e ":" no final.

❷ Nesta linha é definido uma nova função com o nome: `minha_funcao`.

❸ Esta função recebe como argumentos duas variáveis `var_1` e `var_2`.

❹ A função soma `var_1`, `var_2` e 3 e guarda o resultado da soma na variável `resultado`.

❺ Para finalizar o valor armazenado em `resultado` é retornado pela função.

No exemplo de Código 4.3 é mostrada a função sendo executada no $Python$ console.

```
>>> minha_funcao(1, 2) ❶ ❷
    6.0 ❸
```

Código 4.3: Python Console - Exemplo de execução.

❶ Por padrão, neste livro, sempre que uma linha é executada, será precedida pelo símbolo »>.

❷ Neste exemplo, a função `minha_funcao` é chamada com os argumentos `var_1` = 1 e `var_2` = 2.

❸ O resultado, se existir, será apresentado logo abaixo da chamada da função e estará na cor cinza. Neste exemplo, o valor é $1 + 2 + 3 = 6$.

Logo a seguir, no Código 4.4 será reapresentada a função de Black-Scholes seguindo o padrão recém-definido para o capítulo. Esta função será usada em diversos exemplos a seguir.

---

[17] Estes exemplos estão disponíveis no link:
github.com/danielnegrini/livro-derivativos-e-risco-de-mercado.

```
from math import log, sqrt, exp
from scipy import stats
def black_scholes(S0, K, T, r, sigma):
    d1 = (log(S0 / K) + (r + (sigma ** 2)/2) * T) / (sigma * sqrt(T))
    d2 = d1 - sigma * sqrt(T)
    return (S0 * stats.norm.cdf(d1, 0.0, 1.0)
             - K * exp(-r * T) * stats.norm.cdf(d2, 0.0, 1.0))
```

Código 4.4: Definição da função de Black-Scholes em *Python*.

4.2 Árvore binomial

No capítulo 2, introduziu-se a árvore binomial. Nesta seção, iremos revisitar este modelo para mostrar como a árvore pode ser construída na prática. Com a árvore é possível precificar opções americanas e europeias. Como não existe fórmula analítica para opções americanas, a árvore binomial é o modelo mais usado para este tipo de opções.

Para facilitar a didática, nesta seção será apresentada uma versão simplificada da árvore. Esta versão é apenas para opções europeias de compra e não considera pagamento de dividendos. A simplificação é importante para entender a dinâmica de construção da árvore binomial. Posteriormente, adicionar outras características será uma tarefa fácil.

Para entender o código da árvore binomial, apresentado a seguir, será necessário entender o método de compreensão de listas. Uma compreensão de listas é uma construção sintática para criar uma lista baseada em outra. Este método permite escrever listas de forma bastante natural, como em descrição matemática. O exemplo de Código 4.5 mostra como isto pode ser feito.

```
>>> [x*2 for x in [1, 2, 3, 4, 5]] ❶ ❷
    [2, 4, 6, 8, 10]
>>> celsius = [38.2, 30, 34.8, 44] ❸
>>> fahrenheit = [ 9/5*x + 32 for x in celsius ]   ❹
>>> fahrenheit ❺
    [100.76, 86.0, 94.64, 111.2]
```

Código 4.5: Método de compreensão de listas.

❶ A compreensão de listas usa a estrutura: f(variável) **for** *variável* **in** *lista_base*.

❷ Neste exemplo, a variável é o x. Para cada x na lista [1, 2, 3, 4, 5] é aplicada a função $f(x) = 2*x$. O resultado é uma nova lista com os valores [2, 4, 6, 8, 10].

❸ Neste segundo exemplo, é gerada uma lista chamada celsius contendo valores arbitrários de temperatura em graus Celsius.

4 Métodos numéricos para derivativos de ações   61

❹ Com o método de compreensão de listas é aplicado, para cada valor de `celsius`, a função de conversão para graus Fahrenheit.

❺ O resultado é uma nova lista em que cada valor da lista `celsius` foi convertido para graus Fahrenheit.

No Código 4.6 é mostrada a definição da função em *Python* para a precificação da árvore binomial simplificada.

```python
from math import exp, sqrt ❶ ❷
def arvore_binomial_simplificada(S0, K, T, r, sigma, N=300): ❸ ❹ ❺
    # Define: delta_t, u, d, a, p e um_menos_p. ❻
    delta_t = T / N
    u = exp(sigma * sqrt(delta_t))
    d = 1.0 / u
    a = exp(r * delta_t)
    p = (a - d) / (u - d)
    um_menos_p = 1.0 - p

    # Cria a estrutura da árvore com todos os valores iguais a zero. ❼
    arv_b = [[0.0 for j in range(i + 1)] for i in range(N + 1)] ❽ ❾ ❿

    # Cálcula o valor dos últimos nós da árvore binomial. ⓫
    for j in range(N + 1):
        arv_b[N][j] = max(S0 * u**j * d**(N - j) - K, 0.0)

    # Calcula os nós intermediários, dos últimos para o nó raiz. ⓬
    for i in reversed(range(N)): ⓭ ⓮
        for j in range(i+1): ⓯
            arv_b[i][j] = exp(-r * delta_t) * (p * arv_b[i+1][j + 1] +
                               um_menos_p * arv_b[i+1][j])

    # O valor do nó inicial da árvore é o valor da opção.
    return arv_b[0][0] ⓰
```

Código 4.6: Definição da função da árvore binomial simplificada.

❶ O comando **from** math **import** importa as funções que serão usadas da biblioteca *math* de *Python*.

❷ As funções importadas são `exp` para calcular exponencial e `sqtr` para calcular a raiz quadrada.

❸ É definida a função `arvore_binomial_simplificada`, com os parâmetros entre parênteses.

❹ Os parâmetros são: 1) preço da ação `S0`, 2) preço do exercício `K`, 3) prazo de vencimento da opção `T`, 4) taxa livre de risco `r`, 5) volatilidade `sigma` e 6) quantidade de passos na árvore `N`.

❺ Quando um parâmetro é definido como sendo = (igual) a um valor significa que ele é opcional. Neste caso, se a função for chamada com algum valor para N, a árvore será construída com esta quantidade de passos. Se o valor for omitido na chamada, como no exemplo 4.7, o valor considerado será 300.

❽ O comando **range**(N) gera uma lista de números com N elementos indo de 0 até $(N-1)$.

❾ Os colchetes em *Python* podem ser usados para criar listas pelo método de compreensão de listas. Este método foi apresentado no Código 4.5.

❿ A estrutura criada é uma lista de listas. Para cada elemento da lista externa que vai de 0 até N, é criada uma lista interna com $(i+1)$ elementos, em que i é a posição deste elemento na lista externa. Todos os valores são inicializados com zero.

⓭ O comando **reversed** recebe a lista de 0 a $N-1$, gerada pelo comando range(N), e a inverte. Portanto, a lista resultante vai de $N-1$ até 0. Como consequência disto, a árvore será percorrida de trás para a frente, mais sobre esta dinâmica da árvore a seguir.

❻ ❼ ⓫ ⓬ ⓮ ⓯ ⓰ Estes pontos estão ligados à mecânica da árvore binomial e serão melhor explicados através de um exemplo e com o auxílio de diagramas. Desta forma, serão melhor detalhados ao longo do texto desta seção.

Logo a seguir, no exemplo 4.7 é mostrada a execução deste código. Neste exemplo, o valor da ação é 8,50, o preço de exercício é 10, o prazo para exercício é um ano, os juros são de 10% e a volatilidade de 35%. Foi usado como padrão $N = 300$, ou seja, a árvore foi construída com 300 passos. O resultado retornado foi 0,9628, ou seja, uma opção com estas características vale aproximadamente 0,96. Como esperado, praticamente o mesmo resultado da fórmula de Black-Scholes.

```
>>> arvore_binomial_simplificada(S0=8.50, K=10, T=1.0, r=0.10,
                                sigma=0.35)
    0.9628409345029771
```

Código 4.7: Execução da função da árvore binomial simplificada.

A seguir, será demonstrado passo a passo um exemplo da função definida no Código 4.6 sendo chamada com N = 4. Vale ressaltar que construir a árvore com apenas quatro passos não é suficiente para garantir a convergência. Entretanto, isso é válido como exercício, para entender a dinâmica do modelo binomial. Primeiramente, no Código 4.8 é apresentada a chamada da função para a árvore com $N = 4$ e o valor retornado por esta função.

```
>>> arvore_binomial_simplificada(S0=8.50, K=10.0, T=1.0, r=0.10,
                                sigma=0.35, N=4)
    1.0208463755398038
```

Código 4.8: Execução da função da árvore binomial simplificada com $N=4$.

4 Métodos numéricos para derivativos de ações

No primeiro bloco (**6**) da função definida em 4.6 são calculados os parâmetros Δt, u, d, p e $1-p$ da árvore binomial, como definidos na seção 2.3.

No segundo bloco (**7**), é definida a variável `arv_b`. Esta variável será a representação da árvore binomial. Inicialmente, todos os valores são inicializados com zero. Na Figura 4.2 é possível observar esta representação. À esquerda encontra-se uma árvore como representada no capítulo 2 e à direita a árvore representada por um conjunto de listas. As setas pontilhadas indicam a correspondência dos três primeiros nós de uma representação para a outra.

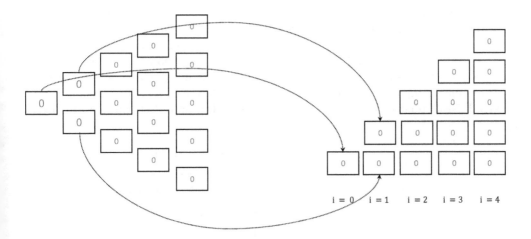

Figura 4.2: Equivalência da representação da árvore binomial.

A seguir, no bloco (**11**), os nós finais da árvore são construídos. Na Figura 4.3 é mostrado a forma de cálculo para os nós finais da árvore.

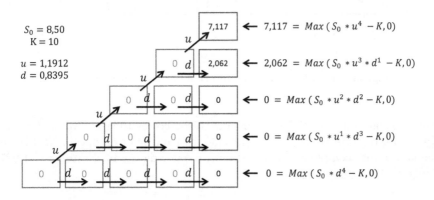

Figura 4.3: Cálculo dos últimos nós da árvore binomial.

O bloco de código a seguir (⑫) é composto por dois laços de repetição. O externo (⑭) é responsável por percorrer a árvore do final (mais à direita) para o início. O interno (⑮) é responsável por percorrer a árvore de baixo para cima.

O laço de repetição externo itera em relação ao índice i, e neste exemplo ele inicia com o valor[18] 3. A iteração deste laço ocorre apenas uma vez durante toda a execução da função. Já o interno, em relação ao índice j, realiza uma iteração completa para cada valor de i, ou seja, para cada valor do laço externo.

Para cada índice i, o índice j, do laço de repetição interno, percorre os nós daquela coluna de baixo para cima. Desta forma, todos os nós da árvore são percorridos e a cada nó, os valores são atualizados com base no valor esperado dos nós seguintes, como mostrado no capítulo 2.

No ponto marcado como 1, da Figura 4.4, é mostrado o estado da árvore quando o índice i é igual a 3 e o índice j é igual a 3. Neste ponto o código deve atualizar o valor do nó destacado de 0 para 4,616. Os nós em tracejado contínuo já foram atualizados.

Logo que o nó destacado 1 for atualizado, o laço interno terminará e o laço externo subtrairá mais 1 do índice i e reinicializará um novo laço com o índice i igual a 2 e o j igual a 0. Neste ponto, marcado como 2 na Figura 4.4, o valor deste nó será atualizado.

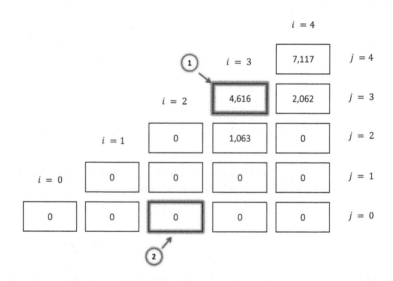

Figura 4.4: Cálculo dos nós intermediários da árvore binomial.

Estes dois laços de repetição continuam até percorrer toda a árvore. Para finalizar, em ⑯ o valor de arv_b[0][0] é retornado, este é o valor da opção. Na Figura 4.5, é mostrada a árvore completa e, em destaque, o valor da opção. Neste caso, 1,021 como no Código[19] 4.8.

---

[18] Os últimos nós, que neste exemplo são os do índice 4, já foram calculados.
[19] Na figura, sem arredondamento, este número é 1,0208463755398038.

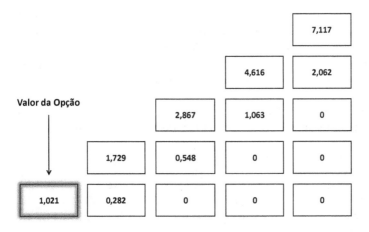

Figura 4.5: Cálculo do nó inicial da árvore binomial.

4.3 Árvore completa / Convergência com Black-Scholes

Nesta seção, será apresentada uma versão mais completa da árvore binomial. Serão incluídas a projeção de dividendos e as possibilidades de precificação de opções de venda e de conversão antecipada (opções americanas).

A forma de representar a árvore, pela variável `arv_b` e de percorrer a árvore por meio dos laços de repetição será igual à versão anterior. A primeira modificação é incluir a projeção de dividendos, que é apresentada como um percentual do valor da ação. Por conveniência, é assumido que os dividendos são pagos de forma contínua[20].

Desta forma, para incluir dividendos, deve-se subtrair o valor da projeção de dividendos (q) da taxa livre de risco (r) no cálculo do parâmetro a, conforme a equação 4.1.

$$a = e^{(r-q)*\Delta t}. \tag{4.1}$$

Para permitir que sejam precificadas opções de venda, basta modificar o cálculo do pagamento da opção, termo conhecido como *payoff*. O *payoff* de uma opção de compra é:

$$max(S_t - K, 0). \tag{4.2}$$

E de uma opção de venda é:

$$max(K - S_t, 0). \tag{4.3}$$

Uma opção do tipo americana dá ao detentor a opção de conversão antes do vencimento. O modelo deve levar em consideração que o detentor é racional e sempre irá

---

[20] Caso exista uma data conhecida para o pagamento de dividendos, esta data pode ser incluída no modelo. Para isto, deve-se subtrair o valor do dividendo da projeção do valor da ação nesta data.

tomar a decisão ótima, ou seja, a decisão que aumente o valor da opção. Para isto, deve-se, a cada nó, avaliar se o valor imediato da opção é maior que o valor esperado.

O valor imediato de um nó é o resultado da conversão neste nó. O valor da ação é conhecido para todos os nós, portanto, o valor de conversão é o *payoff* da opção. No caso de uma opção de compra usa-se a equação 4.2 e, para uma opção de venda, a equação 4.3.

A fórmula para calcular o valor da opção no nó é o valor máximo entre o imediato e o esperado. O Código 4.9 mostra a função da árvore binomial completa.

```python
from math import exp, sqrt
def arvore_binomial_completa(S0, K, T, r, sigma, q, ❶
                             call_put_flag='c', N=300): ❷
    # Define: delta_t, u, d, a, p e um_menos_p.
    delta_t = T / N
    u = exp(sigma * sqrt(delta_t))
    d = 1.0 / u
    a = exp((r - q) * delta_t)
    p = (a - d) / (u - d)
    um_menos_p = 1.0 - p

    # Cria a estrutura da árvore com todos os valores iguais a zero.
    arv_b = [[0.0 for j in range(i + 1)] for i in range(N + 1)]

    # Cálcula o valor dos últimos nós da árvore binomial.
    for j in range(N + 1):
        if call_put_flag == 'c': ❸
            arv_b[N][j] = max(S0 * u**j * d**(N - j) - K, 0.0)
        else:
            arv_b[N][j] = max(K - S0 * u**j * d**(N - j), 0.0)

    # Calcula os nós intermediários, dos últimos para o nó raiz.
    for i in reversed(range(N)):
        for j in range(i + 1):
            valor_acao = S0 * d**i * u**(2*j)
            if call_put_flag == 'c':
                valor_imediato = max(valor_acao - K, 0) ❹
            else:
                valor_imediato = max(K - valor_acao, 0) ❹
            valor_esperado = exp(-r * delta_t)*(p*arv_b[i + 1][j + 1] +
                                    um_menos_p * arv_b[i + 1][j]) ❺
            arv_b[i][j] = max(valor_imediato, valor_esperado) ❻

    # O valor do nó inicial da árvore é o valor da opção.
    return arv_b[0][0]
```

Código 4.9: Definição da função da árvore binomial completa

❶ O parâmetro q deve receber o valor do dividendo projetado.

4 Métodos numéricos para derivativos de ações

❷ O parâmetro `call_put_flag` recebe "p" para opções de venda e "c" para opções de compra.

❸ A equação de *payoff* é definida de acordo com o parâmetro `call_put_flag`.

❹ O valor imediato da opção é calculado, considerando a conversão no momento. Para o cálculo do valor imediato também é feita a distinção entre opção de compra e opção de venda.

❺ O valor esperado da opção é calculado, como na árvore binomial simplificada.

❻ O valor de cada nó será o máximo entre o valor da conversão naquele instante e o valor esperado dos nós seguintes.

Uma propriedade importante dos métodos numéricos, como a árvore binomial, é que quando o número de simulações, ou passos no caso da árvore, tende a ser grande, os valores do derivativo calculados através do método numérico ou pela fórmula analítica, se existir, tendem a se aproximar. Portanto, no caso da árvore binomial, para precificar opções europeias, quanto maior o número de passos, mais próximo o resultado estará do resultado apresentado pela fórmula de Black-Scholes.

A seguir, a Figura 4.6 mostra um gráfico em que é precificada uma opção de compra europeia sem pagamento de dividendos, por dois métodos: Black-Scholes e árvore binomial. Todos os parâmetros são iguais para os dois métodos e a única variável que muda é o número de passos N no caso da árvore binomial.

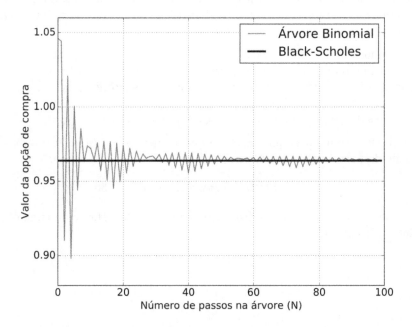

Figura 4.6: Convergência da árvore binomial.

A linha central, em preto, representa o valor da opção com o método de Black-Scholes e a linha que oscila, em cinza, em torno desta representa o valor da opção precificada pelo método da árvore binomial. Esta é calculada pela função do Código 4.6.

No eixo X está o número de passos N usado para calcular o valor da opção. No eixo Y está o valor da opção. Como pode ser observado, quando o número de passos aumenta, o valor calculado pela árvore binomial converge para o valor calculado com a fórmula de Black-Scholes. Para 100 passos, os dois valores já são praticamente iguais.

4.4 Entendendo o método de simulação de Monte Carlo

Monte Carlo é um dos mais importantes algoritmos em Finanças e métodos numéricos em geral. Sua importância em Finanças vem da flexibilidade e abrangência que possui para precificação de derivativos, solucionar problemas de gerenciamento de risco e gestão de portfólio.

É um método matemático que se baseia em amostragens aleatórias para se obter resultados numéricos. Ele é usado em diversos campos da Matemática, da Física e da Engenharia.

Inicialmente daremos um exemplo da utilização de Monte Carlo para solucionar um problema simples: calcular a área abaixo de uma curva. Embora existam outros métodos mais eficientes para realizar este cálculo este passo é importante para que fique claro o conceito de simulações de Monte Carlo. Tendo entendido o conceito, é relativamente simples generalizá-lo para a precificação de derivativos ou mesmo para outros campos da área de Finanças. Estes são os passos básicos:

1. Construir o universo de simulação.
2. Gerar um número aleatório neste universo.
3. Calcular a variável de interesse com base neste valor aleatório.
4. Repetir N vezes os passos dois e três.
5. Estimar o resultado com base nas simulações do passo três.

Ficará mais claro com o exemplo. Suponha que o objetivo seja calcular o valor abaixo da curva definida pela função

$$f(x) = 12sen(12x) + 20cos(4x) + 3e^{x/3} + 30,$$

para valores de x entre 0 e 10. O Código 4.10 define a função $f(x)$ e desenha o gráfico desta no intervalo entre 0 e 10.

4 Métodos numéricos para derivativos de ações

```
>>> %matplotlib inline ❶
>>> import numpy as np ❷
>>> import matplotlib.pyplot as plt ❸
>>> f = lambda x: 12 * np.sin(12 * x) + 20 * np.cos(4 * x) + 3 * np.exp(x
    /3) + 30 ❹
>>> x = np.linspace(0, 10, 1000) ❺
>>> _ = plt.plot(x,f(x)) ❻
```

Código 4.10: Definição da função $f(x) = 12sen(12x) + 20cos(4x) + 3e^{x/3} + 30$.

❶ %matplotlib inline é uma configuração do *Jupyter* para gerar imagens dentro do próprio notebook. Isto é necessário para que a imagem fique logo abaixo do comando plot[21].

❷ Importa o numpy como np. Esta é forma usual de importá-lo.

❸ Importa o matplotlib.pyplot. O pyplot contém diversas funções usadas para gerar gráficos em *Python*.

❹ O operador lambda é usado para criar funções de forma concisa. A sintaxe deste operador é: **lambda** lista_de_argumento: expressão.

❺ A função np.linspace define 1000 pontos entre o intervalo de 0 a 10.

❻ A função plot desenha para cada ponto x o valor de $f(x)$ como definido na equação acima.

Para calcular a área sob a curva, o primeiro passo é definir o número de simulações. Quanto maior for o número de simulações, mais preciso será o resultado, porém mais tempo será necessário para realizar os cálculos. Neste exemplo, serão realizadas 50 mil simulações.

A seguir, é necessário definir o universo de simulação – neste exemplo, à área da figura. Para valores de x, serão simulados valores entre 0 e 10, como definido no enunciado do problema. Para valores de y, serão simulados valores entre 0 e um valor maior do que o máximo da função $f(x)$ para o intervalo de x. Neste exemplo, usaremos 140. O Código 4.11 define estas variáveis e gera vetores aleatórios para x e $f(x)$.

---

[21] Como trata-se de uma configuração do *Jupyter* e para não ficar repetitivo, este comando não será reapresentado nos próximos exemplos com plot.

```
>>> largura = 10
>>> altura = 140
>>> numero_simulacao = 50000

>>> x_v = np.random.uniform(0, largura, numero_simulacao) ❶ ❷
>>> y_v = np.random.uniform(0, altura, numero_simulacao)
```

Código 4.11: Geração de número aleatório.

❶ A função `np.random.uniform` gera os números aleatórios seguindo uma distribuição uniforme no intervalo definido.

❷ São gerados 50.000 valores uniformes entre 0 e 10.

Vale notar que as variáveis x_v e y_v, construídas a partir da função `random` são vetores. Ou seja, cada um deles possui 50 mil pontos. No Código 4.12 são mostrados os dois primeiros e três últimos valores de x_v. Basta escrever o nome da variável no *Jupyter* que seu valor será exibido na tela.

```
>>> x_v
    array([ 5.523602, 8.075667, ..., 9.90311 , 1.666052, 3.654290])
```

Código 4.12: Vetor aleatório com 50 mil valores, apenas 5 são exibidos.

Para cada par (x, y) simulado, se o valor de y for maior do que o valor de $f(x)$ este ponto estará acima da curva $f(x)$ e, caso contrário, abaixo.

O Código 4.13 mostra o cálculo da proporção dos pontos que estão abaixo da curva. Dado que a distribuição é uniforme, quanto maior o número de simulações, mais próxima esta proporção representará a proporção da área abaixo da curva.

```
>>> pontos_abaixo_curva = y_v < f(x_v) ❶ ❷
>>> proporcao_area_abaixo_fx = np.sum(pontos_abaixo_curva) /
    numero_simulacao ❸
>>> proporcao_area_abaixo_fx
    0.38846
```

Código 4.13: Proporção da área sob a curva.

❶ `f(x_v)`: Substitui os valores de x_v na função f(x).

❷ `y_v < f(x_v)`: Compara com os valores de y_v simulados com os valores de f(x). Se o ponto simulado for menor do que f(x), será marcado na variável `pontos_abaixo_curva`.

❸ Soma todos os pontos abaixo da curva e divide pelo número de simulações.

4 Métodos numéricos para derivativos de ações   71

A área total simulada é conhecida. Esta é igual à largura multiplicada pela altura. A área total multiplicada pela proporção da área abaixo da curva é a solução do problema. Neste caso, 543.844 unidades de medida, como pode ser verificado no Código 4.14.

```
>>> area_total = largura * altura
>>> area_abaixo_fx = area_total * proporcao_area_abaixo_fx
>>> area_abaixo_fx
543.844
```

Código 4.14: Área sob a curva em unidades de medida.

O Código 4.15 mostra o resultado da simulação. Em cinza-claro os pontos que foram gerados abaixo da curva $f(x)$ e em preto, acima da curva.

```
>>> fig = plt.figure(figsize=(14,8))
>>> plt.scatter(x_v[pontos_abaixo_curva], y_v[pontos_abaixo_curva])   ❶
>>> plt.scatter(x_v[~pontos_abaixo_curva], y_v[~pontos_abaixo_curva],
                c='black')   ❷
```

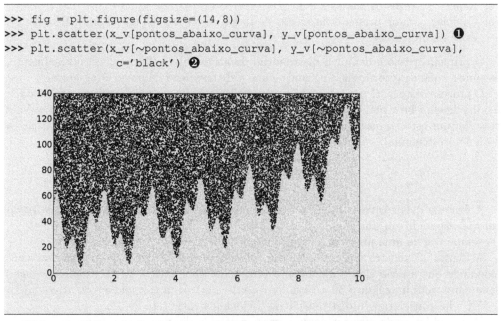

Código 4.15: Resultado da simulação: Em preto, pontos acima de $f(x)$, em cinza, pontos abaixo.

❶ plt.scatter desenha um ponto para cada par (x, y).

❷ Atenção ao ~ antes da variável pontos_abaixo_curva, o operador ~ nega a variável que segue, logo ~ pontos_abaixo_curva = pontos_acima_curva.

4.5 Simulação de Monte Carlo – Precificação de opções europeias

Tendo entendido a metodologia de simulações de Monte Carlo, os passos são os mesmos para aplicá-la para a precificação de derivativos. As duas principais diferenças em relação ao cálculo da área sob a curva são: o universo de simulação – que para derivativos é o caminho possível que a ação pode seguir – e a distribuição – que é diferente da distribuição uniforme usada para o cálculo da área.

De maneira geral, a precificação por Monte Carlo de qualquer opção que só pode ser exercida no vencimento, segue os seguintes passos:

1. Definir o período T que será simulado e o processo estocástico do ativo-objeto.
2. Gerar um preço $S(T)$ aleatório de acordo com o processo definido no passo 1.
3. Calcular o valor do derivativo em T baseado no preço do passo 2.
4. Repetir N vezes os passos 2 e 3.
5. Calcular o valor presente da média de todos os resultados do passo 3. Este será o valor do derivativo.

O primeiro passo é definir a distribuição do ativo-objeto. Para ações, normalmente, assume-se que os retornos são normais e que a distribuição de preço é log-normal.

O processo estocástico mais usado que modeliza o preço da ação com esta propriedade é o movimento browniano geométrico (MBG). A equação para $S(t)$ é dada por 4.4. Vale ressaltar que este é o mesmo processo assumido na derivação da fórmula de Black-Scholes e na árvore binomial.

$$S(t) = S(0)exp\left[\left(\mu - \frac{\sigma^2}{2}\right)t + \sigma\epsilon\sqrt{t}\right]. \tag{4.4}$$

A fórmula define o valor da ação em t como função do valor inicial da ação $S(0)$, do retorno esperado em um mundo neutro ao risco[22] μ, da volatilidade do ativo-objeto σ, do tempo t, e de uma amostra aleatória de uma distribuição normal reduzida[23] ϵ.

A Figura 4.7 mostra um exemplo com 500 simulações para o prazo de um ano, considerando que a ação siga o movimento browniano geométrico. Neste exemplo, a ação possui um valor inicial de 8,50, a taxa livre de risco é 10%, a volatilidade do ativo-objeto é 35% e foi considerado a distribuição de dividendos constante de 3%.

Com o objetivo de mostrar passo a passo o cálculo de uma opção de compra usando a técnica de Monte Carlo, na Figura 4.8, foram separadas apenas cinco simulações da Figura 4.7. Para esta demonstração, será considerado que o preço de exercício é igual a 10. Na linha horizontal preta está o valor de exercício.

---

[22] No caso de uma ação que não distribui dividendos, a taxa de retorno esperada em um mundo neutro ao risco é a taxa livre de risco r, caso a ação distribua dividendos, e considerando que a distribuição ocorra de forma contínua, seja ela q, o retorno esperado pode ser ajustado para a taxa livre de risco menos a expectativa de distribuição de dividendos, em que a expectativa seja definida como um valor proporcional ao valor da ação. Neste caso: $\mu = r - q$.

[23] Distribuição normal com média zero e desvio padrão igual a um.

4 Métodos numéricos para derivativos de ações 73

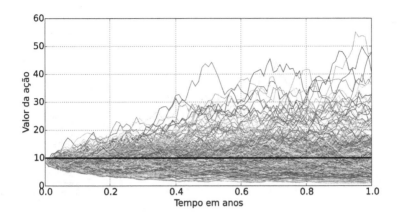

Figura 4.7: Diversos caminhos aleatórios possíveis resultantes da simulação, considerando MBG para ações.

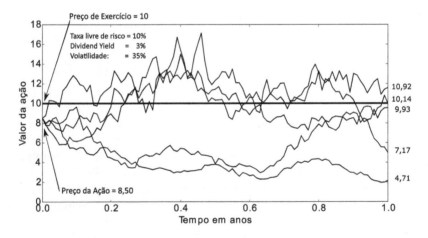

Figura 4.8: Cinco simulações de ações seguindo o MBG.

A Figura 4.9 mostra os passos do algoritmo para calcular o valor de uma opção europeia pelo método de Monte Carlo. O primeiro passo é gerar um número aleatório de uma amostra normal reduzida[24], estes valores estão representados na coluna Z. Substituindo os valores de Z na equação do MBG, são gerados os valores aleatórios para a ação no vencimento $(T = 1)$, representados na coluna $S(T)$.

---

[24] Distribuição normal com média zero e desvio-padrão igual a um.

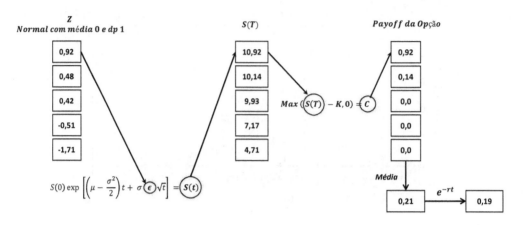

Figura 4.9: Diagrama de cálculo de uma opção pelo método de Monte Carlo.

Na equação 4.5 é mostrado o cálculo de $S(T)$ para a primeira linha da Figura 4.9. Para esta simulação, o valor da ação no vencimento é 10,92. Substituindo na fórmula do *payoff*[25] o valor do derivativo é 0,92.

$$S(t) = S(0)exp\left[\left(\mu - q - \frac{\sigma^2}{2}\right)t + \sigma\epsilon\sqrt{t}\right] \quad (4.5)$$

$$S(t) = 8{,}50exp\left[\left(0{,}10 - 0{,}03 - \frac{0{,}35^2}{2}\right) + 0{,}35 * 0{,}92\sqrt{1}\right] \quad (4.6)$$

$$S(t) = 10{,}92. \quad (4.7)$$

Refazendo este cálculo para os outros quatro valores do exemplo, completa-se a coluna *payoff da opção* desta figura. A média do *payoff* das cinco simulações é 21 centavos e o valor presente desta média é 19 centavos. Este é o valor da opção de compra.

No Código 4.16 é apresentada a função para precificar opções europeias usando o método de Monte Carlo. Neste código, por padrão é realizado um milhão de simulações. O processo da função é exatamente o mesmo do exemplo numérico apresentado.

```
import numpy as np
def monte_carlo_europeia(S0, K, T, r, sigma, q, N=1000000):
    z = np.random.standard_normal(N)  ❶ ❷
    ST = S0 * np.exp((r - q - 0.5 * sigma ** 2) * T +
        sigma * np.sqrt(T) * z)  ❸ ❹
    pT = np.maximum(ST - K, 0)  ❺ ❻
    return np.mean(pT) * np.exp(-r * T)  ❼
```

Código 4.16: Definição da função para precificação de opções europeias usando simulação de Monte Carlo.

---

[25] O *payoff* de uma opção de compra é apresentado na Equação 4.2.

4 Métodos numéricos para derivativos de ações 75

❶ A função `np.random.standard_normal(N)`, gera N números aleatórios com média zero e desvio-padrão igual a um.

❷ O resultado desta função é a coluna Z da Figura 4.9, porém, ao invés de cinco linhas como no exemplo numérico, o resultado da função terá N linhas (que por padrão é um milhão).

❸ A fórmula do movimento browniano geométrico como definido na equação 4.4.

❹ O resultado, na variável `ST`, é a coluna central da Figura 4.9.

❺ Calcula o *payoff* para uma opção de compra.

❻ Para precificar uma opção com *payoff* diferente, apenas esta linha deve ser modificada. Por exemplo, para uma opção de venda, a fórmula deveria ser `pT = np.maximum(K - ST, 0)`

❼ Calcula o valor presente da média dos *payoffs* (`pT`).

A seguir, no exemplo de Código 4.17, é mostrado um exemplo de execução da função de Monte Carlo definida no Código 4.16. Como pode ser observado o resultado obtido é 0,845. Este resultado é diferente do valor calculado no exemplo numérico com apenas cinco simulações[26].

```
>>> monte_carlo_europeia(S0=8.50, K=10.0, T=1.0, r=0.10,
                         sigma=0.35, q=0.03)
    0.84514930539736988
```

Código 4.17: Exemplo da execução da função de Monte Carlo definida no Código 4.16 para a precificação de uma opção europeia com 1.000.000 de simulações.

Esta é uma característica do modelo de Monte Carlo: para que ocorra a convergência, é necessário um número grande de simulações. A Figura 4.10 mostra a convergência da função de Monte Carlo. No eixo X está representado o número de simulações realizadas e no eixo Y o resultado para a precificação de uma opção europeia. Em cinza claro, usando o modelo de Monte Carlo definido pelo Código 4.16 e, a linha central preta, o resultado da mesma opção precificada pela fórmula de Black-Scholes. Para facilitar a visualização, existe uma diferença de escala na figura: o bloco da esquerda mostra o número de simulações variando entre 0 e 400 mil e o bloco da direita entre 400 mil a cinco milhões. Como pode ser observado, mesmo para 400 mil simulações, ainda há um erro numérico visível no gráfico. Quando este número se aproxima de 5 milhões, o erro deixa de ser visível graficamente.

---

[26] O valor obtido com cinco simulações foi 0,19.

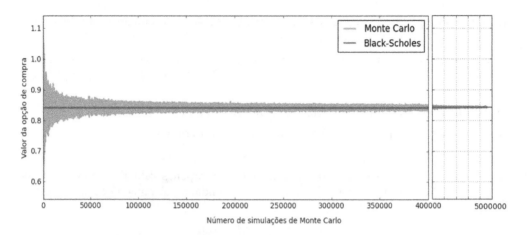

Figura 4.10: Convergência na simulação de Monte Carlo.

4.6 Simulação de Monte Carlo – Opções que dependem do caminho

O modelo de Monte Carlo permite precificar derivativos cujos *payoffs* dependem da trajetória do preço da ação. Um exemplo deste tipo de derivativos são as opções asiáticas. Estas opções dependem da média da cotação do ativo-objeto em pelo menos parte da vida da opção.

A média pode ser em relação ao preço de exercício ou ao preço do ativo. Cada uma destas formas tem objetivos diferentes. Será mostrado um exemplo em que o preço depende da média aritmética do preço do ativo nos últimos M dias. Neste exemplo, o *payoff* da opção é definido na equação 4.8 e o exercício só pode ocorrer no vencimento.

$$Pagamento\_da\_opção = Max(S_{Média} - K, 0) \tag{4.8}$$

$$S_{Média} = \frac{1}{M} \sum_{i=1}^{M} S(t_i) \tag{4.9}$$

A principal diferença entre a precificação de opções europeias e a das opções asiáticas é que nestas é necessário simular o preço da ação para os últimos M períodos – normalmente, dias – definido em contrato para calcular a média de preço usada no *payoff* da opção.

A variável S, que no exemplo da opção europeia era um vetor com uma coluna e N linhas, para opções asiáticas é uma matriz com N colunas e M linhas. Cada coluna representa uma simulação, e cada simulação possui M linhas, em que cada linha representa os valores da ação nos últimos M dias do contrato.

A Figura 4.11 mostra um exemplo com quatro simulações para uma opção asiática em que o preço é a média aritmética dos três últimos dias do contrato.

4 Métodos numéricos para derivativos de ações 77

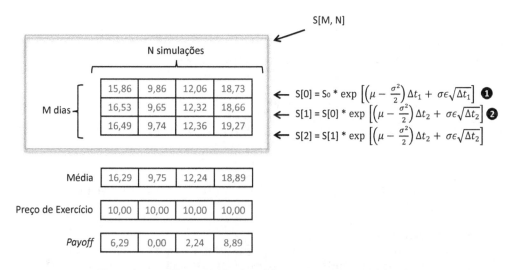

Figura 4.11: Exemplo de precificação de opção asiática.

❶ Atenção para não confundir $S[0]$ (representa a primeira linha da matriz) com S_0 (representa o valor inicial da ação).

❷ Δt_2 é o período de um dia, expresso em ano, e $\Delta t_1 = T - M * \Delta t_2$, ou seja, é o intervalo de tempo entre a data da precificação e o primeiro dia que é considerado para o cálculo do $S_{Média}$.

Para este exemplo, foi considerado o preço inicial da ação de 8,50, o preço de exercício 10, a taxa livre de risco de 10%, a projeção de dividendos 3%, a volatilidade 35% e o período de um ano.

Nesta figura a matriz $S[M, N]$ representa o conjunto de quatro simulações para os três últimos dias. A primeira linha das simulações representa o preço da ação dois dias antes do vencimento. As duas linhas subsequentes representam o valor da ação nos dois dias seguintes, desta forma, na última linha da matriz está o preço da ação no vencimento. A média dos valores em cada coluna representa o valor $S_{média}$ da equação 4.8, na figura, representada pela linha *Média*.

O preço de exercício (*strike*) do exemplo é 10, o valor do *payoff* é $S_{média}$ menos o preço de exercício e, na figura, está representado pela linha identificada como *payoff*. O processo estocástico usado para a simulação é o MBG.

O Código 4.18 mostra a função para precificar opções asiáticas com *payoff* da forma da equação 4.8.

```
import numpy as np
def monte_carlo_asiatica(S0, K, T, r, sigma, q, media_dias, ❶
                         dias_no_ano=252.0, N=1000000): ❷
    delta_t = 1.0 / dias_no_ano
    S = np.zeros((media_dias, N)) ❸
    t_inicial = T - (media_dias - 1) * delta_t
    sn = np.random.standard_normal((media_dias, N)) ❹

    # Simula o valor do primeiro dia usado na média
    S[0] = S0 * np.exp((r - q - 0.5 * sigma ** 2) * t_inicial +
                       sigma * np.sqrt(t_inicial) * sn[0]) ❺ ❻

    # Simula os outros dias
    for j in range(1, media_dias):
        S[j] = S[j - 1] * np.exp((r - q - 0.5 * sigma ** 2) *
                       delta_t + sigma * np.sqrt(delta_t) * sn[j]) ❼

    # Calcula o payoff
    pT = np.maximum(np.average(S, axis=0) - K, 0) ❽ ❾
    return np.mean(pT) * np.exp(-r * T)
```

Código 4.18: Definição da função para precificação de opções asiáticas.

❶ media_dias é o M da Equação 4.9, ou seja é a quantidade de dias que compõem a média para o cálculo do *payoff* do derivativo.

❷ dias_no_ano representa a quantidade de dias no ano, o padrão é 252.

❸ A variável S representa a matriz $S[M, N]$ da Figura 4.11. Nesta linha é inicializada com zeros.

❹ A função np.random.standard_normal quando recebe uma dupla do tipo (n, m) retorna uma matriz com n linhas e m colunas, em que cada valor da matriz é uma amostra de uma normal com média 0 e desvio-padrão 1.

❺ Esta é a equação do MBG, que foi apresentada na Equação 4.4.

❻ Vale notar que sn[0] é um vetor com N elementos. No *Numpy* quando determinadas operações matemáticas são aplicadas entre um vetor e um escalar, o resultado também será um vetor com N elementos. Neste exemplo, S[0] também terá N elementos.

❼ Os outros dias da simulação são calculados. Vale notar que o S0 do cálculo do primeiro dia foi substituído por S[j - 1], ou seja, cada dia j é calculado com base no dia anterior (j - 1).

❽ Na função np.average, por se tratar de um cálculo sob uma matriz, é necessário especificar o eixo (axis) em que se deseja calcular a média. Neste caso, foi especificado o eixo zero.

4 Métodos numéricos para derivativos de ações

❾ Esta é a fórmula do *payoff* da Equação 4.9; caso se queira precificar um derivativo com *payoff* diferente basta modificar esta linha.

No exemplo de Código 4.19 é mostrada[27] a execução da função definida no Código 4.18 para media_dias = 30.

```
>>> monte_carlo_asiatica(S0=8.50, K=10.0, T=1.0, r=0.10, sigma=0.35,
                         q=0.03, media_dias=30)
    0.78090243824839967
```

Código 4.19: Exemplo da execução da função de Monte Carlo para a precificação de uma opção asiática com *media_dias*=30.

Uma opção europeia pode ser entendida como um caso particular da opção asiática em que media_dias = 1. O Código 4.20 mostra o resultado da execução da função definida em 4.18 com media_dias = 1. O resultado é praticamente o mesmo da opção europeia. A diferença está em erros numéricos (convergência das simulações) e, para um número suficientemente grande de simulações, o resultado será idêntico.

```
>>> monte_carlo_asiatica(S0=8.50, K=10.0, T=1.0, r=0.10, sigma=0.35,
                         q=0.03, media_dias=1)
    0.84506259648761006
```

Código 4.20: Exemplo da execução da função de Monte Carlo para a precificação de uma opção asiática com *media_dias*=1.

Uma propriedade importante das opções asiáticas é que elas são mais baratas que opções europeias e americanas. No exemplo do Código 4.21, foi calculado o valor da opção asiática com o Código 4.18. Neste exemplo, a variável media_dias foi de 1 até 252 dias.

Quando media_dias é igual a 1 (opção europeia), pode ser observado na figura do exemplo que este é o maior valor da opção asiática. No caso extremo, de a opção depender da média de todo o período, o valor da opção é aproximadamente 29 centavos, valor bastante inferior ao valor da opção europeia com as mesmas características, que é de 84 centavos.

---

[27] Encorajamos o leitor a repetir todos os exemplos deste capítulo. No entanto, vale notar, que para os exemplos de Monte Carlo, o resultado não será exatamente igual ao aqui apresentado em razão de erros numéricos, embora, com um número de simulações suficientemente grande, o resultado será muito próximo.

```
>>> asian_option = np.zeros(252)
>>> for i in range(1, 252):
>>>     asian_option[i] = monte_carlo_asiatica(S0=8.50, K=10.0,
                T=1.0, r=0.10, sigma=0.35, q=0.03, media_dias=i)

>>> import matplotlib.pyplot as plt
>>> fig, ax = plt.subplots(figsize=(12,6))
>>> ax.set_ylabel('Valor da Opção')
>>> ax.set_xlabel('Parâmetro M (média_dias)')
>>> _ = plt.plot(asian_option[1:], '.')
```

Código 4.21: Exemplo de precificação de opções asiáticas com o *payoff* da Equação 4.9. No gráfico o valor de M - média_dias - varia de 1 até 252 dias. O vencimento do contrato é de 252 dias.

4.7 Modelo Longstaff e Schwartz

Modelos numéricos baseados em simulações de Monte Carlo normalmente são bastante flexíveis. No entanto, existem duas desvantagens:

i) São computacionalmente mais custosos que os outros modelos apresentados; e
ii) Não é trivial tratar situações em que é possível existir exercício antecipado (opções americanas).

Em parte relevante das situações práticas, o fato dos modelos serem computacionalmente mais custosos não é um problema. Existem formas de melhorar o desempenho dos programas e sempre é possível usar computadores mais rápidos e realizar o cálculo de maneira paralela, se necessário.

Em relação à questão de tratar situações em que é possível existir exercício antecipado, existem algumas alternativas para resolver este problema e, dentre elas, se destaca a solução apresentada por Longstaff e Schwartz [Longstaff and Schwartz, 2001].

A importância deste modelo vem do fato de que com pequenas modificações é possível precificar uma vasta gama de derivativos exóticos, inclusive debêntures conversíveis, que será o tema do capítulo 6. Outra característica é a possibilidade de precificar derivativos que dependem de múltiplos fatores, o que é impraticável de ser realizado pelo modelo binomial. Adicionar outros processos também é uma tarefa simples[28].

Antes de apresentar a solução com o modelo de mínimos quadrados, vale destacar a dificuldade em tratar o exercício antecipado usando Monte Carlo.

A estratégia ingênua é fazer semelhante ao modelo de árvore binomial: primeiramente, simular o ativo-objeto ao longo do período de simulação; na sequência, percorrer cada simulação do vencimento para o início e, a cada momento, comparar o valor de conversão imediato com o valor esperado dos pagamentos futuros. A dificuldade desta solução, como pode ser observado na Figura 4.12, é que os valores futuros da ação simulada não correspondem ao valor esperado, como na árvore binomial e sim a um caminho possível que a ação irá percorrer. Precificar com este modelo ingênuo equivale a conhecer o valor

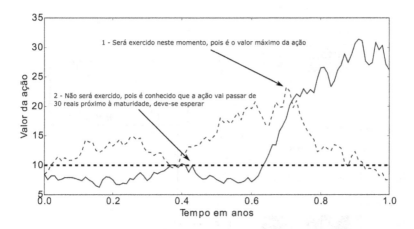

Figura 4.12: Estratégia ingênua, e errada, para precificar opções americanas com o método de Monte Carlo.

futuro da ação no momento de conversão, o que não ocorre na realidade. Existe uma imprecisão na tomada de decisão entre converter ou não, já que, no modelo ingênuo, o valor futuro da ação é conhecido. Em consequência disto, o valor da opção será superestimado.

A cada ponto da simulação para avaliar a conversibilidade é necessário conhecer o valor esperado da opção. Longstaff e Schwartz propõem usar a regressão de mínimos quadrados para estimar o valor esperado.

O primeiro passo do algoritmo é simular o valor da ação S_t para N trajetos possíveis que a ação pode seguir. Feito isto, calcula-se o valor do derivativo do final para o início.

---

[28] O processo do MBG é bastante citado na literatura para derivativos de ações; no entanto, existem diversos outros processos. Outros dois processos que merecem destaque são: o proposto por Merton, ver [Merton, 1976], e o processo de Gama-Variância, ver [Madan et al., 1998].

No vencimento, $t = T$, é conhecido o valor do derivativo, V_t. Este valor é calculado diretamente pelo *payoff* da opção, conhecido o valor da ação - S_t.

Em $T-1$, tanto o valor da ação S_{t-1} quanto o valor presente do V_t são conhecidos. O que é desconhecido é a regra para definir se o valor do instrumento em $T-1$ deve ser o valor presente $V_T e^{-r\Delta t}$ ou o valor da conversão baseado no valor da ação em $T^{\smile}1$ (S_{t-1}). Para estimar a regra de conversão, é necessário estimar o valor esperado do derivativo em $T-1$.

Para isto, Longstaff e Schwartz propõem calcular a regressão dos valores das ações simuladas em $T-1$ nos valores presentes de V_T. A fim de melhorar o resultado da regressão, esta só será realizada com o conjunto de pontos em que é coerente fazer a conversão, ou seja, para o caso de uma opção de compra, nos pontos em que o valor da ação for maior que o valor do preço de exercício. Este processo é apresentado na Figura 4.13.

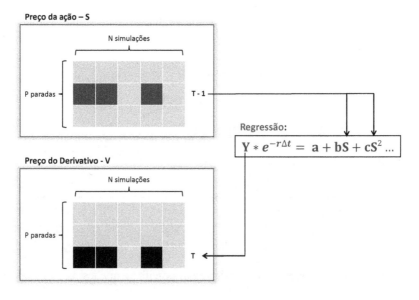

Figura 4.13: Diagrama para o cálculo do modelo de Longstaff e Schwartz.

A regressão retornará os parâmetros de uma função $f(S)$. Para cada ponto da simulação, se $f(S)$ for maior do que o *payoff* da opção em S, o valor será $V_T e^{-r\Delta t}$, ou seja, o valor presente do próximo passo, caso contrário ocorrerá exercício e o valor será[29] $Max(S_{T-1} - K, 0)$.

Vale destacar que a função apenas estima se ocorre exercício, ou seja, se a conversão imediata maximiza o valor do derivativo quando comparado ao valor esperado. No entanto, o valor que será considerado no caso de não ocorrer o exercício é o valor presente de $V_T e^{-r\Delta t}$, ou seja, o próprio valor simulado trazido a valor presente e não o valor obtido com a regressão.

---

[29] Para uma opção de compra.

4 Métodos numéricos para derivativos de ações
83

O algoritmo continua do final para o início até $t = 1$. Neste ponto, o valor do derivativo será o valor presente da média de todas as simulações.

No Código 4.22, é apresentada uma implementação do algoritmo de Longstaff e Schwartz para precificar uma opção de compra americana.

```python
import numpy as np
def monte_carlo_longstaff_schwartz(S0, K, T, r, sigma, q,
                                   N=500000, P=40): ❶
    delta_t = T / P
    df = np.exp(-r * delta_t)
    S = np.zeros((P + 1, N))

    # Simula o valor do ativo
    S[0] = S0
    sn = np.random.standard_normal((P + 1, N))
    for t in range(1, P + 1):
        S[t] = S[t - 1] * np.exp((r - q - 0.5 * sigma ** 2) *
                       delta_t + sigma * np.sqrt(delta_t) * sn[t]) ❷

    # Longstaff Schwartz
    V = np.maximum(S - K, 0) ❸
    for t in reversed(range(P)): ❹ ❺
        mask = V[t] > 0 ❻ ❼
        if np.sum(mask) > 3: ❽ ❾
            reg = np.polyfit(S[t][mask], V[t + 1][mask] * df, deg=3) ❿
            v_esperado = np.polyval(reg, S[t][mask]) ⓫ ⓬
            V[t][mask] = np.where(V[t][mask] > v_esperado, V[t][mask],
                                  V[t + 1][mask] * df) ⓭ ⓮
            V[t][~mask] = V[t + 1][~mask] * df ⓯
        else: ⓰
            V[t] = V[t + 1] * df

    return np.mean(V[0]) ⓱
```

Código 4.22: Definição de função para precificação de opções com a implementação do modelo proposto por Longstaff e Schwartz.

❶ Dois parâmetros opcionais: N - quantidade de simulações; P- quantidade de observações para avaliar se ocorrerá exercício antecipado.

❷ Até este ponto é semelhante à opção asiática. A diferença é que na opção asiática os últimos M períodos são simulados, enquanto neste P períodos, a partir de S0, são simulados.

❸ Calcula o valor de V para todos os pontos com base no *payoff* de uma opção de compra. Inicialmente, este será o valor imediato em todos os pontos da simulação. Para o instante $t = T$ final, o valor de V é o valor da opção.

❹ Laço de repetição que inicia em $t = P - 1$ e vai até $t = 0$. Vale notar que a função `reversed` gera uma nova lista a partir da lista gerada pela função `range(N)`. Esta nova lista estará invertida em relação a original, portanto, irá de $N - 1$ até 0.

❺ Este laço percorre todos os pontos de parada do final para o início, atualizando o valor da opção `V[t]` a cada iteração de acordo com a regra da regressão.

❻ Para cada tempo t, inicialmente, é criada uma máscara na variável `mask`. O valor desta máscara será verdadeiro para todos os pontos de conversão em que o valor da ação é maior que o valor de exercício, ou seja, `V[t] > 0`.

❼ A máscara é um vetor de verdadeiro ou falso. Quando usada para filtrar um outro vetor, apenas os valores que possuem verdadeiro na máscara são selecionados.

❽ `np.sum(mask)` retorna a quantidade de valores em que `mask` é verdadeiro, ou seja, $V[t] > 0$.

❾ Caso não existam pelo menos três pontos, a regressão não ocorre e o valor deste passo será o valor presente do passo $t = t + 1$.

❿ A função `polyfit` calcula os parâmetros da regressão de $S[t]$ em $V[t+1] * df$ para um polinômio de ordem 3 (`deg=3`).

⓫ A função `polyval` substitui os valores de $S[t]$ na função calculada pela `polyfit`.

⓬ O vetor `v_esperado` é o valor esperado, em t, para cada simulação. Este valor é o resultado da regressão.

⓭ O comando `np.where(condição, x, y)` retorna x se a condição for verdadeira, y caso contrário. Vale notar que é uma operação elemento a elemento nos vetores de x e y.

⓮ Se o valor imediato (`V[t][mask]`) for maior que o esperado (`v_esperado`), `V[t][mask]` permanece com o valor imediato, caso contrário, este será atualizado para o o valor presente de $V[t+1]$.

⓯ Para os valores em que `mask` for falso (`V[t] <= 0`), a conversão não é a decisão ótima. Logo, o valor de `V[t][~ mask]` é atualizado para o valor presente do próximo período (`V[t + 1][~ mask]*df`)

⓰ Não existem pontos suficientes para realizar a regressão. Neste caso, assume-se que não ocorre conversão, portanto o valor deste passo será o valor presente do passo $t = t + 1$.

⓱ Como nos outros exemplos com Monte Carlo, o valor da opção é a média de todas as simulações.

No exemplo de Código 4.23 é apresentado um exemplo da execução da função definida no Código 4.22.

4 Métodos numéricos para derivativos de ações   85

```
>>> monte_carlo_longstaff_schwartz(S0=8.5, K=10, T=1.0, r=0.10,
                                    sigma=0.35, q=0.03)
    0.8452030873634937
```

Código 4.23: Exemplo de precificação de opção americana pelo modelo de Longstaff e Schwartz.

4.8 Gregas

Uma das questões centrais da teoria de precificação de derivativos é conseguir gerenciar riscos em um mercado líquido. Neste requisito, as gregas possuem um papel fundamental.

As gregas mostram a sensibilidade e o comportamento do preço da opção em relação a fatores de risco. Os principais são:

- Mudança do preço do ativo subjacente
- Mudança na taxa de juros
- Mudança na volatilidade do ativo-objeto
- Evolução do tempo

A análise das gregas é de extrema importância para *market makers*[30] que tentam neutralizar o risco de sua carteira, como para investidores, ou especuladores, que tentam conhecer melhor o tipo de risco que estão correndo e/ou apostar ou neutralizar apenas um tipo de risco[31].

Cada grega representa a variação de preço do derivativo, ou a variação de outra grega, em relação a um determinado fator de risco. Existem cinco gregas principais.

4.8.1 Delta

O *delta* mede a sensibilidade do preço do derivativo em relação ao preço do ativo subjacente. Para uma opção, assumindo que todas as outras variáveis permaneçam constantes, para cada unidade de variação no valor da ação, ele representa delta unidades no valor da opção. Por exemplo, se uma opção de compra possuir *delta* 0,70, significa que se o valor da ação subir 10 centavos, o valor da opção vai subir 7 centavos.

Delta normalmente é apresentado como um número de 0 a 1 para opções de compra e de 0 a -1 para opções de venda. Uma das grandes utilidades do *delta* é que, para se neutralizar um portfólio em relação a variações nos preços dos ativos, é o *delta* que define quantas ações devem ser compradas ou vendidas. Por exemplo, um portfólio com 500

---

[30] *Market maker* é uma firma ou indivíduo que compra e vende o mesmo ativo a diferentes valores. Seu objetivo pode ser oferecer liquidez ao mercado ou lucrar com a diferença de *spread*. É comum uma firma oferecer preço no mercado de derivativos e *hedgear* sua posição no mercado a vista.

[31] Para o leitor que quiser se aprofundar nas gregas e abordagens de *hedge* recomenda-se o livro [Taleb, 1997].

opções de venda de *delta* -0,40 e 200 ações do mesmo ativo permanecerá imutável em relação à variação no preço das ações[32]. Esta estratégia é conhecida como *Delta hedge*.

Como as gregas representam a variação do preço do derivativo em relação a um determinado fator de risco, para calculá-la, se existir função analítica[33], a fórmula será a derivada da função de precificação em relação ao fator de risco.

Por exemplo, o *delta* de opções europeias é dado pela derivada da fórmula de Black-Scholes em relação ao valor da ação.

$$delta = \frac{\partial C}{\partial S}.$$

Será mostrado o resultado dessa derivada diretamente em *Python* no Código 4.24.

```python
def delta_formula(S0, K, T, r, sigma, q):
    d1 = (log(S0 / K) + (r - q + (sigma ** 2)/2) * T)
         / (sigma * sqrt(T))
    return exp(-q* T) * stats.norm.cdf(d1, 0.0, 1.0)
```

Código 4.24: Definição de função para o cálculo do *delta* pela derivada analítica da fórmula de Black-Sholes.

No exemplo de Código 4.25 é mostrado o resultado do cálculo do *delta* para uma opção europeia.

```python
>>> delta_formula(S0=8.50, K=10.0, T=1.0, r=0.10, sigma=0.35,
                  q=0.03)
    0.45068066334990481
```

Código 4.25: Exemplo do cálculo do *delta* pela derivada analítica de Black-Scholes.

Outra maneira de calcular as gregas é pela taxa de variação da função no ponto:

$$delta = \lim_{\Delta S \to 0} \left(\frac{C(S_0 + \Delta s) - C(S_0 - \Delta s)}{2 * \Delta S} \right). \tag{4.10}$$

Nesta fórmula, em vez de calcular a derivada de forma analítica, o valor da função é calculado em dois pontos, com uma pequena variação no valor da ação para mais e para menos. Quanto menor o valor de ΔS, mais próximo o resultado será do valor calculado pela derivada analítica, se esta existir. A função em *Python* para executar este código é mostrada no Código 4.26.

---

[32] Vale notar que mudanças no preço do ativo modificam o *delta* e, portanto, para ficar totalmente neutralizado em relação à variação no preço do ativo, o portfólio tem que ser constantemente rebalanceado.

[33] Por exemplo, a fórmula de Black-Scholes.

4 Métodos numéricos para derivativos de ações   87

```python
def delta_dif_black_scholes(S0, K, T, r, sigma, q, ds=0.001):
    x1 = black_scholes(S0 - ds, K, T, r, sigma, q)
    x2 = black_scholes(S0 + ds, K, T, r, sigma, q)
    return (x2 - x1) / (2 * ds)
```

Código 4.26: Definição de função para o cálculo do *delta* por variação no ponto - Black-Scholes.

A seguir, no exemplo de Código 4.27 é mostrado o valor do *delta* calculado pela diferenciação no ponto de uma opção europeia.

```python
>>> delta_dif_black_scholes(S0=8.50, K=10.0, T=1.0, r=0.10,
                            sigma=0.35, q=0.03)
    0.45068066145725894
```

Código 4.27: Exemplo do cálculo do *delta* por variação no ponto.

A vantagem de calcular as gregas usando a variação da função em um ponto é que este método pode ser usado para derivativos que não possuem fórmula analítica, como por exemplo derivativos precificados por árvore binomial ou por Monte Carlo. No Código 4.28, o valor do *delta* é calculado para uma opção americana precificada pela árvore binomial.

```python
def delta_dif_arvore_binomial(S0, K, T, r, sigma, q, ds=0.001):
    x1 = arvore_binomial_completa(S0 - ds, K, T, r, sigma, q)
    x2 = arvore_binomial_completa(S0 + ds, K, T, r, sigma, q)
    return (x2 - x1) / (2 * ds)
```

Código 4.28: Definição de função para o cálculo do *delta* por variação no ponto - árvore binomial.

E logo a seguir, no exemplo de Código 4.29, um exemplo de cálculo do *delta* para uma opção americana.

```python
>>> delta_dif_arvore_binomial(S0=8.50, K=10.0, T=1.0, r=0.10,
                              sigma=0.35, q=0.03)
    0.4295720142865611
```

Código 4.29: Exemplo do cálculo do *delta* por variação no ponto - árvore binomial.

Um ponto que merece atenção para derivativos que são precificados por Monte Carlo é que precisam usar a mesma semente aleatória (*seed*) nas duas chamadas de função.

Uma semente aleatória é um número usado para iniciar o algoritmo gerador de números pseudo-aleatórios. Se a função de Monte Carlo for chamada duas vezes com os mesmos parâmetros e a mesma semente aleatória, ela retornará exatamente o mesmo resultado. Isto é importante para garantir que a variação no resultado da chamada da função seja em razão da pequena variação no valor da ação – ds – e não nas diferenças resultantes em razão da utilização de sementes aleatórias distintas.

No Código 4.30, é reapresentada a função de Monte Carlo para opções europeias. A diferença nesta versão é o novo parâmetro *seed*. Este parâmetro define qual semente aleatória será usada. Neste exemplo, o padrão é zero.

```python
import numpy as np
def monte_carlo_europeia(S0, K, T, r, sigma, q, N=10000000, seed=0):
    np.random.seed(seed)
    z = np.random.standard_normal(N)
    ST = S0 * np.exp((r - q - 0.5 * sigma ** 2) * T +
            sigma * np.sqrt(T) * z)
    pT = np.maximum(ST - K, 0)
    return np.mean(pT) * np.exp(-r * T)
```

Código 4.30: Redefinição de função para precificação de opções usando o modelo de Monte Carlo, desta vez com semente fixa.

Logo abaixo, a função `delta_dif_monte_carlo` (Código 4.31) usa a função de Monte Carlo com *seed* fixa para calcular o *delta* da opção.

```python
def delta_dif_monte_carlo(S0, K, T, r, sigma, q, ds=0.001):
    x1 = monte_carlo_europeia(S0 - ds, K, T, r, sigma, q, seed=0)
    x2 = monte_carlo_europeia(S0 + ds, K, T, r, sigma, q, seed=0)
    return (x2 - x1) / (2 * ds)
```

Código 4.31: Cálculo do *delta* por variação no ponto - Monte Carlo.

E no exemplo de Código 4.32 é mostrado um exemplo de cálculo do *delta* para uma opção precificada pelo método de Monte Carlo.

```python
>>> delta_dif_monte_carlo(S0=8.50, K=10.0, T=1.0, r=0.10, sigma=0.35,
                    q=0.03)
    0.4507880137026854
```

Código 4.32: Exemplo do cálculo do *delta* por variação no ponto - Monte Carlo.

4 Métodos numéricos para derivativos de ações   89

4.8.2 Gamma

O *gamma* é a taxa de variação do *delta* em relação ao preço da ação. Uma de suas
utilidades é que ele representa a quantidade de ações que devem ser compradas ou
vendidas para rebalancear um portfólio que está *hedgeado* pelo *delta*. Como regra geral,
quanto maior o valor do *gamma*, maior será a necessidade de rebalancear o portfólio.

Abaixo é exposto o cálculo do *gamma*. O *gamma* é a segunda derivada da equação de
precificação em relação ao valor da ação e pode ser calculado pela equação 4.11[34].

$$gamma = \lim_{\Delta S \to 0} \left(\frac{C(S_0 + \Delta s) - 2 * C(S_0) + C(S_0 - \Delta s)}{\Delta S^2} \right). \tag{4.11}$$

O mesmo cálculo é mostrado em *Python* no Código 4.33:

```python
def gamma_dif_black_scholes(S0, K, T, r, sigma, q, ds=0.001):
    x1 = black_scholes(S0 + ds , K, T, r, sigma, q)
    x2 = -2 * black_scholes(S0, K, T, r, sigma, q)
    x3 = black_scholes(S0 - ds , K, T, r, sigma, q)
    return (x1 + x2 + x3) / (ds**2)
```

Código 4.33: Definição de função para o cálculo do *gamma* por variação no ponto.

E no exemplo de Código 4.34 é mostrado o valor do *gamma* para uma opção europeia.

```python
>>> gamma_dif_black_scholes(S0=8.50, K=10.0, T=1.0, r=0.10, sigma=0.35,
                            q=0.03)
    0.1296167333464382
```

Código 4.34: Exemplo do cálculo do *gamma* por variação no ponto.

4.8.3 Theta

O *theta* representa o decaimento do valor da opção quando o tempo passa. Da forma
mais tradicional, ele indica a variação de preço do derivativo em relação à variação do
tempo (Código 4.35).

---

[34] Por ser mais genérico, de agora em diante será apresentado apenas o método de cálculo realizando
uma pequena variação no valor do derivativo.

```
def theta_dif_black_scholes(S0, K, T, r, sigma, q, ds=0.01):
    x1 = black_scholes(S0, K, T - ds, r, sigma, q)
    x2 = black_scholes(S0, K, T + ds, r, sigma, q)
    return -(x2 - x1) / (2*ds)
```

Código 4.35: Definição de função para o cálculo do *theta* da forma tradicional.

No exemplo de Código 4.36 é mostrado o valor do *theta* calculado da forma tradicional.

```
>>> theta_dif_black_scholes(S0=8.50, K=10.0, T=1.0, r=0.10, sigma=0.35,
                            q=0.03)
-0.75745901153336792
```

Código 4.36: Exemplo do cálculo do *theta* da forma tradicional.

No entanto, é muito comum ver o *theta* ser calculado como a variação no preço em relação à passagem de um dia útil, ou seja, quanto do valor do derivativo é reduzido a cada dia que passa (Código 4.37).

```
def theta_1dia_black_scholes(S0, K, T, r, sigma, q, base=252.0):
    x1 = black_scholes(S0, K, (T * base - 1)/base, r, sigma, q)
    x2 = black_scholes(S0, K, T, r, sigma, q)
    return -(x2 - x1)
```

Código 4.37: Definição de função para o cálculo do *theta* em relação à variação de um dia.

E, no exemplo de Código 4.38, temos o resultado do *theta* de 1 dia sendo calculado para uma opção europeia.

```
>>> theta_1dia_black_scholes(S0=8.50, K=10.0, T=1.0, r=0.10,
                             sigma=0.35, q=0.03)
-0.0030079030027372333
```

Código 4.38: Exemplo do cálculo do *theta* em relação a variação de um dia.

4 Métodos numéricos para derivativos de ações 91

4.8.4 Vega

O *vega* mede a sensibilidade do derivativo em relação à variação na volatilidade do ativo subjacente. É importante conhecê-lo, pois é difícil neutralizá-lo, principalmente no Brasil, que não possui um mercado de derivativos com instrumentos líquidos. Por isto, o *vega* é um risco que o investidor costuma aceitar (Figura 4.39).

```
def vega_dif_black_scholes(S0, K, T, r, sigma, q, ds=0.01):
    x1 = black_scholes(S0, K, T, r, sigma - ds, q)
    x2 = black_scholes(S0, K, T, r, sigma + ds, q)
    vega_1 = (x2 - x1) / (2 * ds)
    return vega_1 / 100 ❶
```

Código 4.39: Definição de função para o cálculo do *vega*.

❶ Vale notar que o diferencial expressa a variação em relação a uma unidade de medida. Se o objetivo for expressar em relação a 1% de volatidade é necessário dividir o resultado por 100. Esta é a forma mais comum de apresentar o *vega*.
A seguir, no exemplo de Código 4.40 é mostrado um exemplo do *vega* para uma opção europeia.

```
>>> vega_dif_black_scholes(S0=8.50, K=10.0, T=1.0, r=0.10, sigma=0.35,
                           q=0.03)
    0.032775766747360713
```

Código 4.40: Exemplo do cálculo do *vega*.

Um teste fácil que pode ser feito para verificar se as gregas calculadas fazem sentido, e para melhor fixar o conceito para o leitor, é calcular o valor do derivativo variando o parâmetro que se quer testar. Por exemplo, podemos calcular o valor do derivativo do exemplo anterior e depois recalcular seu valor com uma variação de 1% na volatilidade. O resultado, por definição, deve ser parecido com o valor do *vega*. O Código 4.41 apresenta este exemplo:

```
>>> bs_vol35 = black_scholes(S0=8.50, K=10.0, T=1.0, r=0.10,
                             sigma=0.35, q=0.03)
>>> bs_vol36 = black_scholes(S0=8.50, K=10.0, T=1.0, r=0.10,
                             sigma=0.35 + 0.01, q=0.03)
>>> bs_vol36 - bs_vol35
    0.032794171262257255
```

Código 4.41: Exemplo do significado do Vega.

4.8.5 Rhô

Para finalizar, o *rhô* mede a sensibilidade do valor do derivativo em relação à variação na taxa de juros. O Código 4.43 mostra um exemplo.

```
def rho_dif_black_scholes(S0, K, T, r, sigma, q, ds=0.01):
    x1 = black_scholes(S0, K, T, r - ds, sigma, q)
    x2 = black_scholes(S0, K, T, r + ds, sigma, q)
    rho_1 = (x2 - x1) / (2 * ds)
    return rho_1 / 100
```

Código 4.42: Definição de função para o cálculo do *rhô*.

```
>>> rho_dif_black_scholes(S0=8.50, K=10.0, T=1.0, r=0.10, sigma=0.35,
                          q=0.03)
0.029877761172990347
```

Código 4.43: Exemplo do cálculo do *rhô*.

4.8.6 Análise das Gregas

Uma seção bastante discutida em livros de derivativos é a relação entre as gregas e como elas variam em relação a determinado parâmetro do derivativo. Em vez de mostrar diversos gráficos apontando estas relações, recomenda-se que o leitor faça este experimento por conta própria. A seguir, será mostrado um exemplo de como fazer isto.

No Código 4.44, é mostrado como observar graficamente o que acontece com as gregas quando um parâmetro varia. O exemplo mostra como o *gamma* e o *delta* se comportam em relação a variações no preço da ação. Embora este exemplo seja apenas em relação ao *delta* e *gamma*, o mesmo procedimento pode ser aplicado para variar outros parâmetros ou para testar o resultado com outras gregas.

4 Métodos numéricos para derivativos de ações   93

```
>>> delta_bs_v = np.vectorize(delta_dif_black_scholes) ❶
>>> gamma_bs_v = np.vectorize(gamma_dif_black_scholes)
>>> vS0 = np.linspace(1, 20, 100)

>>> import matplotlib.pyplot as plt
>>> fig, ax1 = plt.subplots(figsize=(8,5))
>>> ax2 = ax1.twinx()
>>> ax1.plot(vS0, delta_bs_v(S0=vS0, K=10.0, T=1.0, r=0.10, sigma=0.35,
            q=0.03), linewidth=2, label='delta') ❷
>>> ax2.plot(vS0, gamma_bs_v(S0=vS0, K=10.0, T=1.0, r=0.10, sigma=0.35,
            q=0.03), 'r', label='gamma') ❸
```

Código 4.44: Variação do *delta* e *gamma* em relação a variação no preço da ação.

❶ A função np.vectorize retorna a função passada como parâmetro de forma veto-rial. Ou seja, os parâmetros da nova função não precisam mais ser escalares, podem ser vetores, e neste caso, o retorno também será um vetor.

❷ A função delta_bs_v pode receber o vetor vS0 que é um conjunto de 100 pontos, e calcular os valores do *delta* para todos os pontos.

❸ Com o objetivo de manter a clareza do código, as linhas de formatação da imagem e de definição dos textos dos eixos foram omitidas.

4.9 Volatilidade

A única variável do modelo de Black-Scholes que não pode ser observada diretamente no mercado é a volatilidade. Esta pode ser estimada usando a volatilidade histórica direta-mente. Uma alternativa é estimá-la usando modelos mais sofisticados, como GARCH[35].

---

[35] Para um estudo mais aprofundado sobre o GARCH, recomenda-se: [Tsay, 2005].

Para estimar a volatilidade histórica de um ativo, basta calcular o desvio-padrão do retorno logarítmico deste. Normalmente, ela é calculada considerando-se o período de um dia. O retorno logarítmico, para o período de um dia, é definido como:

$$u_i = ln\left(\frac{S_i}{S_{i-1}}\right), \text{em que } S_i \text{ é o preço de fechamento do dia } i. \qquad (4.12)$$

Até agora, todos os exemplos usaram apenas o *Numpy*. Agora, para calcular a volatilidade histórica será introduzido o *Pandas*[36]. Com apenas quatro comandos, é possível fazer o download da série de dados da base de dados do yahoo online, calcular o retorno logarítmico e o desvio-padrão para esta série e desenhar um gráfico com o histórico de volatilidade do ativo (Código 4.45).

```
>>> import numpy as np
>>> import pandas as pd
>>> import pandas_datareader.data as web
>>> petr = web.DataReader('PETR4.SA', data_source='yahoo',
                          start='8/31/2006', end='8/31/2016').dropna()  ❶
>>> petr['Log Ret'] = np.log(petr['Adj Close'] /
                             petr['Adj Close'].shift(1))  ❷
>>> petr['vol_252'] = petr['Log Ret'].rolling(window=252,
                                              center=False).std()  ❸
>>> petr['vol_252'].plot()  ❹
```

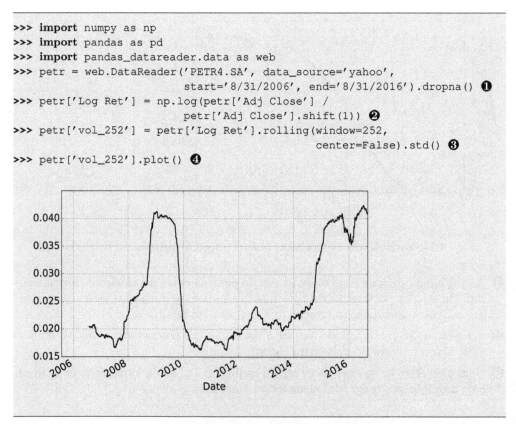

Código 4.45: História da volatilidade de 252 dias para as ações de emissão da Petrobras.

❶ Leitura dos dados online e remoção dos dados que são inválidos.

❷ Cálculo do retorno logarítmico.

---

[36] *Pandas* é uma biblioteca de *Pyhton* para manipulação e análise de dados, uma boa referência para uso do pandas para análise de dados é: [McKinney, 2012].

4 Métodos numéricos para derivativos de ações   95

❸ Cálculo da volatilidade de 252 dias.

❹ Desenho do gráfico.

Considerando a importância do *Pandas* para Finanças e sua facilidade de uso, as principais linhas do Código 4.45 serão reapresentadas com o objetivo de mostrar os resultados intermediários de cada linha.

Na linha reapresentada no Código 4.46 é apresentado o uso do `DataReader`. O resultado desta função está na principal estrutura de dados do *Pandas*: o *DataFrame*.

```
>>> petr = web.DataReader('PETR4.SA', data_source='yahoo',
                  start='8/31/2006', end='8/31/2016').dropna() ❶ ❷ ❸
>>> petr.tail() ❹

             Open  High   Low Close    Volume Adj Close
Date
2016-08-25  12.42 12.64 12.35 12.53  40290500     12.53
2016-08-26  12.69 12.90 12.45 12.55  50650500     12.55  ❺
2016-08-29  12.50 12.96 12.45 12.87  36990100     12.87
2016-08-30  13.04 13.23 12.97 13.09  51893700     13.09
2016-08-31  13.13 13.22 12.71 12.85  61016100     12.85
```

Código 4.46: Código para leitura do de dados do *Yahoo* usando o *DataReader*.

❶ Os parâmetros da função `DataReader` são: `ticker`; `data_source` – local onde será feito o download – neste caso, Yahoo; `start` – data de inicio e `end` – data fim.

❷ O comando `dropna()` remove os valores que são inválidos.

❸ O resultado está em uma estrutura conhecida como *DataFrame*.

❹ A função `tail()` retorna os valores referentes aos cinco últimos índices do *Data-Frame* – neste exemplo, as cinco últimas datas.

❺ O *DataFrame* é uma estrutura do *Pandas*, bastante útil para manipular séries temporais. É uma estrutura tabular, com títulos nos eixos. Neste caso, nas linhas estão as informações para cada dia em que a ação foi negociada e nas colunas estão as informações definidas do Yahoo: preço de abertura, máximo, mínimo, fechamento, volume e fechamento ajustado por dividendos.

Logo a seguir, no exemplo de Código 4.47 é apresentado o cálculo do retorno logarítmico.

```
>>> petr['Log Ret'] = np.log(petr['Adj Close'] /
                            petr['Adj Close'].shift(1)) ❶ ❷ ❸ ❹
>>> petr.tail()

            Open  High   Low Close   Volume Adj Close   Log Ret
Date
2016-08-25 12.42 12.64 12.35 12.53 40290500     12.53  0.010429
2016-08-26 12.69 12.90 12.45 12.55 50650500     12.55  0.001595  ❺
2016-08-29 12.50 12.96 12.45 12.87 36990100     12.87  0.025178
2016-08-30 13.04 13.23 12.97 13.09 51893700     13.09  0.016950
2016-08-31 13.13 13.22 12.71 12.85 61016100     12.85 -0.018505
```

Código 4.47: Cálculo do retorno logarítmico.

❶ O comando shift(1) desloca o *DataFrame* em um dia.

❷ Logo a seguir é calculada a divisão da série original pela série deslocada, ou seja, é calculada a divisão do dia i pelo dia $(i-1)$ para todos os valores da série.

❸ Para finalizar, a função np.log() calcula o logaritmo do resultado da divisão anterior.

❹ O resultado é adicionado a uma nova coluna do próprio *DataFrame*. Esta coluna será chamada 'Log ret'.

❺ Como pode ser observado no resultado, há uma coluna nova no *DataFrame* – 'Log ret' – com o retorno logarítmico do dia em relação ao dia anterior.

Como pode ser observado no gráfico gerado pelo Código 4.45, a volatilidade de 252 dias varia bastante dependendo do período analisado. Não necessariamente a volatilidade calculada desta forma representa a volatilidade que deverá ser usada para precificar uma opção.

Caso existam opções negociadas para determinado ativo, é possível obter a volatilidade implícita. Volatilidade implícita é a volatilidade que está sendo negociada. Considerando uma opção europeia, é a volatilidade que quando colocada na fórmula de Black-Scholes, resultará no valor do derivativo que está sendo negociado.

Para calcular a volatilidade implícita, baseada na fórmula de Black-Scholes, basta usar o Código 4.48.

4 Métodos numéricos para derivativos de ações   97

```
from scipy import optimize
def volatilidade_implicita_black_scholes(S0, K, T, r, q, price):
    def vol_function(sigma): ❶ ❷
        return black_scholes(S0, K, T, r, sigma, q) - price ❸
    return optimize.fsolve(vol_function, 0.40)[0] ❹ ❺ ❻
```

Código 4.48: Definição de função para calcular a volatilidade implícita de uma opção europeia.

❶ Definição de uma função auxiliar interna, neste exemplo chamada de vol_function.

❷ O único parâmetro desta função é o sigma (volatilidade). Vale notar que funções internas, em *Python*, podem acessar variáveis do escopo externo.

❸ A função chama a função de Black-Scholes previamente definida e subtrai deste valor o valor de mercado da opção fornecido na variável price. O valor de vol_function será zero quando o valor calculado por meio da fórmula for igual ao preço negociado no mercado.

❹ A função f_solve do scipy.optimize iguala a função passada como parâmetro a zero. Neste caso, a volatilidade que iguala a fórmula de Black-Scholes ao preço negociado do derivativo.

❺ O segundo parâmetro passado para a função fsolve é a estimativa inicial para as raízes da função, neste caso, 0.40.

❻ A função fsolve retorna um *array* com outras raízes ou informações adicionais. Usando o zero entre chaves após a função (fsolve(...)[0]) é informado para retornar apenas o valor da primeira raiz.

A seguir, no exemplo de Código 4.49 é mostrado o cálculo da volatilidade implícita de uma opção que está sendo negociada a 60 centavos. Neste exemplo, a volatilidade implícita desta opção é 27,54%.

```
>>> volatilidade_implicita_black_scholes(S0=8.50, K=10.0, T=1.0,
                      r=0.10, q=0.03, price=0.60)
    0.27540212470094033
```

Código 4.49: Exemplo de cálculo da volatilidade implícita de uma opção europeia usando a função definida no Código 4.48.

Vale destacar que, com uma pequena alteração, apenas modificando o nome da função dentro da vol_function, ela pode ser usada para outros derivativos, como por exemplo uma opção americana, precificada pelo método binomial, mostrado no Código 4.50.

```
from scipy import optimize
def volatilidade_implicita_arvore_binomial(S0, K, T, r, q, price):
    def vol_function(sigma):
        return arvore_binomial_completa(S0, K, T, r, sigma, q) -
                              price ❶ ❷
    return optimize.fsolve(vol_function, .40)[0]
```

Código 4.50: Definição de função para calcular a volatilidade implícita de uma opção americana.

❶ A única modificação é a função que será usada dentro de `vol_function`. Esta função pode ser modificada para precificar uma vasta gama de derivativos exóticos.

❷ Neste exemplo foi usada a função `arvore_binomial_completa` definida no Código 4.9.

O exemplo de Código 4.51 apresenta o cálculo da volatilidade implícita de uma opção americana negociada a R$ 1. A volatilidade implícita desta opção é 39,75%

```
>>> volatilidade_implicita_arvore_binomial(S0=8.50, K=10.0, T=1.0,
                              r=0.10, q=0.03, price=1)
  0.39754137954395163
```

Código 4.51: Função para calcular a volatilidade implícita de uma opção americana.

Considerando um mercado líquido, com diversas opções sendo negociadas para diferentes preços de exercícios e prazos, é possível construir uma superfície $f(K,T)$ em que, em um dos eixos está o preço de exercício, no outro o prazo do derivativo, e na resultante a volatilidade implícita para as opções negociadas com estes preços de exercícios e prazo. Esta superfície é conhecida como *superfície de volatilidade*.

4.10 Algumas questões práticas: pontos de atenção em relação aos parâmetros

Todas as fórmulas apresentadas neste capítulo recebem as taxas em composição contínua[37]. Normalmente, no Brasil, as taxas são apresentadas em composição anual. Neste caso a taxa deve ser convertida.

A fórmula para converter taxa de juros r_{anual} apresentada em composição anual para a taxa $r_{continua}$ em composição contínua é $r_{continua} = ln(1 + r_{anual})$.

O Código 4.52 mostra um exemplo que converte a taxa livre de risco de 10% a.a. para composição contínua, que é aproximadamente 9,53%.

---

[37] A fórmula de atualização de um investimento A a uma taxa R, composta continuamente, por n anos é Ae^{Rn}.

4 Métodos numéricos para derivativos de ações   99

```
>>> import numpy as np
>>> np.log(1 + 0.10)
   0.0953101798043
```

Código 4.52: Exemplo de transformação de composição anual para composição contínua.

A taxa livre de risco expressa a projeção DI ou SELIC. É mais comum a projeção ser baseada na curva pré x DI divulgada pela BM&FBovespa. Caso a data de vencimento não coincida com a data do vértice da BM&FBovespa, a taxa deve ser interpolada para o prazo desejado.

Outra variável que merece atenção é o prazo T do instrumento, porque deve haver consistência entre a contagem de tempo utilizada para as diversas variáveis, principalmente em razão de existirem diversas formas de apurar o número de dias entre duas datas. O padrão internacional normalmente considera como base dias corridos em relação a 360 ou 365, mas o padrão brasileiro normalmente considera dias úteis em relação a 252.

Os feriados nacionais não devem ser considerados como dias úteis. Entretanto, feriados municipais podem fechar a bolsa e continuar correndo a contagem de juros e isto pode influenciar alguns derivativos, o que merece análise cuidadosa. Outro caso é a contagem de feriados nacionais para ativos negociados fora do pais com ADR. Neste caso, é possível negociar a posição neste dia e haveria um dia útil a mais na execução do *delta hedge*, podendo influenciar o preço por hipótese de não arbitragem. Não existe uma regra do que usar nestes casos, o que depende de uma análise caso a caso.

O preço de exercício é explícito no contrato e este não gera muita dúvida, mas é importante observar se o preço de exercício deve ser ajustado. É comum este ser ajustado por proventos nos dia em que a ação passa a ser negociada "EX" no mercado a vista, deduzindo-se o valor do dividendo líquido do preço de exercício. As ações negociadas na BM&FBovespa são ajustadas por proventos.

Para finalizar, a volatilidade é o parâmetro que mais requer estudo na hora de precificar o instrumento. Já foi mostrado como calcular a volatilidade histórica e a implícita para ativos negociados. No capítulo 8, a volatilidade será tratada de forma mais profunda.

4.11 Resumo

Este capítulo buscou ter um enfoque prático para suprir a necessidade de pessoas que trabalham com derivativos e precisam calcular os valores e métricas de risco destes instrumentos. Em conjunto com a apresentação dos códigos e da explicação do funcionamento de cada um deles, tentou-se mostrar a intuição por trás de cada modelo, de forma que o leitor seja capaz de estendê-los de acordo com sua necessidade.

Inicialmente, foram apresentadas algumas alternativas de ferramentas para iniciar a precificação de derivativos e mostramos por que *Python* se destaca dentre elas. Para apresentar o *Jupyter* foi introduzido um exemplo prático de precificação de opções europeias usando a fórmula de Black-Scholes.

A seguir, com o objetivo de precificar opções americanas, foi apresentado o modelo binomial, considerando: projeção de dividendos; possibilidade de precificar opções de compra e venda, e conversão antes do vencimento. Como terceiro modelo, o leitor é apresentado à técnica de Monte Carlo, primeiramente com um problema simples e intuitivo: o cálculo de área sob uma região definida por uma função. A seguir, este mesmo modelo é estendido para precificar opções europeias e asiáticas.

Com o objetivo de apresentar um modelo genérico, foi apresentado o modelo de Longstaff e Schwartz, que permite precificar derivativos que dependem do caminho e em que é possível realizar o exercício antecipado. Permitir estas duas características no mesmo modelo possibilita que o leitor adapte-o para diversos outros derivativos mais exóticos, inclusive debêntures conversíveis.

Em seguida, foi introduzido formas de cálculo para algumas métricas de risco dos derivativos e a forma de analisá-las graficamente. Sempre buscando mostrar o significado destas métricas de forma intuitiva, muitas das vezes com exemplos.

Através do exemplo de cálculo da volatilidade histórica de ativos negociados, o leitor foi introduzido ao *Pandas*. Assim como foi mostrado como calcular a volatilidade implícita de derivativos negociados no mercado.

Para finalizar foram explicitados alguns pontos que merecem atenção nos parâmetros utilizados para a precificação, com especial atenção para características do mercado brasileiro.

CAPÍTULO 5

Renda Fixa

Adriano Nascimento Simões, Felipe Noronha Tavares e Marcos Lopez

O mercado de renda fixa engloba os instrumentos financeiros que possuem uma remuneração paga em intervalos e condições preestabelecidos, bem como o retorno eventual do principal do investimento no vencimento.

Em contraste com os instrumentos de renda variável[1], a remuneração de um instrumento de renda fixa é determinada por uma taxa de juros contratual. Conhecendo-se a taxa de juros contratual, é possível calcular o valor futuro dos fluxos de caixa do instrumento. Tal relação é a base para o conceito de valor do dinheiro no tempo.

O mercado brasileiro de renda fixa é bastante concentrado em operações envolvendo Títulos Públicos Federais e derivativos de juros. Outros instrumentos, como títulos privados, usam as taxas de mercado dos títulos públicos e os derivativos de juros como referência.

5.1 Taxa de Juros

Utilizamos taxas de juros (ou retorno) para determinar o valor dos juros cobrados num investimento de renda fixa. Para aplicá-la, temos que conhecer a convenção utilizada. Estudaremos aqui as convenções mais usuais.

5.1.1 Retorno Discreto

No caso do retorno discreto, a rentabilidade é uma proporção fixa do valor inicial do investimento. Podemos defini-lo como:

---

[1] No caso das ações, a rentabilidade do investimento é baseada em pagamento de dividendos ou valorização do próprio ativo.

$$r = \frac{X_1 - X_0}{X_0},$$ (5.1)

onde X_0 é o valor inicial investido no instante de tempo $t = 0$, que chamaremos de *valor presente*, e X_1 é o valor resgatado ao final do investimento no instante de tempo $t = 1$, que chamaremos de *valor futuro*, de forma que o valor dos juros é igual a $X_1 - X_0$. Veja que os juros representam o valor monetário da remuneração cobrada no investimento.

Observe que podemos estabelecer uma relação entre o valor presente X_0 e o valor futuro X_1,

$$r = \frac{X_1}{X_0} - 1,$$
$$X_1 = X_0(1 + r),$$ (5.2)

ou ainda

$$X_0 = \frac{X_1}{(1 + r)}.$$ (5.3)

Se definirmos os juros como $\Delta X = X_1 - X_0$, podemos observar que:

$$\Delta X = rX_0.$$ (5.4)

Assim vemos que a rentabilidade, concretizada pelo pagamento dos juros ΔX, é cobrada com base numa fração r do valor inicial do investimento.

5.1.2 Taxa Composta

Ainda com base no exemplo da seção anterior, se reaplicarmos o capital pela mesma taxa de juros r, teremos:

$$X_2 = X_1(1 + r) = X_0(1 + r)^2.$$ (5.5)

Generalizando para n períodos, teremos:

$$X_n = X_0(1 + r)^n$$ (5.6)

Dizemos que este é um regime de capitalização composto, pois entre os instantes de tempo $t = 0$ e $t = n$ capitalizamos os juros 1 vez por período.

Podemos generalizar para o caso em que n é um número real. É comum adotar a convenção em que o tempo é contado em anos.

5.1.3 Convenções para contagem do tempo

As convenções mais comuns para contagem do tempo são:

- $n = \frac{DC}{360}$, onde DC representa o número de dias corridos no período, considerando que o ano tem 12 meses de 30 dias;

5 Renda Fixa   103

- $n = \frac{DC}{365}$, isto é, considerando que o ano tem 365 dias corridos no total;

- $n = \frac{DU}{252}$, onde DU é o número de dias úteis no período, considerando um determinado calendário de feriados.

Podemos, sempre que necessário, converter uma taxa de juros cotada com base anual em uma taxa com base diária. Por exemplo, se tivermos uma taxa composta anual r_a para o período de 1 ano, podemos achar a taxa diária r_d considerando um ano com 252 dias úteis, observando que ao aplicar 1 unidade monetária durante 1 ano devemos resgatar o mesmo valor para as duas convenções de taxa:

$$(1 + r_d)^{252} = (1 + r_a)^1,$$

$$r_d = (1 + r_a)^{\frac{1}{252}} - 1. \tag{5.7}$$

5.1.4 Taxa Linear

Podemos olhar a equação 5.4 como se referindo aos juros cobrados em 1 unidade de tempo. Se generalizarmos para um intervalo de tempo genérico ΔT, teremos:

$$\Delta X = r X_0 \Delta T. \tag{5.8}$$

Neste caso, temos uma taxa linear, pois os juros cobrados crescem linearmente com o tempo. Para este tipo de taxa, a relação entre valor presente e valor futuro é dada por:

$$X_T = X_0(1 + rT). \tag{5.9}$$

5.1.5 Retorno Contínuo

O retorno contínuo consiste em capitalizar continuamente. É como se a cada instante infinitesimal de tempo fosse feita a cobrança de juros e o capital obtido fosse reinvestido.

Podemos tomar como base a equação 5.8 e fazer $\Delta T \to 0$:

$$dX = rX dt$$

$$\int_{X_0}^{X_T} \frac{1}{X} dX = \int_0^T r dT$$

$$ln(X_T) - ln(X_0) = r(T - 0)$$

$$ln\left(\frac{X_T}{X_0}\right) = rT$$

$$X_T = X_0 e^{rT} \tag{5.10}$$

Podemos converter uma taxa contínua em taxa discreta, observando que ao aplicar 1 unidade monetária durante um intervalo de tempo genérico T devemos resgatar o mesmo valor final, independentemente da convenção da taxa. Sejam r_c e r_d as taxas contínua e discreta respectivamente. Então:

$$(1 + r_d)^T = e^{r_c T}$$
$$r_c = ln(1 + r_d) \tag{5.11}$$

Ao cotar preços, é mais usual encontrar taxas discretas nas informações de mercado, como as taxas indicativas de preços de Títulos Públicos[2]. Entretanto, os modelos de finanças usam taxas contínuas, como é o caso do modelo de *Black-Scholes*. Assim, a equação 5.11 é útil para adaptar as taxas de mercado aos modelos de apreçamento.

5.2 Fator de Correção e Fator de Desconto

Se investimos um capital X_t no instante de tempo t, e resgatamos X_T num instante de tempo futuro T, então podemos definir o fator de correção $F^{t \to T}$ como sendo o número que satisfaz a igualdade:

$$X_T = X_t \times F^{t \to T}. \tag{5.12}$$

Podemos utilizar o fator de correção para obter o valor futuro de um investimento a partir do seu valor presente. Ele embute a taxa de juros do investimento, mas observe que o fator de correção independe de convenção utilizada para cotar a taxa de juros. Isto é, de forma similar ao resultado mostrado na equação 5.11, se temos uma taxa (discreta) composta r_d, ou uma taxa contínua r_c, ambas valendo entre os instantes de tempo t e T, temos que:

$$F^{t \to T} = (1 + r_d)^{T-t} = e^{r_c(T-t)}. \tag{5.13}$$

O fator de desconto $D^{t \to T}$ é o inverso do fator de correção:

$$D^{t \to T} = \frac{1}{F^{t \to T}}. \tag{5.14}$$

De forma análoga, podemos utilizar o fator de desconto para obter o valor presente de um investimento a partir do seu valor futuro:

$$X_t = X_T \times D^{t \to T}. \tag{5.15}$$

5.3 Taxa Interna de Retorno (TIR)

Suponha um título de renda fixa que paga R\$ 1.000,00 daqui a 2 períodos, como na Figura 5.1, e que o preço de mercado deste título seja R\$ 900,00.

Por ter apenas 1 fluxo de caixa futuro, podemos aplicar diretamente as fórmulas da seção anterior para mensurar qual é a rentabilidade deste título. Supondo taxa composta, podemos aplicar diretamente a equação 5.6, fazendo $n = 2$, $X_0 = 900$ e $X_2 = 1000$:

---

[2] Preços de referência de Títulos Públicos Federais do site da ANBIMA: www.anbima.com.br/merc_sec/merc-sec.asp.

Figura 5.1: Fluxo de caixa do primeiro título.

$$r = \left(\frac{1000}{900}\right)^{\frac{1}{2}} - 1 = 5.4\%. \tag{5.16}$$

Considere agora um segundo título que paga R$ 400,00 daqui a 1 período, e R$ 600,00 daqui a 2 períodos, conforme a Figura 5.2. O preço deste segundo título observado no mercado é também de R$ 900,00. Este título é mais rentável que o primeiro?

Figura 5.2: Fluxo de caixa do segundo título.

Como este segundo título possui mais de 1 fluxo de caixa, não podemos utilizar a mesma análise que fizemos para o primeiro título. Com o objetivo de comparar títulos com diferentes estruturas de pagamentos, definimos uma medida de rentabilidade chamada Taxa Interna de Retorno (TIR). A TIR de um título é definida como sendo a taxa constante que, quando aplicada para descontar a valor presente todos os fluxos de caixa de um título de renda fixa, iguala o somatório dos fluxos de caixa descontados ao preço de mercado do título.

Seja P o preço de mercado de um título com fluxos de caixa $F_1, F_2 \ldots F_n$ com vencimentos $t_1, t_2 \ldots t_n$ respectivamente.

A TIR deste título é definida como a taxa y tal que:

$$P = \frac{F_1}{(1+y)^{t_1}} + \frac{F_2}{(1+y)^{t_2}} + \ldots + \frac{F_n}{(1+y)^{t_n}}. \tag{5.17}$$

Se tomarmos o lado direito da equação 5.17 como uma função de y, podemos observar que trata-se de uma função decrescente, logo existe um único valor de y que iguala a função ao valor P. Como mostra a Figura 5.3 para o caso do segundo título, podemos afirmar que este é mais rentável que o primeiro, tendo em vista que $y = 6.8\%$.

5.4 Principais Características dos Títulos Padronizados

Títulos Padronizados[3] são contratos de renda fixa com pagamento periódico de juros, chamados de cupons, definidos como uma fração do principal do título (ou valor de face).

---

[3] Também chamados de *bonds* no mercado externo.

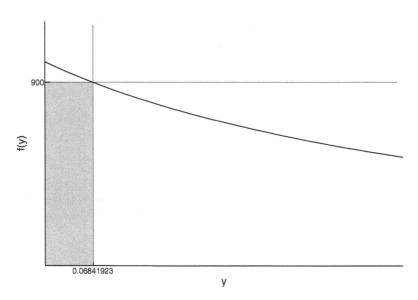

Figura 5.3: Fluxo de caixa descontado como função de y.

No vencimento, o título paga de volta o valor do principal, juntamente com o último cupom de juros.

Como exemplo, suponha um título com R$ 1.000,00 de valor de face, cupom anual de 10%, e prazo de 5 anos. Ao final de cada ano, o valor do cupom de juros a ser pago será de $1000 \times 10\%$. Ao final do 5º ano, o título pagará o último fluxo de caixa de 1000, referente ao resgate do principal, somado a 100 do último cupom de juros. O fluxo de caixa deste título está representado na Figura 5.4.

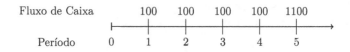

Figura 5.4: Exemplo de fluxo de caixa de um título padronizado.

Agora vamos considerar a relação entre a taxa do cupom de juros e o preço do título. A Figura 5.5 nos mostra como o preço deste título padronizado varia em relação à TIR. Nesta figura, podemos observar que o preço de um título de renda fixa varia em direção oposta à taxa de retorno requerida. Em particular, se a taxa do cupom de juros é igual à taxa de retorno requerida, então o seu preço será igual ao principal do título. Neste caso, diz-se que o título está sendo negociado *ao par*. Se a taxa interna de retorno for menor do que a taxa do cupom de juros, o preço do título será maior do que seu valor de face e diz-se que o título está sendo negociado com *ágio*. Por fim, se a taxa interna de retorno for maior do que a taxa do cupom de juros, o preço do título será menor do que seu valor de face e diz-se que o título está sendo negociado com *deságio*.

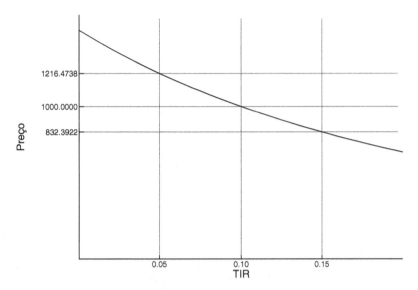

Figura 5.5: Preço do Título Padronizado em relação à TIR.

5.5 Duration

A *duration de Macaulay* é uma medida usada para estimar a maturidade média de um fluxo de caixa e foi proposta por Macaulay [Macaulay, 1938]. Esse conceito é muito usado na estimação do prazo médio de um título sem opção embutida e pode ser definido segundo a equação

$$D_{\text{Macaulay}} = \frac{\sum_{i=1}^{n} t_i \frac{F_i}{(1+y)^{t_i}}}{\sum_{i=1}^{n} \frac{F_i}{(1+y)^{t_i}}}. \qquad (5.18)$$

para um título genérico com fluxos de caixa F_1, F_2 ... F_n com vencimentos t_1, t_2 ... t_n respectivamente, onde y representa a TIR.

Exemplo. Considerando o mesmo título da seção anterior, representado pela Figura 5.4. Suponha que a TIR exigida para negociar o título seja de 6%. Então a *duration* deste título será calculada por:

$$\frac{1 \times \frac{100}{(1+6\%)^1} + 2 \times \frac{100}{(1+6\%)^2} + 3 \times \frac{100}{(1+6\%)^3} + 4 \times \frac{100}{(1+6\%)^4} + 5 \times \frac{1100}{(1+6\%)^5}}{\frac{100}{(1+6\%)^1} + \frac{100}{(1+6\%)^2} + \frac{100}{(1+6\%)^3} + \frac{100}{(1+6\%)^4} + \frac{1100}{(1+6\%)^5}} = 4.2. \qquad (5.19)$$

Como resultado, a *duration* deste título é de 4,2 anos.

A partir de manipulações matemáticas, é possível extrair uma relação entre *duration*, preço de um título e taxa de juros. Essa relação deriva da sensibilidade do preço do título em relação à taxa de juros, dada pela equação

$$\frac{\partial P}{\partial y} = -\frac{1}{1+y} \times \sum_{i=1}^{n} \frac{F_i \times t_i}{(1+y)^{t_i}}.$$

(5.20)

Dividindo ambos os lados da equação 5.20 pelo preço do título P, temos:

$$\frac{1}{P}\frac{\partial P}{\partial y} = -\frac{D_{\text{Macaulay}}}{1+y}$$

(5.21)

5.6 *Duration* Modificada

A *Duration* Modificada é definida como a razão entre a *Duration* de Macaulay e $(1+y)$, onde y é a TIR do papel:

$$D_{\text{Modificada}} = \frac{D_{\text{Macaulay}}}{1+y}.$$

(5.22)

Observando o resultado obtido na equação 5.21, podemos reescrever a equação 5.22 como:

$$D_{\text{Modificada}} = -\frac{1}{P} \times \frac{\partial P}{\partial y}.$$

(5.23)

Se aproximarmos a derivada do preço do título em relação à TIR que aparece na equação 5.23 pelo quociente $\frac{\Delta P}{\Delta y}$, podemos estimar o impacto ΔP no preço de pequenas variações Δy na TIR pela equação:

$$\Delta P \approx -P \times D_{\text{Modificada}} \times \Delta y.$$

(5.24)

5.7 Convexidade

Como visto anteriormente, a variação da taxa de juros afeta negativamente o preço do título. Contudo, esse efeito é não linear, como pudemos ver na Figura 5.3, onde observamos uma curva convexa. A partir da equação 5.17, pode-se demonstrar que, quanto maior a taxa de juros, menor o efeito da variação da taxa de juros sobre a variação do preço do título. O grau de convexidade dependerá da dispersão do fluxo de caixa do título em relação a sua duração e à variação da taxa de juros para diferentes prazos.

A definição matemática de convexidade é:

$$C(y) = \frac{\partial^2 P}{\partial r^2} \times \frac{1}{P}.$$

(5.25)

A partir da equação 5.17, temos que:

$$C(y) = \frac{1}{P} \times \left[\sum_{i=1}^{n} \frac{t_i \times (1 + t_i) \times F_i}{(1 + y)^{t_i+2}} \right]. \tag{5.26}$$

Exemplo. Considerando o mesmo título da seção anterior, representado pela Figura 5.4. Suponha que a TIR exigida para negociar o título seja de 6%. Aplicando a equação 5.26, temos como resultado que a Convexidade do título é de 21,3.

Podemos combinar as medidas de *Duration* e Convexidade para melhorar a precisão da equação 5.24. Considerando uma expansão de *Taylor* até o termo de segunda ordem, tem-se que:

$$\frac{\partial P}{P} = \frac{\partial P}{\partial y} \frac{1}{P} \partial y + \frac{1}{2} \frac{\partial^2 P}{\partial y^2} \frac{1}{P} (\partial r)^2 + \frac{\text{erro}}{P}. \tag{5.27}$$

Substituindo na equação 5.27 as definições de *Duration* e Convexidade, ignorando o efeito do erro, e aproximando a derivada do preço do título em relação à TIR pelo quociente $\frac{\Delta P}{\Delta y}$, temos:

$$\Delta P \approx -P \times D_{\text{Modificada}} \times \Delta y + \frac{1}{2} \times C(y) \times (\Delta y)^2. \tag{5.28}$$

5.8 Características dos Títulos Públicos Federais no Mercado Brasileiro

O objetivo principal desta seção é apresentar os principais instrumentos de financiamento da dívida pública brasileira[4], suas características e metodologias de cálculo, bem como os insumos que servem de base para a formação de preços dos títulos. São destacadas as características dos principais títulos, que incluem: taxas do cupom de juros, fluxo de pagamento, indexadores e padrão de contagem de dia, além das fórmulas de cálculo de preço unitário para cada um dos títulos.

Na Tabela 5.1, temos um resumo dos principais parâmetros dos Títulos Públicos brasileiros mais negociados no mercado interno.

Tabela 5.1: Descrição dos principais títulos da dívida interna brasileira.

Título	Indexador	Principal	Juros	Convenção
LTN	Prefixado	No vencimento	Não há	Composta DU/252
NTN-F	Prefixado	No vencimento	10% a.a. semestrais	Composta DU/252
NTN-B	IPCA	No vencimento	6% a.a. semestrais	Composta DU/252
LFT	SELIC	No vencimento	Não há	Composta DU/252

---

[4] Consideram-se os títulos mais importantes para o financiamento da dívida pública federal brasileira e que fazem parte da estratégia atual de financiamento do Tesouro Nacional.

5.8.1 Letras do Tesouro Nacional (LTNs)

As LTNs são títulos prefixados que não pagam cupom de juros e apresentam um único fluxo de principal na data de vencimento do título. O valor unitário de principal a ser pago é sempre de R$ 1.000,00, independentemente da data de emissão ou de resgate do título.

5.8.2 Notas do Tesouro Nacional, Série F (NTN-Fs)

As NTN-Fs são títulos prefixados que pagam cupons de juros de 10% a.a. semestrais, compostos, e apresentam um único fluxo de principal na data de vencimento. Assim como as LTNs, no vencimento o principal pago é sempre de R$ 1.000,00.

5.8.3 Notas do Tesouro Nacional, Série B (NTN-Bs)

As NTN-Bs são títulos pós-fixados que pagam cupons de juros de 6% a.a. semestrais e apresentam um único fluxo de principal na data de vencimento, de modo similar às NTN-Fs. Entretanto, os valores do principal e dos juros são atualizados, desde a data-base, pelo IPCA[5]. No vencimento, esses títulos pagam R$ 1.000,00, corrigidos pelo indexador desde a data-base até a data de resgate.

Existem, ainda em mercado, as NTN-Cs que são títulos pós-fixados indexados ao IGP-M. Contudo, como o Tesouro Nacional não tem emitido há algum tempo esses títulos, a sua liquidez encontra-se bastante reduzida e, portanto, não será objeto de análise neste capítulo.

5.8.4 Letras Financeiras do Tesouro (LFTs)

As LFTs são títulos pós-fixados que não pagam cupom de juros e apresentam um único fluxo de principal na data de vencimento do título. O valor do principal de R$ 1.000,00 é atualizado pela taxa SELIC[6] acumulada no período, desde a data-base até a data de resgate.

---

[5] O Índice Nacional de Preços ao Consumidor Amplo, do Instituto Brasileiro de Geografia e Estatística, mede o custo de vida para famílias com renda mensal de 1 a 40 salários-mínimos e tem sido usado como alvo da meta de inflação no Brasil. Mensalmente, é divulgado um número índice que incorpora a variação do preço da cesta de consumo considerada entre os dias 16 do mês anterior e o dia 15 do mês de referência.

[6] Taxa média ponderada das operações compromissadas por um dia, com títulos públicos registrados no sistema SELIC.

5.9 Características dos Títulos da Dívida Externa Brasileira

Na Tabela 5.2, segue um resumo dos principais parâmetros dos títulos públicos brasileiros mais negociados no mercado externo.

Tabela 5.2: Descrição dos principais títulos da dívida externa brasileira.

Título	Moeda	Principal	Juros	Convenção
US$ Global	Dólar	No vencimento	Varia com o prazo	Linear 30/360
BRL Global	Real	No vencimento	Varia com o prazo	Linear 30/360
Euro Bond	Euro	No vencimento	Varia com o prazo	Linear DC/DC

5.9.1 *Globals* e *BRL Bonds*

Os *Globals* e *BRL Bonds* são os principais títulos de financiamento externo do Tesouro Nacional. São títulos emitidos no mercado internacional denominados em dólares norte-americanos ou reais, com pagamento de cupons de juros semestrais e um único fluxo de principal na data de vencimento.

5.9.2 *EURO Bonds*

Os *Euro Bonds* brasileiros (ou eurobônus) são títulos emitidos em euros, pagam cupons de juros anuais e apresentam um único fluxo de principal na data de vencimento. Esses títulos também podem ser negociados no mercado global, sendo, portanto, títulos globais.

5.10 Cotação de Preços de Títulos Públicos Federais da Dívida Interna

A forma de negociação de títulos públicos brasileiros varia caso seja efetuada no Brasil ou no exterior. No mercado doméstico, são negociadas as taxas de rendimento dos títulos (TIR), as quais são expressas em bases anuais e seguem um padrão de contagem de dias úteis sobre um ano base de 252 dias úteis. Já no mercado internacional, os negócios são efetuados pelo preço limpo dos títulos, ou seja, pelo valor presente do fluxo de caixa do título menos os juros *pro rata* decorridos entre o último pagamento de juros até a data da liquidação da operação.

Adicionalmente, no mercado doméstico, a liquidação financeira das operações com títulos públicos normalmente ocorre em D+1, ou seja, no primeiro dia útil subsequente à realização da operação. Já no mercado internacional, a liquidação financeira ocorre normalmente em D+3 (dias úteis).

As taxas de rendimentos dos títulos públicos prefixados da dívida doméstica brasileira são baseadas nos derivativos de taxas de juros (DI Futuro[7]), diferentemente do que ocorre em outros mercados. Normalmente, nos países em que há emissão relevante de dívida soberana, a curva de rendimentos dos títulos públicos prefixados é base de referência para todos os outros ativos de renda fixa.

No caso brasileiro, os títulos prefixados como as LTNs e NTN-Fs, normalmente são negociadas tendo por referência "pontos base[8]" sobre o contrato de DI Futuro de mesmo vencimento, ou seja, são negociados com um prêmio sobre a curva PRE x DI formada por esses contratos de DI Futuro, algo incomum no mercado internacional. Os principais motivos que explicam essa particularidade são a liquidez, pois os contratos de DI Futuro apresentam liquidez superior à dos títulos públicos, e o risco mitigado, já que os contratos são negociados por meio de uma contraparte central (BM&FBovespa) que faz a gestão das garantias, usualmente via aporte de títulos públicos, e utiliza do mecanismo de ajuste diário, tornando o risco do instrumento semelhante ao risco de um título público que, por definição, é inferior ao de qualquer ativo privado.

No dia a dia de mercado, o investidor negocia o prêmio que deseja obter nos papéis prefixados. Assim, com base nesse prêmio e na taxa de juros do contrato de DI Futuro com vencimento equivalente, pode-se obter a taxa de retorno e o preço unitário do respectivo título público. A negociação no mercado, portanto, é feita em pontos base sobre o derivativo de referência.

Já os títulos indexados a índices de preços não possuem um instrumento derivativo equivalente no mercado. Por exemplo, os contratos de *swap* de IPCA x DI possuem baixa liquidez, não sendo, portanto, referência para os títulos públicos. Nesses casos, o mercado opera diretamente a taxa de retorno dos respectivos títulos.

Contudo, para os títulos indexados a preços mais curtos, há uma forte relação com a curva PRE x DI, que é a expectativa de inflação de curto prazo. Pode-se estimar a inflação implícita por uma relação de não arbitragem, por meio da razão entre o fator de juros extraído da curva PRE x DI e o fator de juros extraído da taxa de retorno negociada por uma NTN-B de *duration* equivalente. Para os títulos mais longos, não há a referência da curva PRE x DI, que é mais curta, e, portanto, a taxa real é negociada sem nenhum vínculo com os demais instrumentos do mercado.

---

[7] Contrato Futuro de Depósitos Interfinanceiros de 1 Dia, calculado e divulgado pela BM&FBovespa. O objeto de negociação dos contratos é a taxa de juros efetiva pela acumulação das taxas médias diárias de DI de um dia, calculadas pela CETIP, para o período compreendido entre a data de operação no mercado futuro, inclusive, e a última data de negociação (data de resgate), exclusive. Sua cotação é feita pela compra ou venda de uma taxa e as posições em aberto ao final de cada pregão da BM&FBovespa são ajustadas diariamente pelo preço de ajuste do dia anterior (D-1), corrigido pela taxa média diária do DI de um dia, da CETIP, de D-1. Na prática, o DI Futuro é um swap DI x taxa prefixada, com ajuste diário. Os diversos contratos de DI Futuro formam a curva prefixada básica do mercado financeiro doméstico e servem como principal parâmetro para a precificação dos títulos públicos prefixados.

[8] Cada ponto base representa 0,01%.

5.10.1 Letras do Tesouro Nacional (LTNs)

Esses títulos são adquiridos com deságio. Seja PU o preço unitário, e y a Taxa Indicativa, a relação entre a Taxa Indicativa e o PU é dada pela equação

$$PU = \frac{1000}{(1 + y)^{\frac{DU}{252}}}. \tag{5.29}$$

Normalmente estes títulos são negociados tomando como referência a taxa do contrato de DI Futuro de prazo equivalente somado a um prêmio:

> **Exemplo.** Suponha uma LTN com vencimento em janeiro de 2017, sendo negociada no dia 15/06/2015, com 5 pontos base em relação ao contrato de DI Futuro de mesmo vencimento, cuja taxa de juros é 14,06% ao ano. Sabendo que entre a data de liquidação da operação (16/06/2015) e o vencimento do título há 390 dias úteis, o preço unitário negociado será de R$ 815,238613:
>
> $$PU = \frac{1000}{(1 + 0.1406 + 0.0005)^{\frac{390}{252}}} = 815.238613 \tag{5.30}$$

5.10.2 Notas do Tesouro Nacional, Série F (NTN-Fs)

São títulos prefixados que pagam cupom de juros, cujas datas de pagamento são determinadas contando-se seis meses retroativamente à data de vencimento do título ou do último cupom de juros determinado. O valor do cupom de juros é fixo, mesmo que o primeiro pagamento de cupom ocorra com menos de seis meses da data de emissão do título.

As NTN-Fs podem ser adquiridas com ágio ou deságio nos mercados primário e secundário, a depender do cupom de juros do título e do nível de rendimento desejado pelo investidor no momento da negociação. No mercado brasileiro, esse título é negociado e cotado por uma única taxa indicativa, que representa a taxa interna de retorno (TIR) do título.

O cálculo dos valores dos cupons de juros é feito de forma exponencial, ou seja, o valor do cupom segue a equação 5.31, onde VN é o valor nominal e i é a taxa anual do cupom de juros. Atualmente, as NTN-Fs disponíveis no mercado possuem nocional de R$ 1.000,00 e taxa de cupom de 10%, o que implica que o valor do cupom semestral[9] é de R$ 48,80885:

$$C = VN \times \left[(1 + i)^{\frac{1}{2}} - 1\right] = 48.80885 \tag{5.31}$$

No vencimento, este título paga o seu último cupom de juros, juntamente com o resgate do principal de R$ 1.000,00.

---

[9] Aplica-se arredondamento na quinta casa decimal.

> **Exemplo.** No dia 16/2/2017 (data de liquidação), a NTN-F com vencimento em 1/1/2019 foi cotada a uma Taxa Indicativa de 10,1282%. A Tabela 5.3 detalha a aplicação da equação 5.17 para converter a Taxa Indicativa em PU, o que resulta num preço de R$ 1.012,364303. Por convenção, o valor do cupom de juros é arredondado na 5a casa decimal, o prazo em anos é truncado na 14a casa decimal, o valor presente de cada fluxo de caixa é truncado na 9a casa decimal, e por fim o preço final do título é truncado na 6a casa decimal. O cálculo leva em consideração que a data de vencimento de cada fluxo de caixa é ajustada para o próximo dia útil no caso em que a data de vencimento não é dia útil.

Tabela 5.3: Detalhe do cálculo da cotação da NTN-F com vencimento em 1/1/2019, no dia 16/2/2017 (data de liquidação).

Vencimento	DU	Prazo	Fluxo	VP
2019-01-02	466	1.84920634920634	1048.80885	877.439730635
2018-07-02	340	1.34920634920634	48.80885	42.851773213
2018-01-02	216	0.85714285714285	48.80885	44.935082166
2017-07-03	91	0.36111111111111	48.80885	47.137717202

5.10.3 Notas do Tesouro Nacional, Série B (NTN-Bs)

São títulos indexados ao IPCA que pagam cupom de juros, cujas datas de pagamento também são determinadas contando-se seis meses retroativamente à data de vencimento do título ou do último cupom de juros determinado. O valor do cupom de juros é fixo, em percentual, sobre o valor nominal atualizado (VNA).

As NTN-Bs, por serem títulos indexados, não permitem o cálculo *a priori* dos valores dos cupons de juros e do principal na data de negociação. Assim, é necessário proceder a um cálculo intermediário (com todos os fluxos em base 100 ou percentual) para se achar a cotação do papel por unidade do VNA, que então será multiplicado pelo valor nominal atualizado do título.

O cálculo das cotações dos cupons de juros é feito de forma exponencial, ou seja, o valor do cupom da cotação do papel é dado pela equação

$$J_c = (1+i)^{\frac{1}{2}} - 1 = 2.9563\%, \tag{5.32}$$

onde J representa o valor do cupom de juros por unidade do VNA do título, e i é a taxa do cupom anual do papel. Atualmente as NTN-Bs disponíveis em mercado possuem taxa do cupom anual de 6%.

Chamaremos de *Cotação* o somatório dos fluxos de caixa por unidade do VNA deste título, descontados pela TIR y negociada. Com base na equação 5.17, temos que a *Cotação* será calculada pela equação

5 Renda Fixa   115

$$\text{Cotação} = \sum_{i=1}^{n} \frac{J_c}{(1+y)^{\frac{DU_i}{252}}} + \frac{1}{(1+y)^{\frac{DU_n}{252}}}. \tag{5.33}$$

Assim, o PU da NTN-B será dado por:

$$PU = VNA \times \text{Cotação}. \tag{5.34}$$

Para o cálculo do VNA, considera-se na data base de 15/07/2000 o valor de R\$ 1.000. Como a variação mensal do índice é divulgada pelo IBGE na primeira quinzena do mês, para efeito do cálculo do VNA, ficou convencionada a utilização da projeção do IPCA calculada com base na média coletada junto ao Comitê de Acompanhamento Macroeconômico da ANBIMA, para o período em que ainda não é conhecido o valor oficial do mês. As projeções são coletadas e informadas a cada divulgação do IPCA-15 e do IPCA[10]. Assim, têm-se as seguintes fórmulas de cálculo, de acordo com a data de liquidação da operação, considerando, ainda, que o resultado deve ser truncado na sexta casa decimal.

Data de liquidação coincide com o décimo quinto dia do mês

$$VNA = \frac{IPCA_t}{IPCA_0} \times 1000, \tag{5.35}$$

onde $IPCA_t$ é o número índice do último IPCA divulgado pelo IBGE, e $IPCA_0$ o número índice do IPCA do mês anterior à data-base.

Data de liquidação anterior ao décimo quinto dia do mês

$$VNA = \frac{IPCA_{t-1}}{IPCA_0} \times 1000 \times (1 + \Delta IPCA)^{\frac{DU_1}{DU_2}}, \tag{5.36}$$

onde $IPCA_{t-1}$ é o número índice do IPCA do mês anterior ao de referência, $\Delta IPCA$ a variação percentual do IPCA no mês de referência (divulgado ou projetado, caso o IPCA do mês de referência ainda não tenha sido divulgado), DU_1 o número de dias úteis entre a data de liquidação e o dia 15 do mês de referência (exclusive), e DU_2 o número de dias úteis entre o dia 15 do mês seguinte e o dia 15 do mês de referência (exclusive).

Data de liquidação posterior ao décimo quinto dia do mês

$$VNA = \frac{IPCA_t}{IPCA_0} \times 1000 \times (1 + \Delta IPCA_{\text{proj}})^{\frac{DU_1}{DU_2}}, \tag{5.37}$$

onde $\Delta IPCA_{\text{proj}}$ é a variação percentual da projeção do IPCA apurada pela ANBIMA.

---

[10] O IPCA-15 referente ao mês t é divulgado em torno do dia 25, aproximadamente, do mês t e o IPCA referente ao mesmo mês t é divulgado em torno do dia 10 do mês $t + 1$.

Exemplo. Suponha uma NTN-B com vencimento em 15/05/2017, sendo negociada no dia 15/06/2015 a uma taxa de juros de 6,62% ao ano. Sabendo que o período entre a data de liquidação da operação (16/06/2015) e cada fluxo futuro contém o número de dias úteis conforme Tabela 5.4 e que o VNA no dia da liquidação é 2.649,429000 reais, o preço unitário negociado será R$ 2.635,871871.

$$\text{Cotação} = \frac{2.956301\%}{1.0662^{\frac{106}{252}}} + \frac{2.956301\%}{1.0662^{\frac{230}{252}}} + \frac{2.956301\%}{1.0662^{\frac{357}{252}}} + \frac{102.956301\%}{1.0662^{\frac{480}{252}}} = 99.4883\%$$

$$(5.38)$$

$$PU = VNA \times \text{Cotação} = 2635.871871 \qquad (5.39)$$

Tabela 5.4: Número de Dias Úteis (DU) para cada data de vencimento da NTN-B com vencimento em 15/05/2017.

Vencimento	DU
2015-11-16	106
2016-05-16	230
2016-11-16	357
2017-05-15	480

5.10.4 Letras Financeiras do Tesouro Nacional (LFTs)

Esses títulos não possuem fluxo de juros e são pós-fixados, vinculados à taxa Selic diária, o que não permite o cálculo *a priori* do valor do principal no vencimento. Além disso, esses títulos podem ser adquiridos com ágio ou deságio, dependendo das condições de mercado vigentes.

A cotação também é realizada por meio de uma cotação percentual que deve ser multiplicada pelo valor nominal atualizado. Assim, para a obtenção do preço unitário do título, utilizam-se as seguintes equações:

$$\text{Cotação} = \frac{1}{(1+y)^{\frac{DU}{252}}}, \qquad (5.40)$$

$$VNA = 1000 \times \prod_{i=1}^{n}(1 + SELIC_i)^{\frac{1}{252}}, \qquad (5.41)$$

$$PU = VNA \times \text{Cotação}, \qquad (5.42)$$

onde PU é o preço unitário do título, VNA é o valor nominal atualizado diariamente pela taxa meta para a SELIC, $SELIC_i$ é a taxa meta para a SELIC no dia i, n o número de dias úteis entre a data base (01/07/2000) e a data de liquidação, y a taxa efetiva anual do ágio ou deságio, DU o número de dias úteis entre a data de liquidação e a data de vencimento do título.

Exemplo . Suponha uma LFT com vencimento em 01/03/2018, sendo negociada no dia 15/06/2015 com ágio[11] de -0,001% ao ano. Sabendo que entre a data de liquidação da operação (15/06/2015) e o vencimento do título há 680 dias úteis e que o VNA no dia da liquidação é R$ 6.886,754683, o preço unitário negociado será R$ 6.886,933738.

$$\text{Cotação} = \frac{1}{(1 - 0.00001)^{\frac{680}{252}}} = 100.0026\%, \tag{5.43}$$

$$PU = 6886.754683 \times 1.000026 = 6886.933738. \tag{5.44}$$

5.11 Cotação de Preços de Títulos Públicos Federais da Dívida Externa

Na análise da cotação dos títulos da dívida externa, alguns aspectos importantes devem ser levados em consideração:

- os cupons de juros são calculados em base linear, mas o desconto é realizado em base exponencial;
- a liquidação das operações no mercado secundário ocorre em D+3 dias úteis, enquanto no mercado primário o padrão é D+5 dias úteis;
- o valor presente é calculado de acordo com o critério de contagem de dias de cada título;
- o preço utilizado nas negociações é o preço limpo, mas a operação é liquidada com o preço sujo;
- a TIR (Yield to Maturity – YTM) informada para o cálculo é expressa sob a forma nominal anual e sempre deverá ser transformada para efetiva anual;
- a TIR é negociada considerando o *spread* Over Treasury (SOT),[12] que representa o custo adicional pago pelos títulos brasileiros em relação à curva *benchmark* livre de risco do mercado de emissão do papel.
- as captações externas normalmente têm preço de emissão próximo ao par, ou seja, os cupons de juros são determinados na véspera da operação, baseando-se na TIR projetada para o título, diferentemente do que ocorre nas emissões internas, em que os cupons de juros são predeterminados.

---

[12] O *spread* corresponde ao deslocamento paralelo da curva *benchmark* tal que o valor presente do título (trazido por essa curva deslocada) corresponda a seu valor de mercado. Dessa forma, cada pagamento é trazido a valor presente pelo valor da curva *benchmark*, para o vencimento correspondente, acrescido do *spread* (que é único para todos os pontos da curva).

5.11.1 *Globals* e *BRL Bonds*

Os *Globals* e os *BRL Bonds* utilizam o padrão de dias corridos 30/360, ou seja, cada mês possui 30 dias e cada ano 360 dias (por convenção). Além disso, o cálculo dos valores dos cupons de juros é feito de forma linear, conforme a seguir:

$$C_s = \frac{i}{2} \times VN, \tag{5.45}$$

onde C_s é o valor do cupom semestral, i é a taxa do cupom expressa ao ano e VN é o valor nominal do título.

Para obter o PU do título com base na taxa cotada para a TIR y do título, que é uma taxa nominal ao ano, a equação 5.17 adaptada para a convenção de taxa destes títulos será dada pela equação

$$PU = \sum_{i=1}^{n} \frac{C_s}{\left(1 + \frac{y}{2}\right)^{2 \times \frac{DC_i}{360}}} + \frac{VN}{\left(1 + \frac{y}{2}\right)^{2 \times \frac{DC_n}{360}}}, \tag{5.46}$$

onde DC_i é o número de dias corridos da i-ésima parcela pelo padrão 30/360.

5.11.2 *Euro Bonds*

Como os *Euro Bonds* utilizam o padrão de dias corridos DC/DC e os cupons são pagos anualmente, pode-se precificá-los de acordo com a seguinte equação:

$$C_a = i \times VN, \tag{5.47}$$

$$PU = \sum_{i=1}^{n} \frac{C_a}{(1 + y)^i} + \frac{VN}{(1 + y)^n}, \tag{5.48}$$

onde C_a é o valor do cupom anual, i a taxa do cupom anual, VN o valor nominal do título, e y é a Taxa Interna de Retorno nominal ao ano.

5.12 Estrutura a Termo da Taxa de Juros (Curva de Juros)

Vamos definir o título *zero-coupon* como um papel que paga exatamente 1 unidade monetária no seu vencimento.

Suponha que $P(t,T)$ é o preço observado em t de um título *zero-coupon* que paga 1 unidade monetária no vencimento T. Por possuir apenas 1 fluxo de caixa, podemos estabelecer uma relação direta entre o seu preço e a taxa a ser aplicada no seu apreçamento.

Se desejarmos extrair uma taxa discreta, poderemos usar a equação 5.49.

$$P(t,T) = \frac{1}{(1+r)^{T-t}},$$

$$r = \left(\frac{1}{P(t,T)}\right)^{\frac{1}{T-t}} - 1. \tag{5.49}$$

Se desejarmos extrair uma taxa contínua, podemos usar a equação 5.50.

$$P(t,T) = e^{-r(T-t)},$$

$$r = -\frac{ln(P(t,T))}{T-t}. \tag{5.50}$$

Para motivar o conceito da Estrutura a Termo da Taxa de Juros (ETTJ), vamos analisar os preços de referência divulgados pela ANBIMA para as LTNs em 02/03/2017, conforme a Tabela 5.5.

Tabela 5.5: Preços de refrência da ANBIMA para as LTNs no fechamento de 02/03/2017.

Vencimento	Preço
2017-04-01	990.010426
2017-07-01	965.184436
2017-10-01	942.356399
2018-01-01	922.581163
2018-04-01	902.802808
2018-07-01	882.683437
2018-10-01	862.640226
2019-01-01	843.168424
2019-04-01	823.717606
2019-07-01	804.349402
2020-01-01	764.389773
2020-07-01	726.988677

Podemos visualizar as LTNs como títulos *zero-coupon*, basta normalizar seus preços dividindo-os por 1000. A Figura 5.6 mostra o gráfico do prazo para o vencimento em anos (eixo X) em relação ao preço de cada título *zero-coupon* (eixo Y) com base nos preços das LTNs.

É mais fácil interpretar o gráfico em relação às taxas implícitas para cada vencimento em vez de observar diretamente os preços. Aplicando a equação 5.49 para extrair as taxas, obtemos o resultado mostrado na Figura 5.7. No eixo X temos o prazo para cada vencimento, e no eixo Y temos a taxa de juros implícita para um título *zero-coupon*. Este gráfico representa a Estrutura a Termo de Taxa de Juros (ETTJ) para as LTNs.

De forma conceitual, a ETTJ expressa a relação entre a taxa de juros e o tempo de maturação de um ativo financeiro. Esta taxa é obtida com base nos preços dos ativos e derivativos negociados em mercado e, associada a uma dada maturidade T, pode ser interpretada como o retorno de um título *zero-coupon* no vencimento T.

A ETTJ mostra como o investidor se comporta com relação ao risco e, dessa forma, como as taxas de juros são influenciadas pela formação de expectativas dos agentes

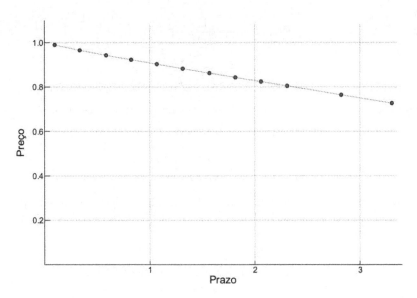

Figura 5.6: Preços dos títulos *zero-coupon* com base nas LTNs em 02/03/2017.

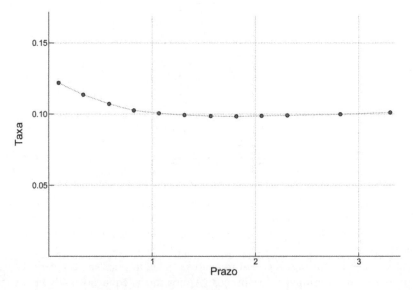

Figura 5.7: Estrutura a Termo da Taxa de Juros com base nas LTNs em 02/03/2017.

econômicos. Ao longo do tempo, a ETTJ pode oscilar de diferentes formas, em decorrência de choques diferenciados sobre as taxas de juros associadas a cada vencimento. Tal variabilidade temporal da ETTJ é que submete os instrumentos de renda fixa ao risco de mercado.

O conhecimento sobre os preços dos títulos *zero-coupon* nos permite realizar o apreçamento de um título arbitrário com um número qualquer de fluxos de caixa, pois podemos enxergar este título genérico como sendo uma carteira de títulos *zero-coupon*. Além disso, podemos avaliar oportunidades de arbitragem e modelar previsões sobre o comportamento futuro das taxas de juros.

Sobre o Formato da Curva de Juros. Existem muitas teorias que buscam explicar o formato da ETTJ. A mais intuitiva delas é a teoria das expectativas. Essa teoria determina que as taxas de juros de longo prazo refletem a taxa de juros de curto prazo esperada no futuro. A interpretação dessa teoria sugere, por exemplo, que para o investidor seria indiferente adquirir um título com prazo de 1 ano e carregá-lo até o seu vencimento ou adquirir um título semelhante com prazo de 2 anos e negociá-lo após um ano, caso as condições de mercado não se alterassem.

Outra teoria, chamada de teoria da segmentação de mercado, defende que não existe necessariamente uma relação entre taxas de juros de curto, médio e longo prazo. A teoria se apoia na afirmação de que existem investidores específicos para cada um dos três nichos de mercado. Neste caso, a taxa de juros de curto prazo é determinada pela oferta e demanda do mercado de títulos de curto prazo, a taxa de juros de médio prazo é determinada pela oferta e demanda do mercado de títulos de médio prazo e de forma análoga para o longo prazo.

Já a teoria da preferência pela liquidez afirma que investidores não são indiferentes ao risco. Os investidores estão frequentemente interessados em instrumentos de maturidade mais curta, uma vez que títulos mais longos são mais arriscados, pois seu preço é mais sensível a uma dada mudança na taxa de juros. Esse fato cria uma remuneração adicional, exigida pelos agentes econômicos sobre um título de maior maturação, conhecida como prêmio pela liquidez. O pressuposto básico dessa teoria é que ativos com diferentes prazos de vencimento não se constituem em substitutos perfeitos uns dos outros.

Por exemplo, suponha que temos um título que paga 2 unidades monetárias em $t = 1$ e 4 em $t = 2$. Se conhecemos $P(0,1)$ e $P(0,2)$, o preço deste título em $t = 0$ será dado por:

$$P_{\text{título}} = 2P(0,1) + 4P(0,2). \qquad (5.51)$$

5.12.1 Taxa *Forward*

Conforme já mencionado, um título *zero-coupon* não possui pagamentos intermediários ou cupons, sendo todo o pagamento de juros e principal recebido no seu vencimento. A taxa de juros de um título *zero-coupon* também é chamada de taxa de juros à vista (ou taxa *spot*).

As taxas *forward* são as taxas de juros implícitas pelas taxas à vista entre períodos de tempo no futuro. Resumidamente, são taxas projetadas entre duas datas futuras. O mercado utiliza as projeções das taxas *forward* como um indicador do comportamento esperado da taxa no futuro.

Utilizando um argumento de não arbitragem, poderemos determinar a taxa *forward* a partir das taxas *spot*.

Se estamos no instante de tempo t, podemos contratar uma taxa *forward* que irá valer para o período entre duas datas futuras T_1 e T_2 ($T_1 < T_2$). Seja $F_t^{T_1 \to T_2}$ o fator de correção associado à taxa *forward*, e sejam $R_t^{t \to T_1}$ e $R_t^{t \to T_2}$ os fatores de correção associados às taxas *spot* para os vencimentos T_1 e T_2 respectivamente, todos observados no instante de tempo t.

Então podemos aplicar o seguinte argumento de não arbitragem: aplicar em t um capital com vencimento em T_2 deve ter o mesmo efeito de aplicar em t um capital com vencimento em T_1 e em seguida reaplicá-lo pela taxa *forward* entre T_1 e T_2, dado que esta taxa é contratada no instante de tempo inicial t. A partir deste argumento, temos que:

$$R_t^{t \to T_2} = R_t^{t \to T_1} \times F_t^{T_1 \to T_2}, \qquad (5.52)$$

$$F_t^{T_1 \to T_2} = \frac{R_t^{t \to T_2}}{R_t^{t \to T_1}}. \qquad (5.53)$$

A partir do fator de correção, podemos extrair a taxa de juros para a convenção desejada. Seja $f_t^{T_1 \to T_2}$ a taxa *forward* em questão, se aplicarmos convenção de taxa composta, podemos converter o fator de correção em taxa da seguinte forma:

$$f_t^{T_1 \to T_2} = \left(F_t^{T_1 \to T_2} \right)^{\frac{1}{T_2 - T_1}} - 1. \qquad (5.54)$$

5.12.2 Métodos de Interpolação para a ETTJ

Vimos que a ETTJ nos permite precificar títulos com diferentes características. Entretanto, temos um problema prático: não conseguimos observar preços de títulos *zero-coupon* para todos os vencimentos possíveis. Observamos apenas alguns pontos da curva, que chamamos de vértices. Os demais pontos não são diretamente observáveis no mercado. Para resolver isso, lançamos mão de métodos para completar esses "buracos" na ETTJ.

Um classe desses métodos envolve técnicas de interpolação e extrapolação de curvas. Nesta seção, vamos analisar as técnicas mais utilizadas no mercado.

É importante destacar que sempre haverá certa arbitrariedade na seleção da técnica a ser empregada para construir a ETTJ. A escolha dependerá da situação específica em que seu uso deve ser empregado.

Interpolação Linear

Consiste em interligar cada par de vértices por uma reta. Este método normalmente é empregado para curvas em moedas estrangeiras, tendo em vista o uso de taxas de convenção linear.

Sejam r_a e r_b as taxas *spot* observadas para os vencimentos a e b respectivamente. Se desejarmos obter a taxa interpolada r_x para o prazo x, aplicaremos a equação

$$r_x = \left(\frac{r_b - r_a}{b - a} \right) (x - a) + r_a \tag{5.55}$$

para o caso da interpolação linear.

Interpolação *Flat Forward*

A interpolação *flat forward* consiste em aplicar uma interpolação linear ao logaritmo do fator de desconto associado a cada vértice da curva de juros.

Sejam D_a e D_b os fatores de desconto associados às taxas *spot* observadas para os vencimentos a e b respectivamente. Se desejarmos obter o fator de desconto D_x interpolado para o prazo x, aplicaremos a equação

$$D_x = exp \left[\left(\frac{ln(D_b) - ln(D_a)}{b - a} \right) (x - a) + ln(D_a) \right] \tag{5.56}$$

para o caso da interpolação *flat forward*[13].

A partir de D_x podemos extrair a taxa *spot* interpolada para o prazo x para a convenção desejada. Por exemplo, se desejarmos obter a taxa r_x com convenção de taxa composta, bastará aplicar os conceitos apresentados na seção 5.2, o que resulta na equação

$$r_x = \left(\frac{1}{D_x} \right)^{\frac{1}{x}} - 1. \tag{5.57}$$

Interpolação *Cubic Spline*

O *spline* é um conjunto de polinômios de baixo grau, unidos em vértices, formando uma função contínua em um intervalo. Para que haja uma solução bem definida com certo grau de suavidade, costumam-se impor limites sobre os vértices. Esse método foi desenvolvido inicialmente para resolver a interpolação de funções suaves, já que reduz as instabilidades características dos polinômios de alta ordem.

O *spline* cúbico é o mais comum dentro da literatura financeira. Isto ocorre porque este é o *spline* de mais baixo grau que possibilita a criação de uma curva interpolada sem a presença de descontinuidades e que seja continuamente diferenciável.

Suponha que $r(t)$ seja uma função *spline* cúbica sobre um conjunto de n vértices. Os vértices são identificados pelas taxas observadas $y_1, y_2, \ldots, y_n$ relativas aos prazos $t_1, t_2, \ldots, t_n$ respectivamente. Para cada intervalo $[t_i, t_{i+1}]$, $r(t)$ deve ser igual a um

---

[13] $exp(x)$ (ou e^x) é a função exponencial natural. $ln(x)$ é a função logaritmo natural.

polinômio cúbico dado por:

$$P_i(t) = a_{0,i} + a_{1,i} \times t + a_{2,i} \times t^2 + a_{3,i} \times t^3. \tag{5.58}$$

Assim, $r(t)$ será determinado por:

$$r(t) = \begin{cases} P_1(t) \text{ , para } t \in [t_1, t_2], \\ P_2(t) \text{ , para } t \in [t_2, t_3], \\ \quad \vdots \\ P_{n-1}(t) \text{ , para } t \in [t_{n-1}, t_n]. \end{cases} \tag{5.59}$$

Para determinar os polinômios P_i, devemos determinar $4n - 4$ constantes. Cada polinômio P_i deve passar pelos vértices i e $i + 1$. Como condições adicionais, a primeira e a segunda derivadas nos vértices devem ser iguais para os polinômios que se conectam. Podemos representar estas condições por:

$$\begin{cases} P_i(t_i) = y_i \text{ , para } 1 \leq i \leq n - 1, \\ P_i(t_{i+1}) = y_{i+1} \text{ , para } 1 \leq i \leq n - 1, \\ P_i'(t_{i+1}) = P_{i+1}'(t_{i+1}) \text{ , para } 1 \leq i \leq n - 2, \\ P_i''(t_{i+1}) = P_{i+1}''(t_{i+1}) \text{ , para } 1 \leq i \leq n - 2. \end{cases} \tag{5.60}$$

A lista 5.60 possui um total de $4n - 6$ equações. Portanto, para completar o modelo precisamos de mais 2 restrições. Para estas restrições adicionais, existem algumas possibilidades. A mais usual, chamada de *cubic spline natural*, envolve atribuir valor zero à segunda derivada do primeiro polinômio no primeiro vértice, e ao último polinômio no último vértice, conforme a equação

$$\begin{cases} P_1''(t_i) = 0, \\ P_{n-1}'' = 0. \end{cases} \tag{5.61}$$

5.12.3 Modelos de ETTJ

Os modelos de curvas de juros aplicam uma única função para determinar toda a curva de juros.

Nos modelos de interpolação, a curva de juros resultante passa por todos os vértices da curva. Já na técnica de modelos de curva de juros os parâmetros do modelo são calibrados de forma a passar o mais perto possível dos pontos observados da curva.

O modelo Svensson [Svensson, 1994] utiliza um somatório de exponenciais para modelar toda a curva de juros. Este modelo é expresso matematicamente pela equação

$$r(\tau) = \beta_1 + \beta_2 \left(\frac{1 - e^{-\lambda_1 \tau}}{\lambda_1 \tau} \right) + \beta_3 \left(\frac{1 - e^{-\lambda_1 \tau}}{\lambda_1 \tau} - e^{-\lambda_1 \tau} \right) + \beta_4 \left(\frac{1 - e^{-\lambda_2 \tau}}{\lambda_2 \tau} - e^{-\lambda_2 \tau} \right), \tag{5.62}$$

onde β_1, β_2, β_3, β_4, λ_1 e λ_2 são as constantes do modelo, e τ é o prazo associado à taxa *spot* $r(\tau)$. A ANBIMA utiliza atualmente estes modelos para divulgar curvas de referência para as curvas de juros prefixados em reais e de cupom de IPCA[14].

Outro modelo muito conhecido é o modelo Nelson Siegel [Nelson and Siegel, 1987], dado pela equação

$$r(\tau) = \beta_1 + \beta_2 \left(\frac{1 - e^{-\lambda\tau}}{\lambda\tau} \right) + \beta_3 \left(\frac{1 - e^{-\lambda\tau}}{\lambda\tau} - e^{-\lambda\tau} \right), \tag{5.63}$$

onde β_1, β_2, β_3 e λ são as constantes do modelo, e τ é o prazo associado à taxa *spot* $r(\tau)$. Podemos ver este modelo como um caso particular do Svensson, onde $\beta_4 = \lambda_2 = 0$.

5.12.4 *Bootstrapping*

A construção da curva de juros de uma classe de ativos de renda fixa é derivada da cotação de mercado de tais ativos. Como mencionado anteriormente, a ETTJ é uma relação entre a taxa de cupom zero e uma maturidade.

Entretanto, diversos ativos apresentam pagamentos intermediários de cupom, e sua taxa interna de retorno (TIR) não reflete, portanto, a taxa de cupom zero. O método utilizado para extrair uma taxa de cupom zero a partir de ativos que pagam cupons periódicos é chamado de *bootstrapping*.

O princípio básico deste método se apoia no fato de que um título que paga cupom em N períodos pode ser decomposto em N títulos de cupom zero. Caso o título mais curto não possua mais pagamento de cupom intermediário, sua taxa de retorno será uma taxa *zero-coupon* no vencimento desse título. A partir dessa taxa *zero-coupon* obtida, calcula-se a taxa *zero-coupon* no vencimento de um segundo título, cujo único pagamento intermediário ocorra na mesma data do vencimento do primeiro título. Seguindo esse método sucessivamente, é possível extrair a taxa zero cupom nos vencimentos dos respectivos cupons de juros.

Exemplo. A Tabela 5.6 mostra o vencimento e o preço unitário de quatro títulos prefixados com valor de face de R$ 1.000 e pagamentos de cupom semestral de 10% a.a. (padrão exponencial).

O título com vencimento em 6 meses é zero cupom por definição e, por ser negociado ao par, sua taxa de retorno de 10% a.a. é igual à taxa zero cupom para o período de 6 meses. Considerando o preço unitário e o fluxo de pagamento futuro do título com vencimento em 12 meses e a taxa zero cupom para o período de 6 meses, pode-se calcular a taxa zero cupom de 12 meses da seguinte forma:

$$996 = \frac{48.808848}{(1 + 0.10)^{\frac{6}{12}}} + \frac{1048.808848}{(1 + r_2)^{\frac{12}{12}}}. \tag{5.64}$$

---

[14] http://www.anbima.com.br/est_termo/CZ.asp.

Resolvendo esta equação tem-se que $r_2 = 10,46\%$ ao ano.

Considerando o preço unitário e o fluxo de pagamento futuro do título com vencimento em 18 meses e a taxa zero cupom para o período de 6 e 12 meses, pode-se calcular a taxa zero cupom de 18 meses da seguinte forma:

$$991 = \frac{48.808848}{(1+0.10)^{\frac{6}{12}}} + \frac{48.808848}{(1+0.1046)^{\frac{12}{12}}} + \frac{1048.808848}{(1+r_3)^{\frac{18}{12}}}. \tag{5.65}$$

Resolvendo esta equação tem-se que $r_3 = 10,73\%$ ao ano.

Por fim, considerando o preço unitário e o fluxo de pagamento futuro do título com vencimento em 24 meses e a taxa zero cupom para o período de 6, 12 e 18 meses, pode-se calcular a taxa zero cupom de 24 meses da seguinte forma:

$$987 = \frac{48.808848}{(1+0.10)^{\frac{6}{12}}} + \frac{48.808848}{(1+0.1046)^{\frac{12}{12}}} + \frac{48.808848}{(1+0.1073)^{\frac{18}{12}}} + \frac{1048.808848}{(1+r_4)^{\frac{24}{12}}}. \tag{5.66}$$

Resolvendo esta equação tem-se que $r_4 = 10,81\%$ ao ano.

A Tabela 5.7 sumariza os resultados obtidos a partir do método *bootstrapping*.

Tabela 5.6: Vencimentos e preços unitários para os títulos do exemplo.

Vencimento (meses)	PU
6	1000
12	996
18	991
24	987

Tabela 5.7: Taxas *spot* extraídas a partir do método *bootstrapping*.

Vencimento (meses)	Taxa Zero-Coupon (a.a.)
6	10,00%
12	10,46%
18	10,72%
24	10,80%

5.13 Curvas de Juros do Mercado Brasileiro

5.13.1 Curva de Juros Prefixados em Reais

A curva de juros prefixados em reais é a curva de desconto básica[15] para ativos de renda fixa prefixados em reais. As fontes desta curva de juros são as taxas de juros de um dia (CDI – CETIP) e as taxas de ajuste de todos os contratos de DI Futuro com liquidez negociados na BM&FBovespa. Para prazos mais longos, caso necessário, é feita uma extrapolação da curva.

As informações são geradas em formato de taxa exponencial para 252 dias úteis (anual) e taxa efetiva para o período.

Os contratos de DI Futuro negociados na BM&FBovespa possuem características de títulos *zero-coupon* cujo valor no vencimento seria igual a R\$ 100.000,00. O valor presente ou PU de um contrato de DI Futuro é dado pela equação

$$PU = \frac{100000}{(1+r)^{\frac{DU}{252}}},$$
(5.67)

onde r é a taxa de juros ao ano e DU é a quantidade de dias úteis até o vencimento do contrato. Com isso, podemos obter diretamente a taxa de juros aplicando a equação

$$r = \left(\frac{100000}{PU}\right)^{\frac{252}{DU}} - 1.$$
(5.68)

Utilizando o PU de fechamento de cada contrato negociado, é possível obter os vértices que irão compor a curva de juros prefixada em reais. Como os contratos de DI Futuro possuem vencimento no primeiro dia útil de cada mês em que há um contrato em aberto, os vértices da curva são móveis, pois o vencimento em dias úteis de cada contrato vai se reduzindo a medida que o tempo passa, até que um determinado contrato vença. O único vértice fixo é o do primeiro dia útil, no qual é utilizada a taxa DI de 1 dia divulgada pela CETIP.

5.13.2 Curva de Juros Prefixados de Títulos Públicos

A partir dos preços de mercado de títulos públicos federais prefixados, negociados no mercado interno, é possível construir uma curva de juros. Conforme já mencionado, os títulos públicos prefixados negociados no mercado interno são as LTNs, que são títulos *zero-coupon*, e as NTN-Fs, que pagam cupons semestrais.

---

[15] Isto é, uma curva que serve de referência para realizar o apreçamento de outros ativos de renda fixa prefixados em reais. Também é comum se referir a uma curva básica de desconto como curva livre de risco (ou *risk free*), dado que, do ponto de vista do modelo de apreçamento, esta curva determina o valor do dinheiro no tempo para um investimento livre de risco. Neste contexto, a curva não atribui risco de crédito à contraparte.

Pelo padrão brasileiro, as LTNs possuem prazos de vencimentos que variam desde 3 meses até cerca de 4 anos. Já as NTN-Fs possuem prazos de vencimentos mais longos, que podem alcançar um pouco mais de 10 anos.

A partir dos preços de mercado das LTNs, as taxas de cupom zero são extraídas diretamente. Para prazos mais longos, é necessário usar o método *bootstrapping*, apresentado anteriormente, utilizando-se como fonte o preço de mercado das NTN-Fs.

5.13.3 Curva de Juros de Cupom de IPCA

A curva de juros de cupom IPCA é a curva utilizada para o apreçamento de ativos indexados ao índice de preços ao consumidor calculado e divulgado pelo IBGE. Em função da iliquidez dos swaps IPCA x DI, o mercado costuma usar como referência as taxas internas de retorno das NTN-Bs. Nesse caso, as taxas *spot* são obtidas pelo método de *bootstrapping* das NTN-Bs, cuja fonte de referência das taxas internas de retorno é a ANBIMA.

Cabe ressaltar que, em determinadas situações, a NTN-B mais curta negociada em mercado possui prazo de vencimento superior a 6 meses e, portanto, mais de um pagamento de cupom. Para aplicar a metodologia de *bootstrapping*, é necessária a adoção de alguma premissa para ser possível determinar a taxa de cupom zero do primeiro período de juros. Normalmente, o mercado considera que a taxa do primeiro período de cupom de juros é igual à taxa *forward* para o segundo período de juros. Desta forma, a partir da taxa de retorno de mercado da NTN-B mais curta, do fluxo futuro desse título e da premissa utilizada, é possível construir um sistema de equação para obter a taxa de cupom zero na data de cada pagamento de cupom.

Uma abordagem alternativa para estimação da ETTJ de cupom de IPCA é a utilização de modelos de curva de juros, conforme apresentados na seção 5.12.3. Como exemplo, a ANBIMA divulga diariamente uma curva de cupom de IPCA baseada no modelo Svensson[16], calibrada com base em procedimento de minimização da soma do erro quadrático das taxas de juros.

5.13.4 Curva de Juros Prefixados em dólares (cupom cambial)

Cupom cambial é a taxa de juros que remunera ativos denominados em dólar no mercado brasileiro. A curva de cupom cambial é extraída dos contratos futuros de dólar americano, dos contratos de FRA de cupom cambial e de contratos futuros de DI, todos negociados na BM&FBovespa.

O valor de um contrato futuro de dólar americano é dado pela equação

$$PU = S \times \frac{(1 + r_x)^{\frac{DU}{252}}}{(1 + r_{fx})^{\frac{DC}{360}}} \times 1000, \qquad (5.69)$$

---

[16] www.anbima.com.br/est_termo/CZ.asp.

onde S é a cotação do dólar à vista, r_x é a taxa *spot* da curva de juros prefixados em reais, r_{fx} é a taxa *spot* da curva do cupom cambial, DU e DC são o número de dias úteis e dias corridos até o vencimento do contrato, respectivamente.

Ressalte-se que o PU é multiplicado por 1000, pois a cotação é divulgada em reais para cada 1000 dólares e que o contrato de dólar futuro tem vencimento no primeiro dia útil de cada mês.

A partir da equação 5.69, podemos extrair a taxa do cupom cambial, resultando da equação

$$r_{fx} = \left[\frac{1000 \times S}{PU} \times (1 + r_x)^{\frac{DU}{252}} - 1 \right] \times \frac{360}{DC}. \tag{5.70}$$

Como a liquidação dos contratos futuros de dólar é feita com base no valor da taxa PTAX[17] de venda do dia anterior ao vencimento, divulgada pelo Banco Central do Brasil, temos:

$$r_{fx} = \left[\frac{1000 \times PTAX}{PU} \times (1 + r_x)^{\frac{DU}{252}} - 1 \right] \times \frac{360}{DC}. \tag{5.71}$$

Esta taxa é conhecida como cupom cambial sujo, pois não considera o valor da taxa de câmbio no momento da realização do negócio. Usualmente o mercado negocia o cupom cambial limpo, que considera apenas a variação cambial desconhecida, dado que a variação entre o dólar vigente e a última PTAX já é conhecida. O cupom cambial limpo é obtido pela multiplicação do cupom cambial sujo pela razão $\frac{S}{PTAX}$, onde S é o dólar vigente no momento em que a taxa está sendo calculada.

A liquidez dos contratos futuros de dólar americano a partir do segundo vencimento é bastante restrita. Apenas na medida em que vai se aproximando o primeiro vencimento de dólar futuro, o segundo vencimento vai ganhando liquidez. Assim, para complementar a curva com prazos mais longos, utilizam-se as taxas das operações de FRA de cupom cambial.

O FRA é um derivativo financeiro que permite a negociação de cupom cambial a termo entre duas datas futuras. Nesse sentido, são gerados dois contratos futuros de cupom cambial (também chamados de DDI), o primeiro com vencimento no mês imediatamente posterior à data de negociação e o segundo, de natureza inversa, com o vencimento mais longo, negociado entre as partes. Desta forma, negocia-se o cupom cambial limpo válido para o período entre esses dois vencimentos.

O contrato de DDI guarda bastante similaridade com o contrato de DI Futuro, com a diferença de que o DI Futuro negocia uma taxa de juros em reais com o padrão de dias úteis/252 e o DDI negocia uma taxa de juros em dólares com o padrão de dias corridos/360. Seu preço é definido da seguinte forma:

$$PU = \frac{100000}{1 + r_{fx} \times \frac{DC}{360}}. \tag{5.72}$$

---

[17] PTAX é uma taxa de câmbio, calculada durante o dia pelo Banco Central do Brasil, que consiste na média das taxas informadas pelos *dealers* de dólar durante 4 janelas do dia. Normalmente, os contratos de derivativos de câmbio são liquidados com base na PTAX divulgada no dia útil anterior.

Como os vencimentos dos contratos de DDI coincidem com os de dólar futuro, é possível realizar uma composição entre os cupons determinados pelo primeiro contrato de dólar futuro e as taxas *forward* para os vencimentos mais longos, obtidas pelos contratos de FRA de cupom cambial, conforme a equação

$$r_{fx} = \left[\left(1 + r_d \times \frac{DC_d}{360} \right) \times \left(1 + r_{f,t} \left(\frac{DC_x - DC_d}{360} \right) \right) - 1 \right] \times \frac{360}{DC_x}, \qquad (5.73)$$

onde r_{fx} é a taxa de cupom cambial para o vencimento x, r_d é a taxa de cupom cambial do primeiro vencimento de dólar futuro, $r_{f,t}$ é a taxa *forward* de cupom cambial negociada entre o primeiro vencimento e o vencimento x, DC_d é o número de dias corridos até o vencimento do dólar futuro, e DC_x é o número de dias corridos até o vencimento x.

Os contratos de FRA de cupom cambial possuem vencimento no primeiro dia útil de cada mês até determinado prazo. Em prazos intermediários, os contratos possuem vencimento nos meses de janeiro, abril, julho e outubro, e, para prazos mais longos, apenas no mês de janeiro.

O mercado brasileiro possui algumas características que devem ser consideradas para que a curva de cupom cambial seja construída de forma adequada. Uma delas é o fato de que a liquidez no mercado de câmbio é concentrada no mercado futuro e não no mercado à vista (*spot*).

Portanto, o dólar *spot* deriva do dólar futuro, o que sugere que a variável S da equação 5.69 não seja definida como a cotação observada do dólar à vista. Na prática, o dólar *spot* é determinado como sendo a diferença entre o dólar futuro e a cotação de uma operação estruturada conhecida como "casado". O casado é uma operação conjugada de compra/venda de dólar *spot* com venda/compra de dólar futuro.

Por exemplo, suponha que uma empresa realiza uma captação externa em dólar e deseja internalizar esses recursos. Para isso, seria necessário realizar uma operação de venda de dólar *spot*, para converter os dólares captados no exterior em reais a serem usados no Brasil, e uma operação de compra de dólar futuro, para manter-se cambialmente equilibrada em relação à sua dívida que será paga no futuro em dólares no exterior. Contudo, na prática, a empresa faz uma operação de venda de casado. Tal cotação é expressa em pontos base e reflete a diferença entre o dólar futuro e o dólar *spot*.

Destaque-se, ainda, que os contratos de FRA de cupom cambial são excessivamente instáveis e sua cotação reflete a oferta e demanda por proteção cambial e por posições especulativas. Não há necessariamente uma correlação com a expectativa sobre a cotação do dólar obtida por meio de fundamentos macroeconômicos.

Neste sentido, em muitos casos, no momento da construção da curva de cupom cambial, deve ser feita uma análise da representatividade das taxas dos contratos de FRA de cupom cambial. Portanto, taxas discrepantes devem ser desconsideradas no momento da construção da curva, nos casos em que o número de negócios realizados com o respectivo contrato de FRA for pouco relevante.

Usualmente, os contratos de FRA de cupom cambial mais longos são pouco líquidos, o que sugere que a construção de curva de cupom cambial com maturidade acima de 5 anos não seja imediata, podendo haver a necessidade de ajustes em casos de distorções.

5 Renda Fixa 131

Exemplo. Vamos construir a curva do cupom cambial observada no dia 22/10/2015, utilizando as taxas dos contratos de FRA de cupom cambial com vencimentos em: dez/15, jan/16, fev/16, mar16 e abr/16.

Para extrair a taxa de cupom cambial para o prazo equivalente ao vencimento do primeiro contrato de dólar futuro (03/11/2015), sabendo-se que esse dólar futuro negociado em 22/10/2015 valia 3920, o casado valia 12 pontos base, a taxa do DI Futuro com vencimento em novembro de 2015 era 14,13% a.a., o número de dias corridos até o vencimento era 12 e o número de dias úteis era 7, tem-se:

$$S = \text{Dólar Futuro} - \text{Casado} = 3,920 - 0,012 = 3,908 \qquad (5.74)$$

$$r_{\text{nov}/15} = \left\{ \left[\frac{1000 \times S}{PU} \times (1 + r_x)^{\frac{DU}{252}} \right] - 1 \right\} \times \frac{360}{DC},$$

$$= \left\{ \left[\frac{3,908}{3,920} \times (1 + 0,1413)^{\frac{7}{252}} \right] - 1 \right\} \times \frac{360}{12}. \qquad (5.75)$$

Resolvendo a equação 5.75 tem-se que $r_{\text{nov}/15} = 1,82\%$ ao ano.

Sabendo-se que o contrato de FRA de cupom cambial com vencimento em 01/12/2015 apresentava taxa de 1,07%a.a. e que entre 22/10/2015 e 01/12/2015 havia 40 dias corridos:

$$r_{\text{dez}/15} = \left[\left(1 + 1,82\% \times \frac{12}{360} \right) \times \left(1 + 1,07\% \times \frac{(40 - 12)}{360} \right) - 1 \right] \times \frac{360}{40}. \quad (5.76)$$

Resolvendo esta equação, tem-se que $r_{\text{dez}/15} = 1,30\%$ ao ano.

Sabendo-se que o contrato de FRA de cupom cambial com vencimento em 04/01/2016 apresentava taxa de 1,53%a.a. e que entre 22/10/2015 e 04/01/2016 havia 74 dias corridos:

$$r_{\text{jan}/16} = \left[\left(1 + 1,82\% \times \frac{12}{360} \right) \times \left(1 + 1,53\% \times \frac{(74 - 12)}{360} \right) - 1 \right] \times \frac{360}{74}. \quad (5.77)$$

Resolvendo esta equação, tem-se que $r_{\text{jan}/16} = 1,58\%$ ao ano.

Considerando, ainda, que os contratos de FRA de cupom cambial com vencimentos em 01/02/2016, 01/03/2016 e 01/04/2016 apresentavam taxas de 1,65%, 2,11% e 2,55% a.a. respectivamente e que os números de dias corridos entre 22/10/2015 e os respectivos vencimentos eram 102, 131 e 162, tem-se, de forma análoga que: $r_{\text{fev}/16} = 1,67\%$, $r_{\text{mar}/16} = 2,08\%$ e $r_{\text{abr}/16} = 2,50\%$, todas as taxas ao ano.

A Tabela 5.8 mostra os vértices obtidos para a curva de cupom cambial deste exemplo.

Tabela 5.8: Vértices calculados para a curva de cupom cambial do exemplo.

DC	Taxa
12	1,82%
40	1,30%
74	1,58%
102	1,67%
131	2,08%
162	2,50%

5.14 Resumo

- O mercado de renda fixa engloba os instrumentos financeiros que possuem uma remuneração paga em intervalos e condições preestabelecidas.
- A partir de um valor futuro, um prazo e uma taxa de juros, é possível encontrar o valor presente de um determinado instrumento financeiro, também chamado de valor descontado. O valor presente é uma função decrescente da taxa de juros e do prazo.
- O preço justo de qualquer instrumento financeiro é igual ao valor presente do fluxo de caixa esperado desse instrumento.
- *Duration* representa a sensibilidade do preço de um título à taxa de juros. Esse conceito é bastante utilizado no gerenciamento de exposição à taxa de juros e considera apenas variações paralelas da curva de juros.
- A convexidade captura efeitos não lineares da sensibilidade do preço de um título à taxa de juros.
- Os principais instrumentos de financiamento da dívida pública brasileira, negociados no mercado interno, são as LTNs, NTN-Fs, NTN-Bs e LFTs. Já no mercado externo, os principais instrumentos são os Globals, BRL Bonds e Euro Bonds.
- A cotação de cada título dependerá de características específicas associadas à definição do fluxo futuro, como o cupom aplicável e padrão de juros.
- A ETTJ determina a taxa de juros à vista (spot) para diversas maturidades. Já as taxas de juros implícitas pelas taxas à vista entre períodos de tempo no futuro são chamadas de taxas *forward*.
- As principais curvas de juros do mercado brasileiro são construídas com base em vértices obtidos a partir de ativos ou derivativos negociados no mercado financeiro, tais como: DI Futuro, FRA de cupom cambial e títulos públicos federais. As taxas não observáveis podem ser obtidas por métodos de interpolação ou extrapolação.
- O método utilizado para extrair uma taxa de cupom zero a partir de ativos que pagam cupons periódicos é chamado de *bootstrapping*.

CAPÍTULO 6

Modelos para Derivativos de Renda Fixa

Diogo Barboza Gobira

Nos mercados de derivativos de ações, nenhum outro conjunto de ferramenta é tão ubíquo quanto o modelo de Black-Scholes. Entre outros parâmetros que entram na fórmula de precificação de Black-Scholes para opções europeias, está a taxa de juros livre de risco, que usualmente é tomada como constante ao longo do tempo. Tal premissa é motivada pelo fato de a variabilidade das taxas de juros ser substancialmente menor que a variabilidade dos preços das ações, o que pode ser constatado, por exemplo, observando o desvio-padrão dos retornos dos preços dos títulos de renda fixa frente ao desvio-padrão dos retornos dos preços das ações.

Quando entramos na arena dos derivativos de renda fixa, tal hipótese perde sua validade pelo simples fato de que, agora, as incertezas emanam das próprias taxas de juros, e não de outros ativos subjacentes. Nos mercados americano e europeu, exemplos típicos de derivativos de renda fixa são os *caps* e *floors*, que correspondem a opções de compra e de venda, respectivamente, de taxas *forward* de juros. Outros contratos bastante representativos são os chamados *swaptions*, que consistem de opções de entrar (ou abandonar) em um contrato de *swap* de taxas de juros. Nos três casos, exceto no que diz respeito ao risco de crédito que aparece quando os negócios são realizados em mercado de balcão, a estocasticidade reside integralmente nas taxas de juros. No mercado brasileiro, exemplos típicos de derivativos de renda fixa são as opções de IDI e as opções sobre contratos futuros de DI. Outro grande nascedouro de derivativos de renda fixa e também derivativos híbridos são as debêntures, para as quais reservaremos uma atenção especial, dada a sua crescente relevância no mercado brasileiro.

Neste capítulo, apresentaremos o ferramental para lidar com o apreçamento de contratos destes tipos. Começaremos apresentando as noções fundamentais de *Bank-Account*, fator estocástico de desconto. Na sequência, apresentaremos exemplos de modelos es-

134   Derivativos e Risco de Mercado

tocásticos para taxas de juros, com exemplos práticos de calibração e uso no mercado brasileiro. Abordaremos primeiro os chamados modelos *short-rate* de um fator, com ênfase no modelo CIR, mostrando como este pode ser calibrado a partir dos preços dos contratos futuros de DI.

Em seguida, abordaremos o *framework* HJM para construção de modelos para a estrutura a termo das taxas de juros. Nesta etapa, daremos atenção especial à calibragem das volatilidades e correlações, usando como principal ferramenta a análise de componentes principais.

Mais adiante, apresentaremos, em ordem de complexidade de precificação, uma variedade de debêntures encontradas na prática no mercado brasileiro. Para os casos mais simples, veremos que é possível apreçar tais contratos usando o ferramental de Black-Scholes. Para os casos mais exóticos, quando múltiplos fatores estocásticos estão envolvidos e há possibilidade de exercício antecipado, apresentaremos o método de Longstaff e Schwartz como uma solução para o problema.

Finalmente, introduziremos a questão do risco de crédito, mostrando como este pode ser levado em conta de forma coerente no apreçamento de contratos sujeitos a este tipo de risco, como as debêntures.

Tentaremos fornecer o máximo de intuição possível, guardando, no entanto, algum nível de rigor matemático para evitar falhas de compreensão em pontos-chave da teoria, o que poderia comprometer o uso consistente dos modelos apresentados. Caso o leitor não esteja familiarizado com as fórmulas de Black-Scholles, árvores binomiais e com as noções básicas de precificação por não arbitragem, recomendamos fortemente que tais temas sejam colocados em perspectiva para uma compreensão integral do conteúdo apresentado adiante.

6.1 Definições Gerais

Para apreçar os contratos apresentados bem como os derivativos de renda fixa, precisamos modelar a evolução das taxas de juros envolvidas nos contratos. Em termos práticos, serão tais modelos que nos fornecerão a dinâmica de acúmulo da riqueza depositada em uma conta bancária remunerada, bem como a dinâmica dos fatores pelos quais devemos decontar fluxos de caixas futuros a valor presente para encontrar o preço justo dos contratos. Isso nos leva às definições de *Bank-Account* (ou *Money-Market Account*), e de fator estocástico de desconto, que exploraremos em seguida, usando a notação adotada por Brigo e Mercurio [Brigo and Mercurio, 2006].

6.1.1 *Bank-Account* (*Money-Market Account*)

A ideia de *bank-account* é fundamental pois nos fornece uma forma de comparar quantidades de moeda em diferentes instantes do tempo, reconhecendo os custos de oportunidade associados à possibilidade de se "emprestar" dinheiro para um banco disposto a remunerá-lo. No Brasil, a taxa $r(t)$ usualmente é tomada como a taxa média dos depósitos (empréstimos) interbancários, apurada diariamente. Embora não seja tão vo-

6 Modelos para Derivativos de Renda Fixa   135

látil como os preços das ações ou moedas, tal taxa também não é constante, tampouco
determinística.

Portanto, neste mercado de depósitos interbancários, para tomador (emprestador),
o custo de captação (rentabilidade) é incerto, muito embora as taxas negociadas em
tal mercado sejam consideradas como as taxas livres de risco para fins de apreçamento
de contratos derivativos das mais diversas classes de ativos. Matematicamente, $B(t)$ é
definido como sendo o valor de uma conta bancária remunerada em uma data $t \geq 0$.
Assumindo que $B(0) = 1$ e que o valor da conta evolui segundo a equação diferencial

$$dB(t) = r_t B(t) dt, \tag{6.1}$$

onde r_t é uma função positiva do tempo. Logo, o valor da conta em um instante t é dado
por

$$B(t) = \exp\left(\int_0^t r_s ds \right). \tag{6.2}$$

Em (6.1), r_t representa a taxa de crescimento do valor da conta bancária no tempo.

6.1.2 Fator Estocástico de Desconto

Sabemos que a taxa livre de risco exerce papel fundamental no apreçamento dos derivativos quando usamos uma estratégia de replicação combinada com argumentos de
não arbitragem, uma vez que nesta abordagem o preço dos derivativos é dado pelo valor
esperado (na medida de probabilidade neutra ao risco) dos fluxos de caixa descontados
(pela taxa livre de risco) do contrato. Se a taxa de desconto livre de risco fosse determinística, poderíamos remover o fator de desconto da esperança condicional. Diante de
taxas de desconto aleatórias, no entanto

$$\mathbb{E}^{\mathbb{Q}}\left[\exp\left(-\int_t^T r(s) ds \right) X_T \mid \mathbb{F}_t \right] \neq \exp\left(-\int_t^T r(s) ds \right) \mathbb{E}^{\mathbb{Q}}\left[X_T \mid \mathbb{F}_t \right]. \tag{6.3}$$

Para melhor visualizarmos a problemática introduzida pelo uso indiscriminado da
premissa de taxa de juros constante, analisemos um caso prático. Suponhamos que X_T
seja o *payoff* na data T de uma opção europeia de compra de um título indexado ao
IPCA com um pagamento único em T. Para precificar tal contrato, precisamos conhecer
a distribuição de probabilidades do preço do título no vencimento, e isso dependerá,
portanto, da distribuição da variação acumulada do IPCA entre as datas t e T. Agora,
como é de praxe no mercado, suponhamos que a taxa livre de risco $r(t)$ seja tomada
como a taxa dos depósitos interbancários, que por sua vez é baseada na taxa básica
de juros da Economia, a taxa SELIC. Como sabemos, tais taxas, o IPCA e a SELIC,
não são constantes, e tampouco vivem em mundos separados. Se consideramos a taxa
livre de risco $r(t)$ determinística entre t e T e executarmos a passagem feita em (6.3),
implicitamente estaremos assumindo que a variações no IPCA não serão acompanhadas
de variações nas taxas dos depósitos interbancários, ou seja, na SELIC. Esta premissa
pode se mostrar extremamente equivocada, especialmente para horizontes de tempo
maiores.

Nestes casos, devemos reconhecer que a taxa de juros $r(t)$ e aleatória. Consequentemente, a rentabilidade da conta bancária de B no intervalo t até T também será aleatória. Isso nos leva à noção de fator estocástico de desconto entre os instantes t e T, o qual denotaremos por $D(t,T)$. O fator estocástico de desconto conecta-se à ideia de *bank-account* através da seguinte relação:

$$D(t,T) = \frac{B(t)}{B(T)} = \exp\left(- \int_{t}^{T} r(s)ds \right).$$

6.2 Modelagem das Taxas de Juros

Na literatura sobre modelos estocásticos de taxas de juros, alguns pontos são bastante recorrentes. Brigo e Mercurio [Brigo and Mercurio, 2006] elencam, por exemplo, questões como: a positividade das taxas; a distribuição de probababilidade implicada para a taxa *spot*; a possibilidade de se expressar os preços dos zero cupons, *caps* e *floors* analiticamente ou de computá-los numericamente de forma rápida; a reversão à média das taxas; a adequação para simulações de Monte Carlo; e a facilidade de calibração a partir de dados históricos. Além disso, um importante ponto de inflexão do ponto de vista prático é a escolha entre um modelo para taxa de juros *spot*, os chamados modelos *short-rate*, e um modelo para a estrutura a termo das taxas, os chamados modelos *forward*. A seguir, faremos uma breve incursão sobre estas duas classes de modelos com o objetivo de ressaltar suas principais características, vantagens e desvantagens

6.2.1 Modelos *short-rate*

Nos modelos *short-rate*, toda a estrutura a termo de taxas de juros é determinada por uma variável única, a chamada taxa de juros *spot*. No mercado brasileiro de taxas de juros, o que mais se aproxima em termos semânticos da taxa *spot* são as taxas de depósitos interfinanceiros de um dia, o chamado DI de um dia. De fato, ao contrário dos mercados de taxas de juros americano e europeu, onde os principais objetos de negociação são as taxas *forward*, no mercado brasileiro o DI de um dia é a principal referência do mercado de juros, sendo a base para a definição de contratos mais complexos. Os contratos futuros de DI, por exemplo, são definidos em termos do DI de um dia médio no período.

Entre os modelos *short-rate* mais conhecidos estão os de Vasicek [Vasicek, 1977], Hull-White [Hull and White, 1990], Cox, Ingersoll and Ross [Cox et al., 1985] e suas variações. Entre as vantagens de tais modelos estão a simplicidade e a boa tratabilidade analítica, que conjuntamente facilitam sua implementação computacional. Por outro lado, tais modelos, em especial os baseados em um única fonte de incerteza, nem sempre são capazes de representar toda a complexidade da estrutura de correlações das taxas a termo. Além disso, tais modelos não são diretamente compatíveis com o mercado no que se refere aos preços dos contratos mais básicos, como os zero cupons de vencimentos variados. Para que eles sejam compatíveis com o mercado neste quesito, é necessário

6 Modelos para Derivativos de Renda Fixa

calibrá-los implicitamente, tarefa para a qual é desejável que o modelo permita expressar os preços dos contratos líquidos, como os títulos zero cupom e as opções definidas sobre estes através de fórmulas analíticas. Tal necessidade ficará mais clara na Seção 6.2.2, quando formularmos matematicamente e computacionalmente o problema de estimação dos parâmetros do modelos.

A Tabela 6.1, a qual tomamos de Brigo e Mercurio [Brigo and Mercurio, 2006], apresenta um resumo dos principais modelos *short-rate* (todos expressos na medida neutra ao risco, uma vez que estamos interessados em usá-los no apreçamento de derivativos), bem como suas principais propriedades, referentes à garantia de que as taxas de juros não serão negativas (P) e à distribuição de probabilidade das taxas, bem como à existência ou não de fórmulas analíticas (ou soluções numéricas eficientes) para os preços dos zero cupom (AB) e para as opções (AO) definidas sobre tais ativos.

Tabela 6.1: Modelos *Short-Rate* de 1 Fator

Modelo	Dinâmica	$r \sim$	P/AB/AO
Vasicek (V)	$dr_t = \kappa(\theta - r_t)dt + \sigma dW_t$	$\mathcal{N}$	N/S/S
CIR	$dr_t = \kappa(\theta - r_t)dt + \sigma\sqrt{r_t}dW_t$	$NC\chi^2$	S/S/S
Dothan (D)	$dr_t = ar_t dt + \sigma r_t dW_t$	$L\mathcal{N}$	S/S/N
Exponential-Vasicek (EV)	$dr_t = r_t(\eta - alnr_t)dt + \sigma r_t dW_t$	$L\mathcal{N}$	S/N/N
Hull-White (HW)	$dr_t = \kappa(\theta_t - r_t)dt + \sigma dW_t$	$\mathcal{N}$	N/S/S
Black-Karasinsky (BK)	$dr_t = r_t(\eta_t - alnr_t)dt + \sigma r_t dW_t$	$L\mathcal{N}$	S/N/N
CIR++	$r_t = x_t + \phi_t,\ dx_t = \kappa(\theta - x_t)dt + \sigma\sqrt{x_t}dW_t$	$SNC\chi^2$	S/S/S
Extended EV (EEV)	$r_t = x_t + \phi_t,\ dx_t = x_t(\eta - alnx_t)dt + \sigma x_t dW_t$	$SL\mathcal{N}$	S/N/N

Uma importante característica compartilhada pelos modelos apresentados na Tabela 6.1, com exceção do modelo Dothan, é a reversão à média das taxas. Esta característica é desejável pois, na prática, não parece fazer sentido supor que as taxas de juros, por exemplo, subirão indefinidamente – afetando a Economia como um todo – sem que nada seja feito pelos agentes econômicos para restaurar uma situação de normalidade. Este fato estilizado das taxas de juros é implementado matematicamente no termo de *drift* dos modelos. Para entendermos um pouco melhor, tomemos como exemplo o modelo de Vasicek. Para tal modelo, o termo κ representa uma velocidade de reversão à média, enquanto θ representa a média de longo prazo da taxa. Em uma calibragem economicamente coerente, ambos os parâmetros devem ser positivos, de modo que quando a taxa estiver acima da média de longo prazo, o termo de *drift* será negativo, forçando a taxa a voltar ao seu nível médio, e vice-versa. A mesma análise pode ser feita para os demais modelos.

Uma característica do modelo de Vasicek é a possibilidade de ocorrências de taxas negativas. Tal propriedade pode ser aceitável e até mesmo desejável em alguns casos, por exemplo, para a modelagem de taxas reais. Para taxas nominais, no entanto, esta característica não é adequada. Uma modificação natural do modelo de Vasicek para lidar com esta questão é a oferecida pelo modelo CIR. O termo de *drift* de tais modelos é igual, porém no CIR a volatilidade das taxas é escalada pela raiz quadrada da taxa corrente. Esta modificação, embora simples em termos visuais, impõe às taxas três diferenças cruciais em relação ao modelo Vasicek. A primeira delas é, respeitada a relação $2\kappa\theta > \sigma^2$, a garantia de positividade das taxas. A segunda é a distribuição de probababilidades das taxas, que no CIR passa a ser uma chi-quadrado com parâmetro de não centralidade,

138   Derivativos e Risco de Mercado

frente à distribuição normal no caso do modelo de Vasicek. A terceira delas é, ao escalar-mos o termo de volatilidade pela taxa, permitirmos ao modelo capturar o chamado efeito de alavancagem inverso, que consiste em uma maior volatilidade das taxas à medida que estas sobem. Reparemos que este é o comportamento inverso ao tipicamente observado no mercado acionário, quando a volatilidade tende a aumentar mais proporcionalmente em situações de queda dos preços.

Já os modelos CIR++ e EEV, por sua vez, possuem uma característica em comum, não observada nos demais modelos da Tabela 6.1. Ambos são definidos como a soma de uma componente estocástica (correspondente aos modelos CIR e EV) e uma componente determinística, representada pela função ϕ_t. A ideia subjacente à adição da função ϕ_t é permitir que os modelos sejam diretamente compatíveis com a estrutura a termo de taxas observadas no mercado, sem a necessidade de se executar um procedimento de calibragem propriamente dito.

Como podemos ver, o desenvolvimento dos modelos de *shor-rate* evoluiu de forma a contornar limitações na sua capacidade de representação dos fatos estilizados de mercado e permitir que tais modelos sejam capazes de implicar uma estrutura a termos de taxas que seja aceitável do ponto de vista econômico. Para dar conta deste segundo objetivo, o primeiro passo é garantir que os modelos sejam capazes de representar bem a estrutura a termo corrente. Um segundo objetivo é permitir que tais modelos sejam capazes de modelar de forma relativamente fidedigna a evolução não somente da taxa de juros à vista, mas também de toda a estrutura a termo das taxas, levando em consideração os diferentes perfis de volatilidade observados de acordo com o prazo do vértice e, espe-cialmente, a estrutura de correlação entre as taxas de diferentes vértices, aspecto pelo qual os modelos *short-rate* de um único fator são alvos de maior criticismo. Tais críticas assentam-se no fato de que, por serem baseados em uma única fonte de incerteza, tais modelos implicam em uma correlação perfeita entre as taxas observadas nos diferen-tes vértices da estrutura a termo. Assim, embora passíveis de serem calibrados usando uma vasta gama de contratos padronizados, como zero-cupons e opções, tais modelos não permitem a simulação dos diferentes formatos de estrutura a termo observadas na prática.

Para contornar esta limitação dos modelos *short-rate*, uma primeira saída seria adici-onar mais um fator estocástico, dando mais graus de liberdade ao processo estocástico e permitindo estruturas de correlação mais ricas. Modelos desta categoria são, por exem-plo, o de Vasicek de 2 fatores (G2 e G2++) ou o CIR de 2 fatores (CIR2 e CIR2++). No entanto, em vez de nos concentrarmos na apresentação de tais modelos, seguiremos nossa incursão analisando outra classe de modelos: os modelos para a estrutura a termo das taxas. Antes, porém, apresentaremos a mecânica geral de calibragem dos parâmetros modelos *short-rate* de um fator e, na sequência, mostraremos como tal modelo pode ser usado no apreçamento de derivativos de renda fixa bastante genéricos.

6.2.2 Calibragem de Modelos *Short-Rate* de 1 Fator

Nesta seção, apresentaremos a mecânica geral de calibragem de modelos *short-rate* de um fator, tomando como exemplo o modelo CIR. Quando estamos interessados em apreçar derivativos, sempre que possível buscamos calibrar os parâmetros do modelo utilizado a

6 Modelos para Derivativos de Renda Fixa

139

partir dos preços de contratos líquidos cotados no mercado, em vez de dados históricos. Tal estratégia visa garantir que o modelo seja compatível com os preços observados no mercado, não dando espaço para oportunidades triviais de arbitragem já na partida, digamos assim. Damos ao processo de calibragem executado desta forma o nome de "calibragem implícita".

Os dados históricos não são, no entanto, necessariamente descartáveis no processo de calibragem dos modelos estocásticos para fins de apreçamento. O resultado da calibragem a partir de dados históricos, usualmente executada a partir de métodos da máxima verossimilhança, pode fornecer informações relevantes sobre a ordem de grandeza dos parâmetros e sobre o intervalo aproximado de valores em que estes devem estar situados. Além disso, em algumas situações não é possível obter implicitamente alguns parâmetros necessários à modelagem, ou pela ausência de contratos que cotem a informação associada ao parâmetro ou pelo fato de os contratos serem poucos representativos. Parâmetros relacionados a correlação usualmente caem nesta situação. Nestes casos, não há muitas alternativas a não ser estimar o parâmetro a partir de dados históricos.

Matematicamente, o processo de calibragem implícita consiste em encontrar o conjunto de parâmetros Θ de modo a minimizar alguma medida do erro cometido pelo preços produzidos pelo modelo calibrado (P_{mod}) em relação aos preços dos contratos de referência (P_{mkt}). Uma possível formulação para tal problema de otimização seria

$$\min_{\Theta} \sum_{k=1}^{M} \left| \frac{P_{mod}(t,T_k) - P_{mkt}(t,T_k)}{P_{mkt}(t,T_k)} \right| + \beta \|\Theta - \Theta_0\|^2, \tag{6.4}$$

onde os M contratos de referência selecionados para a calibração são do tipo zero cupom, e por isso adotamos a notação $P_{mod}(t,T_k)$. Obviamente, a formulação acima poderia ser estendida para incluir outros contratos, em particular, opções, de modo a tornar o resultado da calibragem mais coerente com o mercado, em especial no quesito volatilidade. Antes de ilustrarmos na prática como o problema (6.4) poderia ser resolvido, é oportuno explorar um pouco mais a sua estrutura geral.

A primeira parte da função objetivo do problema (6.4) representa o erro relativo absoluto dos preços (RMAE) produzidos pelo modelo frente aos preços observados no mercado. A segunda parte, por sua vez, possui uma dupla tarefa. A primeira delas é a de regularizar o problema, tornando mais fácil a busca por uma solução suficientemente boa, mesmo que esta seja apenas localmente ótima. Aqui, vale ressaltar que problemas de calibragem desta natureza, não somente no mercado de renda fixa, podem ser altamente não lineares e difíceis de serem resolvidos globalmente. Assim, na maior parte dos casos, é necessário se contentar com um solução local, e na prática estas podem ser bastante confiáveis para esta classe de problemas em Finanças. Outra tarefa do segundo termo da função objetivo é a de proporcionar uma relativa estabilidade nos parâmetros obtidos em calibragens realizadas para dias diferentes, penalizando soluções que se afastem muito de uma solução conhecida Θ_0 para uma data próxima, tipicamente no dia anterior. Tal estratégia visa preservar a interpretação econômica dos parâmetros obtidos em calibrações realizadas em dias distintos, o que pode ser útil para fins de negociação e análise de riscos. O valor do termo β deve ser o menor possível, de modo que a calibragem cumpra seu principal objetivo, que é fazer com que o modelo reproduza os preços de mercado com menor erro possível.

Para ilustrarmos o procedimento, calibraremos o modelo CIR para a taxa dos depósitos interfinanceiros de um dia, conhecido em bolsa por DI1. Trata-se de uma taxa de juros à vista, sendo referência para uma gama de contratos, entre os quais merecem destaque os chamados futuros de DI1. Cada contrato futuro de DI1 negociado estabelece um acordo de compra e venda de R$ 100.000,00 descontado pela taxa média de depósitos interfinanceiros de um dia (DI1), compreendida entre o dia da negociação e o dia do vencimento do contrato. É, portanto, uma operação baseada nas expectativas para a taxa DI1. Para calibrarmos um modelo de taxas contínuas, como é o caso do CIR, para o DI1, uma taxa diária, é necessário considerarmos a aproximação [1]

$$\mathbb{E}^{\mathbb{Q}}\left[\prod_{i=1}^{N}\frac{1}{\left(\frac{r_i}{100}+1\right)^{1/252}}\right] \approx \mathbb{E}^{\mathbb{Q}}\left[\exp\left(-\int_{t}^{T}r(s)ds\right)\right], \qquad (6.5)$$

onde N é a quantidade de dias úteis entre t e T. O termo da esquerda de (6.5) é o valor esperado do fator de desconto calculado considerando as regras do contrato DI1 especificadas pela Bovespa. Como as taxas r_i são aleatórias, então temos um fator estocástico de desconto. Ao calcularmos o seu valor esperado, temos o preço do zero cupom que paga 1 em T. É o valor deste termo, multiplicado por 100.000, que observamos no mercado para diferentes vencimentos. Na parte à direita de (6.5), temos o fator de desconto correspondente para taxas contínuas. De posse desta aproximação, já temos como obter no mercado os preços P_{mkt}, que aparecem em nosso problema de otimização. Estes podem ser escolhidos como os chamados PUs de ajuste divulgados pela BMF.

Como estamos trabalhando com o modelo CIR, o conjunto Θ de parâmetros a serem calibrados é formado por κ, θ e σ. Além disso, o CIR nos fornece uma fórmula analítica para o cálculo dos preços dos zero-cupons, sendo este expresso como

$$P(t,T) = A(t,T)e^{-B(t,T)r_t},$$

onde

$$A(t,T) = \left\{\frac{2he^{(\kappa+h)(T-t)/2}}{2h + (\kappa + h)(e^{(T-t)h} - 1)}\right\}^{2\kappa\theta/\sigma^2},$$

$$B(t,T) = \frac{2(e^{(T-t)h} - 1)}{2h + (\kappa + h)(e^{(T-t)h} - 1)},$$

$$h = \sqrt{\kappa^2 + 2\sigma^2}.$$

A valor de r_t pode ser escolhido como a última taxa de fechamento para o DI1. Assim, dado o conjunto de parâmetros Θ, já podemos calcular P_{mod}, o que completa as

---

[1] A aproximação pode ser provada expressando a integral $\int_{t}^{T} r(s)ds$ em uma soma de Riemann com partições de tamanho 1 dia (1/252 ano), e usando as propriedades básicas da função exponencial, como $e^x e^y = e^{x+y}$, $(e^x)^y = e^{xy}$. Além disso, também precisamos usar o fato de que $e^x = \sum_{\infty}^{0}(x^n/n!) = 1 + x + (x^2/2!) + (x^3/3!) + \cdots$, o que nos permite dizer que $e^x \approx 1 + x$ para os casos em que x é suficientemente pequeno. Você deveria se perguntar: isso realmente funciona no Brasil? Teste por conta própria!

6 Modelos para Derivativos de Renda Fixa   141

peças necessárias para partirmos para a resolução numérica do problema, já que para este exercício consideraremos β igual a zero. Para fazê-lo, usamos o pacote NLopt, disponível para R. Trata-se de um pacote para a resolução de problemas de otimização não lineares, como o que precisamos resolver. Pacotes semelhantes podem ser encontrados no MATLAB, Python, etc. Também é possível utilizar a dupla VBA/Solver, muito embora a chance de esta solução mostrar baixo desempenho é bastante alta, principalmente se muitos contratos de referência forem incluídos no processo de calibragem.

Para ilustrar o procedimeto, calibramos o modelo usando dados relativos ao mês de setembro de 2014, período este selecionado aleatoriamente. Os resultados são mostrados na Tabela 6.2. Como podemos ver, foi possível manter relativa estabilidade no valor dos parâmetros nos diversos dias de testes, sem prejuízos ao erro na precificação, mesmo mantendo β igual a zero. O parâmetro θ, que indica a média de longo prazo para a taxa, no caso da taxa livre de risco permanece estável em torno de 12% ao ano, o que parece ter um sentido econômico razoável para o período analisado. A velocidade de reversão à média κ, que ficou próxima a 0.9, também parece plausível economicamente. O parâmetro σ quando multiplicado pela raiz quadrada da média de longo prazo, nos dá a volatilidade de longo prazo das taxas. Esta ficou na casa de 20% quando anualizada, valor coerente quando analisados individualmente, e também quando comparado com mercados mais voláteis, como o de ações.

Tabela 6.2: Calibragem CIR para DI1

#	Data	κ	θ	σ	RMAE
1	2014-09-01	0.8189588	0.1156441	0.4352189	0.001631509
2	2014-09-02	0.93075	0.1123344	0.4572359	0.001083104
3	2014-09-03	0.8522692	0.114324	0.4413873	0.002154335
4	2014-09-04	0.820691	0.115922	0.4362022	0.001481411
5	2014-09-05	0.8606853	0.1152955	0.4454697	0.001399028
6	2014-09-08	0.7736375	0.1189364	0.4289841	0.001281252
7	2014-09-09	0.6755109	0.1230298	0.403251	0.001252364
8	2014-09-10	0.6136808	0.1249249	0.3915713	0.001500505
9	2014-09-11	0.820332	0.1196033	0.4429771	0.001340197
10	2014-09-12	0.8576583	0.1237525	0.460731	0.001415012
11	2014-09-15	0.8775358	0.1224389	0.4635612	0.001682528
12	2014-09-16	0.6068736	0.1252859	0.3899059	0.00153546
13	2014-09-17	0.6352523	0.1247072	0.3980466	0.001264161
14	2014-09-18	0.9663619	0.1211085	0.4838071	0.002014968
15	2014-09-19	0.9567902	0.1209835	0.4811566	0.002447733
16	2014-09-22	0.752969	0.1279458	0.4389516	0.00149836
17	2014-09-23	1.0707948	0.1233793	0.5126085	0.001472576
18	2014-09-24	0.8077087	0.1252151	0.4497495	0.001155409
19	2014-09-25	0.8069968	0.127246	0.4531822	0.001339724
20	2014-09-26	0.824125	0.1261136	0.455924	0.001336261
21	2014-09-29	0.9312194	0.1319543	0.4957386	0.001543648
22	2014-09-30	0.9427575	0.1298416	0.4944296	0.00148143

Na Tabela 6.3, apresentamos o detalhamento dos resultados da calibração para o dia 15/09/2014, onde são exibidos os contratos usados na calibragem, seus preços, bem como os preços produzidos pelo modelo, além dos erros de apreçamento.

Exercício análogo pode ser realizado para os demais modelos apresentados na Tabela 6.1 que possuem fórmula para os preços dos zero-cupons ou que disponham de métodos numéricos eficicentes, tipicamente árvores trinomiais, para o apreçamento de tais contratos.

Tabela 6.3: Calibração Detalhada CIR para DI1 (15/09/2014)

Dias	P_{mkt}	P_{mod}	Erro	Erro(%)
1	0.999593	0.999571	0.000022	0.002174
12	0.995120	0.994852	0.000269	0.026940
35	0.985832	0.984993	0.000852	0.085158
55	0.977813	0.976442	0.001402	0.140208
77	0.969016	0.967077	0.002001	0.200097
138	0.944360	0.941423	0.003109	0.310948
199	0.919520	0.916361	0.003436	0.343558
264	0.893063	0.890397	0.002985	0.298498
327	0.868170	0.865992	0.002509	0.250889
388	0.844641	0.843065	0.001866	0.186551
451	0.821273	0.820093	0.001437	0.143672
516	0.797416	0.797111	0.000383	0.038294
578	0.776018	0.775841	0.000229	0.022897
641	0.754692	0.754849	0.000209	0.020919
702	0.734747	0.735097	0.000477	0.047684
766	0.714387	0.714954	0.000793	0.079312
827	0.694691	0.696287	0.002298	0.229822
888	0.676059	0.678122	0.003050	0.305038
951	0.657541	0.659869	0.003540	0.354006
1015	0.639479	0.641838	0.003689	0.368934
1077	0.622727	0.624847	0.003405	0.340450
1138	0.606734	0.608573	0.003032	0.303200
1200	0.589936	0.592470	0.004295	0.429522
1266	0.573833	0.575799	0.003427	0.342661
1330	0.559794	0.560083	0.000517	0.051684
1392	0.543725	0.545269	0.002839	0.283917
1453	0.528362	0.531078	0.005140	0.513970
1518	0.515244	0.516362	0.002171	0.217079
1581	0.502866	0.502490	0.000748	0.074844
1642	0.489789	0.489413	0.000768	0.076840
1704	0.476852	0.476471	0.000799	0.079866
1769	0.463657	0.463270	0.000835	0.083465
1832	0.451197	0.450825	0.000824	0.082352
1956	0.427684	0.427298	0.000901	0.090058
2083	0.404856	0.404475	0.000942	0.094163
2207	0.383640	0.383367	0.000710	0.070994
2332	0.363377	0.363204	0.000476	0.047591
2456	0.344334	0.344251	0.000243	0.024348
2586	0.325441	0.325441	0.000000	0.000000
2839	0.291592	0.291730	0.000475	0.047470
3589	0.210562	0.210959	0.001883	0.188290

6.2.3 Precificação Usando Modelos *Short-Rate* de 1 Fator

De posse do modelo *short-rate* calibrado, podemos usá-lo no apreçamento de derivativos de renda fixa. Dependendo do *payoff* do derivativo, pode ser possível obter fórmulas analíticas exatas ou aproximadas. Nesta seção, no entanto, nos concentraremos em mostrar como o modelo pode ser simulado para permitir o apreçamento de derivativos de exercício europeu bastante gerais usando o Método de Monte Carlo. O primeiro passo consiste na discretização do modelo. Para isso, podemos recorrer, por exemplo, ao método de Euler ou ao Método de Milstein. Para o modelo CIR, a solução de Euler seria dada por:

$$r(t+1) = r(t) + \kappa(\theta - r(t))\Delta t + \sigma\sqrt{r(t)}\sqrt{\Delta t}Z,$$

onde $Z \sim N(0,1)$. O passo de discretização Δt geralmente é escolhido como um dia útil, ou seja, $1/252$ em termos anualizados. Este tamanho de passo é suficientemente pequeno

6 Modelos para Derivativos de Renda Fixa 143

para garantir a convergência da solução numérica, e conveniente para manipulação dos contratos encontrados em mercado, usualmente atualizados com base em observações das taxas em frequência diária. No método de Milstein, a solução conta com um termo adicional, que adiciona ao método a propriedade de convergência trajetorial, em troca de um maior custo computacional. Tal termo funciona como uma aproximação (estocástica) de segunda ordem. Informalmente, a propriedade de convergência trajetorial garante que a distribuição de probabilidades das taxas será respeitada a cada trajetória e ao longo delas, e não somente ao final de cada trajetória. Esta propriedade é relevante, por exemplo, quando desejamos usar a solução numérica para apreçar derivativos cujo *payoff* dependa das trajetórias das taxas (*path-dependent*), e não somente de seu valor final. A solução de Milstein para o modelo CIR é dada por:

$$r(t+1) = r(t) + \kappa(\theta - r(t))\Delta t + \sigma\sqrt{r(t)}\sqrt{\Delta t}Z + \frac{1}{4}\sigma^2 Z^2(\Delta t - 1).$$

Um aspecto computacional interessante das soluções de Euler e de Milstein é o fato de estas serem passíveis de implementação usando técnicas de programação paralela, o que nos permite gerar uma grande quantidade de trajetórias independentes para as taxas de forma rápida. Para ilustrar o uso do modelo no mercado brasileiro, consideremos as opções de IDI. O IDI é um índice que replica um título de renda fixa valorizado diariamente pelo DI1. Nas opções sobre IDI, o valor do índice é definido como R\$100.000 no início do chamado "período de valorização". O *payoff* de uma opção de compra de IDI é dado por

$$C(T) = \max\Big\{\text{IDI}(T) - K, 0\Big\}.$$

Mas, o valor do índice IDI no instante T é calculado como

$$\text{IDI}(T) = \text{IDI}(t)\prod_{i=1}^{N}\Big(1 + \frac{r_i}{100}\Big)^{1/252}.$$

onde N é a quantidade de dias úteis entre t e T. O valor de $\text{IDI}(t)$ é conhecido, e de posse das trajetórias geradas a partir da simulação, já podemos calcular o valor da opção de compra como

$$C(t) = \mathbb{E}^{\mathbb{Q}}\Big[D(t,T)\max\Big\{\text{IDI}(T) - K, 0\Big\}\Big]$$

$$= \mathbb{E}^{\mathbb{Q}}\Big[D(t,T)\max\Big\{\text{IDI}(t)\prod_{i=1}^{N}\Big(1 + \frac{r_i}{100}\Big)^{1/252} - K, 0\Big\}\Big]$$

$$= \Big(1 + \frac{\hat{r}}{100}\Big)^{252/N}\mathbb{E}^{\mathbb{Q}}\Big[\max\Big\{\text{IDI}(t)\prod_{i=1}^{N}\Big(1 + \frac{r_i}{100}\Big)^{1/252} - K, 0\Big\}\Big]$$

$$\approx \Big(1 + \frac{\hat{r}}{100}\Big)^{252/N}\frac{1}{M}\sum_{j=1}^{M}\Big[\max\Big\{\text{IDI}(t)\prod_{i=1}^{N}\Big(1 + \frac{r_{i,j}}{100}\Big)^{1/252} - K, 0\Big\}\Big].$$

Vamos analisar cada uma das etapas do cálculo. Na primeira equação, o preço da opção é expresso como o valor esperado dos fluxos de caixa descontados na medida neutra ao risco. Em seguida, substituímos IDI(T) por sua fórmula expandida, dependente das taxas diárias r_i. Na terceira etapa, como podemos travar a taxa de desconto tomando emprestado a uma taxa prefixada média $\hat{r}$, removemos o fator de desconto da esperança, já que este não mais é aleatório.

Finalmente, podemos aproximar o valor da esperança através de uma média calculada com base nas M trajetórias das taxas geradas a partir da simulação, onde $r_{i,j}$ representa o valor da taxa no dia i na simulação j. Este procedimento é extremamente geral, e pode ser adotado para apreçar outras opções de exercício europeu, incluindo, por exemplo, cláusulas de barreiras.

6.2.4 Modelos para a Estrutura a Termo

Nesta seção, moveremos nossas atenções para outro tipo de estratégia de modelagem das taxas de juros. Em vez de modelarmos a taxa de juros à vista, estaremos interessados em modelar toda a estrutura a termo das taxas de juros. Esta rota é interessante por motivos que vão desde a compatibilidade direta (sem a necessidade de calibragem) com os preços observados em mercado, até a capacidade do modelo em representar formatos e movimentos nas curvas de juros mais complexos do que os permitidos pelos modelos *short-rate* de um único fator.

Nesta classe de modelos, merecem destaque os chamados modelos de mercado para taxas do tipo LIBOR, de Brace, Gatarek e Musiela[2]. Tais modelos também conhecidos por BGM, em homenagem aos seus criadores. A popularidade dos modelos BGM está assentada, principalmente, na possibilidade de nos permitir expressarmos – com fórmulas no estilo Black-Scholes – os preços dos derivativos de renda fixa mais elementares definidos sobre as taxas do tipo LIBOR, à saber, os *caps*, *floors* e *swaptions*. O apelo desta característica é duplo. Em primeiro lugar, a compatibilidade com as fórmulas de Black-Scholes dá aos participantes uma forma simples de se cotarem os preços, fazendo referência a volatilidades (e correlações, no caso dos *swaptions*), em vez de preços propriamente ditos. Em segundo, a compatibilidade com as fórmulas de Black-Scholes permite que os preços derivativos sejam incluídos na calibragem dos modelos de forma similar ao apresentado na Seção 6.2.2. Como sabemos, as taxas LIBOR modeladas nos modelos BGM são taxas *forward*, e não taxas à vista como o nosso DI1, ou taxas médias acumuladas, como as negociadas nos contratos futuros de DI1. Embora seja possível, com base em alguns argumentos de não arbitragem, adaptar os contratos do mercado brasileiro para se ajustarem aos modelos da família BGM, julgamos esta estratégia contraproducente, visto que, na reta final do apreçamento dos contratos mais populares no mercado brasileiro de juros, teríamos que voltar às taxas à vista. Fizemos questão de mencionar os modelos BGM pois, inevitavelmente, os leitores mais curiosos irão se deparar com eles na primeira tentativa de se aprofundar no tema modelagem de estrutura a termo de juros.

Assim, para atacar o problema da modelagem da estrutura a termo das taxas de juros no mercado brasileiro, seguiremos a abordagem de Heath, Jarrow e Morton

---

[2] [Brace et al., 1997]

6 Modelos para Derivativos de Renda Fixa   145

[Heath et al., 1992], cujas iniciais batizam o chamado *framework* HJM[3]. Nesta abordagem, assumimos que, para uma maturidade fixa T, a taxa *forward* instantânea evolui de acordo com o seguinte processo estocástico

$$df(t,T) = \alpha(t,T)dt + \sigma(t,T)dW(t),$$
$$f(0,T) = f^{mkt}(0,T)$$

onde $\alpha(t,T)$ é o termo de *drift*, $\sigma(t,T) = (\sigma_1(t,T),\ldots,\sigma_N(t,T))$ é um vetor de volatilidades, $W = (W_1,\ldots,W_N)$ é um movimento browniano de dimensão N e $T \mapsto f^{mkt}(0,T)$ é a curva de taxas *forward* instantâneas em $t = 0$. O produto $\sigma(t,T)dW(t)$ deve ser entendido como o produto interno dos vetores $\sigma(t,T)$ e W. Um ponto relevante acerca da formulação apresentada é que ela não é, necessariamente, livre de arbitragem. Para que o modelo tenha esta propriedade (mais precisamente, para que exista uma única medida martingal equivalente), o termo de *drift* $\alpha(t,T)$ precisa assumir uma forma bastante específica. Em particular, na medida neutra ao risco (cujo numerário associado é o nosso *bank-account*), tal termo é dado por

$$\alpha(t,T) = \sigma(t,T) \int_t^T \sigma(t,s)ds = \sum_{i=1}^N \sigma_i(t,T) \int_t^T \sigma_i(t,s)ds.$$

Ou seja, o termo de *drift* deve ser uma função exclusiva do vetor de volatilidades $\sigma(t,T)$. Assim, na medida neutra ao risco, $f(t,T)$ é dado por

$$f(t,T) = f(0,T) + \sum_{i=1}^N \int_0^t \sigma_i(u,t) \int_u^T .\sigma_i(u,s)dsdu + \sum_{i=1}^N \int_0^t \sigma_i(s,T)dW_i(s)$$

Este resultado é bastante interessante, pois elimina a necessidade de estimação do termo de *drift*, permitindo que nos concentremos primariamente na estrutura de volatilidade das taxas, o que exploraremos com mais calma quando calibrarmos o modelo usando um misto de informações correntes e históricas. Continuando, recorrendo ao lema de Itô e à relação

$$P(t,T) = \exp\left(-\int_t^T f(t,u)du\right),$$

podemos derivar a dinâmica dos preços dos zero-cupons, obtendo

$$dP(t,T) = P(t,T)\left[r(t)dt - \left(\int_t^T \sigma(t,s)ds\right)dW(t)\right],$$

onde a taxa à vista $r(t)$ pode ser obtida observando que $r(t) = f(t,t)$. Logo,

---

[3] Como o leitor já deve ter percebido, no universo da renda fixa, é bastante comum que as "gangues" sejam formadas por 3 integrantes (CIR, BGM, HJM). Se ainda está trabalhando nisso sozinho, é melhor começar a procurar dois sócios!

$$r(t) = f(0,t) + \sum_{i=1}^{N} \int_0^t \sigma_i(u,t) \int_u^t \sigma_i(u,s)dsdu + \sum_{i=1}^{N} \int_0^t \sigma_i(s,t)dW_i(s) \qquad (6.6)$$

De posse do processo para $r(t)$ podemos, de forma análoga ao realizado na Seção 6.2.2, simulá-lo para precificar, via Monte Carlo, derivativos de renda fixa bastante genéricos definidos sobre as taxas à vista, o que é o mais usual no mercado brasileiro de juros. É importante notar, porém, que o processo $r(t)$ não é necessariamente markoviano, ou seja, a probabilidade de transição para um novo estado pode não depender apenas do estado atual. Em outras palavras, a taxa futura pode depender da trajetória, e não apenas da taxa corrente, o que de certa forma é indesejável do ponto de vista computacional, uma vez que dificulta a simulação e impede o uso de árvores recombinantes.

6.2.5 Calibragem no *framework* HJM

Nesta seção, nossa tarefa será a de calibrar o modelo para a estrutura a termo derivada do *framework* HJM. Como pontuamos, a tarefa central será a definição da estrutura de volatilidade das taxas. Por estrutura, entenderemos estrutura temporal da volatilidade. Outra parte da tarefa consiste em determinar a quantidade N, a dimensão dos vetores de funções de volatilidades e de fontes de incerteza. Neste quesito, o objetivo é encontrar o menor valor de N suficiente para capturar a maior parte da estrutura de correlação entre as taxas de diferentes vencimentos. Por estrutura de correlação, devemos entender a capacidade do modelo de representar o fato de que as taxas de diferentes vencimentos respondem de forma distinta aos choques de mercado.

A forma mais tradicional de se atacar este problema baseia-se na decomposição em valores singulares (também conhecida como decomposição em componentes principais) da matriz de covariâncias ou correlações. Com base no resultado deste procedimento, podemos identificar quantas componentes principais são necessárias para capturar a maior parte da variabilidade dos dados, que no nosso caso, são as taxas *forward*. Como veremos, no mercado que estamos analisando, com três componentes principais será possível capturar mais de 95% da variabilidade dos dados. Ou seja, nosso modelo terá dimensão $N = 3$, e portanto necessitaremos de três funções de volatilidade $\sigma_i(t,T)$. Vejamos a seguir como tais funções podem ser obtidas, em um primeiro momento, com dados exclusivamente históricos. A ideia consiste em observar que a dinâmica de $r(t)$ pode ser expressa na forma discreta como

$$\begin{aligned} r_{t+\Delta t} - r_t &= \mu_t \Delta t + \sigma(t,T)\Delta Wt \\ &= \mu_t \Delta t + \sigma(t,T)\sqrt{(\Delta t)}Zt \\ &= \mu_t \Delta t + \sum_{i=1}^{N} \sigma_i(t,T)\sqrt{(\Delta t)}Z_t^i, \end{aligned} \qquad (6.7)$$

onde $\{Z_t^i\}_{i=1}^N$ são independentes e identicamente distribuídas, com distribuição normal padrão. Agora, consideremos possuir um conjunto de N_{obs} observações das taxas *forward* para M vértices distintos. Organizamos estes dados em uma matriz $N_{obs} \times M$. Logo,

6 Modelos para Derivativos de Renda Fixa

em cada coluna, temos o histórico das taxas observadas para cada vértice. A partir desta matriz, vamos expressar a dinâmica empírica do conjunto das taxas na forma $r_{t+1} - r_t = \hat{\mu} + \hat{C}Y_t$, que no formato matricial equivale a

$$
\begin{bmatrix} (r_{t+1}^1 - r_t^1)/\hat{\sigma}_1 \\ (r_{t+1}^2 - r_t^2)/\hat{\sigma}_2 \\ \vdots \\ (r_{t+1}^M - r_t^M)/\hat{\sigma}_M \end{bmatrix} = \begin{bmatrix} \sum_{i=1}^{N_{obs}-1}(r_{t+1}^1 - r_t^1)/\hat{\sigma}_1 \\ \sum_{i=1}^{N_{obs}-1}(r_{t+1}^2 - r_t^2)/\hat{\sigma}_2 \\ \vdots \\ \sum_{i=1}^{N_{obs}-1}(r_{t+1}^M - r_t^M)/\hat{\sigma}_M \end{bmatrix} + \begin{bmatrix} 1 & \cdots & \hat{\rho}_{1,M} \\ \hat{\rho}_{2,1} & \cdots & \hat{\rho}_{2,M} \\ \vdots & \ddots & \vdots \\ \hat{\rho}_{M,1} & \cdots & 1 \end{bmatrix} \begin{bmatrix} Y_1 \\ Y_2 \\ \vdots \\ Y_M \end{bmatrix}
$$

onde Y_i é um vetor de N variáveis gaussianas padrão, $\hat{C}$ é a matriz de correlações das séries $(r_{t+1}^i - r_t^i)$ e $\hat{\sigma}_i$ é a variância amostral de cada uma delas. Ao aplicar a decomposição em componentes principais sobre a matriz $\hat{C}$, obtemos o conjunto $\{\lambda_i\}_{i=1}^M$ ordenado de autovalores, ou seja, $\lambda_1 \geq \lambda_1 \geq \dots \lambda_M$. Também obtemos a matriz V dos autovetores correspondentes a cada um dos autovalores, coluna a coluna, e a matriz diagonal Λ, cujos elementos da diagonal são os autovalores$\{\lambda_i\}_{i=1}^M$. Seguindo adiante, da análise de componentes principais, temos que

$$
\hat{C}Y_t = V\Lambda V^{-1}Y_t = V\Lambda Z_t \approx \begin{bmatrix} \sum_{j=1}^3 \sqrt{\lambda_j}V_{1j}Z_t^j \\ \sum_{j=1}^3 \sqrt{\lambda_j}V_{2j}Z_t^j \\ \vdots \\ \sum_{j=1}^3 \sqrt{\lambda_j}V_{Mj}Z_t^j, \end{bmatrix}
$$

de modo que para cada linha i na nossa equação matricial para a dinâmica empírica das taxas podemos aplicar a aproximação para obter

$$
r_{t+1}^i - r_t^i = \hat{\mu}^i\hat{\sigma}^i + \sum_{j=1}^3 \sqrt{\lambda_j}V_{ij}\hat{\sigma}^i Z_t^j \tag{6.8}
$$

Não é demais notar que, ainda como um resultado da análise de componentes principais, Z_t^p e Z_t^Q são, além de variáveis normal padrão, independentes entre si para p diferente de q. Comparando (6.8) e (6.7), temos que cada uma das funções de volatilidade que buscamos estimar pode ser aproximada por

$$
\sigma_j(t,T) \approx \sqrt{\frac{\lambda_j}{\Delta t}}V_{\bullet j}\hat{\sigma}^\bullet,
$$

onde $V_{\bullet j}$ é a j-ésima coluna de V, e $\hat{\sigma}^\bullet$ é o vetor das volatilidades amostrais das taxas. O próximo passo consiste na definição de uma forma paramétrica para as funções $\sigma_j(t,T)$. Uma escolha flexível para as três funções é

$$
\sigma_j(t,T) = (\alpha_j + \beta_j(T - t))e^{\gamma_j(T-t)} + \delta_j
$$

e o *drift* correspondente, que pode ser obtido resolvendo a integral relacionada ao segundo termo em (6.6)

$$\mu_j(t,T) = \sum_{j=1}^{3} \sigma_j(t,T) \left[\delta_j(T-t) + \frac{\beta_j}{\gamma_j}(T-t)e^{\gamma_j(T-t)} + (e^{\gamma_j(T-t)} - 1)\left(\frac{\alpha_j}{\gamma_j} - \frac{\beta_j}{\gamma_j^2}\right) \right].$$

Para obter os três conjuntos de coeficientes de cada uma das três funções de volatilidade, resolvemos um problema de otimização para minimizar, por exemplo, a função

$$\sum_{i=1}^{M} \left[(\alpha_j + \beta_j(i/252))e^{\gamma_j(i/252)} + \delta_j - \sqrt{\frac{\lambda_j}{1/252}} V_{ij}\hat{\sigma}^i \right]^2$$

para cada j, minimizando o erro quadrático cometido pelas funções paramétricas em relação aos valores observados nos M vértices. O resultado do procedimento de calibragem para as taxas *forward* derivadas dos contratos futuros de DI no período de 02/01/2007 até 28/12/2012 [4] é apresentado na Tabela 6.4. Além disso, na Figura 6.1 podemos ver as curvas paramétricas calibradas (em preto), sobrepostas aos valores estimados para as funções de volatilidade. Devido ao formato de tais curvas, dizemos que elas representam nível, inclinação e curvatura, dando ao modelo a capacidade de representar uma estrutura a termo das taxas mais complexas do que as passíveis de serem representadas pelos modelos de um único fator.

Tabela 6.4: Parâmetros HJM - 3 Fatores

	σ_1	σ_2	σ_3
α	2.31	-0.62	0.31
β	0.00	-1.54	0.56
γ	-0.72	-0.67	-0.23
δ	-2.22	0.32	-0.71

Um aspecto interessante desta estratégia de calibragem reside no fato de que ela pode ser adaptada de forma relativamente simples para tornar-se aderente às volatilidades implícitas extraídas dos preços de mercado. Isso pode ser feito da seguinte forma. Suponhamos que, a partir dos preços de derivativos líquidos definidos sobre as taxas de juros em questão, conseguimos obter uma estrutura a termo σ_i^{mkt} para as volatilidades das taxas *forward*, para i de 1 até M. Para incorporar esta informação à calibragem, basta substituir os termos $\hat{\sigma}_i$ por σ_i^{mkt}. Desta forma, a calibragem passará a ser coerente com a estrutura de volatidades extraída do mercado, enquanto as correlações permanecem sendo estimadas a partir de dados históricos. Obviamente, se existirem no mercado instrumentos líquidos que cotem de forma confiável e representativa também as correlações, então poderemos abandonar a estimação histórica para esta parte do modelo. Nos mercados americano e europeu, onde as taxas do tipo LIBOR são as mais negociadas, a estrutura de volatilidades usualmente é cotada a partir dos preços dos *caps* e *floors*, enquanto as correlações são extraídas tipicamente dos *swaptions*. No mercado brasileiro,

---

[4] Não tivemos motivos particulares para a escolha deste período específico, e para que o leitor ganhe mais familiaridade com a técnica apresentada, recomendamos que o procedimento seja repetido para janelas de diferentes tamanhos extraídas de diferentes períodos.

6 Modelos para Derivativos de Renda Fixa

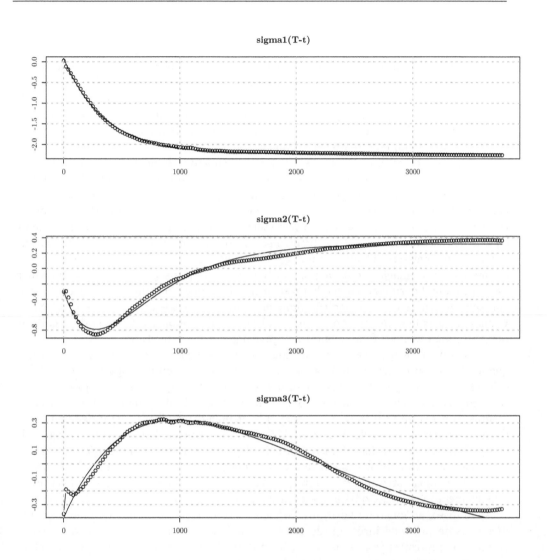

Figura 6.1: Funções de Volatilidade HJM - 3 Fatores

as volatilidades poderiam ser extraídas, por exemplo, das opções de IDI, ou das opções sobre contratos futuros de DI.

6.3 Debêntures Conversíveis

As debêntures são títulos de médio ou longo prazo emitidas por empresas como forma de captação de recursos. Em grande parte dos casos, tais contratos possuem características muito semelhantes à de um título de renda fixa convencional, no qual em troca do recebimento de um pagamento inicial, o emissor se compromete a pagar ao investidor um conjunto de fluxos de caixa compostos por parcelas de amortização e de juros ao longo de um horizonte de tempo previamente especificado.

Usualmente, os recursos captados por meio de emissões de debêntures são utilizados no financiamento de projetos, na reestruturação de passivos, no aumento de capital de giro ou na estruturação de operações de securitização de recebíveis, ou, de modo mais geral, na diversificação das fontes de financiamento da empresa emissora. Para dar maior transparência quanto aos riscos do investimento, tal destinação dos recursos geralmente é parte da escritura da debênture, bem como as garantias para os casos de inadimplência por parte da emissora. Com base nas garantias, na situação econômica e financeira da empresa e na avaliação emitida por agências de *rating*, os participantes atribuem à debênture um determinado nível de risco de crédito, o que em última instância se traduz em uma exigência de remuneração adicional em relação aos ativos livres de risco da Economia, usualmente tomados como sendo os títulos públicos. O risco de crédito é, portanto, uma variável fundamental no apreçamento das debêntures.

Na tentativa de negociar taxas de financiamento menores sem ter que melhorar a qualidade das garantias, em muitos casos as emissoras de debêntures optam por adicionar cláusulas de conversibilidade das debêntures em ações da empresa. Em seu formato mais tradicional, tais cláusulas conferem ao investidor a opção de abrir mão dos fluxos de caixa futuros da debênture em troca do recebimento de uma determinada quantidade de ações. Como veremos ao longo do capítulo, cláusulas deste tipo podem aumentar o valor do contrato para o investidor. Para o emissor, além de permitir uma emissão a taxas de juros menores, as debêntures conversíveis também podem ser adequadas à estratégia de gestão de sua estrutura de capital, ao passo que permitem postergar a decisão de financiamento via emissão de ações para um momento mais oportuno.

Além disso, ao longo do horizonte de vida do contrato, em virtude de mudanças nos mercados de taxas de juros, ou de uma eventual melhora na classificação do risco de crédito da empresa emissora, as condições iniciais da debênture podem se tornar relativamente desvantajosas para o emissor. Para que seja possível usufruir de tais mudanças de cenário, em alguns casos as escrituras contêm cláusulas que dão ao emissor o direito de cancelamento do contrato mediante o pagamento de uma determinada quantia, evento costumeiramente chamado de pré-pagamento. Nestes casos, dizemos que o emissor da dívida possui uma opção de recomprar a sua dívida antes da data de expiração inicialmente acordada. Ao contrário das cláusulas de conversibilidade, cláusulas de pré-pagamento a critério do emissor subtraem valor da debênture do ponto de vista do investidor.

Nos casos mais exóticos, as debêntures podem apresentar regras de conversibilidade e de pré-pagamento ao mesmo tempo, além de regras de exercício complexas, baseadas no estado ou histórico de múltiplas variáveis de mercado. Nas próximas seções, apresentaremos, em ordem de complexidade de precificação, uma variedade de debêntures encontradas na prática no mercado brasileiro.

6 Modelos para Derivativos de Renda Fixa

Denotaremos por $G(t)$ o valor da debênture no instante t. Já o valor da componente de renda fixa da debênture será denotada por $X(t)$. Tal parcela corresponde a uma debênture convencional, sem cláusulas de opcionalidade embutidas. A projeção, vista da data t, de um fluxo de caixa da debênture previsto para uma data L será representado por $F(t,L)$. Por sua vez, a opção embutida na debênture terá seu valor denotado por $C(t)$, de modo que, ao final do processo, o valor da debênture pode ser expresso por $G(t) = X(t) + C(t)$ ou $G(t) = X(t) - C(t)$, caso a opção configure um direito do emissor da debênture, e não do investidor.

6.3.1 Debêntures Conversíveis Prefixadas Europeias

As debêntures conversíveis de exercício europeu são aquelas que garantem ao investidor o direito de, em uma data pré-determinada, tipicamente na data de expiração T, trocar o último pagamento do contrato por uma quantidade especificada Q de ações. Nestes casos, a opção embutida na debênture possui *payoff* na forma:

$$C(T) = \max\left\{QS(T) - X(T), 0\right\} = Q\max\left\{S(T) - \frac{X(T)}{Q}, 0\right\}.$$

Não é demais reparar que, na data de expiração, o valor total da parcela de renda fixa $X(T)$ é equivalente ao valor do último pagamento da debênture, $F(T,T)$. Este *payoff* é similar ao de uma opção de compra europeia definida sobre uma ação, onde $X(T)/Q$ corresponde ao preço de exercício. A estratégia de apreçamento de tal opção depende, no entanto, das características do contrato e das premissas que assumimos para o preço da ação na expiração, $S(T)$, e, quando necessário, também para o valor do último pagamento da debênture, $X(T)$.

Para S, a escolha mais usual é a mesma feita no âmbito do modelo de Black-Scholes. Ou seja, assumimos que o processo de preços $S(t)$ é regido por um movimento browniano geométrico com *drift*. Nos casos em que $X(T)$ é determinístico, tal escolha nos abre caminho para o uso das fórmulas de Black-Scholes na precificação da opção de conversão. Este é o caso, por exemplo, das debêntures prefixadas em reais, que pagam uma quantia predefinida na data de expiração. Nesta formulação, o preço da opção de conversão associado à debênture é dado pela equação:

$$C(t) = \Phi(d_1)S(t) - \Phi(d_2)e^{-r(T-t)}\frac{X(T)}{Q},$$

onde os termos d_1 e d_2 são dados por

$$d_1 = \frac{1}{\sigma\sqrt{T-t}}\left[ln\left(\frac{S(t)}{X(T)/Q}\right) + \left(r + \frac{\sigma^2}{2}\right)(T-t)\right]$$

$$d_2 = \frac{1}{\sigma\sqrt{T-t}}\left[ln\left(\frac{S(t)}{X(T)/Q}\right) + \left(r - \frac{\sigma^2}{2}\right)(T-t)\right]$$

Não é demais notar que a premissa subjacente desta abordagem é a de que os níveis de volatilidade do fator de desconto são muito menores dos que os do ativo arriscado S, e portanto, assumimos a taxa de juros r constante. Sendo assim, uma escolha natural para este parâmetro poderia ser a mesma feita nas situações em que precificamos opções de ações.

6.3.2 Debêntures Conversíveis Prefixadas Americanas

As debêntures conversíveis prefixadas de exercício americano diferem-se das de exercício europeu basicamente por permitirem o exercício do direito de conversão antes da data de expiração do contrato. Esta possibilidade adiciona valor ao contrato de exercício americano em relação ao contrato correspondente de exercício europeu, à medida que trata-se de um direito adicional que permite ao investidor se aproveitar de flutuações de preços favoráveis que ocorram ao longo da vida do contrato. Ao usar o direito de exercício antecipado, o investidor fará jus ao recebimento do chamado valor intrínseco, abrindo mão da possibilidade de obter um valor superior postergando o exercício da opção para um momento mais oportuno. O valor intrínseco é, portanto, um limite inferior do que pode ser auferido com a opção.

Ao menos no mercado brasileiro, é bastante comum que as debêntures sejam amortizadas parcialmente ao longo do contrato, em vez de serem amortizadas integralmente na data de expiração. Nestes casos, é usual que a quantidade Q seja uma função do saldo devedor da debênture. No caso das debêntures prefixadas, essa dependência se traduz em uma dependência no tempo, uma vez que o saldo depende das amortizações, e estas ocorrem em datas definidas. Assim, o valor intrínseco $I(t)$ da opção de conversão pode ser expresso como

$$I(t) = Q(t) \max \left\{ S(t) - \frac{X(t)}{Q(t)}, 0 \right\}$$

Logo, estamos diante de uma opção de compra cujo preço de exercício varia, de forma determinística, ao longo do tempo. Sob a mesma premissa de taxa de desconto constante, análoga à adotada no caso das opções de conversão prefixadas de exercício europeu, a única componente estocástica envolvida no cálculo do apreçamento desta opção será o preço da ação, $S(t)$. Assim, podemos apreçar a opção americana usando uma árvore binomial. No entanto, para utilizar o método, precisamos preparar dois parâmetros de entrada adicionais, a saber, a série de preços da componente de renda fixa, $X[n\Delta t]$ e a série de quantidades de ações em que cada debênture pode ser convertida, $Q[n\Delta t]$, para $n = \{0,1,2,\ldots,N\}$, onde $N = T/\Delta t$ é a quantidade de estágios na árvore binomial. De posse destas séries, em cada nó da árvore binomial já podemos calcular os valores instrínsecos e implementar a decisão exercício envolvida na árvore binomial.

É importante mencionar de forma mais clara no que consiste a preparação da série de preços da componente de renda fixa, $X[n\Delta t]$. Como sabemos, ignorando por enquanto o risco de crédito, o preço de $X(t)$ é dado pelo valor esperado dos fluxos de caixa futuros descontados. Entretanto, para alimentar a árvore binomial, $X(t)$ não é suficiente, pois representa apenas o primeiro termo da série de preços $X[n\Delta t]$, ou seja, corresponde a $X[0]$. Para obter os demais termos, é conveniente usar a noção de função indicadora, a qual denotaremos por $\mathbb{1}_A(x)$. Quando $x \in A$, a função vale 1, caso contrário, vale 0. Assim, se supusermos que o contrato é formado por M fluxos, incluindo os fluxos vencidos, poderemos expressar seu preço como

$$X(t) = \sum_{i=1}^{M} \mathbb{1}_{\{t \leq T_i\}} \mathbb{E}^{\mathbb{Q}} \left[D(t,T_i) F(t,T_i) \right]$$

$$= \sum_{i=1}^{M} \mathbb{1}_{\{t \leq T_i\}} \mathbb{E}^{\mathbb{Q}} \left[D(t,T_i) \right] F(t,T_i)$$

$$= \sum_{i=1}^{M} \mathbb{1}_{\{t \leq T_i\}} P(t,T_i) F(t,T_i),$$

de modo que só entrem no cálculo do preço os fluxos não vencidos, já que para estes a função indicadora resultará em zero. Retiramos os termos $F(t,T_i)$ da esperança porque, lembrando, estamos tratando de fluxos pré fixados. Para obter o elemento $X[t + n\Delta t]$, fazemos portanto:

$$X[t + n\Delta t] = \sum_{i=1}^{M} \mathbb{1}_{\{t+n\Delta t \leq T_i\}} \mathbb{E}^{\mathbb{Q}} \left[D(t + n\Delta t, T_i) F(t + n\Delta t, T_i) \right]$$

$$= \sum_{i=1}^{M} \mathbb{1}_{\{t+n\Delta t \leq T_i\}} \mathbb{E}^{\mathbb{Q}} \left[D(t + n\Delta t, T_i) \right] F(t + n\Delta t, T_i)$$

$$= \sum_{i=1}^{M} \mathbb{1}_{\{t+n\Delta t \leq T_i\}} \frac{P(t,T_i)}{P(t,n\Delta t)} F(t + n\Delta t, T_i).$$

Ou seja, para calcular a série de preços de X que alimentará a árvore binomial, basta iterar em n. A medida que iteramos, alguns fluxos vencem e saem do cálculo, ao mesmo tempo que os fatores de desconto deixam de ser os preços correntes dos zero cupons $P(t,T_i)$ para serem fatores *forward* de desconto, $P(t,T_i)/P(t,n\Delta t)$.

6.3.3 Debêntures Conversíveis Pós-Fixadas Europeias

No mercado brasileiro, são bastante comuns as debêntures indexadas. Ao contrário das debêntures prefixadas, os fluxos de caixa de tais contratos não dependem apenas da taxa de juros contratada, mas também do valor nominal atualizado das debêntures, sobre o qual são calculados os juros e as amortizações. Entre as debêntures deste tipo, as mais comuns são as associadas a índices de preços, como o IPCA e o IGPM, e a taxas de juros de referência, como as taxas dos depósitos interfinanceiros de um dia. Como afetam diretamente os fluxos de caixa da debênture, as regras de atualização do saldo devedor da debênture costumam ser detalhadas na escritura do contrato, especificando como os cálculos serão feitos, incluindo os critérios de arredondamento e o que deve ser feito na ausência de valores oficiais para os índices.

154 Derivativos e Risco de Mercado

Para o apreçamento das debêntures conversíveis europeias deste tipo, o primeiro ponto relevante a ser reconhecido é que, nestes casos, o valor do último pagamento $F(T,T)$ não mais é conhecido com certeza, uma vez que este dependerá da variação do indexador da debênture até a expiração. No entanto, com base nas projeções dos indexadores extraídas de instrumentos líquidos de mercado, como contratos futuros de DI, *swaps*, títulos públicos indexados, entre outros, podemos obter $F(t,T)$ – uma expectativa para o valor do último pagamento da debênture.

De forma semelhante ao que fizemos para o caso pré fixado, poderíamos recorrer, quando pertinente, ao fato de a volatilidade do indexador do contrato ser muito inferior à volatilidade da ação envolvida, o que nos permitirá abordar o problema usando a mesma estratégia. Esta premissa, de fato, é razoavelmente realista. Porém, para fins didáticos e para preparar o leitor para os casos em que o indexador da debênture tenha um nível de volatilidade compatível com o da ação envolvida, seguiremos outra rota. Na formulação que apresentaremos, $F(t,T)$ fará o papel análogo ao preço à vista da ação, consistindo no nosso segundo ativo arriscado. Assim, a opção de conversão poderá ser analisada como uma opção europeia de troca entre dois ativos arriscados. Suponhamos dois ativos arriscados S_1 e S_2 tais que

$$dS_1(t) = S_1(t)(r - q_1)dt + S_1(t)\sigma_1 dW_{S_1}(t),$$
$$dS_2(t) = S_2(t)(r - q_2)dt + S_2(t)\sigma_2 dW_{S_2}(t),$$

com $dW_{S_1}(t)dW_{S_2}(t) = \rho dt$. Consideremos uma opção de troca cujo *payoff* em T é C(T) $= \max\{S_1(T) - S_2(T),0\}$. Tal opção pode ser apreçada pela fórmula de Margrabe:

$$C(t) = e^{-q_1(T-t)}S_1(0)\Phi(d_1) + e^{-q_2(T-t)}S_2(0)\Phi(d_2),$$

onde os termos d_1 e d_2 são dados por

$$d_1 = \frac{1}{\sigma\sqrt{T-t}}\left[ln\left(\frac{S_1(0)}{S_2(0)}\right) + \left(q_2 - q_1 + \frac{\sigma^2}{2}\right)(T - t)\right],$$

$$d_2 = \frac{1}{\sigma\sqrt{T-t}}\left[ln\left(\frac{S_1(0)}{S_2(0)}\right) + \left(q_2 - q_1 - \frac{\sigma^2}{2}\right)(T - t)\right],$$

e $\sigma = \sqrt{\sigma_1^2 + \sigma_2^2 + 2\sigma_1\sigma_2\rho}$. Assim, para podermos usar a fórmula de Margrabe no apreçamento da opção de conversão, modelamos o último fluxo $F(t,T)$ usando um movimento browniano geométrico sem *drift* e chegamos ao seguinte sistema de equações diferenciais estocásticas na medida neutra ao risco

$$dS(t) = S(t)(r - q)dt + S(t)\sigma_s dW_S(t),$$
$$dF(t,T) = F(t,T)(r - r)dt + F(t,T)\sigma_F dW_F(t),$$

com $dW_S(t)dW_F(t) = \rho dt$. Escrevemos o *drift* nulo como $(r-r)$, em vez de simplesmente omití-lo, apenas para facilitar adiante a analogia que faremos com a fórmula de Margrabe para ações que pagam dividendos. Em termos financeiros, estamos representando $F(t,T)$ como um contrato *forward*, no qual não se paga nada para entrar – assim como não se

6 Modelos para Derivativos de Renda Fixa   155

paga nada para definir o *strike* da opção, mas sim para comprá-la. Informalmente, este é o motivo pelo qual, na medida neutra ao risco, seu processo possui *drift* nulo.

Ilustremos um caso prático para deixar mais claro como $F(t,T)$ deve ser obtido. Suponhamos um contrato de um fluxo único previsto para $T = 1$ ano, indexado ao dólar, e que o saldo devedor do contrato em t seja de R\$100. Na data $t = 0$, ao olharmos, por exemplo, para os preços dos contratos futuros de dólar, podemos obter uma expectativa para a variação cambial acumulada no período. Digamos que esta expectativa seja de 10%. Logo, o valor de $F(0,T)$ coerente com esta informação cotada em mercado é de R\$110, e ele faz as vezes do preço *spot* do segundo ativo arriscado na fórmula de Margrabe. Como os preços futuros do dólar são aleatórios, também é aleatório o valor final $F(T,T)$. Mas quão volátil é $F(T,T)$? Precisamos responder a esta pergunta para em encontrar o valor do parâmetro σ_F.

A abordagem mais simples, para o caso do dólar, seria simplesmente usar a volatilidade dos preços dos contratos futuros de vencimento em T. Embora imediata, esta abordagem não é adequada. Ao adotá-la, estaríamos ignorando o fato de que a volatilidade constante que deve entrar na fórmula de Margrabe trata-se de uma volatilidade média a ser realizada entre a data corrente e a expiração do contrato. Assim, para reconhecer que os contratos futuros de dólar possuem volatilidades distintas de acordo com o seu prazo até o vencimento $\tau = T - t$, σ_F deve ser calculado como

$$\sigma_F = \sqrt{\frac{1}{T} \int_t^T \sigma_g^2(s)ds} \approx \sqrt{\frac{1}{T} \sum_{i=1}^{\mathrm{du}} \sigma_g^2(i\Delta t)\Delta t},$$

que recebe o nome de *root-mean-square-volatility*. Aqui, supomos um passo de discretização de 1 dia útil. Devemos, por fim, deixar claro que o exemplo apresentado consistiu em uma debênture indexada ao dólar, e não ao IPCA, por exemplo. No mercado brasileiro de juros, como vimos, é bastante usual que as taxas dos depósitos interfinanceiros sejam as escolhidas como as taxas livre de risco para fins de apreçamento de derivativos. Por sua vez, tais taxas são fortemente associadas à taxa SELIC, um dos principais instrumentos de controle inflacionário, tipicamente medida pelo IPCA. Sendo assim, não seria muito coerente modelar o IPCA como uma variável aleatória, sem fazer o mesmo para a taxa livre de risco. O mesmo pode ser problemático para o dólar, mas certamente não tanto. Assim, para um uso adequado da solução apresentada, o leitor deve, obrigatoriamente, compreender se as premissas se aplicam às taxas ou a preços modelados, sob pena de obtenção de resultados pouco coerentes.

6.4 Debêntures Exóticas

A sequência lógica nos levaria agora a analisar o caso das opções embutidas em debêntures conversíveis pós-fixadas americanas. Porém, como o leitor já deve ter percebido, a quantidade de premissas necessárias para a adoção do *framework* de Black-Scholes está se tornando rapidamente maior e mais complexa. No caso das opções americanas de conversão em debêntures prefixadas, consideramos a taxa de desconto constante, o que nos permitiu usar o método da árvore binomial. Se abandonássemos esta premissa, estaríamos diante de dois fatores estocásticos, e a nossa árvore teria agora que comportar, em cada nó, também a taxa de juros, e não somente o preço da ação. Partindo para as operações pós-fixadas, passaríamos a três fatores estocásticos, o que elevaria ainda mais a dificuldade de aplicação desta classe de métodos numéricos.

Por conta disso, nesta seção concentraremos atenção em uma outra estratégia de apreçamento, baseada no Método de Monte Carlo. Partiremos do princípio de que possuímos modelos estocásticos para cada um dos ativos de risco, e aqui incluímos preços de ações, cotações de dólar, taxas de juros, entre outros. Estaremos interessados, em particular, nos casos em que as opções permitem o exercício antecipado. Antes de entrarmos nos detalhes de implementação, vamos analisar os principais objetos que precisam ser modelados e simulados.

O primeiro deles é o fator de desconto $P(t,T)$, associado a uma taxa de juros livre de risco *spot* $r(t)$. Lembramos que a relação entre $P(t,T)$ e $r(t)$ é dada por

$$P(t,T) = \mathbb{E}\left[e^{-\int_t^T r(s)ds} \mid \mathcal{F}_t\right].$$

Para que possamos simular o valor de $X(t)$, precisamos ainda projetar os fluxos de caixa $\{F(t,T_i)\}_{i=1}^n$. Para isso, são necessárias as regras do contrato que dizem respeito à atualização do valor nominal da dívida e às das regras de cobrança de juros e amortizações. A mecânica de cálculo que apresentaremos aqui é genérica. Denotamos por A o percentual do principal que será amortizado na data, por J o percentual do principal sobre o qual o cupom de juros serão calculados e por q a taxa de juros anualizada do contrato para o período. O termo d representa o número de dias para cálculo do cupom de juros.

Para projetarmos os fluxos de caixa do contrato, a principal quantidade a ser modelada é o valor nominal atualizado (VNA) do mesmo, que chamaremos de V. Logo, o que buscaremos é a modelagem de um processo $x(t)$ para a taxa *spot* relacionada ao indexador da debênture, de modo que, estando no instante t, possamos projetar o valor esperado de V ao longo do horizonte de T dias usando a seguinte relação

$$\mathbb{E}\left[V(t,T) \mid \mathcal{F}_t\right] = V(t,t)\mathbb{E}\left[e^{\int_t^T x(s)ds} \mid \mathcal{F}_t\right].$$

Para simplificar a notação, escreveremos $V(t,t)$ como $V(t)$. Quando as datas forem distintas, manteremos a notação com dois parâmetros. De posse da expectativa para o VNA nas datas dos fluxos de caixa do contrato, podemos obter o valor esperado dos fluxos de caixa nas datas $\{T_i\}_{i=1}^n$ a partir de

$$\mathbb{E}\left[F(T_i) \mid \mathcal{F}_t\right] = V(t)\mathbb{E}\left[e^{\int_t^{T_i} x(s)ds} \mid \mathcal{F}_t\right]\left[A_i + J_i\left(e^{q_i d_i} - 1\right)\right].$$

Logo, o valor de $X(t)$ pode ser expresso por

$$X(t) = \sum_{i=1}^n \mathbb{1}_{\{t \leq T_i\}} P(t,T_i) \frac{V(t)}{P_x(t,T_i)}\left[A_i + J_i\left(e^{q_i d_i} - 1\right)\right],$$

6 Modelos para Derivativos de Renda Fixa | 157

onde aproveitamos para definir o termo $P_x(t,T)$, o preço de um zero cupom associado à taxa do indexador, $x(t)$, de forma análoga ao definido para $r(t)$. Também precisaremos de simular trajetórias para o preço da ação (ou das ações) envolvida, e neste caso, podemos modelá-la com o tradicional movimento browniano geométrico. Baseados nas regras do contrato, também poderemos simular os preços de exercício $K(t)$ e/ou quantidades $Q(t)$ de ações em que cada debênture pode ser convertida em cada data. De posse de tais quantidades, estamos aptos a calcular o valor intrínseco $C(t)$ de uma opção de conversão

$$I(t) = Q(t) \max \left\{ S(t) - \frac{X(t)}{Q(t)} \right\}.$$

Usando uma estratégia racional de investimento, o detentor do contrato exercerá seu direito quando o valor intrínseco da opção for maior que o valor de continuação, que corresponde ao valor esperado do contrato em caso de não exercício. Isso correponde a dizer que, a cada instante de tempo $t \in [0,T]$, a opção americana vale

$$p(t) = \max \left\{ I(t), \mathbb{E}^{\mathbb{Q}} \left[e^{-\int_t^{t+\Delta t} r(s)ds} p(t + \Delta t) \mid \mathcal{F}_t \right] \right\}.$$

Poderíamos pensar em calcular a esperança acima através de uma simulação de Monte Carlo. No entanto, $p(t + \Delta t)$ pode ser expresso novamente como uma função de um novo valor de continuação que, analogamente, poderia ser calculado via Monte Carlo. Infelizmente, a utilização do método de Monte Carlo nestes moldes nos levaria a um problema recursivo inviável na prática.

Entre os métodos mais populares para contornar esta questão está o de Longstaff e Schwartz [Longstaff and Schwartz, 2001]. O método opera sobre as trajetórias de preços dos ativos subjacentes (neste caso, dos preços da componente de renda fixa e da ação em que a debênture pode ser convertida) geradas – respeitando as suas correlações – a partir de simulações de Monte Carlo, não dependendo dos parâmetros dos modelos de preços que lhes deram origem. Tal "desacoplamento" confere ao método uma boa flexibilidade para lidar com opções mais complexas, definidas sobre múltiplos ativos arriscados, o que o torna um ótimo candidato para o caso das debêntures exóticas. A ideia central do método é a aproximação dos valores de continuação a partir da resolução de sucessivos problemas de regressão linear. De forma retroativa, a cada passo da simulação, estimamos o valor de

$$\mathbb{E}^{\mathbb{Q}} \left[e^{-\int_t^{t+\Delta t} r(s)ds} p(t + \Delta t) \mid \mathcal{F}_t \right]$$

a partir da projeção dos cenários para $p(t,S_t)$ em um espaço de funções em $\mathcal{L}^2$ aplicadas sobre U, o conjunto de ativos subjacentes para os quais possuímos trajetórias geradas a partir de uma simulação. Ao operar desta forma, o algoritmo de Longstaff e Schwartz se encaixa em uma classe mais geral de métodos de otimização chamada programação dinâmica. Nesta classe de métodos, a decisão ótima é sempre expressa em termos do *payoff* decorrente de uma escolha inicial (no nosso caso, do exercício imediato), e o valor remanescente dos problemas resultantes da escolha tomada (no nosso caso, a postergação do exercício). Para que a solução de um problema possa ser formulada como um problema desta classe, é necessário que seja atendido o Princípio de Otimalidade de Bellman, o que não será problema desde que os processos geradores dos preços de $S(t)$ e $X(t)$ sejam markovianos [Bellman, 1957]. Mais precisamente, o método consiste em observar que, na medida neutra, o processo de preços descontado é um martingal. Logo, temos que

$$p(t - \Delta t, U_{t-\Delta t}) = \mathbb{E}^{\mathbb{Q}}\left[e^{-\int_t^{t+\Delta t} r(s)ds} p(t, U_t) \mid \mathcal{F}_t \right]$$

$$= \underset{g(U_{t-\Delta t}) \in \mathcal{L}^2}{\text{argmin}} \text{Var}\left[g(U_{t-\Delta t}) - p(t, U_t)e^{-\int_t^{t+\Delta t} r(s)ds} \mid \mathcal{F}_t \right].$$

Além disso, ao notarmos que

$$\mathbb{E}^{\mathbb{Q}}\left[g(U_{t-\Delta t}) - p(t, U_t)e^{-\int_t^{t+\Delta t} r(s)ds} \mid \mathcal{F}_t \right] = 0,$$

o problema pode ser reformulado como

$$p(t - \Delta t, U_{t-\Delta t}) = \mathbb{E}^{\mathbb{Q}}\left[e^{-\int_t^{t+\Delta t} r(s)ds} p(t, U_t) \mid \mathcal{F}_t \right]$$

$$= \underset{g(U_{t-\Delta t}) \in \mathcal{L}^2}{\text{argmin}} \mathbb{E}^{\mathbb{Q}}\left[\left(g(U_{t-\Delta t}) - p(t, U_t)e^{-\int_t^{t+\Delta t} r(s)ds} \right)^2 \mid \mathcal{F}_t \right].$$

Mas, pode ser mostrado que em um espaço de funções $\mathcal{L}^2$ existe uma base ortonormal $\{\chi_j(S)\}_j$ tal que $g(S_{t-\Delta t})$ pode ser expresso como

$$g(S_{t-\Delta t}) = \sum_{j=1}^{+\infty} \alpha_j \chi_j(S_{t-\Delta t}) \approx \sum_{j=1}^{N} \alpha_j \chi_j(S_{t-\Delta t}),$$

para algum valor finito de N. Assim, o problema de otimização que queremos resolver se traduz em um problema de mínimos quadrados, com o qual todos nós estamos muito mais familiarizados! Sua resolução consiste inicialmente na criação de M trajetórias para os preços dos ativos através de uma simulação de Monte Carlo. Em nosso caso, tais trajetórias serão as de $X(t)$, $S(t)$ e $Q(t)$, as quais foram organizadas cada uma em uma matriz $T \times M$, onde T é a quantidade de dias até o fim do contrato. Para cada trajetória, inicializamos uma matriz P de mesmas dimensões, e a inicializamos com o valor intrínseco da opção em cada instante de tempo t para cada trajetória. Esta etapa pode ser feita em uma única operação (matricial) em uma linguagem de programação apropriada, como MATLAB, R, Python ou Julia. Denotaremos por $P_i(t)$ o i-ésimo cenário para o preço no instante t, ou seja, o elemento presente na posicão (t,i) da matriz P.

Em seguida, selecionamos uma base de funções $\{\chi_j(U)\}_{j=1}^N$, que será utilizada para gerar o espaço sobre o qual as projeções de preços serão realizadas. Quando for aplicada ao conjunto de ativos que compõe a base durante as simulações, obteremos matrizes A_t, de dimensões de $M \times N$. Assim, a cada passo da simulação a tarefa será a de projetar M preços, organizados em um vetor b_t, sobre o espaço gerado pela matriz A_t. O *loop* principal, que deve ser executado de $t = T - \Delta t, T - 2\Delta t, \cdots, 1$, é o seguinte:

6 Modelos para Derivativos de Renda Fixa 159

1. Defina a matriz A_t aplicando a base de funções $\{\chi_j(U)\}_{j=1}^N$ sobre os valores de U no instante t.
2. Defina o vetor b_t como os sendo os valores presentes na linha $t+1$ descontados por $e^{-r_i(t)\Delta t}$.
3. Resolva o problema $A_t\alpha = b_t$.
4. Para cada cenário i, calcule o valor de continuação como $\hat{P}_i = \chi(U_i)\alpha$.
5. Para cada cenário i, se $P_i(t) < \hat{P}_i$, atualize $P_i(t)$ para b_t.
6. Decremente t e volte para o passo inicial caso $t > 1$.

Operando de forma retroativa, o que o método faz é substituir o valor intrínseco da opção nos casos em que o valor de continuação for superior, o que é avaliado cenário a cenário, com base nos resultados da regressão. Quando a condição expressa no passo 5 não for satisfeita para um determinado cenário, significa que naquela ocasião a opção será exercida. No entanto, isso não significa dizer que ela não deveria ter sido exercida ainda antes. Por isso, o processo é repetido até o instante inicial. Ao final, calculamos o valor da opção americana como a média dos valores da primeira linha da matriz P.

A etapa 3 do método, é a que consiste na resolução de um problema de mínimos quadrados, e que pode ser resolvida facilmente nas linguagens de programação citadas[5][6]. Desta forma, o método de Longstaff e Schwartz, também conhecido como *Least-Squares Monte Carlo*, representa uma ferramenta bastante flexível para atacar problemas de apreçamento complexos e em alta dimensão.

6.5 Incluindo o Risco de Crédito

Até o momento, um aspecto relevante no apreçamento das debêntures foi deixado de lado: o risco de crédito. Entretanto, no universo das debêntures esta questão definitivamente não pode ser negligenciada. O risco de crédito diz respeito à possibilidade de o emissor da dívida não cumprir com suas obrigações de pagamento dos cupons de juros ou do principal. Quando isso ocorre, dizemos que a empresa entrou em *default*. Quando mencionamos o cumprimento das obrigações de pagamento, queremos dizer cumprimento integral das obrigações. Em grande parte dos casos de *default* em contratos de debêntures, uma proporção da dívida é recuperada. Damos a esta proporção o nome de *recovery ratio*. O cálculo desta quantidade pode ser complexo, dependendo especialmente do porte da empresa e das garantias vinculadas à operação, que podem ser altamente líquidas, como seguros ou fianças bancárias, ou mais complexas de serem executadas, como máquinas, instalações, entre outras. Para o propósito desta seção, consideraremos que o

---

[5] Quando muitos métodos estiverem disponíveis para resolver o problema, estamos inclinados a recomendar os métodos baseados em decomposição QR, dada a sua estabilidade numérica, o que neste caso é relevante dada a grande quantidade de vezes que o procedimento necessita ser repetido. Para a base de regressão, optamos pela utilização dos oito primeiros polinômios de Hermite, aplicados sobre os cenários de preços da renda fixa $X(t)$, da ação $S(t)$ multiplicada pela quantidade $Q(t)$. Também pode se mostrar útil a inclusão na base do próprio valor intrínseco da opção, $I(t)$.

[6] Como ponto de atenção, devemos enfatizar que a escolha da base de regressão é um ponto sensível do método, e portanto deve ser feita de forma cautelosa. Também deve ser dada atenção especial ao desempenho do método nas últimas iterações, quando o resultado das regressões costuma se deteriorar drasticamente dada a menor dispersão dos preços dos ativos subjacentes.

recovery ratio para uma determinada operação é conhecido, e nos concentraremos na modelagem da probabilidade de *default* e na sua integração ao processo de apreçamento.

Apresentaremos inicialmente os chamados modelos de intensidade de *default* (*intensity models*), certamente os mais populares na literatura e também entre os praticantes. Na sequência, vamos analisar como podemos integrar tais modelos aos processos de apreçamento das debêntures conversíveis de exercício europeu e americano. No último caso, mostraremos como obter a probabilidade neutra ao risco nas árvores binomiais levando em conta a intensidade de *default* e o *recovery ratio* e, nos casos em que recorremos ao método de Monte Carlo, como reformular o problema de aproximação da esperança condicional no método de Longstaff e Schwartz para incorporar tais informações.

6.5.1 Modelos de Intensidade de Default

Nos modelos de intensidade, o evento de *default* não é induzido por variáveis de mercado ou fundamentos econômicos, sendo um evento de motivos exógenos, os quais não podem ser completamente compreendidos ou previstos observando-se apenas as informações provenientes do mundo livre de riscos. De todo modo, em suas versões mais sofisticadas, os modelos de intensidade de *default* podem incorporar mecanismos de correlação, por exemplo, com os níveis das taxas de juros e com os níveis dos preços das ações.

Do ponto de vista matemático, a ideia central dos modelos de intensidade de *default* consiste em expressar o evento de *default* como o momento do primeiro salto em um processo de Poisson. Trata-se de um processo estocástico de contagem $N(t1,t2)$ do número de eventos ocorridos no intervalo de tempo $[t_1,t_2]$. Consequentemente, a quantidade de eventos ocorridos entre os instantes t_1 e t_2 pode ser expressa como $N(0,t_2) - N(0,t_1)$, entre t_2 e t_3 como $N(0,t_3) - N(0,t_2)$, e assim sucessivamente. Damos à série de diferenças $\{N(0,t_{i+1}) - N(0,t_i))\}$ o nome de processo de incrementos. Além disso, o tempo entre duas observações sucessivas possui distribuição exponencial regida por uma taxa λ, que no âmbito do risco de crédito representa a intensidade de *default*. Uma importante implicação desta característica é a independência dos incrementos, ou seja, a quantidade de eventos ocorridos em um período qualquer é independente da quantidade de eventos ocorrida no período anterior. Por conta desta propriedade, dizemos que o processo de Poisson não possui memória. Logo, ao usarmos modelos desta natureza assumimos que o fato de a empresa não ter entrado em *default* até uma determinada data não afeta a probabilidade de ela entrar em *default* em um intervalo de tempo futuro. Outra importante implicação da utilização de uma distribuição exponencial na modelagem dos intervalos de tempo entre os eventos é a probabilidade zero de ocorrência de mais de um evento em intervalos de tempo arbitrariamente pequenos. Por sua vez, esta propriedade nos garante que o modelo não produzirá dois eventos de *default* ao mesmo tempo (para um único contrato), o que obviamente não possuiria sentido econômico.

Entre as diversas generalizações de um processo de Poisson, a mais simples delas é o chamado processo de Poisson homogêneo no tempo. Nesta formulação, a intensidade de *default* λ é constante. Para complementar a notação necessária para as definições e resultados que seguem, denotamos por τ_1, τ_2, $\cdots$ os instantes dos "saltos" em um processo de Poisson, lembrando que o evento de *default* é representado como o primeiro de tais saltos. Agora, recordemos que a função de distribuição acumulada de probabilidade de uma variável com distribuição exponencial de parâmetro λ é dada por

$$F(x,\lambda) = \mathbb{1}_{\{x \geq 0\}}\left(1 - e^{-\lambda x}\right),$$

o que nos permite calcular a probabilidade de o evento de *default* não ter ocorrido até uma data t como

$$\mathbb{Q}(\{\tau_1 > t\}) = 1 - F(t,\lambda) = e^{-\lambda t},$$

que também recebe o nome de probabilidade de sobrevivência, que também denotaremos por p_s. Embora simples, este resultado é um dos mais importantes na utilização dos modelos de intensidade de *default*, pois evidencia que a probabilidade de sobrevivência possui uma estrutura equivalente à dos fatores de desconto, com o parâmetro λ fazendo as vezes da taxa de juros. Ao fazer o papel de um fator de desconto, os modelos de intensidade de *default* nos permitem conectar λ com a noção de *spreads* de risco de crédito, amplamente usados na prática, e que denotaremos por CS. Usando a noção de *spreads* de risco de crédito, os preços dos títulos arriscados são usualmente expressos como

$$B = Ne^{-(CS+r)t},$$

onde N é valor nocional do contrato. Entretanto, os preços destes mesmos títulos também podem ser expressos como

$$B = Ne^{-rt}\left[p_s + (1 - p_s)R\right],$$

onde R é o *recovery ratio* do contrato. Usando estas duas formulações e, no caso particular em que λ é constante, podemos considerar a aproximação $e^{-\lambda t} \approx 1 - \lambda t$ para então definirmos o chamado "triângulo de crédito", expresso pela seguinre relação:

$$\frac{CS}{1 - R} = \lambda. \tag{6.9}$$

Esta relação é bastante relevante do ponto de vista prático, pois, dado o valor de R para a operação sob apreçamento, permite uma ponte entre os *spreads* de risco de crédito já utilizadas pela instituição, que por motivos diversos, inclusive formais, não podem ser desconsiderados.

No entanto, em grande parte dos casos, as instituições trabalham com curvas de *spread* de risco de crédito, atribuindo mais riscos aos fluxos de caixa de vencimentos mais longos do que aos fluxos de vencimentos mais próximos. Nesta formulação, o *spread* de risco de crédito é modelado como uma função do tempo. Em outras palavras, temos uma estrutura a termo de *spreads de risco de crédito*, assim como temos para as taxas de juros. A contrapartida desta representação na família dos modelos de intensidade de *default* são os chamados processos de Poisson não homogêneos. Neste caso, a probabilidade de sobrevivência é expressa por

$$\mathbb{Q}(\{\tau_1 > t\}) = e^{-\int_0^t \lambda(s)ds},$$

que ainda possui a estrutura de um fator de desconto, análogo aos casos em que a taxa de juros é função do tempo mas não é constante. Na prática, as versões homogênea e não homogênea dos modelos de intensidade de *default* já são aceitáveis suficientemente para incorporar o risco de crédito no apreçamento de títulos arriscados como as debêntures. Entretanto, alguém poderia argumentar que a probabilidade de uma empresa entrar em *default* em um determinado contrato está relacionada ao nível das taxas de juros, o que de certa forma é plausível. Neste caso, as versões homogênea e não homogênea, por serem ambas determinísticas, não dariam conta de representar tal correlação. Para isso, precisamos modelar λ por um processo estocástico próprio. Dada a estrutura de fator de desconto da probabilidade de sobrevivência, observando ainda que a intensidade de *default* faz as vezes da taxa de juros *spot*, a estratégia de modelagem mais natural para o processo de estocástico λ_t consiste no uso das mesmas tecnologias dos modelos *short-rate*. Uma escolha de modelo típica são os modelos CIR, CIR++ e, em mercados mais sofisticados como o americano e o europeu, onde derivativos de crédito como os CDS (*Credit Default Swaps*) são negociados ativamente, também as suas versões estendidas com componentes de saltos, JCIR e JCIR++.

$$\mathbb{Q}(\{\tau_1 > t\}) = \mathbb{E}\left[e^{-\int_0^t \lambda(u)du}\right]$$

Embora no mercado brasileiro os CDS e demais produtos do gênero não sejam negociados em bolsa, vale a pena explorá-los um pouco, analisando uma estratégia simples de arbitragem que poderia ser adotada caso o apreçamento de títulos arriscados ou derivativos não levem em conta adequadamente o risco de crédito cotado implicitamente a partir dos CDS. Suponhamos que B seja um título zero cupom que pague 1 na data T, e que um dado CDS seja tal que garanta o pagamento integral de B em caso de *default*. Considerando que o nosso CDS é livre de risco, pelo fato de ser um contrato padronizado em bolsa, então a carteira formada por B e X é, portanto, livre de risco. Ela nos garante um pagamento de 1 na data T, ocorrendo ou não *default*. Logo, seu preço de mercado em t é dado por $e^{-r(T-t)}$, onde r é a taxa livre de risco. Assim, se $B(t) + CDS(t) < e^{-r(T-t)}$, há uma oportunidade de arbitragem que poderia ser explorada por um investidor usando a seguinte estratégia. Em t, toma-se emprestado a quantia $B(t) + CDS(t)$ a uma taxa r (aqui supomos que é possível financiar-se esta taxa) e, com tais recursos, compram-se B e o CDS. Na data T, como tal carteira nos garante 1, podemos pagar $(B(t) + CDS(t))e^{r(T-t)}$ referente ao empréstimo realizado, e ficar com a diferença, que vale $1 - (B(t) + CDS(t))e^{r(T-t)}$, que é maior que zero.

6.5.2 Incorporando o Risco de Crédito ao Apreçamento de Debêntures

Nesta seção, analisaremos como integrar o risco de crédito no apreçamento das debêntures conversíveis. Via de regra, mas apenas com o propósito de aliviar a notação, trabalharemos com o modelo de intensidade de *default* homogêneo, ou seja, trabalharemos com λ constante. De todo modo, quando oportuno, apontaremos os mecanismos de

6 Modelos para Derivativos de Renda Fixa — 163

compatibilização do modelo, por exemplo, com as curvas de *spread* de risco já usadas pela instituição.

O caso mais elementar é o das debêntures préfixadas conversíveis de exercício europeu. Como vimos, o preço da operação $G(t)$ pode ser expresso como a soma dos preços da parcela de renda fixa $X(t)$ e da opção de compra embutida $C(t)$. Ou seja, $G(t) = X(t) + C(t)$. Se ao apreçarmos $X(t)$ já levarmos em conta o *spread* de risco de crédito, equacionaremos a primeira parte do problema. Para equacionar a parte relativa à opção, devemos observar que

$$
\begin{aligned}
C(t) &= e^{-r(T-t)}\mathbb{E}^{\mathbb{Q}}\left[Q\max\left\{S(T) - \frac{X(T)}{Q}\right\}\right] \\
&= e^{-r(T-t)}\mathbb{E}^{\mathbb{Q}}\left[e^{-\lambda(T-t)}Q\max\left\{S(T) - \frac{X(T)}{Q}\right\} + (1 - e^{-\lambda(T-t)})X_{Rec}(T)\right] \\
&= \left(Qe^{-\lambda(T-t)}\right)e^{-r(T-t)}\mathbb{E}^{\mathbb{Q}}\left[\max\left\{S(T) - \frac{X(T)}{Q}\right\}\right] + e^{-r(T-t)}(1 - e^{-\lambda(T-t)})X_{Rec}(T)
\end{aligned}
$$

O valor do primeiro termo de $C(t)$ nada mais é que o valor de $Qe^{-\lambda(T-t)}$ opções europeias, de preço de exercício $X(T)/Q$, definidas sobre o ativo S. O segundo termo consiste no valor que poderia ser recuperado, $X_{Rec}(T)$, descontado a valor presente, ajustado pela probabilidade de ocorrência de *default*[7]. A incorporação para o caso das debêntures pós-fixadas conversíveis de exercício europeu, onde aplicamos a fórmula de Margrabe, segue de forma análoga.

Quando movemos para o caso americano, uma das alternativas para a realização do apreçamento é o uso das árvores binomiais. Sob risco de crédito, no entanto, precisamos adaptar a forma como a probabilidade neutra ao risco de subida p é calculada levando em conta o risco de *default*. Considerando que em caso de *default* o preço da ação irá saltar para zero, uma condição de não arbitragem para a dinâmica do preço da ação é dada por

$$
\begin{aligned}
S(t) &= \mathbb{E}^{\mathbb{Q}}e^{-r\Delta t}\left[S(t + \Delta t)\right] \\
&= e^{-r\Delta t}\left[e^{-\lambda\Delta t}S(t)e^{\mu\Delta t} + (1 - e^{-\lambda\Delta t})0\right] \\
&= S(t)e^{(\mu - r - \lambda)\Delta t},
\end{aligned}
\tag{6.10}
$$

de modo que o *drift* de S na medida neutra ao risco $\mathbb{Q}$ deve ser $\mu = r + \lambda$. Aqui é um ponto para ressaltar que, da mesma forma que podemos construir uma árvore binomial variando, por exemplo, a taxa de juros ou a taxa de dividendos a cada período, podemos também variar a intensidade de *default*, caso estejamos trabalhando com o modelo não homogêneo no tempo. Também é oportuno mencionar que, no caso das debêntures conversíveis, pode fazer sentido construir um modelo em que λ é uma função do preço da ação, de forma inversamente proporcional. O racional desta ideia é que, à medida que a ação se valoriza, parece fazer sentido supor que o *default* torna-se mais improvável, e vice-versa. Um bom formato para a função $\lambda(S)$, entretanto, necessita de uma maior

---

[7] Tipicamente, X_{Rec} será dado por uma fração R (o *recovery ratio*, já apresentado) do saldo devedor. No caso préfixado, X_{Rec} pode, portanto, ser calculado trivialmente. Em algumas formulações, no entanto, X_{Rec} pode ser uma fração do valor de mercado da operação.

investigação. Além disso, devemos deixar claro que existem formas alternativas de se incorporar o *recovery ratio*, ao apreçamento e às decisões de exercício[8].

Feitas tais considerações, seguimos para a análise de decisão de exercício ou não da opção, levando agora em conta as componentes de renda fixa, renda variável, e o *recovery ratio* todos em conjunto. Se o valor intrínseco da operação $G(t) = X(t) + C(t)$ for menor ou igual ao seu valor esperado no próximo passo, devidamente descontado, ou seja

$$X(t) + C(t) \leq e^{-r\Delta t}\mathbb{E}^{\mathbb{Q}}\Big[X(t + \Delta t) + C(t + \Delta t)\Big],$$

a opção não deve ser exercida, e vice-versa. Em termos das componentes do contrato, da probabilidade de *default* no próximo intervalo de tempo e do valor recuperável, esta condição de continuação pode ser melhor detalhada como

$$X(t) + C(t) \leq e^{-r\Delta t}\Big[p_s\Big(X(t + \Delta t) + pC(t + \Delta t, Su) + (1 - p)C(t + \Delta t, Sd)\Big) + (1 - p_s)X_{Rec}(t + \Delta t)\Big]$$

Finalmente, chegamos aos casos em que precisamos ou optamos por adotar o método de Monte Carlo, especialmente a versão e Longstaff e Schwartz, no apreçamento das debêntures conversíveis que permitam exercício antecipado. Como vimos, entre as etapas de implementação do método está a geração de trajetórias, devidamente correlacionadas, para os ativos que compõem o *payoff* da opção. Sob risco de *default*, precisamos também simular os valores de recuperação em cada estágio de tempo e estado dos preços, uma vez que estes entraram no cálculo do valor de continuação. Neste caso, as trajetórias dos preços podem ser geradas de forma análoga ao caso livre de risco, com exceção da correção no *drift* para o caso das ações[9].

O segundo ponto de adaptação do método é onde as componentes de renda fixa e variável se misturam, não podendo mais serem desacopladas como fizemos no caso livre de risco. Isso ocorre pois, agora, o valor esperado de continuação depende também do *recovery ratio*. Em termos práticos, agora o termo b_t, definido no passo 2 do algoritmo, para cada cenário i, é definido como

$$b_{t,i} = e^{-r_i(t)\Delta t}\Big[e^{-\lambda_i(t)\Delta t}\big(X_i(t + \Delta t) + C_i(t + \Delta t)\big) + (1 - e^{-\lambda_i(t)\Delta t})X_{Rec,i}(t + \Delta t)\Big]$$

Retroativamente e a cada estágio, podemos decidir ou não pelo exercício, cenário a cenário, comparando o valor corrente da operação, $G_i(t) = X_i(t) + C_i(t)$, com o valor esperado de continuação, obtido através da resolução do problema de regressão relativo ao estágio corrente do algoritmo.

---

[8] Uma boa compilação sobre este tema pode ser vista em [De Spiegeleer and Schoutens, 2011].

[9] Vale apontar que, caso estejamos usando um modelo estocástico para a intensidade de *default*, este deve ser simulado conjuntamente aos demais preços. Para uma primeira implementação, recomendamos os modelos mais simples, em que a intensidade de *default* é constante, função do tempo ou, no máximo, função do preço da ação. Esta estratégia provavelmente já trará bons resultados, levando em conta a menor importância relativa que à variabilidade da intensidade do *default* teria frente a variabilidade das taxas de juros e, principalmente, das ações.

6 Modelos para Derivativos de Renda Fixa

6.6 Resumo

Neste capítulo, tentamos apresentar em uma sequência construtiva o que entendemos serem as ferramentas indispensáveis para aqueles que pretendem se aventurar no universo dos derivativos de renda fixa. Como enfatizamos, nesta arena as principais fontes de incertezas emanam das próprias taxas de juros, e não de outras classes de ativos. Para lidar com isso, apresentamos inicialmente dois conceitos fundamentais, o de *bank-account*, a nossa conta remunerada, e o de fator estocástico de desconto, a nossa contrapartida matemática para as incertezas futuras acerca dos custos de oportunidade livres de risco.

Na sequência, apresentamos em linhas gerais duas classes de modelos estocásticos para taxas de juros: os modelos *short-rate* e os modelos para a curva *forward*. Para o mercado brasileiro, onde boa parte dos produtos de renda fixa são definidos sobre uma taxa à vista, a primeira classe de modelos parece imediatamente mais apelativa. No entanto, a necessidade de ter em mãos a taxa à vista para o cálculo dos *payoffs* não implica em termos que trabalhar com um modelo feito originalmente para tais taxas. Aqui, o ponto fundamental é que a escolha de um modelo *short-rate* implica em um modelo para as curvas *forward*, e vice-versa. Ao fazer a escolha por uma ou outra classe, deve-se levar em conta quais os principais fatos estilizados de mercado desejamos capturar na modelagem, e que produtos desejamos precificar. Por fatos estilizados devemos entender os perfis de volatilidade e correlações entre os diferentes vértices das curvas, as distribuições de probabilidades das taxas etc. Com um bom entendimento da finalidade do modelo – respondendo a perguntas como: Que produtos desejamos apreçar? Tais produtos dependem de volatilidades? Tais produtos dependem de correlações entre as taxas? – tal escolha fica facilitada.

Não menos importante que tal entendimento é o conhecimento dos dados de mercado disponíveis para a calibração dos modelos. Neste quesito, é fundamental ter perfeita compreensão de quais são os objetos modelados por cada um dos modelos, sob pena de uma utilização completamente sem sentido destes. No caso dos modelos *short-rate*, os objetos são as taxas à vista, cujo paralelo no mercado brasileiro poderiam ser tomado como o DI1. Para os modelos derivados do *framework* HJM, no entanto, este paralelo não está tão bem definido, ao passo que as taxas forward instântaneas não são negociadas diretamente em mercado. Para obtê-las, uma manipulação adequada dos contratos existentes precisa ser conduzida, o que passará pelo correto entendimento das convenções de data e pela escolha de uma função de interpolação de taxas adequada.

Seguindo adiante, fizemos uma relativamente detalhada incursão pelo mundo das debêntures conversíveis, ativos que têm se popularizado cada vez mais no mercado brasileiro. Neste universo, ativos de diversas classes entram em ação de forma conjunta, definindo *payoffs* mais complicados de serem apreçados, o que torna-se especialmente difícil quando há possibilidades de exercício antecipado. Apresentamos inicialmente os métodos de apreçamento das debêntures conversíveis em um mundo particular, livre de riscos. À primeira vista, tais formulações poderiam ser descartáveis, ao passo que a possibilidade de *default* não é nada negligenciável no caso das debêntures. No entanto, além do que julgamos benefícios didáticos desta abordagem, tais métodos também encontram aplicação prática, por exemplo, em situações em que o investidor compra um seguro contra o *default* (por exemplo, um CDS), ou em casos em que a instituição avalia o risco de crédito de sua carteira de forma agregada, e não operação a operação. Para complementar o arsenal do leitor para a vida em um mundo arriscado, adaptamos os modelos para incorporar a possibilidade de *default*. Nesta parte, nossos principais companheiros foram os modelos de intensidade de *default*, cuja estrutura de fator de desconto por estes implicada evidencia a diminuição de valor dos contratos quando há risco de crédito.

Por fim, esperamos que tenha ficado claro para o leitor que o universo dos derivativos de renda fixa é, invariavelmente, multidimensional. Além disso, em mercados mais desenvolvidos, a lista de ativos líquidos negociados é grande e crescente, de modo que a tarefa de calibração dos modelos se mostra ainda mais desafiadora que no universo das ações. O problema é amplificado quando entram em cena os mercados de derivativos de crédito, e os derivativos definidos sobre múltiplas curvas de juros. Um derivativo útil, não apenas para fins expeculativos, que englobe toda esta problemática, seriam, por exemplo, as opções de entrar (ou cancelar) um *swap* entre o IPCA e o DI. Com um pouco de reflexão, não temos dúvida que o leitor conseguirá criar outros exemplos ainda mais interessantes que o nosso.

Parte II
Risco

CAPÍTULO 7

Risco: Introdução

Felipe Noronha Tavares, Renato Rangel Leal de Carvalho

Ao longo da vida, as pessoas lidam com riscos muitas vezes sem se dar conta. O risco está presente quando jogamos na loteria e não sabemos se ganharemos um prêmio, quando compramos um presente para uma pessoa e não sabemos se ela irá gostar e em diversas outras situações do cotidiano. Mas, afinal, o que significa a palavra *risco*? Risco corresponde ao nível de incerteza sobre o futuro. Quando transferimos esse conceito para o mundo das finanças, risco pode ser entendido como a possibilidade de ocorrência de eventos que afetem as condições financeiras de uma instituição.

7.1 Risco × Retorno

Em finanças, estamos interessados em medir o grau de incerteza sobre o valor futuro de um ativo financeiro, ou ainda, sobre o seu retorno, que é uma medida da variação do valor do ativo com relação ao seu valor original. Seja X_0 o valor inicial do ativo, e X_t o valor após um intervalo de tempo t, então o retorno discreto do período é definido matematicamente pela equação

$$r = \frac{X_t - X_0}{X_0}. \tag{7.1}$$

Infelizmente, em geral não sabemos qual será o retorno de um determinado ativo durante um período futuro. Temos apenas uma idéia de qual seria o seu retorno esperado: podemos atribuir uma probabilidade aos diferentes valores de retorno que podem ocorrer, então a média destes possíveis retornos seria o retorno esperado do investimento. Desta forma, teremos uma distribuição das probabilidades de o retorno deste investimento. Assim, quanto maior for a dispersão dos retornos em relação ao retorno esperado, maior será o risco do investimento. Logo, podemos utilizar como medida de risco o próprio desvio-padrão desta distribuição de probabilidades do retorno.

Podemos estimar o valor esperado e o desvio-padrão dos retornos de um investimento utilizando valores históricos. A maneira mais simples é aplicar o estimador de média amostral

$$\mu_r = \frac{r_1 + r_2 + \ldots + r_n}{n}, \qquad (7.2)$$

e desvio-padrão amostral

$$\sigma_r = \sqrt{\frac{\sum_{i=1}^{n}(r_i - \mu_r)^2}{n-1}}. \qquad (7.3)$$

Para isso, temos que assumir a hipótese de que a distribuição de probabilidade dos retornos não muda durante o período analisado.

O desvio-padrão é a raiz quadrada da variância, que por sua vez é a média dos desvios quadráticos com relação à média. Como não conhecemos a média verdadeira (fizemos uma estimação via média amostral μ_r), temos que aplicar uma pequena correção de viés na fórmula do desvio-padrão, substituindo n por $(n-1)$ no denominador. Mas isso faz pouca diferença para amostras grandes. Iremos chamar de volatilidade o desvio-padrão do retorno de um ativo financeiro.

A figura 7.1 a seguir mostra a densidade de probabilidade dos retornos de 2 investimentos R_1 e R_2. O eixo horizontal indica os diversos valores que cada retorno pode assumir, sendo o ponto médio igual ao retorno esperado, que é o mesmo para os dois investimentos. O eixo vertical mede a verossimilhança. A área sob uma curva entre dois valores quaisquer A e B do eixo X nos informa a probabilidade do retorno ocorrer dentro do intervalo $[A, B]$. R_1 e R_2 possuem o mesmo retorno esperado, porém R_2 é um investimento mais arriscado do que R_1, pois apresenta uma maior dispersão em torno da média, isto é, um maior desvio-padrão.

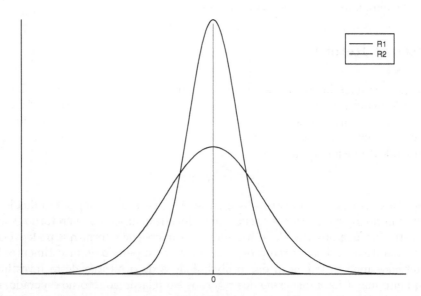

Figura 7.1: Densidade de probabilidade de duas variáveis aleatórias R_1 e R_2.

Suponha agora que temos 3 possíveis investimentos: A, B e C. Para cada investimento, foram estimados o retorno esperado e a volatilidade, mostrados na Figura 7.2. Qual é o melhor investimento?

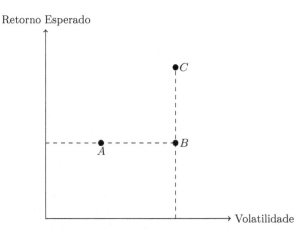

Figura 7.2: Três possibilidades de investimento: A, B, C.

Comparando A e B, vemos que A é mais atrativo, pois, para um mesmo nível de retorno esperado, A apresenta menor risco que B. Comparando B e C, vemos que C é mais atrativo, pois, para um mesmo nível de risco, C apresenta maior retorno esperado. A princípio, não podemos determinar se A é preferível a C. Esta escolha depende das preferências do investidor com relação ao risco, ou seja, de o quanto o investidor está propenso a trocar risco por retorno. O recado desta análise é que não podemos escolher simplesmente o investimento com maior retorno esperado. Temos que avaliar o quão arriscado é o investimento. Em geral, um investimento de maior retorno esperado será mais arriscado. Um exemplo disso é a comparação de um investimento no mercado de ações em relação a adquirir Títulos Públicos Federais: é de se esperar que comprar títulos seja um investimento menos volátil mas com menor retorno esperado em relação ao mercado de ações.

7.2 Natureza dos Riscos em Instituições Financeiras

É comum identificarmos diversos riscos associados a um negócio. Nas instituições financeiras, geralmente recebem destaque quatro tipos de risco: risco de mercado, risco de liquidez, risco de crédito e risco operacional.

7.2.1 Risco de Mercado

O *risco de mercado* é gerado por incertezas oriundas de variações em variáveis de mercado, como taxa de juros, taxa de câmbio, preço de ações ou preço de *commodities*. Basicamente, neste capítulo iremos nos aprofundar nas possíveis maneiras de mensurar esse tipo de risco.

No caso de commodities, ações e moedas estrangeiras, o risco de mercado está associado à possível variação adversa na cotação destes ativos. Por exemplo, se carregarmos uma posição comprada em ações da empresa Petrobras, analisaremos a probabilidade da cotação desta ação cair.

No caso de títulos de renda fixa e debêntures, o fator de risco em questão será a estrutura a termo das taxas de juros negociadas no mercado. Se estivermos comprados num título *zero-coupon* com vencimento em 1 ano, teremos uma perda no portfólio se a taxa de juros de mercado com prazo de 1 ano subir, visto que temos uma relação inversa entre a taxa de juros e o preço do título.

No caso de opções, temos vários fatores que poderiam afetar o seu valor. Por exemplo, bastaria uma queda na volatilidade do ativo subjacente para termos uma diminuição no valor desta opção. Logo, um dos fatores de risco de mercado seria a própria volatilidade do ativo subjacente ao contrato da opção.

7.2.2 Risco de Liquidez

O *risco de liquidez* pode ser dividido em duas subcategorias. Uma é referente à possível ocorrência de incapacidade ou dificuldade de honrar compromissos financeiros assumidos por falta de recursos, que é conhecida como risco de liquidez de fluxo de caixa. Outra interpretação diz respeito a eventuais perdas decorrentes da necessidade de gerar caixa por meio da venda de ativos, que geralmente ocorrem pela impossibilidade de se desfazer de uma posição financeira pelo seu preço justo, em especial quando sua posição é muito grande perante o volume transacionado naquele mercado. Esse outro risco é conhecido como risco de liquidez de mercado.

7.2.3 Risco de Crédito

O *risco de crédito* decorre da possibilidade de uma ou mais contrapartes de operações financeiras não honrarem integral ou parcialmente suas obrigações contratuais, ou mesmo quando, não havendo um evento de inadimplência, existe mudança na percepção de crédito da contraparte, que faz com que um instrumento financeiro marcado a mercado tenha seu valor modificado[1].

Quando um banco concede um empréstimo, e a contraparte não efetua o pagamento dos juros devidos, temos um evento de risco de crédito. É comum classificar a qualidade

---

[1] É comum a inserção de um *spread* de crédito na taxa de desconto utilizada na marcação a mercado de instrumentos que apresentam risco de contraparte. Variações na percepção desse tipo de risco alteram o valor desse *spread* e, consequentemente, o valor da marcação a mercado desses instrumentos.

7 Risco: Introdução   173

creditícia de empresas usando um sistema de *Rating*. Agentes especializados, como a S&P e Moody's, analisam inúmeras informações sobre uma determinada empresa (estrutura do balanço, condições do mercado, etc.) e atribuem uma nota a ela, que é o *Rating*. Uma nota alta implica que a empresa tem uma maior probabilidade de honrar com seus compromissos financeiros.

7.2.4 Risco Operacional

O *risco operacional* é um risco bastante abrangente e trata de possíveis perdas causadas por falhas de processos, erros humanos, problemas em sistemas, acidentes, controles deficientes ou eventos externos.

Caso Barings. Em 1995, o Banco Barings, uma instituição tida como conservadora, com sede na Grã-Bretanha e mais de dois séculos de existência, foi levado à falência pela ação imprudente de um de seus funcionários.

Nick Leeson era o principal operador de contratos futuros do Banco Barings na bolsa de Cingapura. Em anos anteriores, Leeson tinha sido responsável por grandes lucros para o Barings, o que o levou a ser uma figura de destaque dentro da instituição. Tal fato lhe rendeu poder suficiente para que o alto escalão da empresa ignorasse princípios básicos de governança, uma vez que Leeson era o responsável por realizar as operações de futuros e também por fazer seus próprios lançamentos, avaliando se os valores estavam dentro dos limites estipulados.

No final de 1994, Leeson acumulou posições enormes em futuros de índice Nikkei 225, que sofreram grandes perdas no início de 1995. Por se tratar de operações com futuros, tais perdas diárias resultavam em ajustes de posições com pagamentos diários, o que ia corroendo as margens depositadas em garantia e exigindo cada vez mais capital para a cobertura dessas saídas de caixa.

Os valores exorbitantes de novos depósitos de margem fizeram com que todo o capital do Barings fosse corroído, culminando com a decretação de falência em 26 de fevereiro de 1995. O Barings terminou comprado pelo grupo ING pelo preço simbólico de apenas uma libra esterlina. A falência do Barings mostra que a instituição dimensionou e tratou mal pelo menos três riscos:

- Risco operacional, oriundo da falta de governança que permitia que Leeson fraudasse os lançamentos das operações e o cumprimento dos limites operacionais.
- Risco de mercado, oriundo da má quantificação de risco de suas posições e falta de mitigadores, resultado do excesso de exposição em futuros no índice Nikkei 225.
- Risco de liquidez, resultado da incapacidade do Banco em honrar as chamadas de margem das posições em futuros, culminando com a quebra da instituição.

Assim como o Barings, existem diversos casos de perdas financeiras originadas em uma má gestão de riscos. Alguns dos casos mais famosos são o da empresa alemã Metallgesellschaft, do condado americano de Orange e do banco japonês Daiwa. Tais episódios podem ser consultados em [Jorion, 2006].

7.3 Evolução da Gestão de Risco

A gestão de risco financeiro vem se aperfeiçoando nas últimas décadas. Grande parte dessa evolução está ligada ao crescimento dos mercados financeiros mundiais, cujos volumes negociados aumentaram bastante ao longo do tempo.

Com o amadurecimento dos mercados, percebeu-se a importância da criação de mecanismos que mitigassem as incertezas dos produtos financeiros e permitissem uma melhor gestão de suas carteiras orientadas pelo binômio risco-retorno. É nesse contexto que o mercado de derivativos financeiros ganha relevância, apresentando grande crescimento a partir da década de 1970. O desenvolvimento do mercado de derivativos facilitou o acesso a estratégias mitigadoras de risco (*hedge*), permitindo que gestores de recursos limitassem possíveis perdas em suas posições.

Outro impulso na gestão de risco foi dado pelo desenvolvimento de uma regulação específica, principalmente pela criação do Comitê de Supervisão Bancária de Basileia. No final da década de 1980, mais precisamente em 1988, o Comitê de Basileia divulgou o primeiro Acordo de Capital da Basileia, definindo uma estrutura mínima de capital para fazer frente ao risco de crédito das instituições financeiras. Posteriormente, foram divulgados outros documentos, acrescentando análises ligadas a outros riscos, como os de mercado, operacional e liquidez.

As instruções do Comitê de Basileia foram implantadas completa ou parcialmente pelos órgãos reguladores de diversos países, o que, em muitos casos, fez com que as instituições financeiras aperfeiçoassem sua gestão de riscos para cumprir as exigências do regulador.

Quando analisamos especificamente a gestão de risco de mercado, uma grande revolução na forma de medir esse risco foi dada com a divulgação pelo banco J. P. Morgan, em outubro de 1994, da primeira versão do documento RiskMetrics - Technical document [Morgan, 1996]. O documento introduziu a métrica Value at Risk (VaR) no mundo das finanças como sendo uma forma de sintetizar, em um único número, o risco de uma perda potencial de uma carteira. Rapidamente o VaR passou a ser adotado por praticamente todo o mercado financeiro mundial e tornou-se a principal métrica de risco de mercado dentro da indústria financeira.

7.4 Resumo

Neste capítulo apresentamos a definição conceitual de risco. Risco corresponde ao nível de incerteza sobre o futuro. Em finanças, risco pode ser entendido como a possibilidade de ocorrência de eventos que afetem as condições financeiras de uma instituição.

Podemos classificar risco financeiro em categorias. *Risco de Mercado* está associado ao risco da perda de valor decorrente da flutuação dos preços de mercado dos contratos financeiros de uma instituição. *Risco de Liquidez* está associado ao descasamento de fluxos de caixa de uma instituição, e também da possibilidade de perda de valor ao tentar liquidar suas posições financeiras a mercado. *Risco de Crédito* está associado ao risco de não pagamento de contrapartes. *Risco Operacional* é uma categoria abrangente, associada a falhas em processos e outros eventos que impliquem prejuízos à instituição.

Nos capítulos seguintes, apresentaremos modelos de mensuração associados ao Risco de Mercado.

CAPÍTULO 8

Estimação de Volatilidade e Matrizes de Covariância

Lucas Duarte Processi*

8.1 Introdução

As medidas de variância, covariância, correlação e volatilidade dos retornos de um conjunto de ativos têm aplicação usual na mensuração de riscos de um portfólio. A matriz de covariância, por sua vez, apresenta essas medidas de forma sintética, e seu estudo é fundamental para a gestão de riscos. Veremos neste capítulo formas distintas de se estimar volatilidades e correlações, e as implicações de suas hipóteses básicas. Veremos também como construir matrizes de covariância baseadas na hipótese de distribuição normal dos retornos, e verificaremos algumas de suas propriedades e características.

8.2 A Distribuição Normal

Diz-se que uma variável X segue uma distribuição normal (ou distribuição gaussiana) se ela possui a seguinte função de densidade de probabilidade, para $-\infty < x < \infty$:

$$\varphi(x) = \frac{1}{\sqrt{2\pi\sigma^2}} e^{-(x-\mu)^2/2\sigma^2}.$$

A função φ apresenta uma característica forma de sino, centrada em sua média μ cuja dispersão é dada por seu desvio-padrão σ. É comum representarmos a variável X por

---

* Agradeço ao colega Felipe Canedo de Freitas Pinheiro pelo minucioso trabalho de revisão deste capítulo. Não obstante, ressalto que quaisquer erros ou omissões aqui encontrados são de minha inteira responsabilidade.

$X \sim N(\mu, \sigma^2)$, em que σ^2 é a sua variância, isto é, o quadrado de seu desvio-padrão. A Figura 8.1 mostra a forma da função de densidade de probabilidade para alguns valores de μ e σ^2.

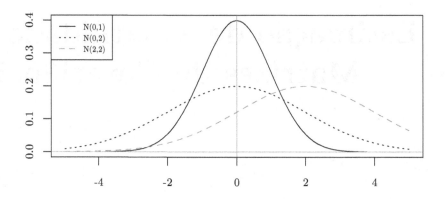

Figura 8.1: Distribuição Normal

Chama-se variável normal padrão uma variável Z cujo valor esperado seja zero e cuja variância seja 1, isto é, $Z \sim N(0, 1)$. Qualquer variável normal $X \sim N(\mu, \sigma^2)$ pode ser transformada em uma variável normal padrão aplicando-se a seguinte transformação:

$$Z = \frac{X - \mu}{\sigma}.$$

Sendo a distribuição normal uma distribuição contínua, a probabilidade de a variável X estar situada entre os valores a e b é dada por:

$$P(a < X < b) = \int_a^b \frac{1}{\sqrt{2\pi\sigma^2}} e^{-\frac{(x-\mu)^2}{2\sigma^2}} dx.$$

Similarmente, a função de densidade de probabilidade acumulada da distribuição normal é representada pela equação:

$$\phi(x) = P(X < x) = \int_{-\infty}^{x} \frac{1}{\sqrt{2\pi\sigma^2}} \left[e^{-(u-\mu)^2/2\sigma^2} \right] du.$$

8 Estimação de Volatilidade e Matrizes de Covariância

Geralmente, são utilizadas tabelas ou softwares que fornecem o valor de φ e ϕ para os diversos valores de x. No *Excel*, temos algumas funções relacionadas à distribuição normal, conforme mostra a Tabela 8.1.

Tabela 8.1: Funções Relacionadas à Distribuição Normal

Função	Descrição
=DIST.NORM.N$(x, \mu, \sigma, 0)$	Função de densidade de probabilidade $\varphi(x)$, quando $X \sim N(\mu, \sigma^2)$
=DIST.NORM.N$(x, \mu, \sigma, 1)$	Função de densidade de probabilidade acumulada $\phi(x) = P(X < x)$
=INV.NORM.N(ρ, μ, σ)	Inversa da função de densidade acumulada $\phi^{-1}(p)$, para $\rho \in [0,1]$

Exemplo

Seja X a distribuição dos retornos anuais de um portfólio, tal que X segue uma distribuição normal de média 13% e desvio-padrão 30%.

(1) Qual a probabilidade de o retorno anual ser menor que zero?

$$P\left[X < 0\right] = P\left[Z < \frac{0 - 13\%}{30\%}\right] = P\left[Z < -0{,}43\right] = 33{,}24\%.$$

(2) Qual a probabilidade de o retorno anual do portfólio exceder 20%?

$$P\left[X > 20\%\right] = P\left[Z > \frac{20\% - 13\%}{30\%}\right] = P\left[Z > 0{,}23\right] =$$
$$= 1 - P\left[Z < 0{,}23\right] = 40{,}78\%.$$

(3) Qual a probabilidade de o retorno anual do portfólio se situar entre -10% e 25%?

$$P[-10\% < X < 25\%] = P[X < 25\%] - P[X < -10\%] =$$
$$= P[Z < 0{,}4] - P[Z < -0{,}767] =$$
$$= 65{,}54\% - 22{,}16\% = 43{,}38\%.$$

(4) Qual o menor retorno que se pode esperar do portfólio, com 95% de probabilidade?

$$R_{5\%} = [\phi^{-1}(1 - 95\%) * \sigma] + \mu = -1{,}65 * 30\% + 13\% = -36{,}35\%$$

A Figura 8.2 representa graficamente a solução dos exemplos resolvidos.

Agora, suponha que observemos n log-retornos de uma ação, representados por r_i, com $i = 1, \ldots, n$. Se acreditarmos que todos esses valores são independentes e seguem uma mesma distribuição normal $R \sim N(\mu, \sigma^2)$, qual será o valor mais provável para a média da distribuição μ e sua variância σ^2? Para descobrir, lembremos que a função de densidade de probabilidade para cada um dos r_i será:

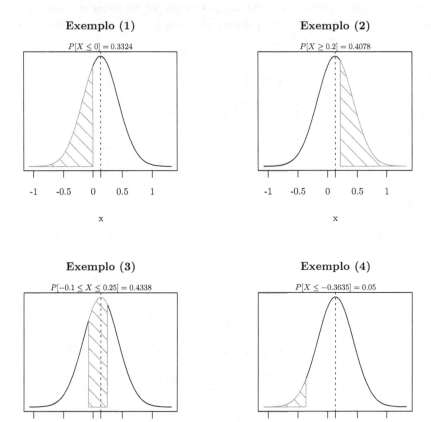

Figura 8.2: Representação Gráfica dos Exemplos

$$\varphi(r_i) = \left(\sqrt{2\pi\sigma^2}\right)^{-1} e^{-\left[\frac{(r_i-\mu)^2}{2\sigma^2}\right]}.$$

Assim, a função de verossimilhança L é dada por:

$$L(\mu,\sigma^2) = \prod_{i=1}^{n} \varphi(r_i) = \left(\sqrt{2\pi\sigma^2}\right)^{-n} e^{-\left[\sum_{i=1}^{n} \frac{(r_i-\mu)^2}{2\sigma^2}\right]}.$$

Desejamos saber quais são os valores de μ e σ^2 que maximizam a verossimilhança $L(\mu,\sigma^2)$. Mas, sendo a função logaritmo natural uma função monotônica, maximizar $L(\mu,\sigma^2)$ é o mesmo que maximizar $l = \log(L(\mu,\sigma^2))$:

8 Estimação de Volatilidade e Matrizes de Covariância

$$l(\mu,\sigma^2) = -n \log \sqrt{2\pi\sigma^2} - \frac{1}{2\sigma^2} \sum_{i=1}^{n} (r_i - \mu)^2. \tag{8.1}$$

O problema de estimação dos parâmetros por máxima verossimilhança se torna então:

$$\max_{\mu,\sigma^2} \left(-\frac{n}{2} \log 2\pi - \frac{n}{2} \log \sigma^2 - \frac{1}{2\sigma^2} \sum_{i=1}^{n} (r_i - \mu)^2 \right). \tag{8.2}$$

Da primeira condição de primeira ordem, temos:

$$\frac{\partial l}{\partial \mu} = 0$$

$$-\frac{1}{2\sigma^2} \sum_{i=1}^{n} (r_i - \mu) * (2) * (-1) = 0$$

$$\sum_{i=1}^{n} (r_i - \mu) = 0$$

$$\sum_{i=1}^{n} r_i - n\mu = 0$$

$$\hat{\mu}_{MV} = \frac{\sum_{i=1}^{n} r_i}{n} = \bar{r}. \tag{8.3}$$

Então o estimador de máxima verossimilhança para a média dos retornos μ é a média amostral dos retornos $\bar{r}$.

A partir da segunda condição de primeira ordem, substituindo σ^2 por θ a fim de simplificar a notação, obtemos:

$$\frac{\partial l}{\partial \theta} = 0$$

$$-\frac{n}{2}\left(\frac{1}{\theta}\right) - \sum_{i=1}^{n} (r_i - \mu)^2 \left[\left(\frac{1}{2}\right)\left(\frac{-1}{\theta^2}\right)\right] = 0$$

$$-n + \frac{1}{\theta} \sum_{i=1}^{n} (r_i - \mu)^2 = 0$$

$$\theta = \sum_{i=1}^{n} \frac{(r_i - \mu)^2}{n}. \tag{8.4}$$

Substituindo o resultado da equação 8.3 em 8.4, chega-se ao resultado:

$$\hat{\sigma}^2_{MV} = \theta = \sum_{i=1}^{n} \frac{(r_i - \bar{r})^2}{n}. \tag{8.5}$$

Derivativos e Risco de Mercado

Assim, o estimador de máxima verossimilhança para a variância dos retornos é a variância amostral não ajustada dos retornos[1].

8.3 Volatilidade e Matriz de Covariância

Volatilidade é o desvio-padrão anualizado dos retornos da série histórica de um ativo. É uma quantidade que denota o tamanho do risco a que estão submetidos os investidores a ele expostos. Se supusermos que a distribuição dos retornos do ativo é normal, veremos que basta conhecermos sua média e seu desvio-padrão para conhecermos por inteiro a distribuição de seus retornos.

Acontece que a dispersão dos retornos cresce com o horizonte de tempo em que estamos analisando. Por exemplo, espera-se que a dispersão do retorno em 10 dias seja maior que o retorno em 1 dia. A rigor, se os diversos retornos no horizonte de 1 dia (r_t) são independentes e identicamente distribuídos (i.i.d.) com média μ e variância σ^2, e r_{ht} é o retorno nos próximos h dias, então:

$$r_t = \log P_t - \log P_{t-1} \tag{8.6}$$

$$r_{ht} = \log P_{t+h} - \log P_t = \sum_{i=0}^{h-1} r_{t+i} \tag{8.7}$$

Se os retornos são independentes, a correlação entre os retornos r_t é zero e, por isso, o valor esperado e a variância do retorno no horizonte de h dias são dados por:

$$E(r_{ht}) = \sum_{i=0}^{h-1} E(r_{t+i}) = h\mu \tag{8.8}$$

$$Var(r_{ht}) = \sum_{i=0}^{h-1} V(r_{t+i}) = h\sigma^2 \tag{8.9}$$

Assim, podemos utilizar como regra que o desvio-padrão do retorno no período de h dias é $\sqrt{h}$ vezes o desvio-padrão do retorno diário. Contudo, devemos lembrar que a **regra do** $\sqrt{h}$ só é válida se os retornos são i.i.d[2]. Se supusermos 252 dias de negociação por ano, precisaremos multiplicar o desvio-padrão do retorno no horizonte de 1 dia por $\sqrt{252}$ para descobrir o desvio-padrão anualizado do retorno, ou seja, sua volatilidade[3]. De fato, esta regra vale não só para dados de retornos diários. Se possuirmos dados

---

[1] Pode-se demonstrar que o estimador encontrado é viciado, isto é, $\mathbb{E}(\hat{\sigma}^2_{MV}) \neq \sigma^2$. Um estimador não viesado de σ^2 pode ser encontrado multiplicando-se o estimador de máxima verossimilhança pelo fator de ajuste $\frac{n}{n-1}$. O estimador não viesado encontrado é chamado de variância amostral: $s^2 = \frac{1}{n-1}\sum_{i=1}^{n}(r_i - \bar{r})^2$.

[2] Para conhecer a regra a ser utilizada quando os retornos são autocorrelacionados, ver [Alexander, 2008a, pp. 92-93].

[3] Lembre-se que definimos a volatilidade como uma medida anualizada.

8 Estimação de Volatilidade e Matrizes de Covariância 183

de retornos mensais, multiplicaremos o desvio-padrão do retorno mensal por $\sqrt{12}$ para calcularmos seu desvio-padrão anualizado.

A **covariância** é uma medida de dependência linear entre o retorno de dois ativos distintos, ou o primeiro momento de sua distribuição conjunta de probabilidades, definida por:

$$Cov(x,y) = \sigma_{xy} = E[(x - E(x))(y - E(y))].$$

Para que se possam comparar as covariâncias entre pares de ativos distintos, utiliza-se a correlação, que é a covariância dividida pelo produto dos desvios-padrão. Para dois ativos x e y, se $Cov(x,y)$ é a covariância entre os dois e σ_x e σ_y são seus desvios-padrão, então a **correlação** entre eles é dada por:

$$Cor(x,y) = \rho_{xy} = \frac{Cov(x,y)}{\sigma_x \sigma_y}. \tag{8.10}$$

A correlação assume valores entre -1 e 1. Uma correlação positiva indica que há uma tendência de os dois retornos se moverem na mesma direção, isto é, quando um ativo sobe o outro tende a subir também. Uma correlação negativa indica que ambos tendem a se mover em direções contrárias.

A **matriz de covariância** entre quaisquer n ativos é uma matriz n x n que contém, na sua diagonal, as variâncias dos ativos e, fora da diagonal, suas covariâncias:

$$\Sigma = \begin{pmatrix} \sigma_1^2 & \sigma_{12} & \cdots & \sigma_{1,(n-1)} & \sigma_{1n} \\ \sigma_{12} & \sigma_2^2 & \cdots & \sigma_{2,(n-1)} & \sigma_{2n} \\ \vdots & \vdots & \ddots & \vdots & \vdots \\ \sigma_{1,(n-1)} & \sigma_{2,(n-1)} & \cdots & \sigma_{(n-1)}^2 & \sigma_{(n-1),n} \\ \sigma_{1n} & \sigma_{2n} & \cdots & \sigma_{(n-1),n} & \sigma_n^2 \end{pmatrix}.$$

Se é válida a regra do $\sqrt{h}$, isto é, se os retornos são i.i.d., a matriz de covariância para um horizonte h é igual a h vezes a matriz de covariância para o horizonte de 1 dia.

$$\Sigma_h = h\Sigma_{1dia}.$$

Exemplo

Sejam a_1, a_2 e a_3 três ativos cujos desvios-padrão dos retornos diários são, respectivamente, 10%, 20% e 30%. Os coeficientes de correlação entre os ativos são: $\rho_{12} = 0,8$, $\rho_{13} = -0,9$ e $\rho_{23} = 0,5$.

(1) Quais são as covariâncias entre os pares de ativos?

$$\sigma_{12} = 0,8 * 0,1 * 0,2 = 0,016$$
$$\sigma_{13} = -0,9 * 0,1 * 0,3 = -0,027$$
$$\sigma_{23} = 0,5 * 0,2 * 0,3 = 0,03.$$

(2) Qual é a matriz de covariância para o horizonte de 1 dia?

$$\mathbf{\Sigma_{1d}} = \begin{bmatrix} \sigma_1^2 & \sigma_{12} & \sigma_{13} \\ \sigma_{12} & \sigma_2^2 & \sigma_{23} \\ \sigma_{13} & \sigma_{23} & \sigma_3^2 \end{bmatrix} = \begin{bmatrix} 0{,}01 & 0{,}016 & -0{,}027 \\ 0{,}016 & 0{,}04 & 0{,}03 \\ -0{,}027 & 0{,}03 & 0{,}09 \end{bmatrix}.$$

(3) Se os retornos são i.i.d., qual é a matriz de covariância para o horizonte de 10 dias?

$$\mathbf{\Sigma_{10d}} = \begin{bmatrix} 0{,}1 & 0{,}16 & -0{,}27 \\ 0{,}16 & 0{,}4 & 0{,}3 \\ -0{,}27 & 0{,}3 & 0{,}9 \end{bmatrix}.$$

Uma matriz de covariância é uma matriz simétrica que deve sempre ser **positiva semidefinida**. Isto significa que, para qualquer vetor-coluna W de tamanho n, a matriz de covariância n x n deve respeitar a seguinte relação:

$$W^T \Sigma W \geq 0.$$

Esta restrição garante que nenhum portfólio composto pelos n ativos representados na matriz terá variância negativa. Dado que a matriz de covariância é simétrica por construção, todos seus autovalores são números reais. Se todos os seus autovalores são maiores ou iguais a zero, então a matriz é positiva semidefinida.

8.4 Estimação de Volatilidade

8.4.1 Volatilidade Histórica com Pesos Iguais

Seja r_i ($i = 1, 2, \ldots, T$) uma série histórica de T log-retornos de um ativo. Se os retornos são normais e i.i.d., e $\bar{r}$ é a média simples dos retornos, o estimador não viesado para a variância do retorno é dado por:

$$\hat{\sigma}^2 = \left(\frac{1}{T-1} \right) \sum_{i=1}^{T} (r_i - \bar{r})^2.$$

Se os retornos são diários, é comum assumirmos que o retorno médio é zero. Isto porque, em geral, a média dos retornos diários é pequena em comparação ao seu desvio-padrão, o que faz com que não se possa rejeitar estatisticamente a hipótese de o retorno médio ser igual a zero. Nesse caso, o estimador da variância se torna:

$$\hat{\sigma}^2 = \left(\frac{1}{T} \right) \sum_{i=1}^{T} (r_i^2). \tag{8.11}$$

Diz-se então que a estimativa da variância incondicional da amostra é a média simples dos retornos quadráticos. Quando analisamos uma série histórica de dados, utilizamos apenas os T últimos retornos quadráticos para calcular a estimativa. No dia seguinte, incorporamos o novo retorno quadrático na média e descartamos o primeiro, de forma que o tamanho da amostra é sempre T. Chamamos essa técnica de **média móvel sim-**

8 Estimação de Volatilidade e Matrizes de Covariância   185

ples, em que T é o tamanho da janela.

Exemplo

Na Tabela 8.2 estão calculadas as volatilidades históricas estimadas utilizando a média móvel simples. O tamanho da janela escolhido foi de dez dias, assim o estimador da variância $\hat{\sigma}^2$ é a média simples dos últimos dez retornos quadráticos. A volatilidade é o desvio-padrão multiplicado pelo fator de anualização $\sqrt{252}$.

Tabela 8.2: Exemplo de Média Móvel Simples

Data	P_i	$r_i = \log(P_i/P_{i-1})$	r_i^2	$\hat{\sigma}^2$	$Vol.(\sqrt{252} * \sqrt{\hat{\sigma}^2})$
Dia 0	12,53				
Dia 1	12,64	0,008741	0,000076		
Dia 2	12,65	0,000791	0,000001		
Dia 3	12,65	0,000000	0,000000		
Dia 4	12,68	0,002369	0,000006		
Dia 5	12,79	0,008638	0,000075		
Dia 6	12,69	-0,007849	0,000062		
Dia 7	12,80	0,008631	0,000074		
Dia 8	12,62	-0,014162	0,000201		
Dia 9	12,66	0,003165	0,000010		
Dia 10	12,45	-0,016727	0,000280	0,008%	14,053%
Dia 11	12,36	-0,007255	0,000053	0,008%	13,839%
Dia 12	12,31	-0,004054	0,000016	0,008%	13,982%
Dia 13	12,19	-0,009796	0,000096	0,009%	14,821%
Dia 14	12,27	0,006541	0,000043	0,009%	15,134%
Dia 15	12,17	-0,008183	0,000067	0,009%	15,070%
Dia 16	12,28	0,008998	0,000081	0,009%	15,231%
Dia 17	12,17	-0,008998	0,000081	0,009%	15,285%
Dia 18	12,17	0,000000	0,000000	0,007%	13,531%
Dia 19	12,06	-0,009080	0,000082	0,008%	14,189%
Dia 20	12,16	0,008258	0,000068	0,006%	12,166%
Dia 21	12,06	-0,008258	0,000068	0,006%	12,326%

Note que, quando usamos a média móvel simples, cada um dos últimos T retornos quadráticos tem o mesmo peso e, portanto, possuem a mesma influência na estimativa. Isso pode gerar alguns efeitos indesejáveis. Por exemplo, usamos uma média móvel de janela de dez dias ($T = 10$), um grande retorno quadrático ocorrido há dez dias tem a mesma importância e afeta a estimativa de variância na mesma magnitude que um grande retorno ocorrido no dia anterior.

Por outro lado, no 11º dia após o grande retorno quadrático, o retorno é simplesmente descartado da amostra e, supondo que não tenha havido outros grandes retornos quadráticos, a variância da série diminui consideravelmente. Essa diminuição não tem respaldo em nenhum evento ocorrido no mercado no dia de hoje, mas advém apenas do fato de o grande retorno ter saído da nossa amostra de tamanho (arbitrariamente) escolhido como dez.

Além disso, o tamanho da janela T define sozinho o quanto cada um dos retornos quadráticos influencia a estimativa de variância. Um grande retorno quadrático influencia a estimativa da variância de forma muito mais acentuada se a janela T for pequena. Isso porque, quanto maior a janela, mais esse retorno anormal será "diluído" pelos demais no cálculo da média simples. Daí decorre que estimativas de janela curta costumam apresentar "saltos" maiores do que apresentam aquelas de janelas mais longas, como podemos ver na Figura 8.3[4].

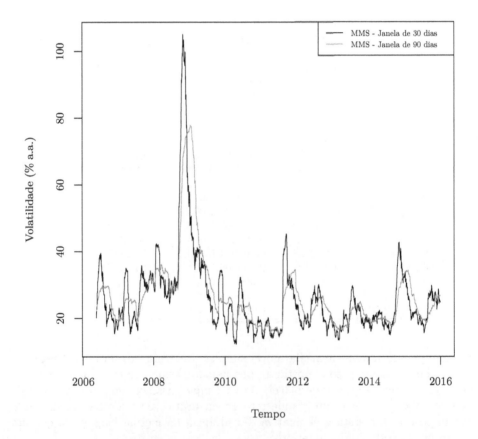

Figura 8.3: Volatilidade Histórica com Média Móvel Simples (Janelas de 30 e 90 dias)

---

[4] O gráfico foi construído com dados do de fechamento do IBOVESPA de 2006 ao final de 2015. No gráfico, pode-se verificar a grande volatilidade observada no mercado durante a crise econômica iniciada em 2008.

8 Estimação de Volatilidade e Matrizes de Covariância

Cabe ressaltar que a estimativa obtida pela média móvel simples é uma estimativa incondicional da variância, que é suposta constante por serem os retornos i.i.d. Nesse contexto, o fato de obtermos uma estimativa nova a cada dia é devido apenas à nova amostragem, uma vez que não há nada nesse modelo que explique tal variação. Uma implicação dessa característica é que a volatilidade anual prevista, para qualquer horizonte de tempo, é a mesma volatilidade anual estimada pela média dos retornos quadráticos. Isso não ocorre em outros modelos, como o Modelo GARCH, que veremos mais à frente.

Por fim, as mesmas considerações e técnicas podem ser aplicadas para se obter a estimativa da covariância entre o retorno de dois ativos. Para isso, usa-se como estimador a média do produto entre os retornos dos últimos T dias:

$$\sigma_{xy} = \left(\frac{1}{T}\right) \sum_{i=1}^{T} r_{xi} r_{yi}.$$

Estimando-se, dessa forma, todas as variâncias e covariâncias de quaisquer n ativos, podemos construir sua matriz de covariância.

8.4.2 Modelo EWMA

O Modelo de Média Móvel com Amortecimento Exponencial (do inglês *Exponentially Weighted Moving Average*, **EWMA**) é um modelo de média móvel que atribui pesos maiores às observações mais recentes. Isso significa que um evento extremo vai perdendo sua significância à medida que novas observações vão sendo incorporadas à amostra. A aplicação desse conceito para fins de cálculo de risco se popularizou depois que a metodologia e as matrizes do RiskMetrics, à época uma parte do banco JP Morgan, foram disponibilizadas publicamente [Morgan, 1996].

Neste modelo, λ é uma **constante de amortecimento** tal que $0 < \lambda < 1$. A média EWMA é dada pela seguinte equação:

$$EWMA(x_{t-1}, \ldots, x_1 \mid \lambda) = \frac{x_{t-1} + \lambda x_{t-2} + \lambda^2 x_{t-3} + \ldots + \lambda^{t-2} x_1}{(1 + \lambda + \lambda^2 + \ldots + \lambda^{t-2})}. \tag{8.12}$$

Quando queremos estimar a variância EWMA, a variável x assume os valores dos retornos quadráticos da série. Da mesma forma, quando queremos estimar uma covariância entre dois ativos, a variável x assume o produto do retorno dos dois ativos. Como o valor do denominador da equação 8.12, à medida que o número de termos tende a infinito, converge para $(1 - \lambda)^{-1}$, as equações para variância e covariância se tornam:

$$\hat{\sigma}_t^2 = (1 - \lambda) \sum_{i=1}^{\infty} \lambda^{i-1} \, r_{t-i}^2, \tag{8.13}$$

$$\hat{\sigma}_{xy,t} = (1 - \lambda) \sum_{i=1}^{\infty} \lambda^{i-1} r_{x,t-i} \, r_{y,t-i}. \tag{8.14}$$

As mesmas equações também são frequentemente escritas em sua forma recursiva, por possibilitarem uma implementação mais simples. Se expandirmos a equação 8.13 para t e $t-1$:

$$\hat{\sigma}_t^2 = (1-\lambda)\left(\lambda^0 r_{t-1}^2 + \lambda^1 r_{t-2}^2 + \lambda^2 r_{t-3}^2 + \lambda^3 r_{t-4}^2 + \dots\right)$$

$$\hat{\sigma}_{t-1}^2 = (1-\lambda)\left(\lambda^0 r_{t-2}^2 + \lambda^1 r_{t-3}^2 + \lambda^2 r_{t-4}^2 + \lambda^3 r_{t-5}^2 + \dots\right)$$

$$\lambda\hat{\sigma}_{t-1}^2 = (1-\lambda)\left(\lambda^1 r_{t-2}^2 + \lambda^2 r_{t-3}^2 + \lambda^3 r_{t-4}^2 + \lambda^4 r_{t-5}^2 + \dots\right)$$

Daí decorre que:

$$\hat{\sigma}_t^2 - \lambda\hat{\sigma}_{t-1}^2 = (1-\lambda)\lambda^0 r_{t-1}^2.$$

Rearrumando os termos, chega-se a equação recursiva da variância incondicional do modelo EWMA, apresentada na equação

$$\hat{\sigma}_t^2 = (1-\lambda)r_{t-1}^2 + \lambda\hat{\sigma}_{t-1}^2. \tag{8.15}$$

O mesmo cálculo pode ser desenvolvido para a covariância, cuja equação recursiva está representada na equação

$$\hat{\sigma}_{xy,t} = (1-\lambda)\, r_{x,t-1}\, r_{y,t-1} + \lambda\hat{\sigma}_{xy,t-1}. \tag{8.16}$$

Nessa forma, o primeiro termo da equação, $(1-\lambda)r_{t-1}^2$, mede a sensibilidade da média EWMA a novas informações, ou seja, sua reação. Fica claro que, quanto maior valor de $(1-\lambda)$, mais rápida é a velocidade de reação da média às informações recentes que vão se incorporando ao modelo. Por outro lado, o segundo termo, $\lambda\hat{\sigma}_{t-1}^2$, fornece uma medida de persistência da volalitidade. Assim, quanto maior o valor de λ, mais fortemente a última volatilidade influencia a nova previsão, independentemente do retorno quadrático ocorrido no dia anterior. Note que, no modelo EWMA, reação e persistência são quantidades dependentes entre si, fato que nem sempre é observado no mercado. O modelo GARCH, veremos mais à frente, não possui tal restrição.

Na Figura 8.4, temos uma aplicação do Modelo EWMA em uma série histórica para diferentes valores de λ. Note que valores menores de λ geram maiores "picos" na previsão, e que, após um "pico", a volatilidade retorna mais rapidamente a "valores normais". Isso mostra as características de grande reação e pouca persistência que apresentam as médias EWMA para pequenos valores de λ. Por outro lado, vemos que a série com alto λ apresenta menor reação e maior persistência em comparação com a primeira série.

Para se escolher o valor de λ a ser utilizado no modelo, é frequente que o termo λ seja escolhido subjetivamente. Os valores ótimos da metodologia RiskMetrics [Morgan, 1996] são utilizados com frequência: $\lambda = 0,94$ para dados diários e $\lambda = 0,97$ para dados mensais. Contudo, é preferível que o valor ótimo seja encontrado por meio de procedimentos de otimização. Por exemplo, a otimização sugerida pelo RiskMetrics é a minimização da raiz do erro quadrático médio, que apresentaremos a seguir.

Pela definição de variância, temos que:

$$\sigma_t^2 = \mathbb{E}(r_t^2) - \left[\mathbb{E}(r_t)\right]^2.$$

8 Estimação de Volatilidade e Matrizes de Covariância

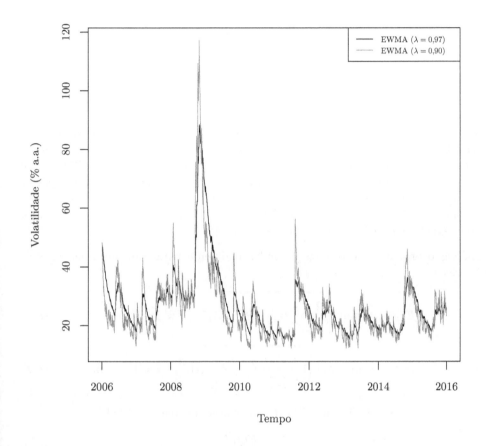

Figura 8.4: Modelo EWMA ($\lambda = 0{,}97$ e $\lambda = 0{,}90$)

Como supusemos que o retorno esperado é zero:

$$\sigma_t^2 = \mathbb{E}(r_t^2). \tag{8.17}$$

Assim, o valor esperado do retorno quadrático em t é o valor verdadeiro da variância no mesmo período. Portanto, um indicador de adequabilidade para a previsão da variância EWMA em t, dada pela equação 8.15, pode ser construído em função da diferença entre a previsão obtida e o retorno quadrático em t^5

---

[5] Lembre-se de que, pela equação 8.15, a previsão da variância em t utiliza apenas os retornos disponíveis até o período $t - 1$.

$$EQM = \sqrt{\frac{1}{n} \sum_{t=1}^{n} \left(r_t^2 - \hat{\sigma}_t^2(\lambda)\right)^2}. \tag{8.18}$$

O *lambda* ótimo pode então ser encontrado resolvendo-se o seguinte problema de otimização:

$$\lambda^* = \arg \min_{\lambda} \sqrt{\frac{1}{n} \sum_{t=1}^{n} \left(r_t^2 - \hat{\sigma}_t^2(\lambda)\right)^2}. \tag{8.19}$$

Por fim, pode-se montar uma matriz de correlação EWMA calculando-se todas as variâncias e covariâncias utilizando o modelo EWMA. Nesse ínterim, é importante que todas as estimativas sejam calculadas com o mesmo valor de λ, o que garante que a matriz obtida seja positiva semidefinida[6]. O método de otimização sugerido pelo RiskMetrics para se encontrar o λ ótimo de matriz de covariância é baseado na equação 8.18 aplicada a cada uma das séries históricas ($i = 1, \ldots, m$) individualmente. Depois, o valor ótimo global é encontrado por meio de uma média dos λ individuais ponderada por seus erros. A metodologia é dada pelos seguintes passos:

- Resolver o problema de otimização individualmente para cada uma das m séries históricas:

$$EQM_i = \min_{\lambda} \sqrt{\frac{1}{n} \sum_{t=1}^{n} \left(r_{t,i}^2 - \hat{\sigma}_{t,i}^2(\lambda)\right)^2}, \quad i = 1, \ldots, m, \tag{8.20}$$

$$\lambda_i^* = \arg \min_{\lambda} \sqrt{\frac{1}{n} \sum_{t=1}^{n} \left(r_{t,i}^2 - \hat{\sigma}_{t,i}^2(\lambda)\right)^2}, \quad i = 1, \ldots, m. \tag{8.21}$$

- Encontrar a proporção de cada EQM_i em relação à soma dos EQM:

$$\theta_i = \frac{EQM_i}{\sum_{i=1}^{m} EQM_i}. \tag{8.22}$$

- Calcular os pesos dos parâmetros λ_i^*:

$$\phi_i = \theta_i^{-1} / \sum_{i=1}^{m} \theta_i^{-1}. \tag{8.23}$$

- Calcular o λ ótimo global:

$$\lambda_{global}^* = \sum_{i=1}^{m} \phi_i \lambda_i^*. \tag{8.24}$$

---

[6] Segundo [Morgan, 1996, p. 97], ainda que seja possível construir uma matriz positiva semidefinida com parâmetros λ diferentes para cada série, a matriz de covariância resultante estará sujeita a um viés substancial.

8 Estimação de Volatilidade e Matrizes de Covariância

Após aplicar essa metodologia a mais de 480 séries históricas de moedas, *swaps*, *equities* e taxas zero, os valores globais encontrados pelo Riskmetrics foram de $\lambda = 0{,}94$ para dados diários e $\lambda = 0{,}97$ para dados mensais.

Exemplo

Sejam p_x e p_y os preços dos ativos x e y. A Tabela 8.3 implementa o modelo EWMA, com parâmetro $\lambda = 0{,}94$, a fim de estimar as volatilidades e a correlação entre o índice IBOVESPA e a ação PETR4, para o período de 2006 ao final de 2015. As colunas r_x e r_y são calculadas com a equação 8.7. A primeira estimativa de σ_x^2, a de σ_y^2 e a de σ_{xy} são dadas, respectivamente, pela retorno quadrático de x, de y e pelo produto dos retornos de x e y. As demais estimativas são dadas pelas equações 8.15 e 8.16. A coluna ρ_{xy} é obtida pelo equação 8.10. A coluna vol_x é dada por $\sqrt{252\sigma_x^2}$, e a coluna vol_y por $\sqrt{252\sigma_y^2}$. A Figura 8.5 ilustra as séries de volatilidade obtidas.

Tabela 8.3: Exemplo de Modelo EWMA $\lambda = 0{,}94$

	p_x	p_y	r_x	r_y	σ_x^2	σ_y^2	σ_{xy}	ρ_{xy}	vol_x	vol_y
02/01/2006	33507.270	13.461								
03/01/2006	34540.580	13.885	0.030	0.031	0.000922	0.000962	0.000942	1.000	0.482	0.492
04/01/2006	35002.370	13.952	0.013	0.005	0.000922	0.000962	0.000942	1.000	0.482	0.492
05/01/2006	34936.110	13.924	-0.002	-0.002	0.000878	0.000905	0.000889	0.997	0.470	0.478
06/01/2006	35475.020	14.436	0.015	0.036	0.000825	0.000851	0.000836	0.997	0.456	0.463
09/01/2006	35337.330	14.433	-0.004	-0.000	0.000790	0.000879	0.000819	0.983	0.446	0.471
10/01/2006	35049.420	14.458	-0.008	0.002	0.000743	0.000826	0.000770	0.983	0.433	0.456
11/01/2006	35952.240	14.949	0.025	0.033	0.000703	0.000776	0.000723	0.979	0.421	0.442
				...						
17/12/2015	45261.480	7.200	0.005	-0.012	0.000269	0.001350	0.000485	0.805	0.260	0.583
18/12/2015	43910.600	7.020	-0.030	-0.025	0.000255	0.001278	0.000452	0.793	0.253	0.567
21/12/2015	43199.950	6.640	-0.016	-0.056	0.000294	0.001240	0.000471	0.780	0.272	0.559
22/12/2015	43469.520	6.790	0.006	0.022	0.000293	0.001351	0.000497	0.791	0.272	0.584
23/12/2015	44014.930	6.930	0.012	0.020	0.000278	0.001300	0.000476	0.792	0.264	0.572
28/12/2015	43764.340	6.700	-0.006	-0.034	0.000270	0.001247	0.000462	0.797	0.261	0.561
29/12/2015	43653.970	6.690	-0.003	-0.001	0.000256	0.001241	0.000446	0.792	0.254	0.559
30/12/2015	43349.960	6.700	-0.007	0.001	0.000241	0.001166	0.000420	0.792	0.246	0.542

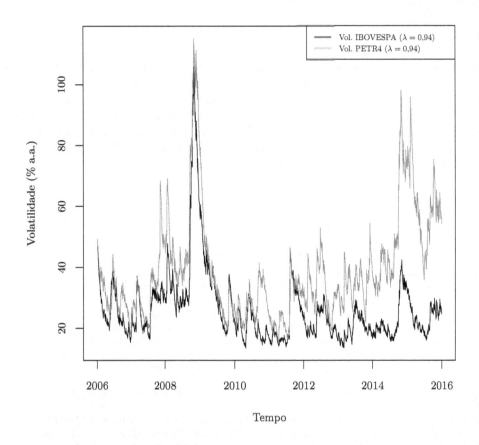

Figura 8.5: Exemplo de Séries de Volatilidade EWMA ($\lambda = 0{,}94$)

8.4.3 Modelo GARCH

Todos os modelos apresentados até aqui pressupõem uma estrutura de retornos i.i.d. Esse pressuposto em geral não se confirma empiricamente. É frequente observar-se *clusters de volatilidade* em séries de retornos, cujas implicações para o cálculo das medidas de risco devem ser adequadamente tratadas.

O modelo GARCH (do inglês *Generalized Autoregressive Conditional Heterocedasticity*) foi desenvolvido nos anos 1980 com o propósito de capturar *clusters de volatilidade*[7]. Note que o termo heterocedasticidade nos indica que, no modelo GARCH, a variância

---

[7] Em 1982, Engle propôs o modelo ARCH em seu artigo [Engle, 1982]. Anos mais tarde, Bollerslev e Taylor, independentemente, propuseram uma generalização do método no artigo [Bollerslev, 1986] e no livro [Steohen, 1986].

8 Estimação de Volatilidade e Matrizes de Covariância 193

não é constante ao longo do tempo. De fato, o modelo estima, para cada período t, a **variância condicional** (isto é, condicionada a toda a informação disponível até o período $t - 1$) da série. Por outro lado, também reconhece a existência de uma **variância incondicional**, que pode ser interpretada como uma tendência de longo prazo do modelo.

Atualmente existe uma família de modelos GARCH, cada qual desenvolvido para capturar fatos estilizados distintos nas séries de retornos. Há também vários pacotes e softwares estatísticos que implementam diversos desses modelos. Neste capítulo, apresentaremos apenas o **GARCH normal simétrico**, que pressupõe uma distribuição normal dos retornos e uma resposta simétrica da volatilidade condicional a choques de mercado negativos e positivos[8].

A primeira equação do GARCH normal simétrico é a **equação da variância condicional**, expressa na seguinte relação:

$$\sigma_t^2 = \omega + \alpha\varepsilon_{t-1}^2 + \beta\sigma_{t-1}^2, \qquad \varepsilon_t \mid I_{t-1} \sim N(0, \sigma_t^2).$$

A expressão $\varepsilon_t \mid I_{t-1}$ explicita que a variável ε_t está condicionada a toda a informação disponível até o instante $t-1$. A variável ε_t simboliza os choques de mercado, ou retornos inesperados, e é definida pela segunda equação do modelo GARCH normal simétrico, conhecida como **equação da média condicional**:

$$r_t = c + \varepsilon_t.$$

Neste caso, temos que c é uma constante, e sua estimativa de mínimos quadrados é o retorno médio $\bar{r}$:

$$c = \bar{r} = \left(\frac{1}{T}\right) \sum_{t=1}^{T} r_t.$$

O termo ε_t é a parte do retorno r_t não explicada pela equação da média, ou seja, o resíduo da regressão que essa equação representa. Assim como para a equação da variância, outras equações da média condicional podem ser especificadas para capturar fatos estilizados distintos da série histórica. Quando temos dados diários, pode-se supor que o retorno médio de 1 dia $\bar{r}$ é zero. Assim, $r_t = \varepsilon_t$ e a equação da variância condicional se torna:

$$\sigma_t^2 = \omega + \alpha r_{t-1}^2 + \beta\sigma_{t-1}^2. \tag{8.25}$$

A variância incondicional de um modelo GARCH, ou variância de longo prazo ($\bar{\sigma}^2$), é a variância para a qual o modelo converge quando t tende a infinito. Nessa condição, temos que:

$$\bar{\sigma}^2 = \sigma_t^2 = \sigma_{t-1}^2. \tag{8.26}$$

Substituindo esse na equação 8.25, e utilizando a definição de variância ($\sigma_{t-1}^2 = \mathbb{E}(r_{t-1}^2)$), chega-se a:

---

[8] Para uma discussão breve de outros modelos GARCH, ver [Alexander, 2008a, pp. 147-180].

$$\sigma_t^2 = \omega + \alpha\sigma_{t-1}^2 + \beta\sigma_{t-1}^2$$

$$\bar{\sigma}^2 = \omega + \alpha\bar{\sigma}^2 + \beta\bar{\sigma}^2$$

$$\bar{\sigma}^2 = \frac{\omega}{1 - (\alpha + \beta)}. \tag{8.27}$$

Note que, para que a variância seja positiva, as restrições $\omega > 0$ e $(\alpha + \beta) < 1$ devem ser satisfeitas.

Os parâmetros do GARCH normal simétrico podem então ser interpretados com base nas equações apresentadas. O parâmetro α mede a sensibilidade da variância condicional a choques de mercado, enquanto a quantidade β é uma medida de persistência da variância condicional. A soma $\alpha + \beta$ determina a velocidade de convergência do modelo para a variância de longo prazo, medida que é determinada pela variável ω, juntamente com α e β.

A estimação dos parâmetros do GARCH costuma ser feita por meio de métodos numéricos para maximização de sua função de log-verossimilhança:

$$\log L(\theta) = \sum_{i=1}^{T}\left[-\frac{1}{2}\log 2\pi - \frac{1}{2}\log \sigma_i^2 - \frac{1}{2}\left(\frac{r_i}{\sigma_i}\right)^2\right]. \tag{8.28}$$

Assim a estimação dos parâmetros ótimos do modelo GARCH é feita por meio da resolução do seguinte problema de otimização:

$$\max_{\alpha,\beta,\omega} \quad \sum_{i=1}^{T}\left[-\frac{1}{2}\log 2\pi - \frac{1}{2}\log \sigma_i^2 - \frac{1}{2}\left(\frac{r_i}{\sigma_i}\right)^2\right]$$

$$\text{sujeito a} \quad w,\alpha,\beta \geq 0$$

$$\alpha + \beta < 1. \tag{8.29}$$

Simplificando o problema, podemos resolver a otimização equivalente:

$$\min_{\alpha,\beta,\omega} \quad \sum_{i=1}^{T}\left[\log \sigma_i^2 + \left(\frac{r_i}{\sigma_i}\right)^2\right]$$

$$\text{sujeito a} \quad w,\alpha,\beta \geq 0$$

$$\alpha + \beta < 1. \tag{8.30}$$

Apesar de ser recomendada a utilização de softwares especializados que implementem essa rotina de otimização, é possível utilizar o componente Solver do Microsoft Excel para calcular o valor ótimo dos parâmetros GARCH. As Tabelas 8.4 e 8.5 mostram, respectivamente, a implementação dessa rotina para uma série histórica de dados diários e os parâmetros ótimos calculados[9]. Para o primeiro σ_i^2, utilizou-se a equação 8.5. Para os demais, usou-se a equação 8.25. Para a última coluna, a fórmula utilizada foi o interior do somatório da equação 8.28:

---

[9] A série diária do índice IBOVESPA desde o início de 2006 ao fim de 2015.

8 Estimação de Volatilidade e Matrizes de Covariância

$$l_i = -\frac{1}{2}\log 2\pi - \frac{1}{2}\log \sigma_i^2 - \frac{1}{2}\left(\frac{r_i}{\sigma_i}\right)^2 \tag{8.31}$$

Tabela 8.4: Exemplo de Implementação do GARCH Normal Simétrico

	P_i	r_i	r_i^2	σ_i^2	Vol_i	l_i
02/01/2006	33507.27					
03/01/2006	34540.58	0.0304	0.000922	0.000325	0.2860	1.6768
04/01/2006	35002.37	0.0133	0.000176	0.000367	0.3039	2.7961
05/01/2006	34936.11	-0.0019	0.000004	0.000351	0.2975	3.0531
06/01/2006	35475.02	0.0153	0.000234	0.000325	0.2861	2.7365
		...				
22/12/2015	43469.52	0.0062	0.000039	0.000295	0.2727	3.0794
23/12/2015	44014.93	0.0125	0.000155	0.000277	0.2640	2.8966
28/12/2015	43764.34	-0.0057	0.000033	0.000268	0.2598	3.1327
29/12/2015	43653.97	-0.0025	0.000006	0.000251	0.2516	3.2128
30/12/2015	43349.96	-0.0070	0.000049	0.000234	0.2430	3.1562

Tabela 8.5: Resultado da Otimização de um GARCH Normal Simétrico

	Resultado
ω	0.000006
α	0.071584
β	0.908100
$\alpha + \beta$	0.979684
Variância Incondicional ($\bar{\sigma}^2 = \omega/(1 - (\alpha + \beta))$)	0.000279
Volatilidade Incondicional ($\sqrt{252 * \bar{\sigma}^2}$)	0.265336
Máxima Log-Verossimilhança ($\sum_{i=1}^{n} l_i$)	6741.524268

Com o uso do Solver, é possível maximizarmos o conteúdo da célula da Máxima Log-Verossimilhança, variando o conteúdo das células de ω, α e β, sujeito às restrições $\omega, \alpha, \beta \geq 0$ e $\alpha + \beta < 1$. A Figura 8.6 nos mostra a volatilidade GARCH para a série do exemplo, bem como sua volatilidade EWMA ($\lambda = 0{,}97$), já apresentada na Figura 8.4.

EWMA × GARCH: Outro método para estimar λ. Se compararmos as equações da variância incondicional EWMA (equação 8.15) e da variância condicional GARCH (equação 8.25), podemos entender o EWMA como um caso particular do GARCH em que são satisfeitas as seguintes relações adicionais:

$$\omega = 0$$
$$\alpha + \beta = 1$$

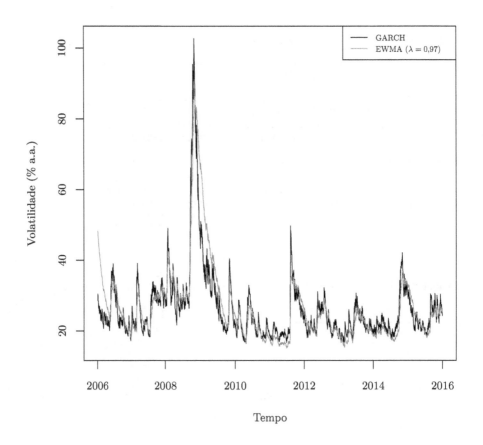

Figura 8.6: Modelo GARCH e Modelo EWMA

Por essa razão, apesar de as premissas dos dois modelos serem substancialmente diferentes, outro método utilizado para a estimação do parâmetro λ do modelo EWMA é o método de máxima verossimilhança do modelo GARCH, com essas duas restrições incorporadas ao problema de otimização. O parâmetro β encontrado no GARCH seria então equivalente ao parâmetro λ ótimo do EWMA.

8.4.4 Estrutura a Termo de Volatilidade

Nos modelos de Volatilidade Histórica com Pesos Iguais e EWMA, a hipótese de os retornos serem i.i.d implica que a volatilidade é constante ao longo da janela analisada. Da mesma forma, a previsão de variância para as datas futuras será também constante e igual à previsão corrente gerada pelo modelo. Isso significa que, se T é o último período em que os dados estão disponíveis:

$$\sigma_{T+s}^2 = \sigma_{T+1}^2, \qquad s = 1,2,3,\dots.$$

O modelo GARCH, que não possui a restrição dada pela hipótese acima, gera previsões que variam ao longo do tempo. Essas previsões apresentam uma característica de reversão à média, convergindo para a variância incondicional $\bar{\sigma}^2$ à medida que o horizonte de previsão s aumenta. Se sabemos que ε_t é uma medida de erro, com esperança condicional igual a zero, temos que o valor esperado, no instante T, para ε_{T+1}^2 é dado por:

$$\mathbb{E}_T(\varepsilon_{T+1}^2) = \sigma_{T+1}^2.$$

Assim, a previsão do modelo GARCH é obtida substituindo ε_t por sua esperança condicional na equação da variância condicional do modelo:

$$\sigma_{T+2}^2 = \omega + \alpha\mathbb{E}(\varepsilon_{T+1}^2) + \beta\sigma_{T+1}^2 = \omega + (\alpha + \beta)\sigma_{T+1}^2.$$

Generalizando para qualquer data futura, a equação da previsão da variância condicional no modelo GARCH se torna:

$$\sigma_{T+s+1}^2 = \omega + (\alpha + \beta)\sigma_{T+s}^2, \qquad s = 1,2,3,\dots. \tag{8.32}$$

Essa variância é uma medida *forward*, ou seja, é a variância condicional projetada apenas para o dia $T + s + 1$. Para se construir a *estrutura a termo de volatilidade*, precisa-se conhecer a variância média para um determinado período. Para isso, deve-se utilizar a média das variâncias condicionais *forward* para todas as datas do horizonte. Se $\sigma_{(T+s+1)\to(T+s+h)}^2$ é a variância condicional média para o horizonte de tempo que se inicia em $T + s + 1$ (inclusive) e termina em $T + s + h$ (inclusive), então:

$$\sigma_{(T+s+1)\to(T+s+h)}^2 = \frac{1}{h}\sum_{i=1}^{h}\sigma_{T+s+i}^2. \tag{8.33}$$

A variância média, por exemplo, entre 30 e 60 dias ($\sigma_{T+30\to T+60}^2$) é o valor que pode ser utilizado para precificar uma opção *forward* que se inicia em 30 dias e expira em 60 dias.

Na Tabela 8.6 estão as previsões de variância e volatilidade *forward* e média para o exemplo definido na seção anterior. Para a variância *forward* do período $T + 1$ foi utilizada a equação 8.15, com o retorno quadrático e variância dados pela última linha da Tabela 8.4. Para os demais períodos, foi utilizada a equação 8.32.

Note pela Figura 8.7 que, à medida que s aumenta, a previsão de volatilidade converge para a volatilidade incondicional do modelo, de 26,53%. Como a previsão dada em T se

Tabela 8.6: Exemplo de Previsão do Modelo GARCH

t	$\hat{\sigma}_t^2$	$\hat{\sigma}_t\sqrt{252}$	$\hat{\sigma}_{T+1\rightarrow t}\sqrt{252}$
T+1	0.00022197	0.236510	0.236510
T+2	0.00022314	0.237131	0.236820
T+3	0.00022428	0.237737	0.237126
T+4	0.00022540	0.238329	0.237428
T+5	0.00022650	0.238908	0.237725
T+6	0.00022757	0.239474	0.238017
...			
T+995	0.00027938	0.265336	0.263984
T+996	0.00027938	0.265336	0.263985
T+997	0.00027938	0.265336	0.263987
T+998	0.00027938	0.265336	0.263988
T+999	0.00027938	0.265336	0.263990
T+1000	0.00027938	0.265336	0.263991

situava abaixo da média de longo prazo, o valor previsto de volatilidade aumenta gradualmente até convergir para a volatilidade incondicional. Se a previsão em T estivesse acima da média de longo prazo, a estrutura a termo convergiria de forma decrescente.

No modelo GARCH, também é possível embutir-se uma volatilidade de longo prazo exógena. Se $\bar{\sigma}*$ é a volatilidade de longo prazo para a qual se acredita que o modelo deve convergir, então é preciso impor, na otimização dos parâmetros do GARCH definida na equação 8.29, a seguinte restrição adicional:

$$\frac{\omega}{1 - (\alpha + \beta)} = (\bar{\sigma}*)^2. \tag{8.34}$$

Esse procedimento é conhecido como *variance targeting* e garante que o modelo irá convergir para a volatilidade de longo prazo desejada[10].

8.5 Resumo

A distribuição normal $(X \sim N(\mu, \sigma^2))$ tem uma função de densidade de probabilidade que apresenta uma característica forma de sino, centrada em sua média μ, cuja dispersão é dada por seu desvio-padrão σ. A distribuição normal padrão é definida como uma distribuição normal de média igual a zero e desvio-padrão unitário $(Z \sim N(0,1))$.

Volatilidade é o desvio-padrão anualizado dos retornos da série histórica de um ativo. É uma quantidade que denota o tamanho do risco a que estão submetidos os investidores a ele expostos. A regra do $\sqrt{h}$ é válida quando os retornos são independentes e identicamente distribuídos (i.i.d) e implica que o desvio-padrão do retorno no período de h dias é $\sqrt{h}$ vezes o desvio-padrão do retorno diário.

A **matriz de covariância** entre quaisquer n ativos é uma matriz nxn que contém, na sua diagonal, as variâncias dos ativos e, fora da diagonal, suas covariâncias. É uma matriz

---

[10] Conforme prevê a equação 8.27, deduzida neste capítulo.

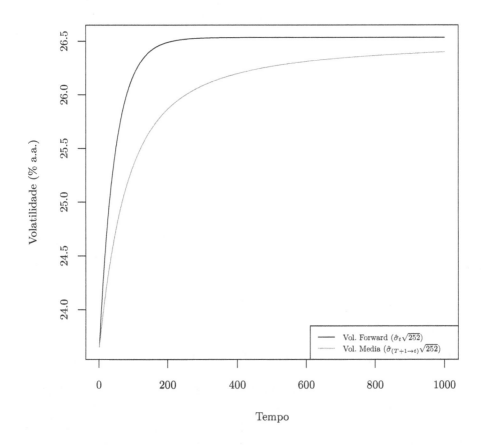

Figura 8.7: Exemplo de Previsão do Modelo GARCH

simétrica que deve sempre ser **positiva semidefinida**, para que nenhum portfólio tenha variância negativa.

No Modelo de Volatilidade Histórica com Pesos Iguais cada um dos últimos T retornos quadráticos da janela tem o mesmo peso e, portanto, possuem a mesma influência na estimativa. A previsão de variância é dada por $\hat{\sigma^2} = (1/T) \sum_{i=1}^{T} \left(r_i^2\right)$.

O Modelo EWMA é um modelo de média móvel que atribui pesos maiores às observações mais recentes, de acordo com uma constante de amortecimento λ. Os valores de λ definidos na metodologia RiskMetrics são 0,97 para dados mensais e 0,94 para dados diários. É possível estimarmos o λ ótimo de uma série (ou conjunto de séries) utilizando processos de otimização. A previsão de variância EWMA é dada por $\hat{\sigma}_t^2 = (1-\lambda)r_{t-1}^2 + \lambda\hat{\sigma}_{t-1}^2$.

O Modelo GARCH foi desenvolvido com o propósito de capturar *clusters de volatilidade*. Os parâmetros α, β medem, respectivamente, a reação, persistência do modelo. O parâmetro ω indica, em conjunto com os demais, a volatilidade de longo prazo (incondicional). A previsão de variância GARCH é dada por: $\sigma_t^2 = \omega + \alpha r_{t-1}^2 + \beta \sigma_{t-1}^2$.

A previsão de volatilidade do Modelo GARCH, diferentemente dos demais modelos apresentados, varia ao longo do tempo e define uma estrutura a termo de volatilidade, que converge para a volatilidade incondicional, de acordo com sua volatilidade *forward* $\sigma_{T+s+1}^2 = \omega + (\alpha + \beta)\sigma_{T+s}^2$. *Variance Targeting* é o método de incluir uma variância de longo prazo exógena ao modelo GARCH.

CAPÍTULO 9

Mensuração de Risco e *Value at Risk*

Renato Rangel Leal de Carvalho[*]

Em 1994, o Banco J.P. Morgan revelou ao mundo sua metodologia de cálculo de risco. Em pouco tempo, o *Value at Risk* (VaR) se tornou a principal ferramenta de medição de risco de mercado para instituições financeiras, tanto na ótica gerencial, quanto na ótica regulatória. Diversos modelos de cálculo de VaR surgiram ao longo dos anos, com o intuito de aprimorar a estimação do risco incorrido nas posições financeiras das empresas.

Neste capítulo, além da descrição de como preparar os dados financeiros antes do efetivo cômputo do risco, apresentaremos 6 modelos diferentes de cálculo de VaR, cada qual com suas particularidades, vantagens e desvantagens. É importante frisar que não existe um modelo de VaR que seja superior aos demais. Um modelo pode apresentar melhor desempenho do que outro para determinado conjunto de instrumentos financeiros, mas pode ter desempenho não tão bom para outras carteiras. Por isso, é importante a realização de testes de aderência (ver seção 10.1 sobre *Backtesting*).

9.1 *Value at Risk* (VaR)

O VaR representa uma estimativa da maior perda esperada em uma carteira de instrumentos financeiros, com uma probabilidade associada e para um horizonte de tempo estipulado. O VaR procura identificar qual poderá ser, no futuro, a perda potencial de valor de um conjunto de instrumentos financeiros.

---

[*] O autor agradece a João Marco Braga da Cunha pelos valiosos comentários, isentando-o, naturalmente, de responsabilidade pelo conteúdo final do capítulo.

Para ilustrar o conceito, vamos considerar um exemplo. Após calcular o VaR de hoje de uma posição financeira, para um nível de confiança de 99% e considerando um horizonte de tempo (*holding period*) de 1 dia, obteve-se o valor de R$ 1.000,00. Portanto, considerando que a posição financeira não mudará, espera-se que 1 vez a cada 100 dias (ou seja, em 1% dos casos) ocorra uma perda maior ou igual a R$ 1.000,00.

Pela definição é possível notar que o VaR possui dois parâmetros básicos:

- O nível de significância α (ou, de forma equivalente, o nível de confiança $(1-\alpha)$);
- O horizonte de tempo (*holding period*) t^1.

Formalizando, o conceito de VaR é:[2]

$$P\left(\Delta X_t \leq VaR\right) = \alpha, \tag{9.1}$$

onde $P()$ indica a probabilidade de um evento, ΔX_t é a variação no valor da carteira de preço X_t, VaR é o valor em risco para o horizonte de tempo t.

Uma outra maneira de interpretar o VaR é usar a noção de quantil: o VaR representa o α-quantil da distribuição de probabilidades associada a variações no valor da carteira.

O método proposto pelo banco J. P. Morgan para calcular o VaR utiliza a premissa de que os retornos dos instrumentos financeiros seguem uma distribuição gaussiana (distribuição normal), como ilustrado na Figura 9.1. No caso desta, o nível de significância (α) é de 5%, o nível de confiança $(1-\alpha)$ de 95% e o quantil da distribuição normal padronizada (média igual a zero e desvio-padrão igual a 1) é igual a -1,65.

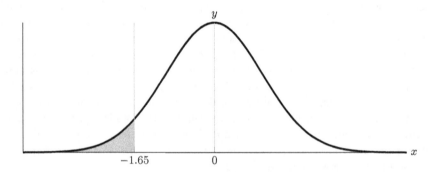

Figura 9.1: Função densidade de probabilidade de uma distribuição normal padronizada.

Atribuir um comportamento gaussiano aos retornos é algo bastante simplista, já que empiricamente observa-se que, para a maioria dos instrumentos financeiros, a distribui-

---

[1] O *holding period* pode ser entendido como o período de tempo em que o investidor pretende manter uma carteira de instrumentos financeiros. Outra interpretação é que ele corresponde ao tempo necessário para que seja possível se desfazer das operações de uma determinada carteira ou para que se estruture uma estratégia de *hedge* para mitigar seu risco.

[2] Note que a equação 9.1 está utilizando o conceito de perda financeira como algo com o sinal negativo. Se mudarmos o conceito de perda financeira para que esta tenha sinal positivo, a equação 9.1 ficaria: $P\left(\Delta X_t \geq VaR\right) = \alpha$

9 Mensuração de Risco e *Value at Risk*

ção dos retornos dos fatores de risco apresenta caudas mais pesadas (*fat tails*) do que as apresentadas na distribuição normal. O uso da distribuição normal nessas circunstâncias faz com que o VaR calculado seja subestimado.

Seguindo a premissa do comportamento gaussiano dos retornos, o VaR de um instrumento financeiro pode ser definido como:

$$VaR_i = -MtM_i z_\alpha \sigma_{i,t}, \tag{9.2}$$

onde MtM_i é o valor marcado a mercado do instrumento financeiro; z_α equivale ao quantil de uma distribuição normal padronizada, ou seja, corresponde à função inversa da distribuição cumulativa normal padronizada para a probabilidade; $\sigma_{i,t}$ é o desvio-padrão dos retornos em tempo discreto atrelados àquele instrumento financeiro.

Em geral, usamos o conceito de VaR como um número relativo à perda, ou seja, o sinal do VaR é positivo e indica uma perda[3]. Note que, pela equação 9.2, por usarmos um z_a com valor negativo, o VaR apresentará um valor positivo.

O comportamento da volatilidade é outro ponto de atenção, pois $\sigma_{i,t}$ está atrelado ao horizonte de tempo do VaR. Para um VaR de 1 dia, deve-se calcular o desvio-padrão de 1 dia. Para obter-se o VaR de 10 dias, deve-se calcular o desvio-padrão de 10 dias.

Como foi observado até o momento, a princípio, o conceito de *Value at Risk* é simples de ser compreendido, pois não apresenta grandes sofisticações. A maior dificuldade está no uso dos dados para modelar a distribuição de probabilidade associada aos retornos da carteira: quanto mais complexos forem os instrumentos financeiros do portfólio, mais complicada será a modelagem desta distribuição.

Apesar da simplicidade dos conceitos empregados, o VaR é um instrumento poderoso e apresenta diversos aspectos positivos. Dentre as principais vantagens, está o fato de sintetizar em um único número o risco associado a uma carteira de instrumentos financeiros. Outra vantagem é a facilidade de promover a comparação do risco associado a diferentes carteiras ou instrumentos, o que nem sempre é possível quando utilizamos outras métricas de risco. Como limitação, destaca-se o fato de não fornecer um indicador de perda esperada, informando apenas uma estimativa de limite associada à perda. Outra desvantagem é que, como em geral as metodologias de cálculo do VaR se baseiam em dados históricos, a premissa de que o passado modelará bem o futuro pode não ser adequada[4]. Além disso, o VaR não possui a propriedade da subaditividade (ver seção 10.6).

Antes de apresentarmos as diversas técnicas para calcular o VaR de uma carteira, serão descritos 5 passos fundamentais que permitirão realizar as medições de risco.

---

[3] O conceito de VaR apresentado na equação 9.2 como uma perda financeira com sinal positivo é diferente daquele apresentado na equação 9.1, quando a perda financeira era representada com o sinal negativo.

[4] Nesses casos, recomenda-se o uso de testes de estresse para abordar situações que fogem daquelas observadas no passado. Esse tema será abordado na seção 10.2.

9.2 Os 5 Passos para Realizar o Cálculo do VaR

Muitas vezes, para facilitar o entendimento da dinâmica da mensuração de risco de mercado, é comum que alguns autores descrevam uma série de etapas que facilitam a implementação das métricas de VaR. Neste capítulo, descreveremos, de forma simples mas abrangente, 5 passos para fazer a mensuração de risco de mercado de uma carteira utilizando o VaR. O primeiro passo é decompor os instrumentos financeiros da carteira em fluxos de caixa e realizar o MtM (*Mark to Market* – marcação a mercado) individualmente por fluxo. O segundo passo é identificar os fatores de risco básicos que influenciam o comportamento dos fluxos de caixa. O terceiro é alocar as exposições financeiras nos fatores de risco básicos e posteriormente fazer seu mapeamento em vértices padronizados (para o caso de instrumentos com exposição em fatores de risco de taxa de juros). O quarto é fazer o cálculo dos retornos por fator de risco básico, com base no histórico de preços e taxas observados. Por fim, o quinto passo é calcular o valor em risco da carteira em análise, aplicando uma das métricas de VaR que serão descritas neste capítulo. A seguir, abordaremos esses cinco passos com maiores detalhes.

Passo 1: Decompor os instrumentos financeiros em fluxos de caixa e realizar sua marcação a mercado

A base do cálculo de risco é representar os instrumentos financeiros por fluxos de caixa e realizar sua marcação a mercado de forma individual. A representação por fluxo de caixa permite que instrumentos financeiros, em especial instrumentos de renda fixa, sejam decompostos em fluxos equivalentes a operações do tipo *zero-coupon*, simplificando as análises de risco.

A etapa de cálculo de MtM de instrumentos financeiros já foi abordada em capítulos anteriores, portanto, neste capítulo, não nos aprofundaremos no tema. Apenas para ilustrar, apresentaremos o exemplo abaixo.

Exemplo 9.1. Considere uma NTN-F com fluxo de caixa dado pela Tabela 9.1, onde DU é a quantidade de dias úteis para o vencimento. Na mesma tabela é informada a taxa prefixada da estrutura a termo para fins de precificação[5].

Tabela 9.1: Fluxos de caixa da NTN-F do Exemplo 9.1.

Tipo de Fluxo	DU	Fluxo (R$)	Taxa Prefixada
Cupom	94	48.81	13%
Cupom	220	48.81	13.25%
Amortização	220	1000	13.25%

Para realizar a marcação a mercado desses fluxos, utilizaremos a equação que desconta o fluxo de caixa pela taxa de mercado da data do fluxo, considerando o padrão de 252 dias úteis por ano:

---

[5] Ver seção 5.12.

9 Mensuração de Risco e *Value at Risk*

$$MtM = \frac{FC}{(1+i_t)^{\frac{DU}{252}}}. \tag{9.3}$$

Os fluxos marcados a mercado serão:

$$MtM_{cupom1} = \frac{48,81}{(1+13\%)^{\frac{94}{252}}} = 46,63$$

$$MtM_{cupom2} = \frac{48,81}{(1+13,25\%)^{\frac{220}{252}}} = 43,79$$

$$MtM_{principal} = \frac{1000}{(1+13,25\%)^{\frac{220}{252}}} = 897,06. \tag{9.4}$$

Portanto, os valores marcados a mercado dos fluxos de caixa gerados dessa NTN-F serão:

- R\$ 46,63 em 94 dias úteis.
- R\$ 43,79 em 220 dias úteis.
- R\$ 897,06 em 220 dias úteis.

Passo 2: Identificação dos Fatores de Risco Básicos

Nessa etapa da análise, serão identificados os fatores de risco básicos das operações financeiras. O ponto de partida para a identificação dos fatores de risco básicos é o cálculo dos retornos. O retorno, que é uma medida da variação do valor do instrumento financeiro com relação ao seu valor original, como será visto ao longo deste capítulo, é a base para o cálculo de risco de mercado através do VaR.

Basicamente, existem duas formas usuais de se calcular retornos financeiros. Uma é através do conceito de tempo discreto:

$$r_t = \frac{X_t - X_{t-1}}{X_{t-1}}$$

$$X_t = X_{t-1}(1+r_t) \tag{9.5}$$

Outra forma de medir a variável é através do conceito de tempo contínuo:

$$r_t = ln\left(\frac{X_t}{X_{t-1}}\right)$$

$$X_t = X_{t-1}e^{r_t} \tag{9.6}$$

Se o valor do retorno é pequeno (perto de zero, como são em geral os retornos diários), essas duas definições nos levam aproximadamente ao mesmo valor. Em nossas análises de risco, vamos utilizar preferencialmente os retornos logarítmicos de acordo com a equação 9.6. Dentre as vantagens desta modalidade, está o fato de não permitir que se projetem preços negativos, o que seria economicamente inconsistente.

A premissa básica adotada nas projeções financeiras é a de que o futuro pode ser previsto utilizando-se dados do passado, usando a condição de que variáveis financeiras (geralmente o logaritmo de preços) seguem um passeio aleatório (*random walk*) sem tendência[6]. A partir dessa premissa, poderemos identificar os fatores de risco básicos. Para tal, partiremos da definição de retorno e do modelo de previsão dos preços (na verdade, do logaritmo dos preços) para seguir um passeio aleatório. Se desejarmos auferir qual será um preço em $t + 1$, a única informação que possuímos é o preço no presente (X_t) e a premissa de que o retorno é uma variável i.i.d. (independente e identicamente distribuída) no tempo. Sendo assim, teremos:

$$ln(X_{t+1}) = ln(X_t) + \epsilon_{t+1}$$

$$ln\left(\frac{X_{t+1}}{X_t}\right) = \epsilon_{t+1} \therefore \epsilon_{t+1} \sim N\left(0, \sigma_{t+1}^2\right), \tag{9.7}$$

onde ϵ_{t+1} é o erro associado à projeção do preço.

Note que essa é a fórmula do retorno logarítmico que foi definida anteriormente, com exceção do termo ϵ_{t+1}. A conclusão é que, para variáveis do tipo preço, o fator de risco básico é o próprio preço, ou seja, para cálculo de risco desse tipo de instrumentos, estaremos interessados no comportamento do retorno logarítmico do preço.

A premissa de que os retornos são i.i.d. é usada no modelo de VaR desenvolvido pela J. P. Morgan por permitir o uso de algumas propriedades estatísticas[7]. Assumir essa hipótese implica, basicamente, duas coisas:

- Para cada passo no tempo t, os retornos logarítmicos são distribuídos com média zero e variância σ_{t+1}^2 (propriedade ligada ao fato dos retornos serem identicamente distribuídos). Isso implica que a média e a variância dos retornos não mudam com o tempo (homocedasticidade).
- Os logaritmos dos preços são estatisticamente independentes uns dos outros ao longo do tempo (por conta dos retornos serem independentes), o que significa dizer que os retornos de diferentes pontos da amostra são completamente descorrelacionados [Morgan, 1996].

Exemplo 9.2. Identifique o fator de risco básico para os instrumentos financeiros ações e moeda.

Tanto ações como cotação de moeda podem ser modeladas como variáveis do tipo preço. Chamando o preço de uma ação de P_t, teremos:

$$ln(P_{t+1}) = ln(P_t) + \epsilon_{t+1}$$

$$ln\left(\frac{P_{t+1}}{P_t}\right) = \epsilon_{t+1}. \tag{9.8}$$

Portanto, o fator de risco básico para ações é o preço da ação.

Algo semelhante pode ser feito para cotação de moeda. Chamando de S_t a cotação da moeda:

---

[6] Sobre passeio aleatório, veja a seção 3.1.

[7] Essa premissa nem sempre é observada nos retornos de variáveis do mercado financeiro.

$$ln(S_{t+1}) = ln(S_t) + \epsilon_{t+1}$$

$$ln\left(\frac{S_{t+1}}{S_t}\right) = \epsilon_{t+1}. \tag{9.9}$$

Portanto, o fator de risco básico para moeda é a cotação da moeda.

Sendo assim, para cálculo de risco de instrumentos financeiros do tipo ação ou moeda, estaremos interessados no retorno logarítmico do preço da ação ou da cotação da moeda, respectivamente.

Exemplo 9.3. Identifique o fator de risco básico para instrumentos financeiros prefixados em reais.

Se considerarmos que o preço de um instrumento financeiros do tipo *bullet*[8] pode ser definido como:

$$X_t = \frac{M}{e^{i_t T}}, \tag{9.10}$$

onde M é o fluxo de caixa no vencimento do papel; i_t é a taxa de juros usada para trazer o fluxo de caixa a valor presente; T é o prazo de vencimento do papel.

Substituindo na equação 9.7:

$$ln\left(\frac{e^{-i_{t+1}T}}{e^{-i_t T}}\right) = \epsilon_{t+1}. \tag{9.11}$$

Pela equação acima, percebe-se que o fator de risco básico não é exatamente a taxa de juros i, mas seu comportamento ao longo do tempo, ou seja, o termo e^{-iT}.

Costuma-se chamar o termo e^{-iT} de PU_T (preço unitário). Fazendo as substituições necessárias:

$$ln\left(\frac{PU_{t+1,T}}{PU_{t,T}}\right) = \epsilon_{t+1}. \tag{9.12}$$

Portanto, no caso da renda fixa, o fator de risco básico será o PU_T do papel, ou seja, o fator de risco básico é uma função da taxa e do prazo associados ao fluxo de caixa[9].

O conceito de cupom como fator de risco básico

O conceito de cupom, no contexto de fatores de risco básicos, aparece quando desejamos comparar um índice ou taxa de juros (que não é a taxa de mercado) com a taxa de mercado (ou taxa livre de risco). O cupom pode ser entendido como a diferença ou relação entre a taxa de mercado e outro tipo de taxa ou índice.

Uma forma simples de entender esse mecanismo é estudar o funcionamento de uma operação financeira de tipo *swap*. Suponha que desejamos contratar um *swap* que troque um único fluxo de caixa indexado a uma taxa de juros ou índice (IPCA, por exemplo),

---

[8] Os instrumentos do tipo *bullet* apresentam apenas um fluxo de caixa, que ocorre no vencimento do papel.

[9] O uso do PU como fator de risco básico de instrumentos de renda fixa facilita bastante as análises de risco. Alguns autores, no tratamento da renda fixa, preferem usar o termo e^{it} como fator de risco básico, o que cria a necessidade de ajuste no cálculo do VaR pela *duration* do papel. Quando usamos o PU como fator de risco básico, eliminamos a necessidade desse ajuste.

não conhecido a priori, por um fluxo de caixa associado à taxa de mercado (CDI, por exemplo). Neste tópico, usaremos a nomenclatura taxa de juros para diferenciar da taxa de mercado.

Sabemos que, no início desse tipo de operação, o valor do *swap* é zero, ou seja, o fluxo de caixa atrelado à taxa de juros (ou índice), trazido a valor presente, deveria ter o mesmo valor do fluxo de caixa atrelado à taxa de mercado, trazido a valor presente. Além disso, o valor nominal (valor de partida) para os dois fluxos é exatamente o mesmo.

Na prática, em geral, a taxa de juros (ou índice) vale menos que a taxa de mercado e, portanto, um fluxo de caixa indexado à taxa de juros (ou índice) irá valer menos do que um fluxo de caixa indexado à taxa de mercado. Nesse contexto, surge a necessidade de um "complemento" para a taxa de juros, fazendo com que os fluxos de caixa do *swap* sejam equivalentes. Esse "complemento" chamaremos de cupom.

Portanto, no início desta operação, utilizando uma nomenclatura de taxa juros em tempo discreto, os fluxos de caixa do *swap*, trazidos a valor presente, deveriam valer:

$$VP_{swap} = M\frac{(1 + i_{taxa})^T}{(1 + i_{pre})^T}(1 + R_T)^T - M\frac{(1 + i_{pre})^T}{(1 + i_{pre})^T} = 0, \qquad (9.13)$$

onde VP_{swap} é o valor de partida do *swap*, que é zero dado que não há fluxo de caixa na abertura do contrato; T é o prazo de vencimento do *swap*; M é o valor nominal do *swap*; i_{pre} é a taxa de juros de mercado no prazo T (obtida da curva de juros prefixado); i_{taxa} é taxa de juros no prazo T; R_T é o cupom de taxa de juros no prazo T.

Portanto, para uma notação de taxa discreta, teremos a relação abaixo para definição de cupom:

$$(1 + R_T)^T = \frac{(1 + i_{pre})^T}{(1 + i_{taxa})^T}. \qquad (9.14)$$

Em geral, a taxa discreta é usada em cálculos ligados à precificação de instrumentos financeiros, enquanto a taxa contínua é utilizada nos cálculos de risco. Se usarmos a notação contínua na definição matemática de cupom, teremos que:

$$e^{-R_T T} = \frac{e^{-i_{pre}T}}{e^{-i_{taxa}T}}. \qquad (9.15)$$

Esse tipo de notação facilita as análises de risco, pois permite condensarmos essa relação entre taxa de mercado e taxa de juros em um único fator de risco: o cupom de taxa de juros. Além disso, o conceito de cupom é bastante intuitivo na marcação a mercado de instrumentos indexados a taxas de juros, pois representa um movimento de "ida" por uma taxa de juros e "volta" pela taxa de mercado.

Portanto, operações indexadas a índices de inflação (IPCA, IGPM, etc), taxa referencial (TR) e moeda estrangeira, dentre outras, irão dar origem aos fatores de risco cupom de índice de inflação, cupom de TR e cupom de moeda estrangeira, respectivamente[10].

---

[10] O cupom de moeda estrangeira (cupom cambial) é um fator de risco que representa a relação entre as taxas de mercado interna e externa (taxa de mercado relativa à moeda estrangera em análise). Pode ser entendido também como a taxa de juros em moeda estrangeira no mercado brasileiro.

9 Mensuração de Risco e *Value at Risk* 209

Passo 3: Alocação das Exposições em Fatores de Risco Básicos e Mapeamento em Vértices Padronizados

Após a seleção de um conjunto de fatores de risco básicos, é possível obter-se a decomposição das exposições de um determinado instrumento financeiro nos fatores de risco a partir da sua fórmula de apreçamento.

Alocação das exposições em fatores de risco

Os dois primeiros passos apresentados até aqui descreveram a necessidade de marcar a mercado as operações da carteira e a importância da identificação dos fatores de risco básicos. Essa terceira etapa basicamente unifica esses dois conceitos, pois vamos alocar as exposições nos fatores de risco básicos.

Esse tipo de procedimento é amplamente utilizado no mercado financeiro, especialmente para fins de gestão de risco, e transformou-se na base para a construção de sistemas de mensuração de risco de mercado. Uma das vantagens da alocação das exposições em fatores de risco é permitir um melhor entendimento da dinâmica do instrumento financeiro, facilitando as análises de risco e execução de operações de *hedge*.

Nos casos simples identificados no passo 2, cada instrumento apresentou apenas um fator de risco básico e, portanto, todo seu MtM é alocado neste fator de risco, o que significa que o instrumento tem exposição em apenas um fator de risco. Foi o caso, por exemplo, das ações ou moeda *spot*, cujo MtM é integralmente alocado no fator de risco preço da ação ou cotação da moeda, respectivamente. O caso de um instrumento de renda fixa é um pouco mais delicado, pois iremos introduzir o conceito de mapeamento em vértices padronizados posteriormente[11]. Antes de explicar a alocação em vértices padronizados, vejamos um exemplo mais complexo de mapeamento em fatores de risco.

Exemplo 9.4. Descrever o mapeamento em fatores de risco de um instrumento prefixado em moeda estrangeira, do tipo *bullet*, com vencimento em T.

O MtM de um instrumento prefixado em moeda estrangeira pode ser descrito como:

$$X_t = S_t M e^{-i_t T}, \tag{9.16}$$

onde S_t é a cotação da moeda, expressa em moeda local; M é o valor nocional da operação; i_t é a taxa do cumpom cambial. Através da equação 9.7 e da definição do MtM desse instrumento financeiro, podemos obter os fatores de risco básicos:

---

[11] O mapeamento de uma curva não necessariamente é feito em vértices. Existem outras alternativas de mapeamento, como a Análise por Componentes Principais (*Principal Component Analysis* - PCA), o modelo de Nelson e Siegel e o modelo de Svensson.

$$ln\left(\frac{X_{t+1}}{X_t}\right) = \epsilon_{t+1}$$

$$ln\left(\frac{S_{t+1}Me^{-i_{t+1}T}}{S_tMe^{-i_tT}}\right) = \epsilon_{t+1}$$

$$ln\left(\frac{S_{t+1}}{S_t}\right) + ln\left(\frac{e^{-i_{t+1}T}}{e^{-i_tT}}\right) = \epsilon_{t+1}$$

$$ln\left(\frac{S_{t+1}}{S_t}\right) + ln\left(\frac{PU_{t+1}}{PU_t}\right) = \epsilon_{t+1}. \tag{9.17}$$

Portanto, para um instrumento prefixado em moeda estrangeira, sua exposição será alocada em dois fatores de risco: exposição (equivalente ao MtM do instrumento) comprada em câmbio e exposição comprada no PU de cupom de moeda estrangeira para o prazo T.

Exemplo 9.5. Para o instrumento financeiro do exemplo 9.4, determine a exposição em fatores de risco, sabendo que a taxa de câmbio USD/BRL no dia era de R\$ 3,00, o valor nominal era de U\$ 1.000,00, o prazo de vencimento era 100 d.u. (dias úteis) e a taxa do cupom cambial para esse prazo era de 4% a.a.

Primeiramente, vamos usar a notação de tempo discreto para calcular o MtM desse título:

$$X_t = S_t\frac{M}{(1+i_t)^T} = 3\frac{1000}{(1+4\%)^{\frac{100}{252}}} = R\$2.953,67. \tag{9.18}$$

Com base no Exemplo 9.4, sabemos que esse tipo de instrumento financeiro apresenta exposições em moeda estrangeira (dólar) e no PU de cupom de moeda estrangeira (cupom de dólar). Portanto, esse instrumento apresenta as seguintes exposições:

- Exposição em moeda dólar no valor de R\$ 2.953,67;
- Exposição em PU de cupom de dólar para o prazo de 100 d.u. no valor de R\$ 2.953,67.

Note que, nesse exemplo, a soma das exposições nos fatores não é igual ao MtM do instrumento financeiro.

Mapeamento em Vértices Padronizados

O mapeamento em vértices padronizados é uma técnica empregada em instrumentos de renda fixa para diminuir a dimensão dos problemas resultantes do cálculo de risco, reduzindo o número de fatores de risco básicos da carteira. Consiste em selecionar vértices predefinidos de um determinado fator de risco de taxa de juros e alocar as exposições do instrumento financeiro diretamente nestes vértices predeterminados, de forma equivalente à alocação no vértice original.

O mapeamento consiste em redistribuir o MtM de um determinado fluxo de caixa nos vértices imediatamente superior e inferior ao vencimento do mesmo. Vale lembrar que, caso o fluxo de caixa tenha vencimento idêntico ao de um vértice padronizado, este será alocado integralmente nesse vértice.

9 Mensuração de Risco e *Value at Risk*

Apenas como exemplo, o Banco Central do Brasil recomenda o uso de onze vértices de juros padronizados na elaboração do Demonstrativo de Risco de Mercado (DRM) Os vencimentos dos vértices são: 1 dia útil, 1 mês (21 dias úteis), 2 meses (42 dias úteis), 3 meses (63 dias úteis), 6 meses (126 dias úteis), 1 ano (252 dias úteis), 2 anos (504 dias úteis), 3 anos (756 dias úteis), 4 anos (1008 dias úteis), 5 anos (1260 dias úteis) e 10 anos (2520 dias úteis). A metodologia RiskMetrics recomenda o uso de 15 vértices padronizados, com os seguintes vencimentos: 1, 2, 3, 6 e 12 meses e 2, 3, 4, 5, 7, 9, 10, 15, 20 e 30 anos [Morgan, 1996].

Um ponto importante sobre a padronização de vértices é que estes possuem venci-mento fixo ao longo do tempo, ou seja, um vértice padronizado com prazo de 1 ano sempre terá esse prazo associado. Portanto, ele possui uma lógica diferente do fluxo/ins-trumento de renda fixa, cujo prazo de vencimento diminui ao longo do tempo, até que o fluxo/instrumento atinja a data de vencimento. Esse descompasso dá origem ao efeito *pull-to-par*[12]. Esta simplificação representa uma boa aproximação quando o *holding-period* do cálculo do VaR é pequeno.

Existem diferentes técnicas que permitem realizar mapeamentos em vértices padro-nizados. Iremos abordar a técnica mais difundida no Brasil, inclusive aplicada pela ins-tituição reguladora local, conhecida como mapeamento linear. Trata-se de uma técnica bem simples e que permite uma alocação sem distorções das exposições e prazos dos flu-xos. O mapeamento linear se mostrou mais eficiente que outras técnicas mais complexas, como o mapeamento ponderado por volatilidade[13].

No mapeamento linear, os fluxos de caixa cujo prazo (T_i) não coincidam com nenhum dos vértices predefinidos (P_i) (ou seja, $T_i \neq P_i$ para todo i) devem ser alocados nos vértices imediatamente anterior (P_i) e imediatamente posterior (P_j), conforme ilustrado na Figura 9.2. Os critérios para realizar esse procedimento são definidos a seguir.

A parte mapeada no vértice imediatamente anterior (P_i) corresponde ao valor da exposição do fluxo em (T_i) ponderada pela fração k, onde:

$$k = \frac{P_j - T_i}{P_j - P_i}. \tag{9.19}$$

A parte mapeada no vértice imediatamente posterior (P_j) corresponde ao valor da ex-posição do fluxo em (T_i) ponderada pela fração $(1 - k)$, onde:

$$(1 - k) = \frac{T_i - P_i}{P_j - P_i}. \tag{9.20}$$

Os fluxos de caixa com prazos (T_i) iguais aos dos vértices predefinidos (P_i) (ou seja, $T_i = P_i$) devem ter sua exposição integralmente mapeada no vértice P_i.

Exemplo 9.6. A LTN, Letra do Tesouro Nacional, é um título público prefixado do tipo *bullet* que paga R$ 1.000 no vencimento. Sabendo que faltam 180 dias úteis para o vencimento do papel e que a taxa de juros prefixada para esse vencimento é de 10%

---

[12] Maiores detalhes sobre o efeito *pull-to-par* podem ser consultados em [Group, 1996]

[13] O mapeamento ponderado por volatilidade é apresentado em [Morgan, 1996] e em [Hull, 2009]. Para maiores detalhes sobre a comparação entre o mapeamento linear e o mapeamento ponderado por volatilidade, veja [Mina, 1999].

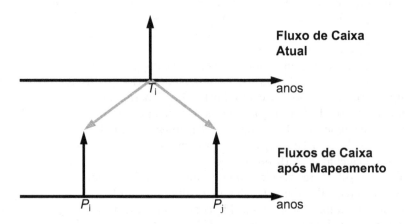

Figura 9.2: Alocação de exposição com vencimento T_i nos vértices padronizados P_i e P_j, quando T_i não coincide com nenhum dos vértices predefinidos.

a.a, realize a alocação em vértices padronizados, utilizando os mesmos vértices sugeridos pelo Banco Central do Brasil.

Primeiramente, vamos calcular o MtM desse papel:

$$MtM = \frac{1.000}{(1+10\%)^{\frac{180}{252}}} = 934{,}19. \tag{9.21}$$

Após o cálculo do MtM, podemos fazer a alocação nos vértices padronizados. Como o fluxo de caixa vence em 180 dias úteis, a exposição (MtM) será alocada no vértice de 6 meses (126 dias úteis) na proporção k e no vértice de 1 ano (252 dias úteis) na proporção $1-k$.

$$k = \frac{252-180}{252-126} = 0{,}571429$$
$$1 - k = 0{,}428571$$
$$MtM_{6meses} = kMtM = 0{,}571429 \cdot 934{,}19 = 533{,}82$$
$$MtM_{1ano} = (1-k)MtM = 0{,}428571 \cdot 934{,}19 = 400{,}37. \tag{9.22}$$

Portanto, teremos as seguintes exposições:

- Exposição em PU prefixado no vértice de 6 meses no valor de R\$ 533,82;
- Exposição em PU prefixado no vértice de 1 ano no valor de R\$ 400,37.

Passo 4: Cálculo dos Retornos

No passo 2 apresentamos o conceito de retorno, pois este serviu como insumo para a identificação dos fatores de risco básicos. Esperamos até o passo 4 para realizar o cálculo dos retornos dos fatores de risco básicos por um simples motivo: esse cálculo deve levar em conta, quando pertinente, a alocação em vértices padronizados, o que só foi apresentado no passo 3.

Basicamente, o cálculo dos retornos para apuração do VaR será realizado com base na equação do retorno em tempo contínuo apresentada anteriormente:

$$r_t = ln\left(\frac{X_t}{X_{t-1}}\right). \tag{9.23}$$

Exemplo 9.7. Calcule o retorno de um instrumento financeiro prefixado em reais do tipo *bullet*.

Partindo da equação 9.23, considerando que o preço desse instrumento financeiro pode ser definido como $X_t = \frac{M}{e^{i_t T}}$ e usando o conceito de PU como fator de risco básico, podemos calcular o retorno:

$$
\begin{aligned}
r_t &= ln\left(\frac{X_t}{X_{t-1}}\right) \\
&= ln\left(\frac{\frac{M}{e^{i_t T}}}{\frac{M}{e^{i_{t-1} T}}}\right) \\
&= ln\left(\frac{PU_{t,T}}{PU_{t-1,T}}\right) \\
&= ln\left(\frac{e^{-i_t T}}{e^{-i_{t-1} T}}\right) \\
&= -i_t T - (-i_{t-1} T) \\
&= -(i_t - i_{t-1})T. \tag{9.24}
\end{aligned}
$$

Ativos com comportamentos linear e não linear no tratamento de risco

A definição de ativos com comportamento linear no tratamento de risco está intimamente ligada ao comportamento da fórmula de precificação (marcação a mercado) do instrumento financeiro perante o(s) fator(es) de risco básico(s). Se a primeira derivada da fórmula de precificação em relação a um fator de risco básico retornar um valor constante perante aquela variável, significa que, no cálculo do VaR, esse instrumento é linear para o fator de risco sensibilizado. Esta característica facilitará bastante a implementação das métricas de cálculo do VaR. A seguir, serão apresentados alguns exemplos de como fazer essa verificação.

Exemplo 9.8. Verifique se uma ação tem comportamento linear para fins de tratamento de risco.

Partindo da fórmula de precificação da ação (que, no caso, é o próprio preço) e fazendo a derivada em função do fator de risco preço, tem-se:

$$\frac{\partial MtM_t}{\partial P_t} = \frac{\partial P_t}{\partial P_t} = 1. \tag{9.25}$$

Como 1 é um valor constante perante a variável preço (P_t), podemos concluir que uma ação é um instrumento com comportamento linear para fins de cálculo de risco.

Exemplo 9.9. Verifique se um instrumento do tipo *bullet*, prefixado em moeda estrangeira, tem comportamento linear para fins de risco.

Como visto no exemplo 4, esse tipo de instrumento é sensível a dois fatores de risco: moeda *spot* e PU do cupom de moeda. Partindo da fórmula de precificação e fazendo, primeiramente, a derivada em função do fator de risco moeda, chega-se a:

$$\frac{\partial MtM_t}{\partial S_t} = \frac{\partial S_t Me^{-i_t T}}{\partial S_t} = Me^{-i_t T} \tag{9.26}$$

Como $Me^{-i_t T}$ é um valor constante perante a variável cotação da moeda (S_t), podemos concluir que este instrumento é linear para fins de cálculo de risco, quanto ao fator moeda. Analisando o fator de risco PU do cupom de moeda:

$$\frac{\partial MtM_t}{\partial PU_t} = \frac{\partial S_t Me^{-i_t T}}{\partial PU_t} = \frac{\partial S_t M PU_t}{\partial PU_t} = MS_t \tag{9.27}$$

Como MS_t é um valor constante perante a variável PU do cupom de moeda (PU_t), podemos concluir que esse instrumento é linear para fins de cálculo de risco quanto ao fator PU do cupom de moeda.

Portanto, um instrumento prefixado em moeda estrangeira tem comportamento linear perante seus dois fatores de risco: cotação de moeda e PU do cupom de moeda.

Agora que entendemos o que é comportamento linear para fins de risco, iremos analisar como é o comportamento não linear. Os instrumentos mais conhecidos que possuem tal característica são as opções. O exemplo a seguir ilustrará tal característica.

Exemplo 9.10. Verifique se uma opção de compra (*call*) do tipo europeia, cujo ativo objeto é uma ação que não paga dividendos, tem comportamento linear para fins de tratamento de risco.

Como vimos na seção 3.5, a primeira derivada da equação de precificação da opção em função do preço do ativo objeto é chamada de delta (Δ) da opção e para uma *call* europeia sem pagamento de dividendos, o Δ é descrito por:

$$\frac{\partial MtM_{opcao}}{P_t} = \Delta_{opcao} = N(d_1) = N\left(\frac{\ln\left(\frac{P_t}{K}\right) + \left(i + \frac{\sigma^2}{2}\right)T}{\sigma\sqrt{T}}\right). \tag{9.28}$$

Portanto, a derivada do preço da opção resulta em uma equação em função do próprio preço (P_t), ou seja, não corresponde a um valor constante perante o fator de risco básico, caracterizando o comportamento da opção como não linear para fins de risco.

A Figura 9.3 ilustra os comportamentos linear e não linear do MtM de um ativo perante um fator de risco básico.

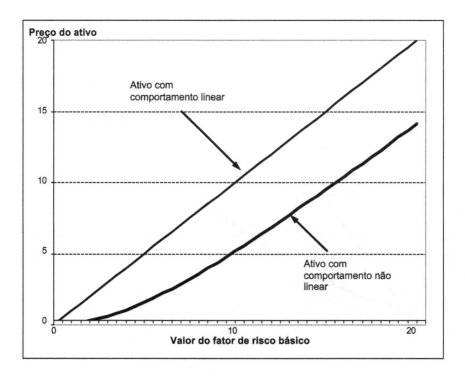

Figura 9.3: Funções de precificação lineares e não lineares em relação aos fatores de risco.

Para instrumentos lineares para fins de risco, a aproximação de primeira ordem, que foi descrita ao longo desse capítulo, é suficiente para realizar o cálculo do VaR sem trazer grandes distorções ao comportamento do instrumento financeiro frente aos fatores de risco básicos.

No caso de instrumentos não lineares, o uso da primeira derivada não costuma ser uma boa aproximação para fins de risco, como mostra a Figura 9.3. Para as opções, costuma-se utilizar, além do *delta* (primeira derivada em função do preço do ativo objeto), a grega *gamma* (segunda derivada em função do preço) na apuração do VaR, como mostra a Figura 9.4.

Existe ainda um terceiro tipo de instrumento financeiro: são aqueles que apresentam características lineares para alguns fatores de risco básicos e características não lineares para outros fatores. Um exemplo são os instrumentos de renda fixa com derivativos embutidos, como uma debênture que contenha uma opção de conversão do instrumento em ações sob determinadas circunstâncias. Esse tipo de instrumento terá características lineares para o fator de risco ligado à renda fixa, porém terá características não lineares para o fator de risco preço da ação.

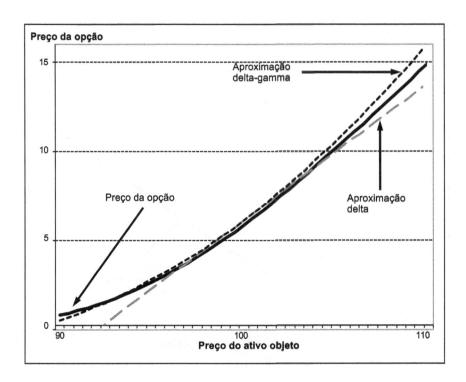

Figura 9.4: Aproximações *delta* e *delta-gamma* para o preço de uma posição comprada em uma *call*.

Passo 5: Cálculo do VaR

Após a preparação dos dados realizada nos 4 passos anteriores, chegou a hora de realizar efetivamente o cálculo do VaR. Na seção seguinte, serão descritos 6 modelos de cálculo do VaR. Cada um deles apresenta vantagens e desvantagens, cabendo ao leitor a escolha do modelo mais adequado às características da carteira analisada[14].

---

[14] Para avaliar se um modelo de VaR é adequado a um conjunto de instrumentos financeiros, costumam-se realizar testes de aderência, conhecidos como *backtests*. Os *backtests* serão apresentados no próximo capítulo.

9.3 Modelos de VaR

9.3.1 VaR Paramétrico Normal

No modelo paramétrico para cálculo do *Value at Risk*, os retornos dos instrumentos financeiros que compõem a carteira são modelados usando-se uma distribuição de probabilidade conhecida. Essa distribuição é ajustada através de parâmetros estimados com base no histórico dos fatores de risco básicos.

Como foi apresentado no início do capítulo, o VaR Paramétrico, considerando-se um único instrumento financeiro/fluxo de caixa e usando a premissa de que o retorno segue uma distribuição normal com média zero, pode ser calculado pela equação 9.2, que reescrevemos a continuação:

$$VaR_i = -MtM_i z_\alpha \sigma_{i,t}. \tag{9.2}$$

O modelo acima corresponde ao cálculo do VaR quando estimamos a distribuição de probabilidade usando retornos discretos e média zero. Quando utilizamos retornos no tempo contínuo, o cálculo do VaR de forma mais precisa deve ser realizado usando-se a seguinte equação:

$$VaR_i = MtM_i \left(1 - e^{z_\alpha \sigma_{i,t}}\right). \tag{9.29}$$

Na prática, usaremos a equação 9.2 para calcular o VaR das carteiras, mesmo utilizando o cálculo de retorno no tempo contínuo. O principal motivo é que o retorno em tempo discreto possui propriedades desejáveis para agregação dos fatores de risco da carteira e, através de algumas aproximações, podemos considerar que os dois tipos de cálculo de retorno se equivalem. Basicamente, o retorno em tempo discreto corresponde à aproximação de primeira ordem da expansão de Taylor do retorno em tempo contínuo e, para valores de retorno pequenos, podemos desprezar os demais termos da expansão de Taylor, chegando à conclusão de que, neste caso particular, o retorno em tempo discreto é aproximadamente igual ao retorno em tempo contínuo. Isto irá nos permitir usar propriedades matemáticas dos dois tipos de retorno no cálculo do VaR: a facilidade da agregação temporal dos retornos em tempo contínuo com a facilidade da agregação entre os retornos discretos dos fatores de risco do portfólio.

O fato de nos valermos da aproximação de primeira ordem do retorno contínuo para o cálculo do VaR, usando a premissa de que os retornos seguem uma distribuição normal, faz com que muitos autores chamem esse tipo de abordagem de VaR Delta-Normal.

Em geral, quando estimamos o VaR, utilizamos como base o cálculo de retornos diários. Porém, muitas vezes estamos interessados em análises com outros horizontes de tempo, o que cria a necessidade de escalar o VaR para um período de perda potencial diferente de 1 dia. O uso da premissa de que os retornos são i.i.d. garante que a variância dos retornos é constante ao longo do tempo (propriedade conhecida como homocedasticidade), o que permite usar o método da raiz quadrada do tempo para mudar o horizonte do VaR sem grandes esforços. Basicamente, escala-se o VaR calculado com retornos diários (e, portanto, usando uma volatilidade com base diária) multiplicando-o pela raiz do horizonte de tempo desejado:[15].

$$VaR_i = -MtM_i z_\alpha \sigma_{i,diario} \sqrt{t}. \tag{9.30}$$

Quando consideramos mais de uma carteira sensibilizada por mais de um fator de risco básico, o cálculo do VaR se torna mais complexo, pois devemos levar em conta as interdependências (correlações) entre os fatores. Se generalizarmos a equação 9.30 para o caso com múltiplos fatores de risco, encontraremos a seguinte equação:

$$VaR_{carteira} = -z_\alpha \sqrt{(F^T \textstyle\sum_{diario} F)t}, \tag{9.31}$$

onde F é o vetor de exposições por fator de risco; e $\sum_{diario}$ é a matriz de covariâncias entre os fatores de risco básicos, em base diária.

É possível modificar a equação 9.31 para que o VaR da carteira seja calculado com base no VaR segregado por fator de risco:

$$VaR_{carteira} = \sqrt{(VaR_i)^T P(VaR_i)}, \tag{9.32}$$

onde VaR_i é o vetor de VaRs segregados por fator de risco e P é a matriz de correlações entre os fatores de risco básicos.

O VaR Paramétrico Normal pode ser estimado usando-se o cálculo das variâncias e covariâncias amostrais. A seguir, mostraremos um caso particular desta metodologia, com o uso do estimador de volatilidade condicional EWMA.

VaR Delta-Gamma-Normal. Quando a carteira analisada apresenta instrumentos financeiros não lineares, a abordagem delta-normal pode ser inadequada, pois o uso de aproximações de primeira ordem pode ser insuficiente para garantir uma boa modelagem do comportamento desses instrumentos. Nestes casos, pode-se fazer um ajuste no VaR para permitir um cálculo de risco mais preciso, acrescentando-se na análise a aproximação de segunda ordem, conhecida como gamma (Γ). Esse tipo de abordagem é chamado de VaR Delta-Gamma-Normal. Estendendo a equação 9.30 para o caso da aproximação delta-gamma, teremos que o VaR de um ativo não linear pode ser calculado como:

$$VaR_i = -z_\alpha \sqrt{\Delta^2 MtM_i^2 \sigma_{i,diario}^2 t + \frac{1}{2}\Gamma^2 \left(MtM_i^2 \sigma_{i,diario}^2 t\right)^2}. \tag{9.33}$$

A abordagem VaR Delta-Gamma-Normal apresenta uma grande inconsistência, pois parte da premissa de que tanto a aproximação de primeira ordem (delta), quanto a de segunda ordem (gamma), têm um comportamento que segue uma distribuição normal. Porém isso não é possível: se considerarmos que o delta tem

---

[15] Essa não é a única técnica que permite escalar o VaR para outros horizontes de tempo. Outras formas de fazer o *scaling* do VaR podem ser consultadas em [Alexander, 2009].

comportamento gaussiano, gamma seguirá o comportamento de uma chi-quadrada [Dowd, 1999].

O VaR Delta-Gamma-Normal é uma das metodologias mais simples usadas para tratar instrumentos não lineares. Existem outras aproximações mais sofisticadas e que podem aumentar a precisão dos cálculos, com a inclusão de outras gregas no cômputo do VaR (VaR Delta-Gamma-Vega-Theta) ou o uso da expansão de Cornish-Fischer de 4ª ordem ou superior. Para maiores detalhes dessas duas metodologias, veja [Alexander, 2009].

9.3.2 VaR RiskMetrics

O VaR RiskMetrics pode ser entendido como um caso particular do VaR Paramétrico Normal, onde a volatilidade da carteira é calculada com base em um modelo conhecido como *Exponentially Weighted Moving Average* (EWMA). O cálculo da volatilidade amostral tradicional (usando pesos iguais para todas as observações) é adequado quando a variância dos retornos é constante ao longo do tempo. Porém, há inúmeras evidências de que a variância oscila ao longo do tempo de maneira suave. Períodos com maiores oscilações nos preços tendem a ser seguidos com a mesma característica, formando os chamados *clusters* de volatilidade [Dowd, 1999]. O modelo EWMA procura incorporar esta característica, atribuindo maior peso às observações históricas mais recentes usadas no cálculo da variância.

No modelo EWMA, a variância é calculada com base em dados históricos por meio de uma média móvel ponderada. Basicamente, a previsão da volatilidade para o instante t é resultante da média ponderada da variância do período anterior, à qual se atribui o peso λ, com o quadrado do último retorno disponível, ao qual se atribui o peso $(1 - \lambda)$:

$$\sigma_t^2 = \lambda\sigma_{t-1}^2 + (1 - \lambda)r_{t-1}^2, \tag{9.34}$$

onde σ_t^2 é a variância estimada para o instante de tempo t, λ é o fator de ponderação da média móvel, conhecido como fator de decaimento e r_{t-1} é o retorno observado no instante de tempo $t - 1$.

O fator de decaimento (λ) deve ser um número entre 0 (zero) e 1. Quanto mais próximo de 0 for λ, maior será o peso dado às observações mais recentes do retorno e, consequentemente, mais rapidamente o modelo responderá à entrada de uma informação nova (no caso, os retornos).

Aplicando a equação 9.34 de forma recursiva, teremos:

$$\sigma_t^2 = \frac{\displaystyle\sum_{i=0}^{\infty} \lambda^i r_{t-i-1}^2}{\displaystyle\sum_{i=0}^{\infty} \lambda^i}. \tag{9.35}$$

Pela equação 9.35, podemos chegar a duas conclusões: a primeira é que fica bem claro o caráter de média móvel exponencial do modelo EWMA; e a segunda é que, caso o λ seja muito próximo de 1, o modelo EWMA se aproxima ao modelo de média amostral tradicional.

A abordagem EWMA tem duas vantagens importantes sobre o modelo que usa observações de retorno com pesos iguais. Uma é que a volatilidade reage mais rapidamente aos choques de mercado, já que dados recentes têm pesos maiores do que os dados mais antigos. A outra é que, após a volatilidade subir por conta de um grande choque, esta diminui exponencialmente, à medida que o peso da observação desse choque diminui. Em contrapartida, o uso de uma média móvel simples leva a mudanças bruscas no desvio-padrão, uma vez que um grande choque saia da janela de medição[16]. A Figura 9.5 ilustra esse comportamento dos dois modelos de VaR.

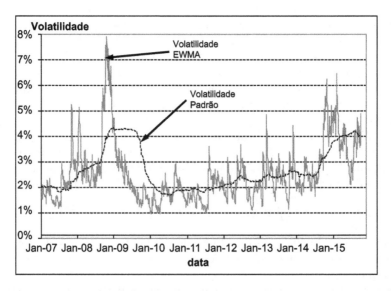

Figura 9.5: Evolução da volatilidade diária das ações da Petrobras (PETR3), de janeiro de 2007 a dezembro de 2015. A volatilidade foi medida por dois métodos: volatilidade amostral tradicional com janela de 252 dias úteis e modelo EWMA com fator de decaimento 0,90.

---

[16] Sobre a janela de cálculo da volatilidade EWMA, o artigo [Morgan, 1996] mostra que é possível calcular o número efetivo de observações que estão sendo usadas na apuração da volatilidade, dada uma certa tolerância. Por exemplo, com 1% de tolerância, para os fatores de decaimento de 0,97 e 0,94, são usadas, respectivamente, 152 e 75 observações no cálculo da volatilidade pela metodologia EWMA.

9 Mensuração de Risco e *Value at Risk* 221

O modelo de estimação de volatilidade EWMA é fácil de usar, requer apenas um parâmetro adicional (o parâmetro λ) ao modelo de média amostral tradicional e funciona bem na prática [Dowd, 1999]. A documentação RiskMetrics recomenda que se use λ igual a 0,94 para observações diárias e 0,97 para observações mensais. No caso das séries financeiras brasileiras, recomenda-se cautela no uso desses valores, já que o mercado brasileiro possui características muitas vezes não observadas em outras regiões. É mais preciso usar algum estimador para o parâmetro λ, como o estimador de máxima verossimilhança, que será abordado a seguir[17].

No estimador de máxima verossimilhança, escolhemos o(s) parâmetro(s) de um modelo que irá(ão) maximizar a chance de o dado de saída do modelo ocorrer. No caso do modelo EWMA, dado que o retorno r possui distribuição normal com média nula e variância σ_t^2, descrita pela dinâmica dada em 9.34, a estimação por máxima verossimilhança consiste em escolher o λ que maximiza o valor da função:

$$\sum_{i=1}^{m} \left(-ln\left(\sigma_i^2\right) - \frac{r_i^2}{\sigma_i^2} \right). \tag{9.36}$$

Usamos a equação 9.36 de forma iterativa, obtendo assim, dentro de uma janela de dados estipulada, o λ que maximiza a equação. A escolha do λ ótimo de uma carteira deve ser realizada para todas as séries financeiras dos fatores em conjunto[18].

Se desejarmos calcular o VaR de uma carteira, é importante que saibamos as covariâncias entre os fatores. No caso do modelo EWMA, a covariância entre os fatores pode ser calculada pela equação abaixo:

$$\sigma_{i,j,t}^2 = \lambda \sigma_{i,j,(t-1)}^2 + (1 - \lambda) r_{i,(t-1)} r_{j,(t-1)}, \tag{9.37}$$

onde $\sigma_{i,j,t}^2$ é a covariância entre os retornos dos fatores de risco i e j para o tempo t e $r_{i,(t-1)}$ é o retorno do fator de risco i para o tempo $t-1$.

Para realizar o cálculo do VaR de uma carteira usando o modelo de volatilidade condicional EWMA, devemos montar a matriz de covariâncias entre os fatores a partir do cálculo da variância dos fatores individuais (equação 9.34) e da covariância (equação 9.37). Com a construção da matriz de covariâncias, podemos aplicar a equação 9.31:

$$VaR_{carteira} = -z_\alpha \sqrt{(F^T \textstyle\sum_{EWMA,diario} F)t}. \tag{9.38}$$

Se desejarmos partir do cálculo do VaR individualmente por fator de risco básico (equação 9.30), para posteriormente calcular o VaR da carteira (equação 9.32), devemos calcular a matriz de correlações pela metodologia EWMA. As correlações entre os fatores podem ser calculadas com base na variância (equação 9.34) e na covariância entre os fatores (equação 9.37), através da equação do coeficiente de correlação amostral:

---

[17] Existem outras formas de se estimar o fator de decaimento do modelo EWMA. Por exemplo, RiskMetrics Group (1996 a) sugere o uso do critério da raiz do erro quadrático médio (REQM).

[18] Em [Morgan, 1996], é mostrado que, para garantir que a matriz de covariâncias estimada, além de positiva definida, tenha valores positivos para as variâncias e seja simétrica, a escolha do λ ótimo da carteira deve ser realizada para todas as séries financeiras dos fatores em conjunto.

$$\rho_{i,j,t} = \frac{\sigma_{i,j,t}^2}{\sigma_{i,t}\sigma_{j,t}}, \tag{9.39}$$

onde $\rho_{i,j,t}$ é o coeficiente de correlação entre os retornos dos fatores de risco i e j para o tempo t.

Exemplo 9.11. Um investidor possui, em seu portfólio de investimento, 10.000 LTNs com vencimento em 100 dias úteis e 50.000 ações ordinárias nominativas da Petrobras (PETR3). Sabendo que as ações PETR3 estão cotadas a R$ 8,83 e que a taxa de juros prefixada para 100 dias úteis é de 14,5% a.a, realize a alocação em fatores de risco básicos (utilize os vértices BACEN para as exposições das LTNs) e calcule o VaR dessa carteira pelas metodologias paramétrica normal e EWMA (use λ igual a 0,9), para uma confiança de 99% e *holding period* de 10 dias úteis. Calcule o VaR para uma janela de 25 observações de retornos.

Primeiramente, vamos calcular o MtM da posição em LTNs:

$$MtM_{LTN} = 10.000\frac{1.000}{(1+14,5\%)^{\frac{100}{252}}} = 9.476.900. \tag{9.40}$$

O MtM da posição em PETR3 é:

$$MtM_{PETR3} = 50.000 \times 8,83 = 441.500. \tag{9.41}$$

As exposições dessa carteira, por fator de risco básico, seriam:

$$E_{PU\_PRE\_3M} = 3.911.101,59$$
$$E_{PU\_PRE\_6M} = 5.565.798,41$$
$$E_{PETR3} = 441.500,00.$$

Com base nas séries de dados financeiros presentes na tabela 9.2 e utilizando a equação 9.2, os valores de VaR, por fator de risco básico, para o modelo paramétrico normal, seriam:

$$VaR_{Normal,PETR3} = 122.164,03$$
$$VaR_{Normal,PU\_PRE\_3M} = 3.395,12$$
$$VaR_{Normal,PU\_PRE\_6M} = 19.571,77,$$

e os valores de VaR por fator de risco básico para o modelo RiskMetrics seriam:

$$VaR_{RiskMetrics,PETR3} = 124.817,58$$
$$VaR_{RiskMetrics,PU\_PRE\_3M} = 4.028,11$$
$$VaR_{RiskMetrics,PU\_PRE\_6M} = 23.911,95.$$

Para calcular o VaR Paramétrico Normal da carteira através da equação 9.32 é necessário obter a matriz de correlações amostral, cujos valores foram de:

Tabela 9.2: Séries utilizadas no Exemplo 9.11.

Data	Preço PETR3	Taxa anual PRE3M	Taxa anual PRE6M	Retorno PETR3	Retorno PRE3M	Retorno PRE6M	Vol. Padrão PETR3	Vol. Padrão PRE3M	Vol. Padrão PRE6M	Vol. EWMA PETR3	Vol. EWMA PRE3M	Vol. EWMA PRE6M	Cov. EWMA PETR3	Cov. EWMA PRE3M	Cov. EWMA PRE6M
2015-08-03	10,98	0,142100	0,142237												
2015-08-04	11,11	0,142100	0,142187	0,011770	0,000000	0,000025									
2015-08-05	10,99	0,142269	0,142484	-0,010860	-0,000042	-0,000148				0,011770	0,000000	0,000025	0,000000000	0,000000294	0,000000000
2015-08-06	11,46	0,143241	0,144482	0,041877	-0,000243	-0,000999				0,011682	0,000013	0,000052	0,000000046	0,000000426	0,000000001
2015-08-07	10,61	0,143568	0,145331	-0,077066	-0,000082	-0,000425				0,017268	0,000078	0,000320	-0,000000977	-0,000003801	0,000000025
2015-08-10	11,01	0,142786	0,144114	0,037007	0,000195	0,000609				0,029365	0,000078	0,000332	-0,000000247	-0,000000145	0,000000026
2015-08-11	10,97	0,142448	0,142964	-0,003640	0,000084	0,000575				0,030216	0,000096	0,000369	0,000000499	0,000002123	0,000000035
2015-08-12	11,03	0,142025	0,142440	0,005455	0,000106	0,000262				0,028689	0,000095	0,000394	0,000000419	0,000001701	0,000000036
2015-08-13	10,58	0,142106	0,142635	-0,041653	-0,000020	-0,000098				0,027271	0,000096	0,000383	0,000000435	0,000001674	0,000000036
2015-08-14	10,35	0,142053	0,142700	-0,021979	0,000013	-0,000032				0,029032	0,000091	0,000365	0,000000475	0,000001915	0,000000032
2015-08-17	10,2	0,142116	0,142803	-0,014599	-0,000016	-0,000052				0,028406	0,000086	0,000346	0,000000399	0,000001794	0,000000029
2015-08-18	10,02	0,142018	0,142567	-0,017805	0,000024	0,000118				0,027341	0,000082	0,000329	0,000000382	0,000001690	0,000000026
2015-08-19	9,77	0,141805	0,142257	-0,025267	0,000053	0,000155				0,026542	0,000078	0,000314	0,000000301	0,000001311	0,000000024
2015-08-20	9,69	0,141633	0,141778	-0,008222	0,000043	0,000239				0,026417	0,000076	0,000302	0,000000137	0,000000788	0,000000022
2015-08-21	9,2	0,141703	0,141882	-0,051891	-0,000018	-0,000052				0,025196	0,000073	0,000296	0,000000088	0,000000513	0,000000021
2015-08-24	8,7	0,142033	0,142640	-0,055880	-0,000082	-0,000379				0,028993	0,000069	0,000281	0,000000173	0,000000732	0,000000019
2015-08-25	8,88	0,142134	0,142650	0,020479	-0,000025	-0,000005				0,032692	0,000070	0,000292	0,000000614	0,000002776	0,000000020
2015-08-26	9,13	0,142191	0,142550	0,027764	0,000014	0,000050				0,031683	0,000067	0,000277	0,000000501	0,000002488	0,000000018
2015-08-27	10,16	0,141972	0,142100	0,106893	0,000055	0,000225				0,031313	0,000064	0,000263	0,000000412	0,000002378	0,000000016
2015-08-28	10,28	0,142180	0,142498	0,011742	-0,000052	-0,000199				0,045001	0,000063	0,000259	0,000000959	0,000004546	0,000000016
2015-08-31	10,62	0,142800	0,143571	0,032539	-0,000155	-0,000537				0,042853	0,000062	0,000254	0,000000802	0,000003857	0,000000015
2015-09-01	9,95	0,143203	0,144231	-0,065166	-0,000101	-0,000330				0,041936	0,000077	0,000295	0,000000217	0,000001724	0,000000022
2015-09-02	10,2	0,143533	0,145555	0,024815	-0,000082	-0,000662				0,044804	0,000080	0,000299	0,000000854	0,000003702	0,000000023
2015-09-03	10,24	0,142772	0,144766	0,003914	0,000190	0,000394				0,043223	0,000080	0,000353	0,000000565	0,000001689	0,000000026
2015-09-04	9,9	0,143877	0,147097	-0,033767	-0,000276	-0,001165				0,041024	0,000097	0,000357	0,000000583	0,000001675	0,000000031
2015-09-08	10,05	0,143481	0,146186	0,015038	0,000099	0,000456				0,040357	0,000127	0,000500	0,000001456	0,000005441	0,000000060
2015-09-09	9,68	0,143208	0,146084	-0,037511	0,000068	0,000051	0,03918	0,00011	0,00043	0,038580	0,000124	0,000496	0,000001460	0,000005583	0,000000059
2015-09-10	9,31	0,144182	0,148399	-0,038973	-0,000243	-0,001157	0,0396	0,00011	0,00044	0,038474	0,000120	0,000471	0,000001059	0,000004833	0,000000053
2015-09-11	8,81	0,143933	0,148150	-0,055202	0,000062	0,000124	0,04013	0,00012	0,00048	0,038524	0,000137	0,000578	0,000001900	0,000008859	0,000000076
2015-09-14	8,83	0,143120	0,146491	0,002268	0,000203	0,000830	0,03994	0,00011	0,00045	0,040502	0,000131	0,000550	0,000001368	0,000007289	0,000000069
2015-09-15							0,03761	0,00012	0,00048	0,038430	0,000140	0,000584	0,000001277	0,000006748	0,000000079

$$\begin{bmatrix} 1 & 0,287513 & 0,301878 \\ 0,287513 & 1 & 0,958017 \\ 0,301878 & 0,958017 & 1 \end{bmatrix}.$$

Seguindo as equações 9.37 e 9.39, os valores da matriz de correlações EWMA foram de:

$$\begin{bmatrix} 1 & 0,237328 & 0,300670 \\ 0,237328 & 1 & 0,967633 \\ 0,300670 & 0,967633 & 1 \end{bmatrix}$$

e os valores de VaR da carteira para os modelos paramétrico normal e RiskMetrics serão de:

$$VaR_{Normal} = 130.874,01$$
$$VaR_{RiskMetrics} = 135.599,64.$$

Uma observação importante sobre o resultado desse exercício diz respeito ao efeito de diversificação da carteira, já que para os dois modelos de VaR analisados, a soma dos VaRs por fator de risco apresenta um valor maior do que o VaR da carteira, já que as correlações entre os fatores são menores do que 1.

Outro ponto que deve ser observado é o tamanho de janela de cálculo adotado. Utilizamos uma janela de 25 dias úteis apenas de forma ilustrativa. Em geral, utilizam-se janelas maiores nos cálculos de VaR.

9.3.3 Simulação Histórica Padrão

Os modelos paramétricos de VaR apresentados até o momento assumem uma premissa que muitas vezes é difícil de se observar na prática: o fato de que os retornos dos fatores de risco básicos seguem uma distribuição normal. Na maioria das vezes, a distribuição de probabilidade empírica dos retornos dos fatores de risco apresenta caudas pesadas, onde eventos extremos possuem uma probabilidade maior de ocorrer do que aqueles descritos por uma distribuição gaussiana. Uma solução para este tipo de problema pode ser o uso da metodologia de cálculo de VaR conhecida como "Simulação Histórica Padrão".

A Simulação Histórica Padrão é uma metodologia não paramétrica que usa a distribuição histórica dos retornos dos fatores (distribuição empírica) da carteira, aliada à hipótese de que a composição da carteira se mantém a mesma ao longo do período coberto pela janela de cálculo do modelo[19].

A grande vantagem deste método é que ele não faz nenhuma suposição sobre a real distribuição de probabilidade dos retornos, evitando, portanto, o problema de assumir-se previamente que estas distribuições são normais[20].

O VaR por Simulação Histórica Padrão pode ser calculado através do seguinte procedimento:

---

[19] Essa hipótese considera que o mercado é estacionário, ou seja, que os retornos futuros da carteira serão distribuídos exatamente com a distribuição dos retornos passados.

[20] Nesse modelo, não é necessário assumir a premissa de que os retornos são i.i.d.

9 Mensuração de Risco e *Value at Risk* 225

1. Primeiramente, selecionamos o período do qual serão extraídos os valores históricos dos retornos do conjunto de fatores de risco básicos da carteira. Por exemplo, se desejarmos utilizar um período histórico de 252 dias, deveremos obter as séries de retornos dos últimos 252 dias para os fatores de risco presentes na carteira atual.
2. A partir das séries de retornos históricos, devemos simular, para cada um dos dias do período, qual seria a variação hipotética no valor da carteira caso a tivéssemos mantido ao longo do período de observação (comparar o MtM da carteira atual com o MtM da carteira em um determinado dia do período histórico).
3. Através da série empírica de ganhos e perdas da carteira, ordenamos os resultados e extraímos o quantil desejado para obter o VaR.

A escolha do valor referente ao quantil desejado pode não ser trivial, pois muitas das vezes o quantil não será exatamente um dos elementos da amostra. Nestes casos, sugerimos duas abordagens para a determinação do VaR, das quais uma é mais conservadora e a outra mais precisa:

- O cálculo mais simples e conservador é usar o elemento da amostra ordenada com probabilidade acumulada imediatamente "inferior"à significância α, ou seja, a observação que representará uma perda mais severa do que a do elemento com probabilidade acumulada imediatamente "superior" a α.
- O cálculo mais preciso é usar algum tipo de interpolação entre as observações para se chegar ao valor exato correspondente ao α desejado (em geral, utiliza-se a interpolação linear). Nesses casos, considera-se a maior observação das perdas ou ganhos da carteira com probabilidade acumulada menor que α e a menor observação com probabilidade acumulada maior que α, interpolando-se as duas observações para aproximar a probabilidade acumulada α[21]. Esse valor interpolado será o VaR da carteira com significância α.

Uma abordagem alternativa para a Simulação Histórica Padrão é a Simulação Histórica com *Bootstrapping*. A técnica de *bootstrap* consiste em obter subamostras a partir de dados históricos com reposição, mas numa ordem aleatória, possibilitando que se retirem quantas observações se desejar. Uma das vantagens da técnica seria a possibilidade de ampliar o tamanho da amostra original, o que, em casos específicos, pode ser interessante.

Um dado curioso sobre o apelo desse tipo de modelo no mundo corporativo foi publicado num conhecido texto da literatura. Os autores realizaram uma pesquisa em que das 64,9% instituições financeiras que divulgaram sua metodologia gerencial de cálculo de VaR, 73% relataram o uso de Simulação Histórica. Duas razões para essa escolha foram levantadas na pesquisa. A primeira é que o tamanho e a complexidade das posições financeiras dos bancos tornam os métodos paramétricos de VaR difíceis de serem implementados na prática. A segunda razão é que alguns bancos (e reguladores) desejam que o VaR de suas posições mude de forma razoavelmente suave ao longo do tempo, mesmo quando se observam choques nos fatores de magnitude elevada. Dentre as vantagens desse modelo de VaR, estão a facilidade de cálculo, o baixo custo operacional e computacional e o fato do modelo incorporar o uso distribuições não gaussianas.

---

[21] No caso de a menor probabilidade acumulada ser maior que α, sugere-se pegar a menor observação como sendo o VaR.

A principal desvantagem da Simulação Histórica Padrão é que seu desempenho é muito dependente da escolha da janela de dados, especialmente por usar pesos iguais para todas as observações. O uso de uma janela curta de dados pode fazer com que o número de observações seja insuficiente para um cálculo de risco confiável, enquanto uma janela muito longa pode tornar o modelo pouco sensível a informações mais recentes. Além disso, a medida de risco pode mudar substancialmente quando uma observação mais antiga sai da amostra de cálculo.

No intuito de diminuir o efeito do uso de pesos iguais para todas as observações da janela de cálculo, alguns autores propuseram uma abordagem de Simulação Histórica onde aplica-se um fator de ponderação exponencial semelhante ao fator de decaimento do método EWMA (modelo BRW [Richardson et al., 1998]). Uma abordagem alternativa propõe uma técnica um pouco diferente, ajustando-se as observações por uma volatilidade condicional (modelo HW [Hull and White, 1998]). Esses dois modelos serão apresentados a seguir.

A abordagem de VaR por Simulação Histórica Padrão usa a premissa de que os ativos da carteira são lineares, como na abordagem do VaR Paramétrico. Isso pode ser problemático no tratamento de ativos não lineares para pelo menos um dos fatores de risco, como ocorre com as opções financeiras. Uma maneira interessante de tratar esses casos é usar a técnica de *full valuation*, onde cenários para os fatores de risco (preços, taxas, moedas, etc.) são usados para reprecificar os instrumentos financeiros da carteira, criando uma distribuição de valores de perdas e ganhos da carteira que considera as linearidades e não linearidades presentes nos ativos.

O *full valuation* será abordado mais adiante, quando explicarmos o modelo de VaR por Simulação de Monte Carlo. A técnica de *full valuation* também pode ser usada no VaR por Simulação Histórica, além de poder ser complementada pela técnica de *bootstrap*.

9.3.4 Simulação Histórica com Fator de Decaimento: o Modelo BRW

O modelo BRW pode ser considerado como uma evolução da Simulação Histórica Padrão. Nele, procura-se amenizar um efeito indesejado da Simulação Histórica: o fato de todas as observações da janela de cálculo do VaR terem o mesmo peso. O BRW trata esse problema modificando as probabilidades de ocorrência dos retornos observados, de tal forma que observações recentes tenham maior probabilidade de ocorrer do que observações muito antigas. Essa reponderação é feita de maneira a atribuir um peso exponencial para a probabilidade de cada retorno na sua distribuição. O modelo pode ser implementado observando-se as seguintes etapas:

1. No segundo passo da implementação da Simulação Histórica Padrão, onde calculam-se as perdas e ganhos da carteira em análise, atribuiremos, para cada uma dessas observações, um peso que refletirá sua probabilidade de ocorrência. Se chamarmos de R_{t-1} a perda (ou ganho) observada no tempo $t-1$, para uma janela de cálculo de tamanho N, teremos uma amostra de perdas e ganhos da carteira com os seguintes elementos: $R_{t-1}, R_{t-2}, \ldots, R_{t-N}$. Cada um desses elementos terá uma probabilidade w_{t-i} associada.

$$w_{t-i} = \lambda^{i-1} \frac{1-\lambda}{1-\lambda^N}.$$ (9.42)

2. Ordenam-se os valores de perdas (ou ganhos) associados à carteira, preservando-se os pesos w_{t-i} associados às observações da amostra, partindo da maior perda (menor valor da amostra) até chegar-se ao maior ganho (maior valor da amostra).

3. Para obter o VaR da carteira com significância α, inicie pela maior perda e siga acumulando os pesos w_{t-i} até que α seja alcançado (cálculo da probabilidade acumulada). É bem provável que seja necessário utilizar uma das técnicas de interpolação abordadas na Simulação Histórica Padrão para a obtenção do valor correspondente à significância α[22].

Agora fica claro porque este modelo é conhecido como histórico com decaimento. Ele funciona como um modelo de Simulação Histórica, porém pondera as observações com um fator de decaimento λ, de tal forma que as observações mais recentes possuam maior peso no cálculo do VaR.

Analisando-se a equação 9.42, é possível perceber que, quanto mais o fator λ se aproximar do valor 1, mais os resultados do modelo BRW ficarão próximos dos resultados da Simulação Histórica Padrão, já que as probabilidades w_{t-i} cada vez mais se aproximam de probabilidades equiprováveis. A Figura 9.6 mostra esse comportamento.

---

[22] No artigo [Richardson et al., 1998] é sugerido que seja realizada uma interpolação linear.

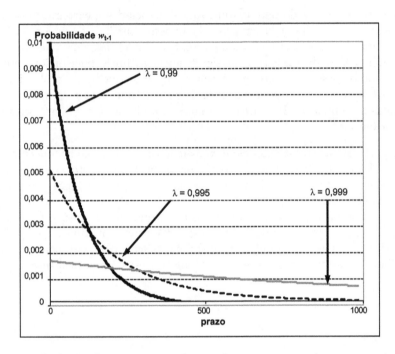

Figura 9.6: Evolução dos pesos w_{t-i} de acordo com o prazo i, para uma janela de dados de 252 dias úteis.

Outro ponto importante é que, na equação 9.42, o uso da constante $\frac{1-\lambda}{1-\lambda^N}$ em todos os pesos w_{t-i} garante que a soma das probabilidades associadas à amostra de dados seja igual a 1.

$$\sum_{i=1}^{N} w_{t-i} = \sum_{i=1}^{N}\left(\lambda^{i-1}\frac{1-\lambda}{1-\lambda^N}\right) = \frac{1-\lambda}{1-\lambda^N}\sum_{i=1}^{N}\lambda^{i-1} = \frac{1-\lambda}{1-\lambda^N}\left(\frac{\lambda^N-1}{\lambda-1}\right) = 1. \quad (9.43)$$

Um dos problemas do modelo BRW é justamente a escolha do fator λ, que é um elemento bastante significativo no cálculo do VaR, mas não apresenta uma metodologia para sua obtenção, sendo algo *ad hoc* [Alexander, 2009].

9.3.5 Modelo Hull-White (HW)

Uma das maiores deficiências da Simulação Histórica Padrão é que esse modelo de VaR costuma responder com lentidão às mudanças de volatilidade observadas nas variáveis de mercado. O modelo Hull-White pode ser entendido como um aprimoramento da

9 Mensuração de Risco e *Value at Risk* 229

Simulação Histórica Padrão que, para corrigir essa deficiência, incorpora um fator de ajuste de volatilidade com base em um modelo de volatilidade condicional, geralmente os modelos EWMA ou GARCH[23]. A metodologia foi desenhada para normalizar os retornos de tal forma a ajustar sua volatilidade para a volatilidade corrente. Portanto, é preciso calcular uma estimativa de volatilidade para cada retorno histórico da carteira.

Supondo que estamos interessados em calcular o VaR de uma carteira ao final do dia $T - 1$ (isto é, o VaR para o dia T), o modelo Hull-White pode ser implementado seguindo-se os seguintes passos:

1. Seleciona-se a seqüência dos N últimos retornos da carteira anteriores a T e as respectivas volatilidades condicionais, obtidas a partir de algum modelo de volatilidade condicional.
2. Divide-se os N retornos da carteira pelas respectivas volatilidades e multiplica-se o resultado obtido pela volatilidade condicional para o período T, seguindo a equação abaixo:

$$r^*_{t,T} = \sigma_T \frac{r_t}{\sigma_t}, \qquad (9.44)$$

onde r_t é o retorno histórico da carteira para o dia t, para $t < T$; σ_t é o desvio-padrão para o dia t (calculado no fechamento do dia $t - 1$), estimado com base em um modelo de volatilidade condicional; σ_T é o desvio-padrão estimado para o dia T (calculado no fechamento do dia $T - 1$) com base no mesmo modelo de volatilidade condicional.
3. Substituiem-se os retornos da carteira r_t pelos retornos modificados $r^*_{t,T}$. Ordenam-se os retornos $r^*_{t,T}$ e seleciona-se o quantil α, seguindo os mesmos critérios expostos na Simulação Histórica para a escolha do valor do quantil quando este não for exatamente uma observação da amostra.
4. Calcula-se o VaR a partir do valor do quantil α.

Portanto, no modelo HW, em vez de usarmos os retornos históricos da carteira, utilizamos os retornos históricos ajustados que refletem a relação entre volatilidade corrente e volatilidade no momento da observação. Isto permite unir duas ideias bastante interessantes para o cálculo do VaR: o uso de uma distribuição empírica de retornos, onde não se assumem premissas de normalidade, com as respostas rápidas da volatilidade condicional.

Exemplo 9.12. Calcule o VaR de uma carteira com 100.000 ações PETR3 e 80.000 ações VALE3 pelas metodologias Simulação Histórica, modelo BRW e modelo Hull-White. Para o modelo BRW, use λ igual a 0,9. Para o modelo Hull-White, utilize uma volatilidade EWMA com λ igual a 0,9 para normalizar os retornos. O VaR deve ser calculado para uma confiança de 95%, *holding period* de 1 dia útil e com janela de 25 observações de retornos.

A Tabela 9.3 apresenta, além das séries de preços das ações PETR3 e VALE3, passos intermediários para o cômputo dos valores dos modelos de VaR. Os cálculos serão apresentados a seguir.

Primeiramente, vamos calcular o MtM da posição em PETR3 e em VALE3:

---

[23] Segundo [Alexander, 2009], embora o estimador de volatilidade EWMA seja extremamente simples, seu uso associado ao modelo Hull White costuma gerar bons resultados.

Tabela 9.3: Séries utilizadas no Exemplo 9.12.

Data	Preço PETR3	VALE3	Retornos PETR3	VALE3	MtM Simulado	P/L	SH Padrão P/L ordenado		W_{t-i}	Modelo BRW P/L ordem	W_{t-i} ordem	W_{t-i} acum	r carteira	Vol EWMA	r*	Modelo Hull-White MtM* Simulado	P/L*	P/L* order
015-08-03	10,98	17,59																
015-08-04	11,11	18,1	0,0118	0,0286	2.469.872,88	-54.872,88												
015-08-05	10,99	19,01	-0,0109	0,0491	2.482.485,85	-67.485,85							0,0235					
015-08-06	11,46	19,58	0,0419	0,0295	2.498.698,33	-83.698,33							0,0347	0,0235				
015-08-07	10,61	18,42	-0,0771	-0,0611	2.258.744,98	156.255,02							-0,0678	0,0248				
015-08-10	11,01	19,35	0,0370	0,0493	2.525.637,88	110.637,88	1	-167.246,62	0,0086	-167.246,62	0,0246	0,0246	0,0441	0,0319	0,0482	2.534.362,16	119.362,16	-199.271,0
015-08-11	10,97	18,6	-0,0036	-0,0395	2.352.412,16	-62.587,84	2	-125.809,83	0,0095	-125.809,83	0,0464	0,0710	-0,0245	0,0333	-0,0256	2.354.019,92	-60.980,08	-112.909,8
015-08-12	11,03	18,92	0,0055	0,0171	2.446.186,52	31.186,52	3	-86.587,12	0,0106	-86.587,12	0,0222	0,0932	0,0122	0,0325	0,0130	2.446.620,94	31.620,94	-104.404,2
015-08-13	10,58	18,48	-0,0417	-0,0235	2.343.347,61	-71.652,39	4	-85.069,07	0,0118	-85.069,07	0,0970	0,1902	-0,0311	0,0311	-0,0349	2.332.258,24	-82.741,76	-87.403,7
015-08-14	10,35	18,2	-0,0220	-0,0153	2.372.592,23	-42.407,77	5	-73.038,97	0,0131	-73.038,97	0,0180	0,2081	-0,0181	0,0311	-0,0202	2.366.648,74	-48.351,26	-82.741,7
015-08-17	10,2	18,01	-0,0146	-0,0105	2.386.209,49	-28.790,51	6	-71.652,39	0,0146	-71.652,39	0,0118	0,2199	-0,0122	0,0300	-0,0141	2.381.104,41	-33.895,59	-81.093,7
015-08-18	10,02	17,42	-0,0178	-0,0333	2.349.229,97	-65.770,03	7	-69.397,38	0,0162	-69.397,38	0,0636	0,2835	-0,0269	0,0288	-0,0325	2.337.763,99	-77.236,01	-77.236,0
015-08-19	9,77	16,84	-0,0253	-0,0339	2.341.961,03	-73.038,97	8	-65.770,03	0,0180	-65.770,03	0,0162	0,2997	-0,0303	0,0286	-0,0369	2.327.596,28	-87.403,72	-60.980,0
015-08-20	9,69	17,17	-0,0082	0,0194	2.437.791,08	22.791,08	9	-62.587,84	0,0200	-62.587,84	0,0095	0,3093	0,0079	0,0287	0,0095	2.438.171,65	23.171,65	-57.520,8
015-08-21	9,2	16,7	-0,0519	-0,0278	2.328.412,88	-86.587,12	10	-42.407,77	0,0222	-42.407,77	0,0131	0,3224	-0,0377	0,0274	-0,0479	2.302.090,16	-112.909,84	-48.351,2
015-08-24	8,7	15,4	-0,0559	-0,0810	2.247.753,38	-167.246,62	11	-28.790,51	0,0246	-28.790,51	0,0146	0,3369	-0,0707	0,0286	-0,0861	2.215.728,92	-199.271,08	-33.895,5
015-08-25	8,88	15,35	0,0205	-0,0033	2.428.294,94	13.294,94	12	-22.479,85	0,0274	-22.479,85	0,0376	0,3745	0,0066	0,0351	0,0066	2.430.932,24	15.932,24	-22.049,6
015-08-26	9,13	15,9	0,0278	0,0352	2.494.751,74	79.751,74	13	-21.987,59	0,0304	-21.987,59	0,0785	0,4530	0,0321	0,0334	0,0334	2.497.120,09	82.120,09	-20.757,9
015-08-27	10,16	17,69	0,1069	0,1067	2.687.085,99	272.085,99	14	-21.625,28	0,0338	-21.625,28	0,1077	0,5607	0,1068	0,0333	0,1117	2.700.391,25	285.391,25	-13.778,5
015-08-28	10,28	17,31	0,0117	-0,0217	2.392.520,15	-22.479,85	18	13.294,94	0,0376	13.294,94	0,0274	0,5881	-0,0076	0,0462	-0,0057	2.401.221,42	-13.778,58	15.932,2
015-08-31	10,62	17,92	0,0325	0,0346	2.498.191,57	83.191,57	16	22.791,08	0,0417	22.791,08	0,0200	0,6081	0,0337	0,0439	0,0267	2.480.464,89	65.464,89	23.171,6
015-09-01	9,95	17,1	-0,0652	-0,0468	2.289.190,17	-125.809,83	17	31.186,52	0,0464	31.186,52	0,0106	0,6187	-0,0546	0,0430	-0,0442	2.310.595,71	-104.404,29	29.342,8
015-09-02	10,2	18,11	0,0248	0,0574	2.527.672,48	112.672,48	18	36.981,39	0,0873	36.981,39	0,0873	0,7060	0,0438	0,0443	0,0344	2.499.564,25	84.564,25	31.620,9
015-09-03	10,24	18,73	0,0039	0,0337	2.470.911,12	55.911,12	19	55.911,12	0,0573	55.911,12	0,0573	0,7632	0,0215	0,0443	0,0169	2.456.151,60	41.151,60	41.151,6
015-09-04	9,9	18,24	-0,0338	-0,0265	2.345.602,62	-69.397,38	20	71.332,74	0,0636	71.332,74	0,0707	0,8339	-0,0294	0,0425	-0,0241	2.357.479,11	-57.520,89	58.065,2
015-09-08	10,05	18,93	0,0150	0,0371	2.486.332,74	71.332,74	21	79.751,74	0,0707	79.751,74	0,0304	0,8643	0,0283	0,0414	0,0238	2.473.065,24	58.065,24	65.464,8
015-09-09	9,68	19,06	-0,0375	0,0068	2.393.012,41	-21.987,59	22	83.191,57	0,0785	83.191,57	0,0417	0,9061	-0,0106	0,0403	-0,0092	2.392.950,36	-22.049,64	82.120,0
015-09-10	9,31	19,94	-0,0390	0,0451	2.451.981,39	36.981,39	23	110.637,88	0,0873	110.637,88	0,0086	0,9147	0,0133	0,0384	0,0121	2.444.342,89	29.342,89	84.564,2
015-09-11	8,81	19,45	-0,0552	-0,0249	2.329.930,93	-85.069,07	24	112.672,48	0,0970	112.672,48	0,0515	0,9662	-0,0359	0,0366	-0,0342	2.333.906,28	-81.093,72	119.362,1
015-09-14	8,83	19,15	0,0023	-0,0155	2.393.374,72	-21.625,28	25	272.085,99	0,1077	272.085,99	0,0338	1,0000	-0,0091	0,0366	-0,0086	2.394.242,10	-20.757,90	285.391,2
015-09-15														**0,0348**				

9 Mensuração de Risco e *Value at Risk* 231

$$MtM_{PETR3} = 100.000 \times 8,83 = 883.000$$
$$MtM_{VALE3} = 80.000 \times 19,15 = 1.532.000.$$

A carteira apresenta exposição nos fatores de risco básicos PETR3 e VALE3:

$$E_{PETR3} = 883.000$$
$$E_{VALE3} = 1.532.000.$$

e os valores de VaR da carteira para os modelos Simulação Histórica Padrão, BRW e Hull-White serão de:

$$VaR_{SH} = 117.965,29$$
$$VaR_{BRW} = 144.593,06$$
$$VaR_{HW} = 111.208,73.$$

9.3.6 VaR por Simulação de Monte Carlo

Conforme descrito em capítulos anteriores, a Simulação de Monte Carlo é uma técnica matemática que, através do uso de uma grande amostra gerada de forma aleatória, permite simular situações para que se obtenham soluções de problemas de forma numérica. No caso do cálculo do VaR, essa técnica permite simular uma série de cenários distintos para os fatores de risco básicos de uma carteira em uma determinada data.

Uma possibilidade muito interessante do modelo de VaR por Simulação de Monte Carlo é aplicá-lo em conjunto a outra técnica, o *full valuation* (ou precificação plena, em tradução livre). No *full valuation*, ao invés de obtermos uma distribuição dos retornos da carteira com base nos retornos dos fatores de risco, iremos, através de cenários, reprecificar todos os instrumentos da carteira.

O uso do *full valuation* é especialmente apropriado quando estamos lidando com ativos não lineares (por exemplo, opções), pois as técnicas que usam aproximações de primeira ou segunda ordem para esse tipo de instrumento podem omitir importantes situações de risco. No caso do *full valuation*, não são feitas aproximações, já que o MtM do instrumento é recalculado com base em cenários e na equação de precificação.

A modelagem de VaR por Monte Carlo aliado ao *full valuation* segue uma dinâmica diferente dos 5 passos descritos para os demais modelos de VaR apresentados. Após a identificação dos fatores de risco básicos (passo 2), são realizadas simulações de valores para esses fatores, criando-se conjuntos de cenários. Cada conjunto de cenários de fatores de risco é utilizado para calcular os MtMs dos instrumentos financeiros que compõem a carteira e, portanto, recalcular-se o valor da carteira. Ao final das simulações de cada um dos conjuntos de cenários, teremos uma sequência de valores de MtM da carteira, sendo possível então obter-se o conjunto de ganhos e perdas esperados (diferença entre o MtM simulado e o MtM atual). Para obter-se o VaR da carteira, basta ordenarmos estes valores e selecionarmos o quantil relativo ao nível de confiança desejado.

O ponto crucial do VaR por Simulação de Monte Carlo é a geração dos conjuntos de cenários. É possível utilizar diversos modelos nesta etapa, como processos de reversão a média (processo de Ornstein-Uhlenbeck, por exemplo) ou o movimento geométrico browniano. No nosso caso, iremos nos ater à premissa apresentada no início deste capítulo, mais especificamente na equação 9.7, de que os logaritmos do preço seguem um passeio aleatório sem tendência. Portanto, a equação para a geração de cenários seria:

$$ln\left(\frac{X_{t+1}}{X_t}\right) = \sigma_{t+1}\epsilon_{t+1}^* \therefore \epsilon_{t+1}^* \sim N(0,1)$$

$$X_{t+1} = X_t \exp\left(\sigma_{t+1}\epsilon_{t+1}^*\right)$$

$$X_{t+1} = X_t \exp\left(\sigma_{t+1}^*\epsilon_{t+1}^*\sqrt{\Delta t}\right), \tag{9.45}$$

onde X_t é o preço em t; σ_t^* é a volatilidade em base diária (suposta constante ao longo do tempo) calculada a partir dos retornos do preço X; Δt é o *holding period* do VaR; ϵ_{t+1}^* é um número aleatório que segue uma distribuição normal padrão.

Portanto, com base na equação 9.45, para cada ϵ_{t+1}^* sorteado, obteremos um preço X_{t+1}. Se nossa carteira fosse sensível a apenas um fator de risco básico, cada novo ϵ_{t+1}^* nos geraria um novo cenário, permitindo extrair os MtMs simulados da carteira, a distribuição de perdas e ganhos e, consequentemente, o VaR.

Para carteiras sensíveis a mais de um fator de risco básico, teremos que realizar simulações para cada um dos fatores, ou seja, teremos que gerar números aleatórios para cada fator de risco, nos atentando ao fato de que as correlações entre os fatores de risco devem ser preservadas. Uma técnica que pode ser usada na geração de números aleatórios correlacionados é aplicar a Decomposição de Cholesky à matriz de retornos dos fatores de risco.

A Decomposição de Cholesky de uma matriz dá origem a uma matriz triangular inferior (Matriz de Cholesky), cuja multiplicação por sua transposta faz com que se retorne à matriz original – no caso em estudo retorna-se para a matriz de correlações[24]. Portanto, se chamarmos de $\mathbf{P}$ a matriz de correlações dos retornos dos fatores de risco e $\mathbf{C}$ a Matriz de Cholesky, teremos que:

$$\mathbf{P} = \mathbf{CC^t}. \tag{9.46}$$

Partindo da equação 9.46, os valores dos elementos da Matriz de Cholesky serão calculados através das duas equações a seguir:

$$c_{i,i} = \left(1 - \sum_{k=1}^{i-1} c_{k,i}^2\right)^{\frac{1}{2}} \tag{9.47}$$

$$c_{i,j} = \frac{1}{c_{i,i}}\left(\rho_{i,j} - \sum_{k=1}^{i-1} c_{k,i}c_{k,j}\right)^{\frac{1}{2}} \quad \text{para } i \neq j \, , \, i+1 \leq j \leq N, \tag{9.48}$$

onde $c_{i,j}$ são os elementos da Matriz de Cholesky, $\rho_{i,j}$ são os elementos da matriz de correlações $N \times N$ dos retornos dos fatores.

---

[24] A matriz triangular inferior é aquela cujos elementos acima da diagonal principal valem zero.

9 Mensuração de Risco e *Value at Risk* 233

Note que o algoritmo de cálculo dos elementos da Matriz de Cholesky deve iniciar da primeira coluna da matriz e seguir em ordem crescente até a última coluna. Dentro de cada coluna, o algoritmo de cálculo deve iniciar pelo primeiro elemento.

Na geração de cenários estocásticos correlacionados, a dependência linear entre os fatores é incorporada na parte aleatória do processo estocástico. Se considerarmos $\mathbf{z}$ como o vetor de valores aleatórios gerados de forma independente e $\mathbf{C}$ como a Matriz de Cholesky, o vetor de números aleatórios correlacionados $\mathbf{z}'$ será:

$$\mathbf{z}' = \mathbf{Cz}. \tag{9.49}$$

Para utilizarmos essa técnica da Decomposição de Cholesky, é necessário que a matriz de correlações dos retornos seja positiva definida, o que nem sempre ocorrerá[25]. Nestes casos, o *box* a seguir apresenta uma técnica numérica para transformar matrizes de correlações não positivas definidas em positivas definidas.

Metodologia para Transformar Matrizes de Correlações não Positivas Definidas em Matrizes Positiva Definidas. A Decomposição de Cholesky é uma técnica que só é passível de utilização se a matriz em análise for positiva definida. No caso da matriz de correlações não possuir essa propriedade, é necessário empregar alguma transformação que a torne positiva definida.

Primeiramente calculam-se os autovetores (matriz $\mathbf{E}$) e autovalores (matriz diagonal $\mathbf{\Lambda}$) da matriz de correlações não positiva definida ($\mathbf{P}$), o que naturalmente respeita a equação abaixo:

$$\mathbf{P} = \mathbf{E\Lambda E}^{-1}. \tag{9.50}$$

Todos os autovalores negativos são convertidos para um valor positivo próximo a zero (10^{-5}, por exemplo), gerando assim uma nova matriz de autovalores $\mathbf{\Lambda}'$. A partir dos autovetores e desta nova matriz de autovalores, é possível gerar uma nova matriz de correlações ($\mathbf{P}'$) que será positiva definida:

$$\mathbf{P}' = \mathbf{E\Lambda' E}^{-1}. \tag{9.51}$$

Essa transformação já é suficiente para aplicarmos a Decomposição de Cholesky à matriz $\mathbf{P}'$, porém sua diagonal possui valores positivos diferentes de 1. Se desejarmos que a matriz de correlações modificada continue com essa propriedade, deveremos realizar uma transformação que consiste em multiplicar a linha e a coluna do elemento da diagonal principal que contenha valor diferente de 1 (chamaremos de $a_{i,i}$) pela raiz quadrada do inverso do seu valor (ou seja, por $\frac{1}{\sqrt{a_{i,i}}}$). Esse processo irá garantir que a diagonal principal terá apenas valores iguais a 1 e que a matriz modificada continuará sendo simétrica.

Um ponto a favor dessa técnica de modificação da matriz de correlações original é que, na prática, os autovalores negativos são pouco significativos, com valores

---

[25] Uma forma de identificar se a matriz de correlações é positiva definida é através de seus autovalores. A matriz deve possuir apenas autovalores positivos.

de ordem inferior a 10^{-3}. Portanto, a substituição desses valores negativos por um valor positivo de baixa ordem de grandeza não causa grandes modificações na matriz original. Outro detalhe é que este processo garante que a matriz que sofreu a segunda transformação continuará sendo positiva definida, já que matrizes positivas definidas que têm suas linhas ou colunas multiplicadas por valores positivos não perdem suas propriedades.

Dentre as vantagens do VaR por Simulação de Monte Carlo conjugado à técnica de *full valuation* estão sua robustez para o cálculo de risco, conseguindo captar o comportamento não linear de determinados ativos. A principal desvantagem é que este método é computacionalmente muito intensivo.

9.4 Resumo

- O *Value at Risk* (VaR) pode ser definido como uma estimativa da maior perda esperada em uma carteira de instrumentos financeiros, com um nível de confiança associado e para um horizonte de tempo estipulado.
- O cálculo do VaR pode ser resumido em 5 passos: (i) decompor os instrumentos financeiros da carteira em fluxos de caixa e realizar sua marcação a mercado, (ii) identificar os fatores de risco básicos, (iii) alocar as exposições financeiras nos fatores de risco básicos e posteriormente fazer seu mapeamento em vértices padronizados, (iv) fazer o cálculo dos retornos por fator de risco básico e (v) calcular o valor em risco da carteira.
- No modelo VaR Paramétrico Normal, os retornos dos instrumentos financeiros que compõem a carteira são modelados usando-se uma distribuição de probabilidade gaussiana. Essa distribuição é determinada através de parâmetros estimados com base no histórico dos fatores de risco básicos.
- O VaR RiskMetrics pode ser entendido como um caso particular do VaR Paramétrico Normal, onde a volatilidade da carteira é calculada com base em um modelo condicional conhecido como EWMA.
- A Simulação Histórica Padrão é uma metodologia não paramétrica que usa a distribuição histórica dos retornos dos fatores (distribuição empírica) da carteira para calcular o VaR.
- O modelo BRW pode ser considerado como uma evolução da Simulação Histórica. Nele, as probabilidades de ocorrência dos retornos observados são modificadas para que observações recentes tenham maior probabilidade de ocorrer do que observações muito antigas. Essa modificação é feita de maneira a atribuir um peso exponencial para a probabilidade de cada retorno.
- O modelo Hull-White é um aprimoramento da Simulação Histórica Padrão que incorpora um fator de ajuste de volatilidade com base em um modelo de volatilidade condicional. A metodologia foi desenhada para normalizar os retornos de modo a ajustar sua volatilidade para a volatilidade corrente.

- A Simulação de Monte Carlo é utilizada no cálculo do VaR de uma carteira através da simulação de cenários para os fatores de risco. O poder deste modelo está associado ao uso de outra técnica, o *full valuation*. No *full valuation*, ao invés de obtermos uma distribuição dos retornos da carteira com base nos retornos dos fatores de risco, utilizam-se cenários para reprecificar todos os instrumentos financeiros. Portanto, é possível obter-se os valores de perdas e ganhos simulados para a carteira e, por conseguinte, o valor do VaR.

CAPÍTULO 10

Value at Risk: Tópicos Avançados

Cristiane Azevedo Ferreira

Boas práticas de gestão de risco requerem, além do cálculo do VaR, o uso de outras metodologias que, em conjunto, garantem a confiabilidade das medidas de risco e a abrangência das análises realizadas. Essas técnicas serão o objeto de estudo deste capítulo.

Uma questão importante neste contexto é: como definir o modelo de risco mais adequado para uma carteira e como garantir sua adequação ao longo do tempo? Várias escolhas precisam ser feitas ao se definir um modelo de VaR: tipo de metodologia (histórica, paramétrica ou baseada em simulações), família de distribuição dos retornos e processo de estimação de seus parâmetros, nível de confiança, fatores de risco e horizonte de tempo, entre outros. É o conjunto dessas escolhas que irá determinar a confiabilidade dos resultados gerados pelo modelo de risco e, portanto, sua adequação precisa ser periodicamente avaliada. A verificação de consistência de um modelo de risco é realizada através dos *backtests*.

Mesmo que um modelo de risco esteja adequadamente escolhido e calibrado, sua confiabilidade está limitada às premissas assumidas. Por exemplo, quando modelamos a distribuição de série de retornos através dos dados históricos, assumimos que a mesma dinâmica do passado se repetirá no horizonte das projeções, o que pode não se concretizar. Essas fragilidades dos modelos de risco são amenizadas através de **testes de estresse**, que exercitam o relaxamento das premissas assumidas e incluem pontos de vista não capturados pelo modelo.

Este capítulo abordará também uma outra medida de risco, denominada *Expected Shortfall*, que fornece informações adicionais para as perdas extremas. O *Expected Shortfall* pertence à classe de **medidas coerente de risco**, pois atende a um conjunto de características desejáveis para medidas de risco em geral.

Complementando o capítulo, serão apresentados alguns modelos adicionais para as distribuições de probabilidade dos retornos. Essas distribuições podem ser alternativas úteis caso os modelos apresentados anteriormente não apresentem bons resultados nos *backtests*, ou caso se queira capturar alguma característica especial dos retornos. As **cópulas** são modelos de distribuição conjunta que flexibilizam a modelagem da estrutura de dependência entre dois ou mais fatores de risco. Já a **Teoria dos Valores Extremos** modela apenas a cauda de uma distribuição de probabilidade, concentrando-se na região de perdas que mais afeta a precisão de uma medida de risco.

10.1 Backtesting

Em linhas gerais, os *backtests* são testes de hipótese que verificam a adequação de um modelo de risco através da comparação das estimativas feitas pelo modelo com a série histórica dos retornos da carteira. Os *backtests* mais utilizados e também mais simples baseiam-se na **série de extrapolações do VaR**, ou seja, os momentos em que a perda efetiva foi maior que o VaR calculado.

Os gráficos da Figura 10.1 ilustram o conceito de extrapolação do VaR: as linhas contínuas representam o retorno diário de uma carteira, e as linhas pontilhadas, o VaR calculado para cada dia. Os pontos onde o retorno foi menor que o VaR aparecem destacados no gráfico. O gráfico de cima contém apenas os 250 primeiros pontos das séries de VaR e de retorno, onde são observadas 4 extrapolações, e o de baixo, contém a série completa, com 2000 observações e 34 extrapolações.

Em linhas gerais, *backtests* baseados em extrapolações podem ser usados para verificar a adequação do modelo de VaR em relação ao nível de confiança do VaR e sua

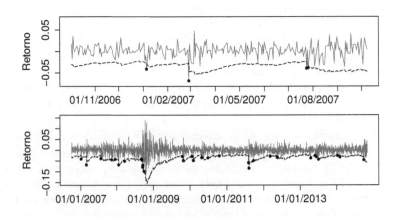

Figura 10.1: Séries de retorno do Ibovespa (linha cinza) e VaR de 1 dia com 99% de confiança e volatilidade calculada por EWMA (linha preta). O dados do gráfico superior referem-se ao período de 1 ano a partir de outubro de 2006, e abaixo são mostrados 8 anos de dados a partir da mesma data.

10 Value at Risk: Tópicos Avançados   239

resposta a variações de volatilidade. Por outro lado, estes *backtests* não são capazes de avaliar a modelagem da distribuição dos retornos, pois o valor da perda não é levado em consideração. Assim, em complemento aos testes baseados em extrapolações, podem ser usados também testes específicos para analisar se uma distribuição é consistente com os dados históricos, como o teste de normalidade de Jarque-Bera [Bera and Jarque, 1982], para avaliar se os dados de uma amostra seguem distribuição normal, e os teste de Kolmogorov-Smirnof [Massey Jr., 1951] e de Berkowitz [Berkowitz, 2001], que testam se uma amostra é compatível com uma distribuição de probabilidade qualquer. Implementações destes testes estão disponíveis em pacotes estatísticos como o R e o Matlab.

10.1.1 Teste de Kupiec

A ideia central do teste de Kupiec é verificar se o número de extrapolações observado na amostra corresponde ao esperado, o que depende do nível de confiança do VaR e do tamanho da amostra. Quanto mais próximo de 1 for o nível de confiança, menos provável é a extrapolação do VaR; e quanto maior o tamanho da amostra, mais extrapolações são esperadas para um mesmo nível de confiança.

Considere, em um primeiro exemplo, que o VaR de uma carteira é calculado diariamente com nível de confiança de 99%. Assim, espera-se que ao longo de 250 dias, a perda supere o VaR em 1% dos dias, ou seja, em torno de 2 a 3 dias. O que se pode dizer sobre a adequação do modelo de VaR caso tenham sido observadas 4 extrapolações? É possível afirmar que o excesso de extrapolações se deve à má qualidade do modelo de VaR? Ou esta diferença está dentro de uma margem de tolerância aceitável?

Suponha também, em um segundo exemplo, que mais observações são realizadas, e agora há 2.000 observações disponíveis, onde ocorreram 32 extrapolações. Note que a proporção entre extrapolações e número de observações é a mesma nos dois exemplos, porém o segundo possui oito vezes mais observações. Seria correto tecer as mesmas conclusões do primeiro exemplo, uma vez que as extrapolações representam 1,6% das observações em ambos os casos?

O Teste de Kupiec visa responder a essas perguntas de forma concisa, através de testes estatísticos. Note que mesmo com a calibração correta do modelo, sempre haverá alguma chance de que o número de extrapolações esteja fora do intervalo esperado, uma vez que os retornos possuem natureza estocástica. Porém, dependendo da magnitude desta diferença *vis-à-vis* o tamanho da amostra, a hipótese de que o modelo esteja bem calibrado pode ser muito pouco provável.

Seja então Y_i a variável aleatória que representa o retorno de uma carteira na data i, e VaR_i o VaR calculado para a carteira nesta mesma data com nível de confiança α. Assim, as séries $\{Y_1, Y_2, \ldots, Y_N\}$ e $\{\text{VaR}_1, \text{VaR}_2, \ldots, \text{VaR}_N\}$ correspondem, respectivamente, aos retornos observados e aos valores de VaR calculados para carteira nas datas $\{1, 2, \ldots, N\}$. Logo, as extrapolações $\{I_1, I_2, \ldots, I_N\}$ formam uma série de variáveis aleatórias dadas por:

$$I_i = \begin{cases} 1, \text{se} - Y_i > \text{VaR}_i, \\ 0, \text{se} - Y_i \leq \text{VaR}_i, \end{cases}$$

onde cada variável I_i segue uma distribuição de Bernoulli com parâmetro $(1 \check{\,} \theta)$, ou seja:

$$P(I_i = 1) = (1^{\smile}\theta),$$
$$P(I_i = 0) = \theta.$$

Se o modelo do VaR estiver corretamente calibrado, teremos que $\theta = \alpha$, pois a probabilidade de ocorrência de uma extrapolação será exatamente igual a $(1-\alpha)$. Porém, como não sabemos se essa hipótese é verdadeira, é preciso verificar a hipótese nula $H_0 : \theta = \alpha$.

O total V de extrapolações observadas em uma amostra de tamanho N segue uma distribuição binomial, pois é a soma de N variáveis aleatórias com distribuição de Bernoulli:

$$V = \sum_{i=1}^{N} I_i \sim \text{Binomial}((1 - \theta), N)$$

onde

$$P(V = v) = \binom{v}{N}(1 - \theta)^v \theta^{(N-v)}$$

Denotemos por $\hat{\theta}$ o valor estimado de θ a partir da série de extrapolações observada. Para tal, utilizaremos a função de verossimilhança, que indica, *grosso modo*, o quão provável é um estimador a partir dos dados observados. A função de verossimilhança para o estimador θ é dada por:

$$L(\theta|V = v) = P(V = v|\theta) = \binom{v}{N}(1 - \theta)^v \theta^{(N-v)} \tag{10.1}$$

Assim, o estimador $\hat{\theta}$ que maximiza a função de verossimilhança L pode ser interpretado como o valor mais provável de θ a partir dos dados observados. Calculando algebricamente este estimador[1], temos que:

$$\hat{\theta} = 1 - \frac{v}{N} \tag{10.2}$$

ou seja, é igual a 1 menos a razão entre o número de extrapolações com o tamanho da série, como indicaria a intuição.

O teste de razão de verossimilhança baseia-se na razão entre as funções de verossimilhança de α e de $\hat{\theta}$. A estatística do teste é dada por:

$$\Lambda(v) = -2\ln\frac{L(\alpha|V = v)}{L(\hat{\theta}|V = v)} = -2\ln\frac{\binom{v}{N}(1 - \alpha)^v \alpha^{(N-v)}}{\binom{v}{N}(1 - \hat{\theta})^v \hat{\theta}^{(N-v)}} \tag{10.3}$$

e segue uma distribuição qui-quadrada com um grau de liberdade[2]. Podemos interpretar este resultado como uma medida de quão distante está α do nível de confiança mais provável conforme os dados observados.

---

[1] O estimador de máxima verossimilhança é aquele que maximiza a função de verossimilhança $L(\theta|V = v)$ descrita em 10.1, ou seja, satisfaz a $dL/d\theta = 0$ e $d^2L/d\theta^2 < 0$, sendo portanto um máximo local. É trivial demonstrar que o máximo local é também o máximo global.

[2] Uma distribuição qui-quadrada com k graus de liberdade equivale à soma dos quadrados de k distribuição normais padronizadas. A demonstração de que a distribuição assintótica da estatística de um teste de razão de verossimilhança é uma qui-quadrada pode ser vista em [Casella and Berger, 2002].

Assim, em um teste de nível de significância de 95%, por exemplo, rejeitamos a hipótese nula $H_0 : \theta = \alpha$ se $F(\Lambda(v)) > 95\%$, onde $\Lambda(v) \sim \chi^2(1)$. Voltando aos dois exemplos no início desta seção, no caso onde ocorrem 4 extrapolações em uma amostra de 250 observações, o estimador $\hat{\theta}$ vale:

$$\hat{\theta} = \frac{v}{N} = 1 - \frac{4}{250} = 0{,}984$$

resultando nas seguintes funções de verossimilhança para α e $\hat{\theta}$:

$$L(\alpha|V=4) = L(0{,}99|V=4) = \binom{4}{250} \times (1-0{,}99)^4 \times 0{,}99^{(250-4)} = 0{,}1341$$

$$L(\hat{\theta}|V=4) = L(0{,}984|V=4) = \binom{4}{250} \times (1-0{,}984)^4 \times 0{,}984^{(250-4)} = 0{,}1969.$$

Portanto a estatística do teste é dada por:

$$\Lambda(4) = -2\ln\frac{0{,}1341}{0{,}1969} = 0{,}7691$$

$$\chi^2_{(1)}(0{,}7691) = 0{,}6195 < 95\%.$$

Dessa forma, a hipótese nula $H_0 : \theta = 1\%$ não pode ser rejeitada. A Figura 10.2 ilustra este resultado a partir do gráfico da densidade de probabilidade da distribuição qui-quadrada. A área cinza pode ser interpretada como a probabilidade de o modelo estar correto. Se o nível de significância do teste é de 95%, então o modelo só é rejeitado se essa chance é inferior a 5%.

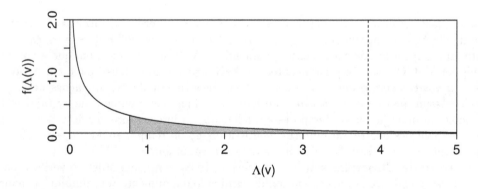

Figura 10.2: Densidade de probabilidade qui-quadrada com um grau de liberdade. A área cinza indica o resultado do teste no primeiro exemplo. A linha tracejada indica o valor mínimo da estatística $\Lambda(v)$ para a hipótese ser rejeitada.

Já no segundo exemplo, com 32 extrapolações em 2000 observações, temos o seguinte resultado:

$$\hat{\theta} = \frac{v}{N} = 1 - \frac{32}{2000} = 0{,}984$$

$$\Lambda(4) = -2\ln \frac{\binom{32}{2.000}(1 - 0{,}99)^{32} 0{,}99^{(2.000-32)}}{\binom{32}{2.000}(1 - 0{,}984)^{32} 0{,}984^{(2.000-32)}} = 6{,}1531$$

$$\chi^2_{(1)}(6{,}1531) = 0{,}9869 > 95\%.$$

Nesse caso, a hipótese nula $H_0 : \theta = 1\%$ é rejeitada.

A Tabela 10.1 indica o número de extrapolações permitidas para que um modelo de VaR não seja rejeitado em função do tamanho da amostra N e do nível de confiança α. A significância considerada para o *backtest* foi de 95%.

Tabela 10.1: Número de extrapolações para não rejeição do modelo

N	$\alpha = 95\%$	$\alpha = 99\%$	$\alpha = 99{,}9\%$
250	$7 \leq v \leq 19$	$1 \leq v \leq 6$	$0 \leq v \leq 1$
1000	$38 \leq v \leq 64$	$5 \leq v \leq 16$	$0 \leq v \leq 3$
2000	$82 \leq v \leq 119$	$12 \leq v \leq 29$	$1 \leq v \leq 5$
5000	$221 \leq v \leq 280$	$37 \leq v \leq 64$	$2 \leq v \leq 9$

10.1.2 Teste de Independência entre as Extrapolações

Um dos fatos estilizados em relação a séries históricas de retornos financeiros é a ocorrência de *clusters* de volatilidade. Se o modelo de VaR está bem calibrado, ele irá capturar este fato, e refletirá adequadamente o aumento do VaR nos instantes em que a volatilidade for alta. Quando isso não acontece, o VaR acaba sendo subestimado em períodos de alta volatilidade, o que acarreta uma frequência maior de extrapolações nesse período. Assim, mesmo que o *backtest* de Kupiec indique que o número de extrapolações ao longo de uma janela de tempo esteja adequado, é interessante verificar também se as extrapolações ocorreram uniformemente ao longo do tempo, conforme esperado, ou aparecem em *clusters*, indicando um modelo mal calibrado.

O **Teste de Christoffersen** [Christoffersen, 1998] tem como objetivo verificar se o fato de ter havido extrapolação em um determinado dia aumenta (ou diminui) a chance de ocorrência de extrapolação no dia seguinte. Se isso ocorre, então existe dependência temporal entre as extrapolações, indicando que o modelo de VaR não está sendo capaz de identificar adequadamente os *clusters* de volatilidade.

Sejam então p_{11} a probabilidade de extrapolação em um dia caso tenha havido extrapolação no dia anterior e p_{01} a probabilidade de extrapolação em um dia caso não tenha havido extrapolação no dia anterior, ou seja:

10 Value at Risk: Tópicos Avançados

$$p_{01} = \mathbb{P}(I_i = 1 | I_{i-1} = 0)$$
$$p_{11} = \mathbb{P}(I_i = 1 | I_{i-1} = 1)$$

A hipótese nula deste teste é:

$$H0 : p_{01} = p_{11} = (1 - \alpha)$$

Para calcular a estatística do teste, é preciso obter as seguintes quantias a partir da série de extrapolações:

- v_{11}: número de extrapolações imediatamente após outra extrapolação
- v_{01}: número de extrapolações imediatamente após uma não extrapolação
- v_{10}: número de não extrapolações imediatamente após uma extrapolação
- v_{00}: número de não extrapolações imediatamente após outra não extrapolação

Como exemplo, seja a seguinte série de extrapolações:

$$\{I_t\}_{t=1}^{16} = \{0,0,0,1,0,0,0,0,1,1,0,0,0,1,0,0\}$$

Temos que: $v_{11} = 1$, $v_{10} = 3$, $v_{01} = 3$ e $v_{00} = 8$.
Com isso, calculamos os estimadores das probabilidades $\hat{p_{01}}$ e $\hat{p_{11}}$:

$$\hat{p_{01}} = \frac{v_{01}}{v_{00} + v_{01}} \qquad e \qquad \hat{p_{11}} = \frac{v_{11}}{v_{11} + v_{10}}.$$

A estatística deste teste é dada por:

$$\Lambda(V) = -2 \ln \frac{\alpha^{v_{00}+v_{10}} (1 - \alpha)^{v_{01}+v_{11}}}{(1 - \hat{p_{01}})^{v_{00}} \hat{p_{01}}^{v_{01}} (1 - \hat{p_{11}})^{v_{10}} \hat{p_{11}}^{v_{11}}}.$$

Neste caso, $\Lambda(V)$ segue uma distribuição qui-quadrada com dois graus de liberdade. Note que se $v_{11} = 0$, o denominador de $\Lambda(V)$ assume valor zero, o que impede o cáculo da estatística a partir desta expressão. O problema deste teste é que, a depender do nível de confiança do VaR e do tamanho da amostra, a probabilidade de haver duas extrapolações consecutivas pode ser muito baixa. Por exemplo, em uma série de extrapolações com 1.250 observações e nível de confiança do VaR de 1%, essa probabilidade é de aproximadamente 12,5%; já se N=250, essa probabilidade cai para 2,5%. Para tratar esses casos, a estatística de teste assume a seguinte forma quando $v_{11} = 0$:

$$\Lambda(V) = -2 \ln \frac{\alpha^{v_{00}+v_{10}} (1 - \alpha)^{v_{01}}}{(1 - \hat{p_{01}})^{v_{00}} \hat{p_{01}}^{v_{01}}}$$

Para exemplificar esse teste, suponha uma amostra com 2000 observações e 24 extrapolações. Se não houve extrapolações consecutivas, temos que: $v_{00} = 1952$, $v_{01} = v_{10} = 24$ e $v_{11} = 0$, e portanto $\hat{p_{01}} = 1,22\%$. Calculando a estatística de teste, temos que $\Lambda(V) = 1,3425$. Considerando o nível de significância do teste de 95%, e lembrando que agora a distribuição possui dois graus de liberdade, temos que o modelo só é rejeitado quando a estatística do teste for maior que $(\chi^2_{(2)})^{-1}(95\%) = 5,9915$. Desta forma,

244   Derivativos e Risco de Mercado

não rejeitamos o modelo neste exemplo. Porém, se são observados 3 pares de extra-polações consecutivas, a estatística do teste passa para 10,0452, e portanto o teste de independência é rejeitado, mesmo com um número total de extrapolações adequado.

10.1.3 Gerando as séries de Extrapolações

Com os valores diários de VaR e de marcação a mercado da carteira, calculados ao longo de um período suficientemente grande, é possível gerar as séries de extrapolação para serem utilizadas nos *backtests*, bastando comparar o VaR calculado em cada data t com o retorno da carteira na mesma data. Porém, apesar de simples, este processo requer alguns cuidados em sua implementação, conforme visto a seguir.

O primeiro ponto de atenção se refere ao cálculo do **retorno da carteira na data** t, que não é simplesmente o valor da carteira em $t + 1$ subtraído do valor da carteira em t. Ao longo do dia, diversas operações de compra e venda são realizadas, de modo que a carteira de fechamento em $t + 1$ é diferente da carteira em t. Ou seja, a diferença do preço da carteira entre t e $t + 1$ refletirá não apenas os movimentos de mercado (capturados pelo VaR calculado em t), mas também a mudança na composição da carteira, o que dificulta a sua comparação com o VaR.

Assim, para calcular a série de extrapolações, utiliza-se o **retorno hipotético** da carteira em t, que equivale ao retorno que a carteira teria caso não fosse realizada nenhuma operação de compra ou venda. O cálculo do retorno hipotético na data t é obtido pela precificação da carteira com a composição observada em t e os dados de mercado observados em $t + 1$.

O **retorno efetivo**, que corresponde ao retorno real da carteira, não depende apenas das movimentações diárias de mercado e da variação da composição da carteira. Ele é função também de outros fatores, como oscilações intradiárias nas cotações de mercado (que norteiam o preço de negociação de um ativo no momento de sua compra ou venda), custos relacionados à compra e venda de papéis, variações nos preços causadas por baixa liquidez e outros fatores. Modelos de gestão de riscos deveriam, idealmente, levar em conta todas essas componentes do retorno, e não apenas as oscilações de mercado. Porém, a quantificação dessas componentes é mais complexa, e por isso, na prática, o VaR é frequentemente comparado com o retorno hipotético para identificar os momentos em que houve extrapolação. A comparação do VaR com o retorno efetivo para fins de *backtest* pode ser útil quando esses efeitos decorrentes da movimentação e dos custos de manutenção da carteira são suficientemente pequenos.

Outra questão importante na implementação dos *backtests* está associada ao horizonte de tempo (ou *holding-period*) do VaR. Quando utilizamos horizontes de tempo maiores que 1 dia para o VaR, devemos compará-lo com a perda hipotética observada ao final do mesmo período para fins de *backtest*. Note, porém, que a perda acumulada em n dias é o somatório das perdas acumuladas diariamente ao longo do mesmo período de tempo. Isso acarreta uma forte correlação temporal entre as perdas hipotética observadas em t e em $t + 1$, quebrando uma das premissas do *backtest* que é a independência dos retornos. Um efeito disto é a observação de extrapolações consecutivas que, conforme visto na seção anterior, interfere no resultado dos *backtests*.

Assim, o ideal é que o *backtest* utilize apenas dados com intervalos equivalentes ao *holding-period*, ou seja, a série de extrapolações será composta pelos dados observados em $t, t+n, t+2n, \ldots$ O problema é que, para *holding-periods* grandes, este procedimento diminui drasticamente o tamanho da amostra. E, como visto anteriormente, amostras de tamanho pequeno resultam em um teste com baixo poder de rejeição de falsos positivos.

10.2 Testes de Estresse

Modelos de VaR tipicamente são calibrados a partir de dados históricos. Isso os impede de capturar perdas sob condições de mercado não observadas na janela de dados utilizada na calibração do modelo. O exemplo abaixo ilustra essa situação: a Figura 10.3 mostra as séries de retorno e VaR de uma carteira indexada ao Ibovespa de agosto de 2007 a outubro de 2008. Até agosto de 2008, o modelo de VaR EWMA com decaimento de 0,94 apresentava resultados satisfatórios no *backtest*. Porém, a crise dos *subprimes*, que culminou com a quebra do banco americano Lehman Brothers em setembro de 2008, levou a um súbito e pronunciado aumento na volatilidade do Ibovespa, resultando em 5 extrapolações do VaR em apenas 1 mês. A explicação para tal fato não está necessariamente na escolha inadequada do modelo de VaR, mas na mudança do regime de volatilidade do Ibovespa que vinha sendo observado até então.

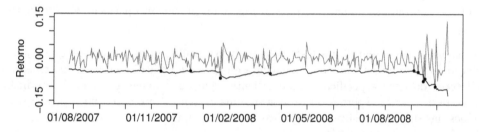

Figura 10.3: Séries de retorno e VaR de uma carteira indexada pelo Ibovespa, de agosto de 2007 a outubro de 2008.

O exemplo acima deixa clara a necessidade da complementação do VaR com outros tipos de teste que considerem a quebra de premissas do modelo, estimem perdas decorrentes de mudanças estruturais na economia, e permitam avaliar o impacto de choques extremos em fatores de risco específicos.

Os **testes de estresse** são a ferramenta adequada para atender a essas questões. O arcabouço destes testes consiste basicamente na formulação de cenários e hipóteses que contemplem situações relevantes, mas não capturadas pelo modelo de VaR. As perdas sob estresse são avaliadas através da diferença entre a precificação da carteira sob o cenário corrente e sob cada cenário de estresse. Tais testes são aplicados não apenas na gestão de riscos de uma carteira ou instituição financeira, sendo também amplamente utilizados por órgãos reguladores para avaliar a solidez das instituições e do sistema financeiro como um todo.

A **análise de cenários** é uma das principais ferramentas dos testes de estresse, consistindo na definição de choques para um ou mais fatores de risco no modelo e na apuração da perda da carteira caso estes choques se concretizassem. A perda é a diferença entre a precificação da carteira no cenário base e no cenário estressado.

A escolha criteriosa dos cenários é fundamental para que os resultados do teste de estresse sejam úteis na gestão de riscos. A definição dos cenários tipicamente é feita por equipes multidisciplinares e, idealmente, deve contar com a participação da alta administração. Os cenários devem corresponder a situações extremas, mas prováveis, e devem ser relevantes para a realidade da instituição. Além disso, o número de cenários deve ser tal que permita expressar uma gama abrangente de situações com impacto significativo na carteira, mas não pode ser um número excessivo, o que dificultaria o planejamento das ações para mitigação ou tratamento dos riscos relevantes. Por fim, a escolha dos cenários deve levar em conta não somente a composição da carteira no momento atual, mas também o perfil de risco da instituição e perspectivas futuras de investimentos, e deve ser periodicamente reavaliada quanto à sua eficácia na identificação de situações relevantes de estresse.

Os cenários podem ser classificados em dois grupos: prospectivos e históricos. **Cenários prospectivos** são estabelecidos pela definição explícita dos choques sobre cada fator de risco, podendo ser uni ou multivariados. Exemplos de cenários prospectivos univariados são:

- Qual seria a perda na carteira se a taxa de câmbio dólar x real aumentasse em 1%?
- O que ocorreria se a curva de juros sofresse um movimento paralelo de 100 pontos-base?

Uma classe particular destes teste de estresse é a análise de sensibilidade, que avalia a variação do valor ou retorno de uma carteira quando são aplicados choques incrementais em fatores de risco específicos. Cabe salientar que um choque em uma determinada direção pode acarretar perdas ou ganhos em uma carteira e, por isso, é necessário aplicar choques nas direções positiva e negativa em todos os fatores de risco, identificando-se a direção que acarretou perdas.

Cenários multivariados, como o nome já diz, consistem na aplicação de choques a mais de um fator de risco simultaneamente e, neste sentido, os choques precisam ser coerentes entre si. Uma primeira abordagem é simplesmente escolher um subconjunto de fatores do modelo e aplicar a eles choques predefinidos, mantendo os demais fatores inalterados. Neste caso, a consistência entre os choques é obtida pela análise das relações de causa e efeito entre os movimentos dos fatores de risco selecionados. Por exemplo, podemos escolher aplicar choques nos juros e na taxa de inflação, mantendo a taxa de câmbio e as cotações das ações inalteradas. Ao usar este cenário, é preciso levar em conta que o aumento dos juros acarreta a diminuição da inflação.

De qualquer forma, aplicar choques a apenas alguns fatores e não estressar os demais pode ser incompatível com a realidade, subestimando (ou mesmo superestimando) a perda em situações de estresse. Uma abordagem que visa mitigar o problema apontado acima é estimar os choques nos fatores não selecionados através de uma regressão linear com base em dados históricos, tendo como variáveis explicativas os choques definidos nos fatores selecionados. Outra maneira de se considerar a correlação entre os fatores é usar a matriz de correlações estimada a partir de séries históricas para simular os fatores não selecionados. Porém, cabe ressaltar que em momentos de estresse, a matriz de correlações não necessariamente é semelhante à de momentos de "calmaria", podendo sofrer alterações siginificativas. Note que as abordagens acima sugerem o uso de correlações observadas em séries históricas mesmo nos cenários de estresse, o que não captura esta característica das correlações.

Já os cenários históricos correspondem a situações de perdas extremas observadas no passado. Como estes cenários são situações ocorridas de fato, eles trazem como vantagem a preservação das correlações entre os fatores de risco em momentos de estresse, que, como visto anteriormente, podem ser significativamente diferentes em períodos de menor volatilidade, e nem sempre são adequadamente consideradas nos cenários prospectivos. Porém, eles limitam-se a situações que já ocorreram, restringindo a abrangência dos testes de estresse.

Assim como nos cenários prospectivos, a escolha de um cenário histórico pode ser guiada por eventos específicos ou pela composição da carteira atual. No primeiro caso, especialistas selecionam situações no passado para as quais se pretende observar o impacto na carteira (p. ex. Crise da Grécia, Crise do Petróleo). Já a seleção de cenários com base na carteira consiste em escolher um cenário passado que acarretaria um impacto relevante na carteira. Este tipo de seleção de cenário permite identificar configurações críticas para os fatores de risco para a carteira atual (tanto em termos de magnitude dos choques, quanto de correlações entre fatores), tendo o potencial de apontar situações não vislumbradas nos cenários prospectivos nem observadas nos cenários históricos selecionados. Em ambos os casos, é interessante utilizar uma janela de dados históricos maior que a janela utilizada na calibração do VaR, de modo que uma variedade maior de cenários possa ser considerada.

10.3 Correlações e Cópulas

Vimos no capítulo anterior como estimar a matriz de correlações entre os fatores de risco utilizando um modelo de retornos multivariado log-normal. O uso de correlações em modelos de risco visa capturar a dependência entre os fatores, mas assume como hipótese que a correlção entre os fatores é linear e constante. Porém, é sabido que as correlações tendem a não se manter em períodos de volatilidade aumentada: em momentos de forte baixa do mercado, é comum observar retornos negativos extremos simultâneos em diversos fatores de risco, enquanto que em momentos de normalidade, os retornos apresentam correlações menos acentuadas. Essa característica dos mercados financeiros não é bem representada pelas matrizes de correlações.

Outro problema das matrizes de correlações é que nem sempre uma distribuição conjunta pode ser expressa apenas através de suas distribuições marginais e de uma matriz de covariâncias. Na verdade, apenas uma pequena parcela das famílias de distribuições multivariadas pode ser expressa dessa forma, como a distribuição normal, e as elípticas em geral. Isso ocorre porque as matrizes de covariâncias só expressam relações lineares de dependência. E, mesmo que a dependência entre os fatores seja linear, a correlação entre duas variáveis aleatórias X_1 e X_2 só alcança os limites de -1 e 1 se X_1 e X_2 pertencem à mesma família de distribuição[3], o que constitui outra restrição no uso das matrizes de correlação para expressar a dependência entre fatores de risco.

Um modelo mais amplo de distribuição conjunta que pode contornar essas deficiências do modelo log-normal são as **cópulas**, que permitem descrever separadamente a estrutura de dependência entre variáveis aleatórias e as distribuições marginais de cada uma das variáveis. A utilização de cópulas na gestão de riscos não é tão direta como o cálculo do VaR a partir de um modelo log-normal. Apesar disso, as cópulas podem ser facilmente ajustadas aos dados e simuladas, o que permite o cálculo do VaR a partir da metodologia de Monte Carlo.

Esta seção introduz alguns conceitos básicos sobre cópulas, e apresenta os dois tipos mais utilizadas em finanças: as cópulas implícitas e as cópulas arquimedianas.

10.3.1 Definições

Conforme enuncia o Teorema de Sklar, qualquer distribuição conjunta pode ser escrita como uma função de suas distribuições marginais.

Teorema de Sklar: para toda função de distribuição conjunta $F(x_1, \ldots, x_d)$, existe uma função de distribuição $C(u_1, \ldots, u_d)$, $u_i \in [0,1]$ tal que:

$$F(x_1, \ldots, x_d) = C(F_1(x_1), \ldots, F_d(x_d))$$

onde $F_i(x)$ é a distribuição marginal da variável aleatória X_i.

A função $C(u_1, \ldots, u_d)$ que descreve a relação entre as marginais é a cópula, cujos parâmetros são os quantis correspondentes a cada variável aleatória $U_1, \ldots, U_d$. Assim, a cópula dá respostas a perguntas como: "Qual é a probabilidade do fator X_1 pertencer ao quantil das 1% piores perdas e o fator X_2, às 3%? piores perdas?". Se a estrutura de dependência entre X_1 e X_2 é descrita pela cópula $C(u_1, u_2)$, a resposta a essa pergunta equivale à $C(1\%, 3\%)$, independentemente de quais sejam as distribuições marginais de X_1 e X_2.

Note que se F é a distribuição marginal de X, $F(x)$ representa o quantil correspondente a x e possui distribuição uniforme: $F \sim U[0,1]$. Por isso, os valores $F_1(x_1), \ldots, F_d(x_d)$ são os parâmetros de entrada da cópula.

A função de densidade de probabilidade conjunta também pode ser escrita através das distribuições marginais e da densidade de uma cópula:

$$f(x_1, x_2, \ldots, x_d) = f_1(x_1) \times f_2(x_2) \times \ldots \times f_d(x_d) \times c(F_1(x_1), F_2(x_2), \ldots, F_d(x_d))$$

onde $f(x_1, \ldots, x_d)$ e $c(x_1, \ldots, x_d)$ são, respectivamente, as densidades de distribuição associadas a $F(x_1, \ldots, x_d)$ e $C(x_1, \ldots, x_d)$.

---

[3] Para a demonstração destes fatos, consulte [Embrechts et al., 2005].

10.3.2 Cópulas Fundamentais

Para ilustrar o funcionamento das cópulas, iniciaremos com alguns exemplos bastante simples, mas que por sua relevância no estudo de cópulas, são conhecidos como cópulas fundamentais.

Como primeiro exemplo, sejam dois fatores de risco X_1 e X_2, independentes entre si, onde cada um deles tem distribuição marginal normal $N(0,1)$. Como as marginais são normais padrão, a probabilidade de um dos fatores possuir valor inferior a -2,33 é igual a 1%. Qual é então a probabilidade de X_1 e X_2 apresentarem simultaneamente retornos inferiores a -2,33? Utilizando a notação de cópulas para representar a distribuição conjunta entre estes fatores, podemos escrever as seguintes igualdades:

$$\mathbb{P}(X_1 \leq -2{,}33; X_2 \leq -2{,}33)$$
$$= F_{1,2}(-2{,}33, -2{,}33)$$
$$= C(F_1(-2{,}33), F_2(-2{,}33))$$
$$= C(1\%, 1\%).$$

Como os fatores são independentes, sabemos que a probabilidade de ambos pertencerem ao quantil de 1% é de 1% x 1% = 0,01%. Generalizando este exemplo, podemos definir a **cópula de independência**. Para d fatores independentes entre si, a cópula que descreve a dependência entre eles é dada por:

$$C_{\text{independência}}(u_1, \ldots, u_d) = \prod_{i=1}^{d} u_i$$

onde $u_i = F(x_i)$ ou seja, é o quantil correspondente a x_i. A Figura 10.4 ilustra a cópula de independência.

Vamos agora a um segundo exemplo: a **cópula de monotonicidade**. Essa cópula descreve fatores perfeitamente e positivamente dependentes, ou seja, se um dos fatores é conhecido, o outro também o é. Assim, pode-se afirmar que existe uma função g estritamente crescente que relaciona os fatores:

$$X_2 = g(X_1) \Rightarrow X_1 = g^{-1}(X_2).$$

Portanto, podemos escrever a seguinte relação entre F_1 e F_2:

$$F_2(z) = \mathbb{P}(X_2 \leq z) = \mathbb{P}(g^{-1}(X_2) \leq g^{-1}(z)) = \mathbb{P}(X_1 \leq g^{-1}(z)) = F_1(g^{-1}(z)).$$

Assim, se $F_1(x_1) = u_1$ e $F_2(x_2) = u_2$, temos que:

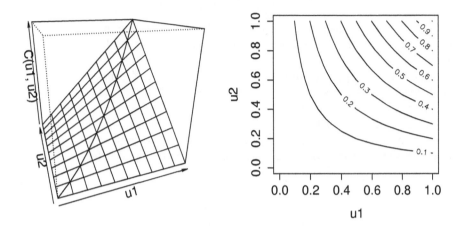

Figura 10.4: Gráficos tridimensional (à esquerda) e de curvas de nível (à direita) da cópula de independência.

$$\begin{aligned}
F(x_1, x_2) &= \mathbb{P}(X_1 \leq x_1, X_2 \leq x_2) \\
&= \mathbb{P}((X_1 \leq x_1) \cap (X_2 \leq x_2)) \\
&= \mathbb{P}((X_1 \leq x_1) \cap (g^{-1}(X_2) \leq g^{-1}(x_2))) \\
&= \mathbb{P}((X_1 \leq x_1) \cap (X_1 \leq g^{-1}(x_2))) \\
&= \mathbb{P}(X_1 \leq \min(x_1, g^{-1}(x_2))) \\
&= \min(F_1(x_1), F_1(g^{-1}(x_2)) \\
&= \min(F_1(x_1), F_2(x_2)) \\
&= \min(u_1, u_2).
\end{aligned}$$

De fato, se o retorno em um dos fatores corresponde ao quantil u, o outro fator não pode corresponder a um quantil maior que u, pois existe uma relação de dependência perfeita e crescente entre eles. Note que na cópula de monotonicidade, a relação entre os retornos não precisa ser linear, sendo válida para qualquer relação monotonicamente crescente entre os fatores. Assim, generalizando a cópula de monotonicidade para múltiplas dimensões, temos que:

$$C_{\text{monotonicidade}}(u_1, \ldots, u_d) = \min(u_1, \ldots, u_d).$$

A Figura 10.5 ilustra a cópula de monotonicidade.

A cópula de monotonicidade é importante, porque representa uma fronteira superior para as cópulas em geral: para qualquer cópula C, temos que:

$$C(u_1, \ldots, u_d) \leq C_{\text{monotonicidade}}(u_1, \ldots, u_d).$$

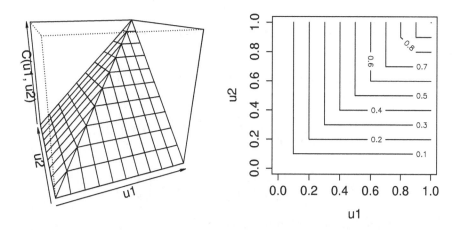

Figura 10.5: Gráficos tridimensional (à esquerda) e de curvas de nível (à direita) da cópula de monotonicidade.

Note que a expressão das cópulas acima não dependem da distribuição de probabilidade dos fatores, tampouco do valor dos mesmos. Elas só dependem do quantil correspondente a cada fator de risco, qualquer que seja a sua distribuição. Isso é verdade não apenas para as cópulas de independência e de monotonicidade como para quaisquer outras, já que cópulas, por sua natureza, não dependem das distribuições marginais das variáveis envolvidas.

10.3.3 Cópulas Implícitas

Um terceiro exemplo é a cópula implícita na distribuição multivariada normal. Sejam X_1, X_2 variáveis aleatórias cuja distribuição conjunta é uma normal multivariada padrão com média μ e matriz de covariância σ:

$$\mu = \begin{pmatrix} \mu_1 \\ \mu_2 \end{pmatrix} \qquad \sigma = \begin{pmatrix} \sigma_1^2 & \sigma_1\sigma_2\rho \\ \sigma_1\sigma_2\rho & \sigma_2^2 \end{pmatrix}$$

$$f_{12}(x_1, x_2) = \frac{1}{2\pi\sigma_1\sigma_2\sqrt{1-\sigma_{12}^2}} \exp\left(-\frac{z}{2(1-\sigma_{12})}\right)$$

com

$$z = \frac{(x_1 - \mu_1)^2}{\sigma_1^2} - 2\rho\,\frac{(x_1 - \mu_1)(x_2 - \mu_2)}{\sigma_1 \sigma_2} + \frac{(x_2 - \mu_2)^2}{\sigma_2^2}.$$

Essa função pode ser reescrita a partir das marginais da densidade normal e da função de cópula gaussiana:

$$f_{12}(x_1, x_2) = f_1(x_1) \times f_2(x_2) \times c_\rho^{Ga}(F_1(x_1), F_2(x_2)).$$

com

$$c_\rho^{Ga} = \frac{1}{\sqrt{1 - \rho^2}} \exp\left(-\frac{1}{2}\psi^T(R^{-1} - I_2)\psi\right).$$

$$\psi = \begin{pmatrix} \Phi^{-1}(F_1(x_1)) \\ \Phi^{-1}(F_2(x_2)) \end{pmatrix} \qquad R = \begin{pmatrix} 1 & \rho \\ \rho & 1 \end{pmatrix}$$

e Φ^{-1} é a inversa da distribuição normal padrão.

Note que o único parâmetro da cópula é a correlação ρ entre os fatores X_1 e X_2. O interessante desta modelagem é que podemos substituir as distribuições marginais normais por qualquer outra distribuição, como a t de Student, que captura melhor as caudas pesadas dos retorno e manter a cópula acima, cujo único parâmetro ρ pode ser facilmente ajustado a partir de dados históricos.

10.3.4 Cópulas Arquimedianas

Uma das dificuldades em se usar cópulas implícitas é que elas em geral não possuem fórmulas fechadas, embora isso seja possível para a cópula gaussiana, como visto acima.

Outra característica das cópulas elípticas em particular é a simetria das caudas, o que pode ser uma limitação na modelagem da estrutura de dependência de retornos financeiros. Como dito anteriormente, situações de estresse elevado no mercado podem acarretar em perdas extremas simultâneas em diversas classes de ativos. Porém, ganhos extremos simultâneos seriam mais improváveis, o que sugere caudas assimétricas.

A Figura 10.6 ilustra essa situação. Os pontos marcados no gráfico correspondem aos retornos diários de uma posição comprada em Ibovespa (eixo horizontal) e de uma posição vendida em dólares no mesmo dia (eixo vertical). Por exemplo, o ponto (6%, 4%) indica que em um determinado dia o retorno do Ibovespa foi de 6%, e o da posição vendida em dólar foi de 4%. A série contempla 10 anos de dados, de outubro de 2005 a setembro de 2015. As linhas tracejadas correspondem aos quantis inferior e superior de 10% para cada um dos fatores. No quadrante inferior, foram observados 38 pontos, enquanto que no superior, apenas 26 pontos, o que sugere que grandes quedas no Ibovespa simultâneas a grandes desvalorizações cambiais são mais frequentes que a situação oposta para os dois fatores.

Essa assimetria pode ser capturada através de alguns tipos de cópulas arquimedianas. Assim como as cópulas implícitas, as arquimedianas podem ser utilizadas em conjunto com qualquer distribuição marginal. Porém essas cópulas, ao contrário das elípticas, não

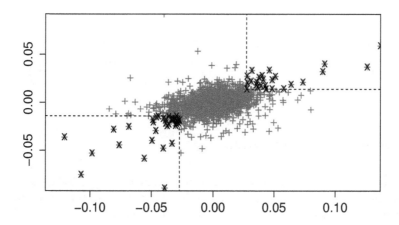

Figura 10.6: Correlação entre uma posição comprada em Ibovespa (eixo horizontal) e de uma posição vendida em dólares no mesmo dia (eixo vertical).

são derivadas de uma família de distribuição multivariada. Elas são expressas a partir de funções geradoras e possuem fórmulas fechadas, facilitando seu uso.

Uma cópula é denominada arquimediana se ela pode ser definida através de uma função geradora $\phi : [0,1] \to [0, \infty]$, como:

$$C(u_1, \ldots, u_d) = \phi^{-1}(\phi(u_1) + \ldots + \phi(u_d)),$$

onde ϕ é estritamente decrescente, $\phi(0) = \inf, \phi(1) = \infty$.

Três famílias de cópulas arquimedianas bastante estudadas são as cópulas de Clayton, de Gumbel e de Frank. Todas elas podem ser definidas a partir de sua função geradora e de um parâmetro θ dentro de determinado domínio, conforme tabela 10.2.

Tabela 10.2: Funções geradoras das cópulas de Gumbel, Clayton e Frank.

Cópula	Função Geradora	Parâmetro
C_θ^{Gu}	$-(\ln t)^\theta$	$\theta \geq 1$
C_θ^{Cl}	$\frac{1}{\theta}(t^{-\theta} - 1)$	$\theta > 0$
C_θ^{Fr}	$-\ln \frac{e^{-\theta t}-1}{e^{-\theta}-1}$	$\theta > 0$

Assim, estas cópulas assumem as seguintes expressões:

$$C_\theta^{Gu}(u_1, u_2) = \exp\{-((-\ln u_1)^\theta + (-\ln u_2)^\theta)^{\frac{1}{\theta}}\}$$

$$C_\theta^{Cl}(u_1, u_2) = (u_1^{-\theta} + u_2^{-\theta} - 1)^{\frac{1}{\theta}}$$

$$C_\theta^{Fr}(u_1, u_2) = -\frac{1}{\theta} \ln \left(1 + \frac{(\exp(-\theta u_1) - 1)(\exp(-\theta u_2) - 1)}{\exp(-\theta) - 1} \right)$$

10.3.5 Dependência de cauda

Uma característica muito útil das cópulas arquimedianas é a possibilidade de explicitar a dependência de cauda entre dois fatores. A dependência de cauda entre duas variáveis X_1 e X_2 expressa o quão provável é uma ocorrência extrema de X_2 dado que X_1 assumiu um valor também extremo. Formalmente, o coeficiente de dependência de cauda inferior λ_L de X_2 em relação a X_1 é dado por:

$$\lambda_L(X_1, X_2) = \lim_{q \to 0+} \mathbb{P}(X_2 \le F_2^{-1}(q) | X_1 \le F_1^{-1}(q)) =$$

$$= \lim_{q \to 0+} \frac{\mathbb{P}(X_2 \le F_2^{-1}(q), X_1 \le F_1 - 1(q))}{\mathbb{P}(X_1 \le F_1^{-1}(q))} =$$

$$= \lim_{q \to 0+} \frac{\mathbb{P}(F_2(X_2) \le q, F_1(X_1) \le q)}{\mathbb{P}(F_1(X_1) \le q)} =$$

$$= \lim_{q \to 0+} \frac{C(q, q)}{q}.$$

Esta expressão deixa claro que o valor da dependência de cauda depende da velocidade de decaimento da cópula; se $C(q,q)$ decai muito rapidamente, $\lambda_L(X_1, X_2)$ tenderá a zero; por outro lado, se o peso da cauda é grande, $\lambda_L(X_1, X_2)$ pode assumir valores infinitos. A tabela 10.3 compara o coeficiente de dependência de cauda para várias cópulas, bem como faz uma análise da probabilidade condicional $\mathbb{P}(X_2 \le F_2^{-1}(q) | X_1 \le F_1^{-1}(q))$ para alguns quantis. Essas probabilidades foram também estimadas empiricamente a partir de 2.453 observações de retornos diários do dólar e do Ibovespa ilustrados na Figura 10.5, o que sugere o uso da cópula de Clayton para modelar a relação entre esses dois fatores. Note que para as cópulas arquimedianas, o cálculo da probabilidade condicional é direto, uma vez que as expressões das cópulas são explícitas. O cálculo das probabilidades condicionais para as cópulas gaussianas foi feito com o auxílio de um pacote estatístico.

Observe que, enquanto a probabilidade condicional da distribuição normal decai rapidamente para zero, na distribuição t com 2 graus de liberdade, ela se estabiliza na medida em que o quantil vai se aproximando de 0%, e para a t com um grau de liberdade (que possui uma cauda extremamente pesada), ela se mantém próxima do coeficiente de cauda mesmo para um quantil elevado como 10%.

As probabilidades obtidas empiricamente a partir de uma série de 10 anos de dados para o dólar (posição vendida) e o Ibovespa sugerem que, de fato, existe uma dependência de cauda entre os fatores próxima da distribuição t com 4 graus de liberdade, porém um pouco menos pesada.

10 Value at Risk: Tópicos Avançados

Tabela 10.3: Probabilidades condicionais e dependência de cauda.

Cópula	$\mathbb{P}(X_2 \leq F_2^{-1}(q)\|X_1 \leq F_1^{-1}(q))$				λ_L
	q=10%	q=5%	q=1%	q=0,1%	
Gaussiana, $\rho = 0{,}5$	32%	24%	13%	5%	0%
$t(v = 4, \sigma = 0{,}5)$	39%	34%	29%	26%	25%
$t(v = 1, \sigma = 0{,}5)$	51%	50%	50%	50%	50%
Clayton($\theta = 0{,}5$)	35%	32%	28%	26%	$2^{-1/\theta} = 25\%$
Clayton($\theta = 2$)	71%	71%	71%	71%	$2^{-1/\theta} = 71\%$
Gumbel($\theta = 2$)	39%	29%	15%	5,7%	0
Frank ($\theta = 10$)	5,1%	1,7%	0,1%	0	0
Amostra	36%	25%	25%	n.d.	n.d.

10.4 Teoria dos Valores Extremos

Até então, os modelos de VaR apresentados valeram-se de modelos de distribuição válidos para todo o espectro dos retornos, apesar de utilizarem apenas a sua cauda esquerda, onde se localizam as perdas extremas. No ajuste dos modelos, o processo de estimação dos parâmetros buscou os melhores estimadores sob um ponto de vista global, sem fazer distinção entre o ajuste na cauda e nas áreas centrais da distribuição.

Modelos baseados na Teoria dos Valores Extremos (EVT) utilizam distribuições de probabilidade que descrevem apenas a cauda da distribuição. Essas distribuições, por sua vez, analisam o comportamento assintótico dos valores extremos de um conjunto suficientemente grande de dados independentes e identicamente distribuídos. Modelos baseados na EVT permitem maior precisão na estimativa do VaR e são mais adequados quando se deseja extrapolar o VaR para valores não observados na amostra utilizada no ajuste do modelo.

As duas principais abordagens que utilizam distribuições de probabilidade baseadas na EVT são:

- A abordagem de *block maxima*, que utiliza uma função da família GEV (*Generalized Extreme Value*) para modelar a distribuição de probabilidade assintótica do valor máximo de um conjunto de dados.
- Os modelos conhecidos como *Peaks over Threshold* (POT), onde uma distribuição condicional modela o excedente do retorno sobre determinado limiar, dado que este limiar foi ultrapassado.

Embora as abordagens de *block maxima* e *POT* utilizem modelos estatísticos diferentes entre si, a aplicação de ambos os modelos à gestão de riscos seguem basicamente as mesmas etapas:

1. Selecionar os pontos extremos a serem utilizados no ajuste da distribuição, conforme o modelo utilizado, *block maxima* ou *POT*. Note que em ambos os casos, só serão considerados os pontos extremos da amostra, descartando-se os demais pontos. O

que difere entre os dois modelos é o método de seleção destes pontos e a modelagem estatística da cauda.
2. Estimar os parâmetros do modelos com as técnicas adequadas (como máxima verossimilhança, método dos momentos ou técnicas não paramétricas).
3. Avaliar a adequação das estimativas, o que pode ser feito através de testes de Kolmogorov-Smirnof ou de Berkowitz.
4. Calcular o VaR a partir dos parâmetros estimados.

Veremos a seguir como são aplicadas as duas abordagens.

10.5 Abordagem de *block maxima*

A abordagem de *block maxima* é baseada na distribuição Generalizada de Valores Extremos (GEV), que descreve o comportamento do valor máximo de um conjunto de observações i.i.d. quando o tamanho deste conjunto tende ao infinito. A distribuição GEV é dada por:

$$G(x) = \begin{cases} \exp(-(1 + k(\frac{x-\mu}{\sigma}))^{-1/k}), \text{se } k \neq 0 \\ \exp(-e^{-(\frac{x-\mu}{\sigma})}), \text{se } k = 0 \end{cases}$$

Essa distribuição tem como parâmetros:

- μ e σ, que representam locação e escala da distribuição; e
- k, ou fator de cauda, que representa a velocidade de decaimento da distribuição.

A distribuição é dita generalizada porque ela engloba três famílias distintas de distribuição, de acordo com o fator de cauda, como se pode observar na Figura 10.7. Se $k = 0$, $G(x)$ pertence à família de distribuições de Gumbel, caracterizada por caudas menos pesadas, com decaimento exponencial. As distribuições normal e log-normal pertencem a essa família. Se $k > 0$, $G(x)$ é uma distribuição de Frèchet, onde a razão do decaimento da cauda direita é uma função de potência (e portanto mais pesada que na distribuição de Gumbel). Dentro desta família, encontra-se a distribuição t. Já se $k < 0$, $G(x)$ pertence à família Weibull, cuja cauda direita é finita, e portanto seus máximos são limitados.

Uma técnica bastante utilizada para ajustar a distribuição GEV aos dados de uma série histórica é a técnica de *block maxima*, que consiste em dividir a série histórica completa em blocos de tamanho arbitrário n, e utilizar os valores máximos de cada bloco para efetuar o ajuste dos parâmetros k, μ e σ. Utilizando um tamanho de bloco razoável, a distribuição GEV será também válida para cada bloco, já que uma hipótese assumida aqui é que os retornos são identicamente distribuídos. A escolha do tamanho do bloco é fundamental para a qualidade das estimativas: blocos muito pequenos levam à imprecisão do ajuste e ao aumento do viés dos estimadores dos parâmetros; por outro lado, se os blocos são muito grandes, o número de blocos disponíveis se torna pequeno para o ajuste da distribuição, resultando em variância excessiva na estimativa dos parâmetros.

A Figura 10.8 mostra a divisão de uma série histórica de 1 ano de retornos do dólar (252 pontos), de outubro de 2005 a setembro de 2006, onde foram destacados os máximos

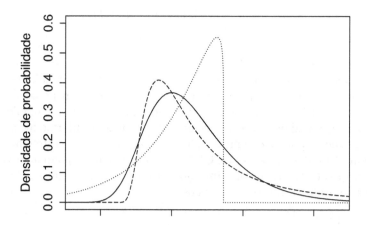

Figura 10.7: Densidade da distribuição GEV com três parâmetros k distintos. A linha contínua é a distribuição de Gumbel, com $k = 0$; a linha tracejada corresponde a uma distribuição Frèchet com $k = 0.5$, e a linha pontilhada é uma distribuição de Weibull com $k = -0.9$.

de cada bloco de tamanho 21 (aproximadamente 1 mês de dados em cada bloco). Esses pontos são utilizados para fazer o ajuste da distribuição GEV. Os parâmetros μ, σ e k da GEV podem ser estimados através de técnicas como máxima verossimilhança, método dos momentos e modelos de regressão. A implementação destes estimadores está disponível como pacotes de diversas ferramentas estatísticas, como R e Matlab, e deve levar em consideração problemas de estabilidade numérica.

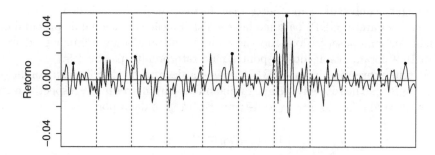

Figura 10.8: Máximos por bloco de uma série de 1 ano de retornos de dólar, de outubro de 2005 a setembro de 2006. Cada bloco possui 21 pontos.

Uma vez estimados os parâmetros da distribuição, o VaR é calculado através da seguinte equação:

$$\text{VaR} = \begin{cases} \beta_n - \frac{\alpha_n}{k_n}\{1 - [-n\ln(1-p)]^{k_n}\}, & \text{se } k_n \neq 0, \\ \beta_n - \alpha_n[-n\ln(1-p)], & \text{se } k_n = 0 \end{cases}$$

onde p é o nível de confiança do VaR.

A técnica de *block maxima* para ajuste dos dados a uma distribuição GEV possui alguns inconvenientes. Em primeiro lugar, a seleção de apenas um ponto extremo em cada bloco implica no desperdício de dados extremos. Considere, por exemplo, o sétimo bloco da Figura 10.8, notadamente 1 mês de alta volatilidade. Conforme mostra a figura 10.9, entre os 12 maiores pontos da amostra, 6 pontos encontram-se neste bloco, e dentre eles, 5 não foram utilizados no ajuste da GEV. Por outro lado, os pontos do nono bloco correspondem ao quantil de 81% da distribuição histórica dos dados, não sendo, portanto, um bom representante para retornos extremos.

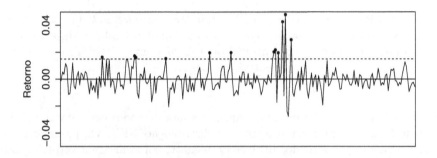

Figura 10.9: Retornos acima do limiar de 1,5% em uma série de 1 ano de retornos de dólar, de outubro de 2005 a setembro de 2006.

A abordagem conhecida como *peaks over threshold* (POT) utiliza a Distribuição Generalizada de Pareto (GDP) para modelar a distribuição condicional de probabilidade do excedente de uma observação, dado que a mesma ultrapassou um limiar predefinido. Na Figura 10.9, foram destacados os pontos cujo retorno ultrapassou 1,5%.

A GDP tem expressão similar à GEV, mas ela decorre da distribuição condicional assintótica da função de sobrevivência, e também tem parâmetros σ e k, respectivamente, de escala e de cauda. Sendo $y = \frac{x}{\sigma}$, a distribuição $P_k(y)$ é dada por:

$$P_k(y) = \begin{cases} 1 - (1 + ky)^{-1/k}, & \text{se } k \neq 0, \\ 1 - e^{-y}, & \text{se } k = 0. \end{cases}$$

A expressão acima é o limite da distribuição de probabilidade dos excedentes quando o limiar tende a infinito. Apesar do limiar não aparecer explicitamente na expressão acima, ele exerce influência no fator de cauda.

Assim como na distribuição GEV, o valor de k determina a família da distribuição. Quando $k = 0$, a distribuição é exponencial; se $k > 0$, $G(x)$ é uma distribuição de Pareto, que tem como característica possuir caudas extremamentes pesadas; e se $k < 0$, a distribuição é do tipo Beta. Um caso especial desta última família de distribuições é quando $k = -1$, quando $G(x)$ assume a forma da distribuição uniforme.

Um ponto sensível desta metodologia é a escolha do limiar, que deve ser suficientemente grande para que a aproximação assintótica seja válida, mas de forma que seja excedido por um número razoável de amostras, de modo que os estimadores dos parâmetros tenham variância satisfatória. Estudos empíricos recomendam um limiar próximo ao quantil de 5% (aproximadamente a escolha que foi utilizada no exemplo acima), mas este deve ser ajustado conforme a estabilidade dos dados.

A estimação de β e k pode ser feita por máxima verossimilhança ou pelo método dos momentos, assim como na metodologia de *block maxima*, mas diversos outros métodos específicos para a GDP são propostos na literatura, especialmente para a estimativa do fator de cauda [Tsay, 2010]. Em particular, o estimador de máxima verossimilhança para k é o estimador de Hill, que possui a seguinte expressão:

$$\hat{k} = \frac{1}{n} \sum \left[\ln X(i) \,\check{}\, \ln X(n+1) \right],$$

onde n é o número de pontos que ultrapassaram o limiar e $X(i)$ é o i-ésimo maior valor da amostra. Note que $X(n+1)$ pode ser menor que o limiar, uma vez que ele é o maior valor da amostra que não ultrapassou o limiar. Essa expressão se aplica apenas a distribuições do tipo Pareto, e portanto não são válidas para as distribuições exponencial (onde k não precisa ser estimado, pois é igual a zero por definição) e Beta, onde $k < 0$.

Neste caso, o VaR é dado por:

$$\text{VaR} = \begin{cases} \beta/k[(1-p) - k - 1], & \text{se } k \neq 0, \\ -\beta \ln(1-p), & \text{se } k = 0 \end{cases}$$

10.6 Medidas Coerentes de Risco

Até agora, vimos como medir o risco de perda de uma carteira através do VaR. Porém, o VaR não é a única métrica existente para esse fim: outras medidas de risco, como o *Expected Shortfall*, têm sido recomendadas para a quantificação do risco por trazerem informações relevantes sobre as perdas extremas e por conta de suas propriedades matemáticas.

De forma geral, se denotamos por L a variável aleatória que descreve a perda de uma carteira, uma medida de risco $\rho(L)$ nada mais é que uma função que quantifica de alguma forma os valores extremos que L pode assumir. Porém, qualquer que seja essa função, é desejável que ela atenda às propriedades abaixo[4]:

1. Monotonicidade: $L \leq 0 \Rightarrow \rho(L) \leq 0$

   Esta propriedade indica que quando não há risco de perda ($L \leq 0$), a medida de risco deve ser igual a zero ou negativa (indicando que a "perda extrema" é, na verdade,

---

[4] Em [Artzner et al., 1999], são definidos os axiomas que caracterizam uma medida de risco.

um ganho). Por consequência, se a medida de risco é maior que zero, então existe uma probabilidade não nula de perda.

Note que essa propriedade não nos permite dizer que uma medida de risco negativa ($\rho(L) \leq 0$) implica necessariamente em um ganho. Para ilustrar essa afirmação, tomemos como exemplo uma carteira cujo VaR com nível de confiança de 90% é igual a -\$300. Isso siginifica apenas que o retorno tem 10% de chance de ser menor ou igual que a \$300, podendo ser positivo ou negativo.

2. Subaditividade: $\rho(L_1 + L_2) \leq \rho(L_1) + \rho(L_2)$

A subaditividade diz respeito ao efeito de diversificação de carteiras: o risco de duas carteiras, quando avaliado de forma consolidada, deve ser no máximo igual à soma do risco individual de cada carteira, podendo ser menor. Em outras palavras, a diversificação pode reduzir o risco de uma carteira, mas nunca aumentar.

Quando usamos o modelo log-normal para os retornos de uma carteira, o VaR apresenta esta propriedade. Como visto anteriormente, o VaR neste caso é um múltiplo do desvio-padrão σ_X do retorno da carteira X, cujo fator multiplicativo k é função do nível de confiança do VaR: $\text{VaR}_X = k\,\sigma$. Assim, se ρ_{XY} é a correlação entre os retornos X e Y, temos que:

$$\text{VaR}_{XY} = k\sigma_{X+Y} = k\sqrt{\sigma_X^2 - 2\rho_{XY}\sigma_X\sigma_Y + \sigma_Y^2}$$
$$\leq k(\sigma_X + \sigma_Y) = \text{VaR}_X + \text{VaR}_y.$$

3. Homogeneidade positiva: $\lambda \in \mathbb{R} \Rightarrow \rho(\lambda L) = \lambda\rho(L)$

Este axioma significa que multiplicar as posições de uma carteira por um valor λ tem como efeito multiplicar o risco por esse mesmo valor.

4. Invariância à translação: $k \in \mathbb{R} \Rightarrow \rho(L + k) = \rho(L) + k$

A propriedade acima quer dizer que se adicionarmos à carteira X um título com perda garantidamente igual a k, então a nova carteira $X + k$ terá seu risco aumentado por k.

Medidas de risco que satisfazem as quatro propriedades acima são denominadas **medidas coerentes de risco**.

Independentemente do modelo de distribuição dos retornos e da metodologia de cálculo, o VaR é sempre monotônico, positivamente homogêneo e invariante à translação. Porém, nem sempre ele é subaditivo, e portanto, não é uma medida de risco coerente. É possível mostrar esse fato a partir de um exemplo simples.

Suponha que as empresas A e B emitiram debêntures, ambas com preço de venda de \$100, igual ao valor de face, e vencimento em 30 dias, pagando um cupom de \$2. Ou seja, se a empresa cumprir com suas obrigações financeiras, o retorno do título será de \$2. Sabe-se que o risco de não pagamento por parte de qualquer uma das empresas é de 7%, sendo que os eventos de inadimplência são independentes entre si.

Neste caso, o retorno de uma debênture pode assumir dois valores possíveis ao final do mês: \$2, com 93% de probabilidade, ou -\$100, com probabilidade de 7%. A distribuição de probabilidade da perda de uma destas debêntures, ilustrada no gráfico à esquerda da Figura 10.10, é dada por:

$$F_A(L) = \begin{cases} 0, & \text{se } L < -2, \\ (1 - 7\%) = 93\%, & \text{se } -2 \leq L < 100, \\ 100\%, & \text{se } L \geq 100. \end{cases}$$

Relembrando o conceito geral de VaR com nível de confiança α para a perda L de uma carteira com uma distribuição de probabilidade qualquer, temos que:

$$\text{VaR}_\alpha(L) = \inf\{l \in \mathbb{R} : F_A(l) \geq \alpha\}.$$

Esta definição do VaR é útil quando a distribuição de probabilidade da perda é uma função discreta, como a deste exemplo. Ou seja, o VaR é o menor valor de perda cuja probabilidade acumulada seja maior ou igual ao nível de confiança. Temos então que o VaR de 1 mês com nível de confiança de 90% de uma carteira X_a, composta por apenas uma debênture emitida por A, equivale a -\$2. Como as características da debênture emitida por B são idênticas à emitida por A, então temos que $\text{VaR}(X_a) = \text{VaR}(X_b)$, e portanto $\text{VaR}(X_a) + \text{VaR}(X_b) = -4$.

Suponha agora uma carteira composta por duas debêntures, uma emitida por A e outra por B. Temos agora três valores possíveis para o retorno da carteira: \$4, com 86,49% de probabilidade; -\$98, com 13,02% de chance; ou -\$200, com probabilidade de 0,49%. A distribuição de probabilidade da perda desta carteira é dada por:

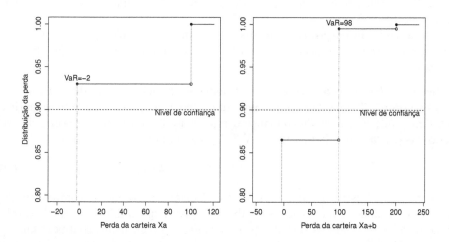

Figura 10.10: Distribuições de probabilidade da perda e VaR com nível de confiança de 90% de duas carteiras: a da esquerda corresponde a uma debênture emitida pela empresa A, e a da direita, a uma carteira com uma debênture de A e outra de B.

$$F_{AB}(L) = \begin{cases} 0, & \text{se } L < -4, \\ (1-7\%)^2 = 86{,}49\%, & \text{se } -4 \leq L < 98, \\ (1-7\%)^2 + 2 \times (1-7\%) \times 7\% = 99{,}51\%, & \text{se } 98 \leq L < 200, \\ 100\%, & \text{se } L \geq 200. \end{cases}$$

Conforme se observa no gráfico à direita da Figura 10.10, $VaR(X_a + X_b) = \$98$. Essa perda equivale à inadimplência de pelo menos uma das empresas, evento com 13,51% de chance de ocorrência. Ou seja, neste caso, a diversificação aumentou o VaR de -\$4 para \$98, ao contrário do que seria esperado.

Note que, devido às descontinuidades na distribuição, a probabilidade da perda da carteira X_a ser maior que -\$2 (que é o VaR a 90% de X_a) é de 7%, e não de 10%. Já para a carteira X_{a+b}, temos que $\mathbb{P}(L > VaR_{90\%}(X_{a+b})) = \mathbb{P}(L > \$98) = 0{,}49\%$. Ou seja, nos casos em que a distribuição das perdas é descontínua, ou mesmo não linear, a interpretação do VaR pode ser menos intuitiva.

10.6.1 *Expected Shortfall*

O *Expected Shortfall* (ES)[5] é uma medida de risco coerente que representa, em linhas gerais, o valor esperado das perdas que ultrapassam o VaR. Essa medida é especiamente útil em dois casos:

- Se a densidade de probabilidade das perdas de uma carteira apresentam caudas muito pesadas, as perdas que ultrapassam o VaR tendem a se distanciar muito do VaR. Neste caso, o *Expected Shortfall* teria magnitude mais próxima das perdas extremas.
- Carteiras com características não lineares, como o exemplo das debêntures visto acima, ou carteiras compostas por opções, que podem violar o princípio da subaditividade.

O cálculo do *Expected Shortfall* está intimamente relacionado ao do VaR. Se a distribuição de probabilidade da perda é uma função contínua, a expressão matemática do *Expected Shortfall* com nível de confiança α representa exatamente o conceito de "valor esperado das perdas que ultrapassam o VaR", como citado anteriormente:

$$\text{ES}_\alpha(L) = \mathbb{E}(L \,|\, L \geq \text{VaR}_\alpha(L)). \tag{10.4}$$

A Figura 10.11 ilustra o VaR e o *Expected Shortfall* para perdas com distribuições normal e t de Student com dois graus de liberdade. Note que a diferença entre os valores de *Expected Shortfall* para as distribuições t e normal é bem mais acentuada que entre os valores de VaR. Isso ocorre devido ao peso da cauda da distribuição t, que tem maior efeito sobre o *Expected Shortfall* do que sobre o VaR.

Assim como o VaR, o *Expected Shortfall* possui expressão fechada para algumas distribuições, como a t e a normal. Para um ativo com distribuição da perda $L \sim \mathcal{N}(\mu, \sigma)$,

---

[5] São encontradas na literatura algumas outras denominações para *Expected Shortfall*, como *Conditional Value at Risk* (CVaR), *Average Value at Risk* (AVaR) e *Expected Tail Loss* (ETL).

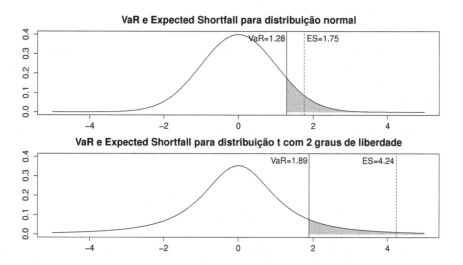

Figura 10.11: VaR e *Expected Shortfall* para perdas com distribuição normal e t de Student.

as expressões do VaR e do ES são dadas por:

$$VaR_\alpha(L) = -\mu - \sigma\Phi^{-1}(\alpha),$$

$$ES_\alpha(L) = -\mu - \sigma\frac{\phi(\Phi^{-1}(\alpha))}{\alpha},$$

onde $\Phi(.)$ e $\phi(.)$ são, respectivamente, as funções de distribuição e densidade de probabilidade normais padrão. Note que para um determinado nível de confiança, se $\mu = 0$ (o que geralmente é assumido na prática), então temos que:

$$ES_\alpha(L) = VaR_\alpha(L)\frac{\phi(\Phi^{-1}(\alpha))}{\alpha\,\Phi^{-1}(\alpha)},$$

ou seja, neste caso, o *Expected Shortfall* é um múltiplo do VaR.

Já se as perdas possuem distribuição $L \sim t(\nu, \mu, \sigma)$, temos que:

$$VaR_\alpha(L) = -\mu - \sigma t_\nu^{-1}(\alpha),$$

$$ES_\alpha(L) = -\mu - \sigma\frac{g_\nu(t_\nu^{-1}(\alpha))}{\alpha}\left(\frac{\nu + (t_\nu^{-1}(\alpha))^2}{\nu - 1}\right).$$

onde $t_\nu(.)$ e $g_\nu(.)$ são, respectivamente, as funções de distribuição e densidade de probabilidade t de Student com ν graus de liberdade. Da mesma maneira que para a distribuição normal, se $\mu = 0$, o *Expected Shortfall* pode ser escrito como um múltiplo do VaR para determinado nível de confiança e graus de liberdade:

$$ES_\alpha(L) = VaR_\alpha(L)\frac{g_\nu(t_\nu^{-1}(\alpha))}{\alpha\, t_\nu^{-1}} \left(\frac{\nu + (t_\nu^{-1}(\alpha))^2}{\nu - 1} \right).$$

Já para distribuições não contínuas (como as utilizadas em modelos de simulação histórica e de Monte Carlo), a expressão do *Expected Shortfall* é mais complexa, mas como veremos adiante, essa formulação permite que o resultado seja mais intuitivo. Neste caso, temos que:

$$ES_\alpha = \frac{1}{1-\alpha}\{\mathbb{E}(L\,\mathbb{I}_{\{L \geq VaR_\alpha(L)\}}) + VaR_\alpha(L)\,[(1-\alpha) - \mathbb{P}(L \geq VaR_\alpha(L))]\}, \quad (10.5)$$

onde

$$\mathbb{I}_{\{L \geq VaR_\alpha(L)\}} = \begin{cases} 1, & \text{se } L \geq VaR_\alpha(L), \\ 0, & \text{caso contrário.} \end{cases}$$

É fácil demonstrar que essa expressão é válida também para distribuições contínuas, assumindo a forma em 10.4. Neste caso, temos que:

$$\mathbb{P}(L \geq VaR_\alpha(L)) = 1 - \alpha$$

e, por isso, a segunda parcela da expressão 10.5 é nula.

Entretanto, quando há descontinuidades, o ajuste promovido pela segunda parcela é que torna a medida mais próxima de uma "perda extrema média" e garante a subaditividade do *Expected Shortfall*. Vejamos o que ocorre quando a expressão 10.4 é utilizada no exemplo das debêntures. No caso de uma carteira com apenas uma debênture, o cálculo do "ES" conforme a expressão 10.4 teria o seguinte resultado:

$$\mathbb{E}(L \mid L \geq VaR_\alpha(L)) = \frac{93\% \times -\$2 + 7\% \times \$100}{\mathbb{P}(L \geq -\$2)} = \frac{\$5,14}{100\%} = \$5,14.$$

Como a função é descontínua, a probabilidade da perda ser maior ou igual ao VaR não é de 10% (nesse caso, é de 100%!), e, por isso, esse resultado não representa adequadamente o valor esperado das 10% piores perdas.

Já usando a expressão 10.5, obtemos o seguinte resultado para o *Expected Shortfall* da carteira X_a (com apenas uma debênture):

$$\mathbb{E}(L\,\mathbb{I}_{\{L \geq VaR_\alpha(L)\}}) = \mathbb{E}(L\,\mathbb{I}_{\{L \geq -\$2\}}) = 93\% \times (-\$2) + 7\% \times \$100 = \$5,14$$
$$\mathbb{P}(L \geq VaR_\alpha(L)) = \mathbb{P}(L \geq -\$2) = 1$$
$$ES_{90\%} = \frac{1}{1-0,9}\{\$5,14 + (-\$2)[(1-0,9) - 1]\} = 10 \times (\$5,14 + \$1,8) = \$69,4.$$

Para a carteira X_{a+b}, com uma debênture de cada empresa, o *Expected Shortfall* é dado por:

$$\mathbb{E}(L\,\mathbb{I}_{\{L \geq VaR_\alpha(L)\}}) = \mathbb{E}(L\,\mathbb{I}_{\{L \geq 98\}}) = 2 \times 93\% \times 7\% \times \$98 + 7\%^2 \times \$200 = \$13,74$$

$$\mathbb{P}(L \geq VaR_\alpha(L)) = \mathbb{P}(L \geq \$98) = 2 \times 93\% \times 7\% + 7\%^2 = 13,51\%$$

$$\mathrm{ES}_{90\%} = \frac{1}{1-0,9}\{\$13,74 + \$98[(1-0,9) - 0,1351]\} = 10 \times (\$13,74 - \$3,44) = \$103.$$

Neste caso, a subaditividade foi atendida, uma vez que $\mathrm{ES}(X_a) + \mathrm{ES}(X_b) = 2 \times \$69,4 = \$138,8 > \mathrm{ES}(X_{a+b}) = \$103$.

10.7 Resumo

O capítulo apresentou diversas técnicas complementares ao VaR. Essas técnicas permitem avaliar a consistência do modelo de VaR, analisar as perdas da carteira em condições pré-determinadas ou não esperadas, e modelar estruturas e características dos retornos não capturadas em modelos de VaR com volatilidades históricas, GARCH ou EWMA.

Os **backtests** têm como objetivo avaliar a consistência dos modelos de risco através da comparação dos retornos reais com os calculados pelo modelo. Os backtests mais utilizados são os testes baseados em extrapolações, ou seja, testes que analisam os momentos em que a perda real da carteira superou o VaR. O teste de Kupiec verifica se o número de extrapolações é compatível com o nível de confiança do modelo de VaR, e o teste de Christoffersen verifica se as extrapolações são independentes entre si.

Os **testes de estresse** têm como objetivo avaliar o risco em cenários pré-definidos, ou onde as premissas assumidas pelo modelo de VaR não estão presentes. Podem ser utilizados cenários prospectivos, onde o choque nos fatores de risco, volatilidades e correlações são definidos explicitamente, ou cenários históricos, onde esses choques replicam um momento de estresse ocorrido no passado. A perda em um cenário é calculada diretamente pela precificação da carteira no cenário escolhido frente ao preço atual da carteira.

As **cópulas** são funções de distribuição que expressam a estrutura de dependência entre duas ou mais variáveis. Seu uso permite desacoplar essa estrutura das distribuições marginais de cada fator de risco. Na gestão de riscos, destacam-se as cópulas arquimedianas, que permitem modelar assimetrias nas caudas das distribuições conjuntas. Com isso, é possível capturar o aumento da correlação entre os fatores de risco em cenários de perdas elevadas.

A **Teoria dos Valores Extremos (EVT)** pode ser utilizada na gestão de riscos quando se deseja modelar com mais precisão a cauda de uma distribuição de probabilidade, pois é nessa região onde ocorrem as perdas extremas. O capítulo apresentou duas distribuições de probabilidade que podem ser estimadas através desta teoria. A primeira é a Distribuição Generalizada de Valores Extremos, que é estimada a partir da divisão da série de retorno em blocos e da identificação da maior perda dentro de cada bloco. A segunda é a Distribuição Generalizada de Pareto, onde a estimação do modelo utiliza apenas as perdas que ultrapassaram um determinado limiar.

Por fim, apresentou-se a definição de **Medidas Coerentes de Risco**, que são medidas de risco que atendem a quatro propriedades desejadas: monotonicidade, subaditividade, homogeneidade positiva e invariância à translação. O VaR não é uma medida de risco porque não é uma medida subaditiva: em alguns casos, a diversificação de uma carteira pode aumentar o seu VaR. Já o Expected Shortfall é uma medida coerente de risco. Essa medida expressa o valor esperado das perdas que ultrapassam o VaR, sendo útil para estimar a magnitude das perdas extremas.

CAPÍTULO 11

Gestão de Carteiras

Felipe Canedo de Freitas Pinheiro

Como, diante de um grande número de alternativas de investimento, um investidor racional deve tomar decisões quanto à alocação de seus recursos? O objetivo deste capítulo é responder a questão levantada apresentando conceitos básicos de gestão de carteiras, introduzindo o assunto mas, ao mesmo tempo, fornecendo as ferramentas necessárias para explorações posteriores.

Um bom início para a introdução do tema é a apresentação do que se convencionou chamar de Teoria Moderna da Carteira (TMC). A TMC foi introduzida, sobretudo, pelo trabalho de Harry Markowitz em artigos publicados na década de 1950 [Markowitz, 1952] e, posteriormente, refinada por William Sharpe [Sharpe, 1964], John Lintner [Lintner, 1965], Mossin [Mossin, 1966] e outros nas décadas subsequentes. Ela determina como os riscos associados a ativos específicos podem ser eliminados ou diversificados, combinando tais ativos com outras aplicações. O universo de carteiras possíveis é, então, determinado pela hipótese de que os investidores são avessos ao risco[1]. Após o surgimento do arcabouço teórico associado a essa lógica, ainda nas décadas de 1950 e 1960, diversos aprimoramentos foram introduzidos na estimação dessas carteiras. A maior parte desses aprimoramentos diz respeito às técnicas utilizadas para se estimar os parâmetros estatísticos necessários à implementação do conceito de carteiras eficientes. Nesse sentido, destacam-se os desenvolvimentos de metodologias para a estimação da matriz de correlações, uma das maiores dificuldades encontradas na implementação dos cálculos propostos, tendo em vista o número potencialmente grande de instrumentos financeiros avaliados em qualquer mercado minimamente complexo.

Neste capítulo, será apresentada a TMC, onde serão abordados os conceitos de carteira eficiente e a derivação de carteiras ótimas a partir da estimação de retornos, desvios-padrões e correlações esperados dos instrumentos financeiros disponíveis no mercado.

---

[1] Afirmar que um investidor é avesso ao risco, significa dizer que este apenas considerará aplicar seus recursos em carteiras de maior risco caso essas possuam retorno esperado superior (isto é, a assunção de riscos deve ser recompensada por uma expectativa de maior retorno, ou prêmio de risco).

268   Derivativos e Risco de Mercado

Também serão apresentados os modelos de fatores, cujo objetivo é reduzir a complexidade de estimação da matriz de correlações. Por fim, tendo em vista que a estimação dos retornos esperados a partir de dados históricos frequentemente não condiz com as expectativas de mercado, introduz-se a possibilidade de se ajustar as estatísticas estimadas de forma a considerar as opiniões de um investidor.

11.1 Teoria Moderna da Carteira

O modelo desenvolvido por Harry Markowitz forneceu uma forma de definir "carteiras eficientes" [Markowitz, 1952], um conceito fundamental na teoria de gestão de carteiras. Carteiras eficientes são aquelas em que se tem o máximo de retorno para um determinado nível de risco ou, de forma equivalente, o mínimo de risco para um determinado retorno. As carteiras eficientes formam o conjunto de carteiras candidatas à aplicação por um investidor avesso ao risco. Tal definição independe do perfil do investidor (isto é, seja agressivo ou conservador em suas aplicações, o investidor deve apenas aplicar em carteiras eficientes).

Para entender o significado de uma carteira eficiente, suponha que temos apenas os ativos A e B disponíveis no mercado e que possuímos estimativas do retorno esperado e do risco de ambos os ativos, além da correlação entre eles. Suponha, também, que possamos comprar qualquer quantidade de A e B. Quais as carteiras (definidas pelas ponderações entre os ativos A e B) que poderiam ser classificadas como eficientes pela definição acima? Para responder a questão, é interessante apurar a relação entre risco e retorno das carteiras que podem ser formadas com diferentes combinações desses ativos.

O retorno esperado, μ_π, de uma carteira formada pelos ativos A e B pode ser calculado por

$$\mu_\pi = w\mu_A + (1-w)\mu_B, \tag{11.1}$$

e o seu risco, medido pela variância, σ_π^2, por[2]

$$\sigma_\pi^2 = w^2\sigma_A^2 + 2w(1-w)\rho\sigma_A\sigma_B + (1-w)^2\sigma_B^2, \tag{11.2}$$

onde, w é o peso do ativo A na carteira e, portanto, o peso do ativo B deve ser igual a $(1-w)$ de forma que a soma dos pesos seja igual a 1. ρ é a correlação entre o ativo A e o ativo B. μ_A, σ_A são a média e o desvio-padrão do ativo A, e μ_B, σ_B são a média e o desvio-padrão do ativo B.

Assumindo que temos estimados os retornos esperados, os desvios-padrão e a correlação dos ativos A e B é possível apurar um valor para o retorno esperado e um valor para o desvio-padrão de carteiras formadas com diferentes valores do ponderador w. Desta

---

[2] O retorno esperado, o desvio-padrão e demais estatísticas apuradas neste capítulo devem ser avaliados tendo como perspectiva o horizonte de tempo que se entende como razoável para uma eventual recomposição da carteira. Se os investimentos forem reavaliados diariamente, deve-se estimar a expectativa de retorno e o desvio-padrão consistentes com o horizonte de 1 dia. Da mesma forma, pode-se entender que um rebalanceamento da carteira deve ocorrer apenas 1 vez por mês ou trimestralmente; nestes casos, portanto, as estatísticas seriam modificadas para manter a consistência com o período de manutenção da carteira corrente.

forma, restringindo valores de w entre 0 e 1, é possível apurar o risco e o retorno de todas as combinações possíveis dos ativos A e B, conforme é ilustrado na Figura 11.1.

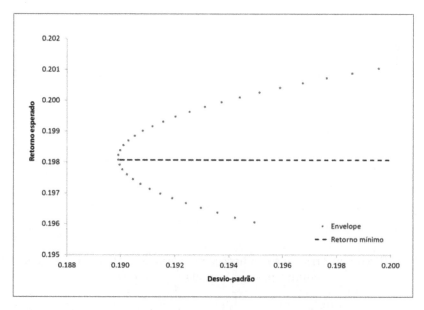

Figura 11.1: Risco e retorno de combinações possíveis de 2 ativos.

Sendo o investidor avesso ao risco, podemos descartar do conjunto de escolhas possíveis as carteiras abaixo da linha pontilhada na Figura 11.1, já que tais carteiras possuem um par de mesmo risco, porém com maior retorno (parte superior da curva). As carteiras acima da linha pontilhada são, então, denominadas eficientes, pois representam o conjunto de escolhas para as quais não existe uma alternativa de mesmo retorno e menor risco (ou mesmo risco e maior retorno).

As carteiras ilustradas na Figura 11.1 foram construídas a partir de posições compradas em ambos os ativos (isto é, $w \geq 0$). Caso permitíssemos que o investidor assumisse uma posição vendida em um dos ativos, obteríamos carteiras eficientes fora da fronteira ilustrada na Figura 11.1, aumentando o número de carteiras de retornos superiores mas, naturalmente, com maior risco (conforme é ilustrado na Figura 11.2).

Agora, assuma que passe a estar disponível para o investidor a possibilidade de adquirir ativos livres de risco (isto é, ativos cujo retorno é certo e, portanto, seu desvio-padrão é nulo) e também a possibilidade de se tomar emprestado à taxa livre de risco. Neste caso, o investidor passa a poder aplicar em uma carteira com risco (subscrito π) e em uma carteira sem risco (rf), ambas com a possibilidade de alavancagem (isto é, podendo tomar emprestado). O retorno esperado e a variância dessa carteira passam a ser representados pelas equações

$$\mu_\theta = w_\pi \mu_\pi + (1 - w_\pi)\mu_{rf} \qquad (11.3)$$

e

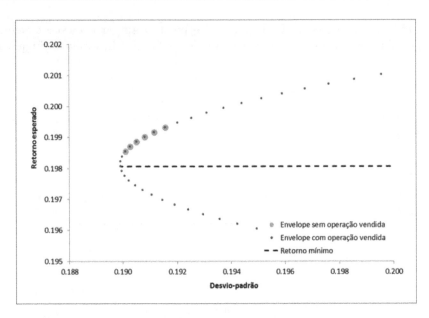

Figura 11.2: Risco e retorno de combinações possíveis de 2 ativos com possibilidade de assumir posição vendida em um deles.

$$\sigma_\theta^2 = w_\pi^2 \sigma_\pi^2. \tag{11.4}$$

onde w_π é o peso da carteira com risco e, portanto, o peso da carteira sem risco deve ser igual a $(1 - w_\pi)$ de forma que a soma dos pesos seja igual a 1. μ_{rf} é o retorno livre de risco.

Resolvendo as equações 11.3 e 11.4, chegamos à seguinte equação para μ_θ:

$$\mu_\theta = \mu_{rf} + \left(\frac{\mu_\pi - \mu_{rf}}{\sigma_\pi}\right)\sigma_\theta. \tag{11.5}$$

A equação 11.5 é representada por uma reta, ilustrada na Figura 11.3, com origem no ponto $(0, \mu_{rf})$. Isto é, se o risco da carteira for nulo ($\sigma = 0$), então o retorno esperado deverá ser igual à taxa livre de risco. A reta, por outro lado, também passa no ponto (σ_π, μ_π), situação em que o peso das aplicações no ativo com risco é 1. A região da reta à direita do ponto A (σ_π, μ_π) representa carteiras em que o investidor tomou emprestado à taxa livre de risco e aplicou no ativo arriscado, ficando o peso dessas aplicações superior a 100% de sua dotação inicial ($w_\pi > 1$). Já a região da reta à esquerda do ponto A representa carteiras em que o investidor emprestou à taxa livre de risco, reduzindo as aplicações no ativo arriscado a um percentual inferior a 100% de sua dotação inicial.

O intercepto da reta acima é dado pela taxa livre de risco da economia, já a inclinação depende do retorno esperado e do desvio-padrão estimado da carteira de ativos com risco que, por sua vez, depende da composição entre os ativos arriscados disponíveis no mercado, como visto anteriormente. Retas com inclinação maior possuem carteiras superiores às retas com inclinação menor, uma vez que para um mesmo nível de risco existiria

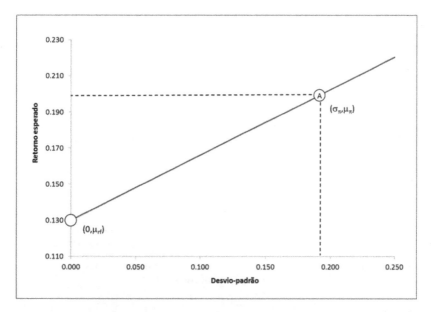

Figura 11.3: Carteira com ativo livre de risco.

uma carteira de retorno esperado maior. Entretanto, não é possível aumentar indefinidamente a inclinação da reta uma vez que existe uma restrição associada à disponibilidade de ativos no mercado. Mais especificamente, é possível aumentar a inclinação da reta apenas até o ponto que tangencia a fronteira eficiente já calculada nesta seção, ponto A, conforme ilustra a Figura 11.4 (isso é verdade porque, como dito anteriormente, um dos pontos da reta é o que representa uma aplicação de 100% no ativo arriscado e que está representado na fronteira eficiente da carteira de ativos arriscados). Esse ponto representa a solução para o problema de se encontrar a carteira de ativos arriscados ótima em um contexto em que tais ativos podem ser combinados com aplicações e captações remuneradas à taxa livre de risco. É importante notar que essa solução independe do perfil do investidor (isto é, a carteira de ativos arriscados ótima é a mesma tanto para investidores conservadores quanto para investidores arrojados). A reta que tangencia a fronteira eficiente dos ativos arriscados é chamada de "reta do mercado de capitais", dado que todo investidor aplicará em algum ponto ao longo dessa reta. O ponto A, representado na Figura 11.4, por sua vez, representa a carteira de mercado. Isto é, se todo investidor possui as mesmas expectativas em relação aos retornos e riscos dos ativos e se deparam com a mesma taxa de aplicação e captação (neste caso, a taxa livre de risco), então todos aplicarão nos mesmos ativos em proporções idênticas, formando a carteira de mercado.

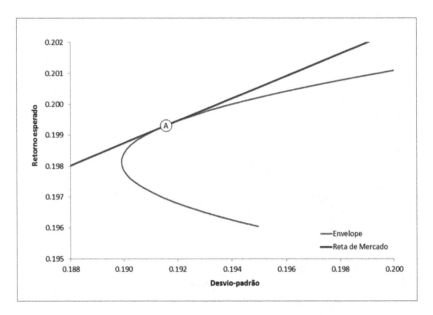

Figura 11.4: Combinação da fronteira eficiente com reta de mercado.

Entretanto, a situação mais comum é aquela em que o investidor pode aplicar à taxa livre de risco, mas não é capaz de captar a essa mesma taxa, pagando algum *spread* sobre a taxa livre de risco. Neste caso, teríamos 2 retas, em vez de 1, como ilustra a Figura 11.5: (i) a primeira reta representa apenas as carteiras em que o investidor aplica parte de seus recursos no ativo livre de risco, ficando com o risco inferior ao de uma carteira 100% aplicada nos ativos arriscados; (ii) a segunda reta representa apenas as carteiras em que o investidor opta por tomar emprestado no mercado de renda fixa e aplicar exclusivamente no ativo arriscado, ficando com o risco superior ao da carteira 100% aplicada nos ativos arriscados. Novamente, ambas as retas precisam tangenciar a fronteira eficiente, que representa todas as composições de ativos arriscados disponíveis para o investidor. Nessa situação, a carteira ótima de ativos arriscados deixa de ser única, como no exemplo em que o investidor tanto capta quanto aplica à taxa livre de risco, passando a ser representado por um intervalo restrito de possibilidades entre os pontos A e B, ilustrados na Figura 11.5. Quanto menor o *spread* de captação cobrado do investidor, menor é esse intervalo.

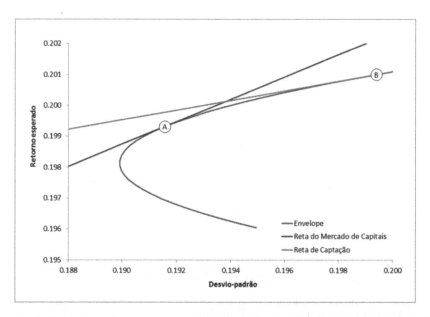

Figura 11.5: Carteiras eficientes com taxa de captação superior à taxa livre de risco.

11.1.1 Carteiras Eficientes com N ativos arriscados

Até aqui, ilustramos alguns conceitos de gestão de carteiras para o universo extremamente restrito em que se encontram disponíveis no mercado apenas 2 ativos arriscados. Para encontrarmos fórmulas mais gerais de análise de carteiras passaremos, a partir deste ponto, a apresentar as equações em notação matricial. Para isso, inicialmente é necessário definir algumas matrizes e vetores relevantes para os cálculos. Assumimos que temos N ativos arriscados disponíveis no mercado, que o retorno do i-ésimo ativo é igual a R_i e que este possui valor esperado igual a μ_i. Desta forma, os retornos dos ativos que compõem a carteira seriam dados pelo seguinte vetor:

$$\mathbf{r} = \begin{pmatrix} R_1 \\ \vdots \\ R_N \end{pmatrix}. \tag{11.6}$$

A média dos mesmos pode ser representada pelo seguinte vetor:

$$\boldsymbol{\mu} = E(\mathbf{r}) = \begin{pmatrix} \mu_1 \\ \vdots \\ \mu_N \end{pmatrix}. \tag{11.7}$$

As covariâncias entre os ativos que compõem a carteira serão representadas pelo símbolo Ω_{ij} (covariância entre o ativo i e o ativo j) e a matriz de covariância pelo símbolo Ω. Os pesos da carteira, por sua vez, serão representados pelo seguinte vetor:

$$\mathbf{w} = \begin{pmatrix} w_1 \\ \vdots \\ w_N \end{pmatrix}. \tag{11.8}$$

Definimos o vetor-coluna preenchido com valores iguais a 1 em todas as suas posições como:

$$\mathbf{1} = \begin{pmatrix} 1 \\ \vdots \\ 1 \end{pmatrix}. \tag{11.9}$$

Finalmente, definimos a matriz de covariancia entre os ativos i e j como:

$$\mathbf{\Omega} = \begin{bmatrix} \Omega_{11} & \Omega_{12} & \Omega_{13} & \dots & \Omega_{1n} \\ \Omega_{21} & \Omega_{22} & \Omega_{23} & \dots & \Omega_{2n} \\ \vdots & \vdots & \vdots & \ddots & \vdots \\ \Omega_{n1} & \Omega_{n2} & \Omega_{n3} & \dots & \Omega_{nn} \end{bmatrix}. \tag{11.10}$$

Desta forma, podemos calcular a média e a variância do retorno de uma carteira composta por N ativos arriscados conforme as equações:

$$\mu_\pi = \sum_{i=1}^{N} w_i \mu_i = \mathbf{w}^T \boldsymbol{\mu}, \tag{11.11}$$

$$\sigma_\pi^2 = \sum_{i=1}^{N} w_i^2 \sigma_i^2 + \sum_{i=1}^{N} \sum_{j=1, i \neq j}^{N} w_i w_j \sigma_i \sigma_j \rho_{ij} = \sum_{i=1}^{N} \sum_{j=1}^{N} \Omega_{ij} = \mathbf{w}^T \mathbf{\Omega} \mathbf{w}. \tag{11.12}$$

Para se encontrar a fronteira eficiente é necessário encontrar a carteira de menor variância dado um determinado retorno esperado para a carteira, μ_π, sujeito à restrição natural de que os pesos dos ativos devem somar 1. Isso significa dizer que devemos minimizar σ_π^2 respeitando as restrições dadas pelas equações:

$$\mathbf{w}^T \boldsymbol{\mu} = \mu_\pi, \tag{11.13}$$

$$\mathbf{w}^T \mathbf{1} = 1. \tag{11.14}$$

Para resolver o problema de minimização acima precisamos recorrer à fórmula de Lagrange.

$$L(\mathbf{w}, \delta_1, \delta_2) = \mathbf{w}^T \mathbf{\Omega} \mathbf{w} + \delta_1 \left(\mu_\pi - \mathbf{w}^T \boldsymbol{\mu} \right) + \delta_2 \left(1 - \mathbf{w}^T \mathbf{1} \right), \tag{11.15}$$

onde δ_1 e δ_2 são multiplicadores de Lagrange.

Agora é necessário derivar o termo L em relação ao vetor de pesos $\mathbf{w}$ igualando o resultado a zero. O resultado desse cálculo nos leva à equação 11.16 para o vetor de pesos.

$$\mathbf{w} = \mathbf{\Omega}^{-1} \left(\lambda_1 \boldsymbol{\mu} + \lambda_2 \mathbf{1} \right) = \lambda_1 \mathbf{\Omega}^{-1} \boldsymbol{\mu} + \lambda_2 \mathbf{\Omega}^{-1} \mathbf{1}, \tag{11.16}$$

onde $\lambda_1 = \frac{\delta_1}{2}$ e $\lambda_2 = \frac{\delta_2}{2}$.

Para encontrar os valores das constantes λ_1 e λ_2, é necessário substituir a expressão do vetor de pesos 11.16 nas restrições 11.13 e 11.14, conforme faremos a seguir.

11 Gestão de Carteiras

$$\lambda_1 \boldsymbol{\mu}^T \boldsymbol{\Omega}^{-1} \boldsymbol{\mu} + \lambda_2 \boldsymbol{\mu}^T \boldsymbol{\Omega}^{-1} \mathbf{1} = \mu_\pi, \tag{11.17}$$

$$\lambda_1 \mathbf{1}^T \boldsymbol{\Omega}^{-1} \boldsymbol{\mu} + \lambda_2 \mathbf{1}^T \boldsymbol{\Omega}^{-1} \mathbf{1} = 1. \tag{11.18}$$

Resolvendo o sistema envolvendo as equações 11.17 e 11.18, chegamos aos valores de λ_1 e λ_2:

$$\lambda_1 = \frac{-A + C\mu_\pi}{D}, \tag{11.19}$$

$$\lambda_2 = \frac{B - A\mu_\pi}{D}, \tag{11.20}$$

onde :

$$A = \boldsymbol{\mu}^T \boldsymbol{\Omega}^{-1} \mathbf{1},$$
$$B = \boldsymbol{\mu}^T \boldsymbol{\Omega}^{-1} \boldsymbol{\mu},$$
$$C = \mathbf{1}^T \boldsymbol{\Omega}^{-1} \mathbf{1},$$
$$D = BC - A^2.$$

Depois de alguns algebrismos, podemos definir o vetor de pesos da carteira eficiente em função de parâmetros fixos e do retorno esperado da carteira correspondente, conforme a equação 11.21.

$$\mathbf{w}_\pi = \mathbf{g} + \mathbf{h}\mu_\pi. \tag{11.21}$$

onde:

$$\mathbf{g} = \frac{B\boldsymbol{\Omega}^{-1} \mathbf{1} - A\boldsymbol{\Omega}^{-1} \boldsymbol{\mu}}{D},$$

$$\mathbf{h} = \frac{C\boldsymbol{\Omega}^{-1} \boldsymbol{\mu} - A\boldsymbol{\Omega}^{-1} \mathbf{1}}{D}.$$

A variância da carteira eficiente dada uma meta de retorno, μ_π, pode ser calculada a partir do vetor de pesos, $\mathbf{w}_\pi$, substituindo a equação 11.21 na equação 11.12, chegando-se à equação

$$\sigma_\pi^2 = (\mathbf{g} + \mathbf{h}\mu_\pi)^T \boldsymbol{\Omega}(\mathbf{g} + \mathbf{h}\mu_\pi). \tag{11.22}$$

Para encontrar a carteira de variância mínima temos que derivar a expressão acima e igualá-la a zero, obtendo:

$$\frac{\partial Var(R_\pi)}{\partial \mu_\pi} = 2\mathbf{g}^T \boldsymbol{\Omega}\mathbf{h} + 2\mathbf{h}^T \boldsymbol{\Omega}\mathbf{h}\mu_\pi = 0. \tag{11.23}$$

Resolvendo a equação 11.23 para μ_π encontramos o retorno esperado da carteira de variância mínima, apresentado na equação 11.24.

$$\mu_\pi = -\frac{\mathbf{g}^T \boldsymbol{\Omega}\mathbf{h}}{\mathbf{h}^T \boldsymbol{\Omega}\mathbf{h}}. \tag{11.24}$$

Para encontrar a variância da carteira de menor risco, basta substituir o retorno encontrado na expressão 11.24 na equação 11.22, chegando-se ao resultado:

$$\sigma_\pi^2 = \mathbf{g}^T \Omega \mathbf{g} - \frac{(\mathbf{g}^T \Omega \mathbf{h})^2}{\mathbf{h}^T \Omega \mathbf{h}}. \tag{11.25}$$

No Código 11.1, apresentamos um código desenvolvido em Python para o cálculo de fronteiras eficientes sem restrição de venda à descoberto que utiliza as fórmulas descritas até aqui.

```python
# Matriz de covariancia dos ativos
cov = np.matrix([[0.3, 0.02, 0.01], [0.02, 0.15, 0.03], [0.01, 0.03,
    0.18]])
# Retornos esperados dos ativos
ret = np.matrix([[0.08, 0.03, 0.05]]).T
# Retorno esperado da carteira
ret_cart = .08
def fronteira_eficiente(mi, sig, mi_pi):
    N = sig.shape[0]
    ones = np.ones((N,1))
    A = mi.T * np.linalg.inv(sig) * ones
    B = mi.T * np.linalg.inv(sig) * mi
    C = ones.T * np.linalg.inv(sig) * ones
    D = B*C - A**2
    g = (B[0, 0] * np.linalg.inv(sig) * ones - A[0, 0] * np.linalg.inv(sig
        ) * mi) / D[0, 0]
    h = (C[0, 0] * np.linalg.inv(sig) * mi - A[0, 0] * np.linalg.inv(sig)
        * ones) / D[0, 0]
    W = g + mi_pi * h
    sig_pi = np.sqrt(W.T * sig * W)
    mi_min = -(g.T * sig * h) / (h.T * sig * h)
    sig_min = np.sqrt(g.T * sig * g - ((g.T * sig * h) ** 2) / (h.T * sig
        * h))
    return W
```

Código 11.1: Fronteira Eficiente - Exemplo.

O código acima foi executado, a título de exemplo, para gerar uma fronteira eficiente considerando um universo de apenas 4 ativos arriscados (são eles as ações listadas na BMFBOVESPA, PETR4, BBDC4, VALE5 e ABEV3).

11.1.2 Carteiras de mercado com N ativos arriscados

A carteira de mercado, como visto anteriormente, é a carteira ótima composta por ativos arriscados. A determinação de tal carteira depende da taxa livre de risco da economia (intercepto da reta de mercado). Uma forma de encontrar a composição da carteira de mercado é encontrando o vetor de pesos, $\mathbf{w}$, que minimiza a variância de uma carteira composta por ativos arriscados e livres de risco. O retorno esperado dessa carteira é definido pela equação

$$\mu_\theta = \mathbf{w}^T \mu_\pi + (1 - \mathbf{w}\mathbf{1})\mu_{rf}, \tag{11.26}$$

11 Gestão de Carteiras 277

onde μ_{rf} é o retorno esperário dado pela taxa livre de risco.

Como o ativo livre de risco possui variância nula, minimizar o risco da carteira acima equivale a encontrar a variância mínima de uma carteira composta apenas por ativos arriscados. Desta forma, podemos escrever a função de Lagrange da seguinte forma:

$$L(\mathbf{w}, \delta) = \mathbf{w}^T \boldsymbol{\Omega} \mathbf{w} + \delta \left(\mu_\theta - \mathbf{w}^T \mu_\pi - (1 - \mathbf{w}\mathbf{1})\mu_{rf} \right), \tag{11.27}$$

onde δ é um multiplicador de Lagrange.

Podemos, então, derivar a expressão 11.27 em relação ao vetor de pesos $\mathbf{w}$ e igualar o resultado a zero para encontrarmos as ponderações que minimizam a variância da carteira:

$$\mathbf{w} = \lambda \boldsymbol{\Omega}^{-1}(\mu_\pi - \mu_{rf}), \tag{11.28}$$

onde $\lambda = \delta/2$.

Para achar λ, podemos substituir a equação 11.28 na expressão 11.26, obtendo:

$$\lambda = \frac{\mu_\theta - \mu_{rf}}{(\mu_\pi - \mu_{rf}\mathbf{1})^T \boldsymbol{\Omega}^{-1}(\mu_\pi - \mu_{rf}\mathbf{1})}. \tag{11.29}$$

```
# Matriz de covariancia dos ativos
cov = np.matrix([[0.3, 0.02, 0.01], [0.02, 0.15, 0.03], [0.01, 0.03,
    0.18]])
# Retornos esperados dos ativos
ret = np.matrix([[0.08, 0.03, 0.05]]).T
# Retorno livre de risco
ret_rf = .02
def carteira_mercado(mi, sig, mi_rf):
    N = sig.shape[0]
    ones = np.ones((N,1))
    lamb = 1 / ((mi - mi_rf).T * np.linalg.inv(sig).T * ones)
    W = (lamb.item(0) * np.linalg.inv(sig) * (mi - mi_rf)).T
    return W
```

Código 11.2: Carteira de Mercado - Exemplo.

Uma questão importante na definição da fronteira eficiente é a dificuldade de estimação dos parâmetros necessários para delineá-la (médias e correlações). O caso utilizado no início deste capítulo para ilustrar os conceitos de carteira eficiente considerava apenas 2 ativos arriscados na economia. Se tivéssemos um número grande de ativos, o problema da carteira eficiente se tornaria muito mais complexo. Para N ativos, a contagem dos parâmetros que devem ser estimados é de $2N + \frac{(N^2 - N)}{2}$, conforme descrito na Tabela 11.1.

Considerando um pequeno conjunto de possibilidades de investimento, por exemplo 50 ativos, o número de parâmetros estimados seria de 1.325. Um número considerável de estimativas. A maior parte delas (1.225) seria utilizada apenas para a matriz de correlação. Em função disso, foram desenvolvidos métodos de estimação da matriz de

Tabela 11.1: Parâmetros estimados para se achar a fronteira eficiente.

Parâmetro	Quantidade
Retorno esperado de cada ativo (μ_i)	N
Desvio-padrão de cada ativo (σ_i)	N
Correlação entre os ativos (ρ_{ij})	$\frac{(N^2-N)}{2}$
Total	$2N + \frac{(N^2-N)}{2}$

correlação com o objetivo de simplificar o processo. Algumas das abordagens deste tipo de simplificação, denominadas Modelo de Fatores, serão explicadas na seção seguinte.

11.2 Modelos de Fatores

11.2.1 Modelo de 1 Fator

O modelo mais comumente aplicado para se estimar a matriz de correlações é o modelo de 1 fator. Esse modelo determina que os movimentos comuns de todos os ativos de uma carteira é determinado por um único índice, normalmente um índice representativo do mercado (no caso do mercado acionário brasileiro, por exemplo, o Ibovespa). Isso significa dizer que quando o mercado está em alta, todos os ativos tendem a estar em alta e vice-versa.

O modelo de 1 fator pode ser representado pela equação

$$R_i = \alpha_i + \beta_i R_m + e_i, \tag{11.30}$$

onde, R_m é o retorno do índice representativo de mercado, α_i e β_i são parâmetros estimados e e_i é um ruído idiossincrático de média zero.

Essa representação, que pode ser facilmente estimada por uma regressão linear, decompõe o retorno dos ativos em 3 componentes: (i) uma constante; (ii) uma componente aleatória associada ao índice de mercado; e (iii) uma componente aleatória não correlacionada ao índice, de média zero.

A equação acima assume que todos os movimentos comuns aos ativos são determinados pelo índice de mercado, R_m. Dessa forma, a covariância entre os resíduos entre regressões deve ser nula. Além disso, por construção, a covariância entre os resíduos e o índice de mercado também é nula. Portanto, podemos calcular o retorno médio de cada ativo, suas variâncias e covariâncias em função da média e da variância dos retornos do índice de mercado, conforme as equações:

$$\mu_i = \alpha_i + \beta_i \mu_m, \tag{11.31}$$

$$\sigma_i^2 = \beta_i^2 \sigma_m^2 + \sigma_{ei}^2, \tag{11.32}$$

$$\sigma_{ij} = \beta_i \beta_j \sigma_m^2, \tag{11.33}$$

onde μ_i e μ_m são os retornos esperados do ativo i e do índice de mercado m. σ_i, σ_m e σ_{ei} são os desvios-padrão do ativo i, do índice de mercado m e dos resíduos ei. σ_{ij} é a covariância entre os ativos i e j.

Retornando à notação matricial, podemos representar os retornos esperados e a variância da carteira de acordo com as equações:

$$\mu_\pi = \alpha + \beta\mu_m, \tag{11.34}$$
$$\sigma_\pi^2 = \mathbf{w}^T \boldsymbol{\Omega} \mathbf{w}, \tag{11.35}$$

onde α e β são vetores $N \times 1$ formados pelos parâmetros estimados por meio de regressão linear.

A grande diferença em termos de número de parâmetros estimados, entretanto, está na estimação da matriz de covariâncias, $\boldsymbol{\Omega}$. Essa pode ser calculada da seguinte forma:

$$
\begin{aligned}
\boldsymbol{\Omega} &= E\left[((\alpha + \beta R_m + \mathbf{e}) - (\alpha + \beta\mu_m))((\alpha + \beta R_m + \mathbf{e}) - (\alpha + \beta\mu_m))^T\right] \\
&= E\left[(\beta(R_m - \mu_m) + \mathbf{e})(\beta(R_m - \mu_m) + \mathbf{e})^T\right] \\
&= E\left[\beta(R_m - \mu_m)(R_m - \mu_m)^T\beta^T + \beta(R_m - \mu_m)\mathbf{e}^T + \mathbf{e}(R_m - \mu_m)^T\beta^T + \mathbf{e}\mathbf{e}^T\right]. \quad (11.36)
\end{aligned}
$$

Conforme já mencionado no início desta seção, a covariância entre os resíduos das regressões e o índice de mercado é nula, o que elimina o segundo e o terceiro termos da expressão acima. Além disso, a covariância dos resíduos entre as regressões também é nula, o que elimina os valores fora da diagonal da matriz $E(\mathbf{e}\mathbf{e}^T)$. Desta forma, a matriz de covariância dos retornos dos ativos estimada através do modelo de 1 fator pode ser expressa conforme a equação:

$$\boldsymbol{\Omega} = \beta\sigma_m^2\beta^T + E(\mathbf{e}\mathbf{e}^T). \tag{11.37}$$

Essa nova representação possui $3N + 2$ parâmetros a serem estimados, conforme descrito na Tabela 11.2. Um número consideravelmente inferior ao do modelo apresentado na seção anterior. Mais uma vez, assumindo que o número de ativos na carteira é de 50, o número de parâmetros a ser estimado seria de 152 (contra 1.325 do modelo apresentado anteriormente).

Tabela 11.2: Parâmetros estimados para se achar a fronteira eficiente.

Parâmetro	Quantidade
Intercepto da regressão (α_i)	N
Inclinação da regressão (β_i)	N
Desvio-padrão dos resíduos da regressão (σ_{ei})	N
Retorno esperado do índice de mercado (μ_m)	1
Desvio-padrão do retorno do índice de mercado (σ_m)	1
Total	$3N + 2$

Pelo fato de a contribuição do termo $\mathbf{e}$ para o desvio-padrão da carteira tender a zero quando aumentamos o número de ativos que a compõe, este é chamado de risco diversificável. O risco remanescente, que é correlacionado ao índice de mercado e não é eliminado com o aumento do número de ativos na carteira, é chamado de risco sistemático.

No Código 11.3 é mostrado um exemplo para o modelo de um fator.

```python
# Matriz de retornos dos ativos disponíveis
ret_i = np.matrix(np.random.random((100, 5)))
# Vetor de retornos de um índice de mercado
ret_m = np.matrix(np.random.random((100, 1)))
def modelo_um_fator(ri, rm):
    K = ri.shape[1]
    N = ri.shape[0]
    sig_m = np.std(rm)
    betas = np.zeros((K, 1))
    alphas = np.zeros((K,1))
    e = np.matrix(np.zeros((N,K)))
    for j in range(0,K):
        series = np.vstack((ri[:,j],rm))
        betas[j] = np.cov(series.T)/np.var(rm)
        alphas[j] = np.mean(ri[:,j])-betas[j]*np.mean(rm)
    e[:, j] = ri[:, j] - (alphas.item(j) + betas.item(j) * rm)
    ee = e.T * e * np.diag(np.ones(K))
    omega = sig_m**2 * betas * betas.T + ee
    return omega
```

Código 11.3: Modelo de 1 Fator - Exemplo.

11.2.2 Modelo de Múltiplos Fatores

O modelo de múltiplos fatores é uma simples extensão do modelo de 1 fator. Este costuma incorporar ao índice representativo de mercado, índices econômicos de produção industrial, índices de confiança do empresário, taxas de juros ou qualquer outro fator que possa explicar movimentos comuns dos ativos financeiros que são candidatos a comporem a carteira que se deseja formar. A ideia dessa extensão é a de se encontrar outros fatores que possam explicar movimentos comuns dos ativos financeiros e, assim, se encontrar uma melhor especificação da regressão proposta pelo modelo de 1 fator e, portanto, uma estimação mais precisa da matriz de correlações dos ativos.

A extensão do modelo de um único fator para o modelo de múltiplos fatores é direta, bastando incluir na equação de retorno de um ativo um ou mais fatores adicionais, conforme a equação:

$$R_i = \alpha_i + \sum_{k=1}^{M} \beta_{ik} R_k + e_i. \tag{11.38}$$

onde, R_i são os retornos dos índices de mercado representativos e M é o número de fatores (índices) utilizados.

A equação acima assume que todos os movimentos comuns aos ativos i são determinados pelos retornos dos índices (fatores) inseridos no modelo, R_i. Por essa razão, a covariância entre os resíduos e_i deve ser nula. Além disso, por construção, a covariân-

11 Gestão de Carteiras
281

cia entre os resíduos, e_i, e os fatores também é nula. Dessa forma, podemos calcular o retorno médio de cada ativo, a variância e as covariâncias, apresentados nas equações:

$$\mu_i = \alpha_i + \sum_{k=1}^{M} \beta_{ik}\mu_k, \tag{11.39}$$

$$\sigma_i^2 = \sum_{k=1}^{M} \beta_{ik}^2 \sigma_{R_k}^2 + \sigma_{e_i}^2, \tag{11.40}$$

$$\sigma_{ij} = \sum_{k=1}^{M} \beta_{ik}\beta_{jk}\sigma_{R_k}^2, \tag{11.41}$$

onde μ_k é o retorno esperado do fator k. σ_{R_k} e σ_{e_i} são os desvios-padrão do fator k e dos resíduos e_i da equação. Usando notação matricial, podemos representar os retornos esperados e a variância da carteira de acordo com as equações:

$$\mu_\pi = \boldsymbol{\alpha} + \boldsymbol{\beta}\mu_m, \tag{11.42}$$

$$\sigma_\pi^2 = \mathbf{w}^T \boldsymbol{\Omega} \mathbf{w}, \tag{11.43}$$

onde, $\boldsymbol{\alpha}$ e $\boldsymbol{\beta}$ são vetores formados pelos parâmetros estimados por meio de regressão linear, com dimensões $N \times 1$ e $N \times M$, respectivamente, e $\boldsymbol{\mu}_m$ é um vetor $M \times 1$ formado pelo retorno de M índices de mercado representativos. Neste caso, a matriz de covariância dos retornos passa a ser:

$$\begin{aligned} \boldsymbol{\Omega} &= E\left[((\boldsymbol{\alpha} + \boldsymbol{\beta}R_m + \mathbf{e}) - (\boldsymbol{\alpha} + \boldsymbol{\beta}\mu_m))\left((\boldsymbol{\alpha} + \boldsymbol{\beta}R_m + \mathbf{e}) - (\boldsymbol{\alpha} + \boldsymbol{\beta}\mu_m)\right)^T\right] \\ &= E\left[(\boldsymbol{\beta}(R_m - \mu_m) + \mathbf{e})\left(\boldsymbol{\beta}(R_m - \mu_m) + \mathbf{e}\right)^T\right] \\ &= E\left[\boldsymbol{\beta}(R_m - \mu_m)(R_m - \mu_m)^T\boldsymbol{\beta}^T + \boldsymbol{\beta}(R_m - \mu_m)e^T + e(R_m - \mu_m)^T\boldsymbol{\beta}^T + \mathbf{e}\mathbf{e}^T\right]. \end{aligned} \tag{11.44}$$

Conforme já mencionado no início desta seção, a covariância entre os resíduos das regressões e o índice de mercado é nula, o que elimina o segundo e o terceiro termos da expressão acima. Além disso, a covariância dos resíduos entre as regressões também é nula, o que elimina os valores fora da diagonal da matriz $E(\mathbf{e}\mathbf{e}^T)$. Desta forma, a matriz de covariância dos retornos dos ativos estimada através do modelo de 1 fator pode ser expressa conforme a equação:

$$\boldsymbol{\Omega} = \boldsymbol{\beta}\sigma_m^2\boldsymbol{\beta}^T + E(\mathbf{e}\mathbf{e}^T), \tag{11.45}$$

onde σ_m^2 é a matriz de covariância entre os índices de mercado utilizados como fatores e tem dimensão $M \times M$.

A partir das equações de 11.39 a 11.41 é possível se chegar à média e variância de qualquer carteira formada por N ativos. Portanto, para se estimar o modelo de múltiplos fatores são necessários $2N + 2M + MN$ parâmetros, conforme descrito na Tabela 11.3. Esse número é consideravelmente inferior a uma estimação pelo modelo irrestrito, equações 11.11 e 11.12, e um pouco maior do que o modelo de um único fator, equações 11.31 a 11.33. Mais uma vez, assumindo que o número de ativos na carteira é de 50 e que o número de fatores utilizados para determinar os movimentos comuns dos retornos dos ativos é de 5 (não se recomenda, normalmente, utilizar um número superior

282   Derivativos e Risco de Mercado

a esse), o número de parâmetros a ser estimado seria de 360 (contra 1.325 do modelo irrestrito e 152 do modelo de um único fator).

Tabela 11.3: Parâmetros estimados para se achar a fronteira eficiente.

Parâmetro	Quantidade
Intercepto da regressão (α_i)	N
Inclinação da regressão (β_{ik})	MN
Desvio-padrão dos resíduos da regressão (σ_{ei})	N
Retorno esperado do índice de mercado (μ_m)	M
Desvio-padrão do retorno do índice de mercado (σ_m)	M
Total	$2N + 2M + MN$

11.3 Intervenções nas Estimativas de Retorno

O uso das técnicas apresentadas até aqui pode resultar em carteiras pouco razoáveis dependendo da janela de retornos utilizada para realizar o exercício de otimização. Tais problemas estão, muitas vezes, associados ao fato de que nem sempre o retorno passado dos ativos é uma boa *proxy* para o retorno esperado. Quando, por exemplo, se observa um conjunto de retornos negativos em um determinado ativo, a otimização proposta pela TMC determinará que o investidor assuma grandes posições vendidas neste ativo. Entretanto, não há, normalmente, qualquer razão para se acreditar que perdas passadas em um ativo se propagarão para o futuro. De fato, esta é uma distorção muito comum no uso das técnicas propostas pela TMC.

O modelo de Black e Litterman (BL) contribui para esse problema ao introduzir a possibilidade de que o investidor ajuste, de forma consistente, os retornos esperados de determinados ativos de uma carteira. Esse ajuste é realizado invertendo o problema descrito até este momento: ao invés de utilizar as estatísticas históricas para se encontrar a carteira ótima, propõe-se assumir que uma carteira *benchmark* é ótima para derivar o retorno esperado de seus componentes . Em seguida, o investidor poderia ajustar os retornos esperados de parte desses componentes de forma a torná-los aderentes ao seu entendimento de analista do mercado. Isto é, se o investidor concorda com os retornos esperados implícitos em uma carteira *benchmark*, que assume-se como ótima, então este deve comprar essa carteira. Porém, se o investidor discorda de parte dessa informação, o modelo BL é uma ferramenta que poderia ser utilizada para inserir opiniões no problema de otimização da carteira.

A solução do modelo de BL é implementada em 2 passos: (1) derivação dos retornos esperados implícitos em uma carteira *benchmark*; e (2) incorporação das opiniões do investidor em relação aos retornos esperados da carteira.

O primeiro passo já foi parcialmente resolvido anteriormente neste capítulo. A Carteira de Mercado foi derivada a partir da minimização da variância de uma carteira de ativos arriscados, cujo resultado encontra-se na equação 11.28. O único ajuste realizado nesta conta é para que o retorno esperado dessa Carteira de Mercado seja equivalente ao retorno esperado para um *benchmark* definido pelo analista. Para isso, utilizamos um fator de normalização, F, aplicado sobre o vetor de retornos esperados. Neste sentido, primeiramente, devemos calcular o vetor de retornos esperados para a Carteira de Mercado resolvendo a equação 11.28, conforme abaixo.

$$\mu_\pi = \frac{1}{\lambda}\Omega\mathbf{W} + \mu_{rf}.$$ (11.46)

Para ajustar o retorno esperado a fim de que este coincida com o retorno do *benchmark*, basta multiplicar o vetor μ_π pelo fator F igual a:

$$F = \frac{\mu_b}{\mathbf{W}^T\mu_\pi},$$ (11.47)

onde, μ_b é o retorno esperado de uma carteira *benchmark*.

O segundo passo do modelo BL consiste em incorporar a visão do analista para o retorno esperado de um ou mais ativos da carteira e recalcular a carteira ótima considerando esse ajuste. O Modelo BL realiza esse ajuste na expectativa de retorno de forma consistente, isto é, considerando que o aumento ou redução do retorno esperado de um ou mais ativos pode influenciar o retorno esperado dos demais ativos da carteira em função das covariâncias existentes entre os componentes da carteira. Por exemplo, considere que o analista entenda que o retorno esperado do ativo PETR4 é δ_{PETR4} superior ao retorno esperado pelo mercado (apurado pela equação 11.46). Então, o ativo VALE5, por exemplo, sofrerá o impacto desse ajuste em função da covariância existente entre ambos os ativos, conforme equação abaixo:

$$\mu_{\text{VALE5}}^{\text{Ajustado}} = \mu_{\text{VALE5}}^{\text{Mercado}} + \frac{\sigma_{\text{VALE5,PETR4}}}{\sigma_{\text{PETR4}}^2}\delta_{\text{PETR4}},$$ (11.48)

onde, $\mu_{\text{VALE5}}^{\text{Ajustado}}$ é o retorno esperado para o ativo VALE5 após ajuste realizado pelo analista, $\mu_{\text{VALE5}}^{\text{Mercado}}$ é o retorno esperado para o ativo VALE5 antes do ajuste realizado pelo analista e δ_{PETR4} é o adicional de retorno esperado pelo analista em relação ao ativo PETR4 em comparação com o retorno implícito do mercado.

O novo vetor de retornos, aquele que já incorpora a visão do analista de mercado, é, portanto, o resultado da soma entre o vetor de retornos esperados originais já ajustado para a expectativa de retorno de um *benchmark* e o vetor que considera a visão do analista ajustado para os impactos dessa visão sobre os retornos dos demais ativos:

$$\mu_\pi^{\text{Ajustado}} = \mu_\pi F + \mathbf{B}\delta,$$ (11.49)

onde, B é uma matriz que contém coeficientes que determinam a sensibilidade de cada um dos ativos da carteira em relação aos demais e δ é um vetor onde o analista imputa sua opinião em relação a quanto um determinado ativo obterá de retorno abaixo ou acima do retorno esperado apurado pelo produto $\mu_\pi F$.

Em seguida, basta realizar a mesma otimização descrita no início da seção 11.1.2 para se encontrar o novo vetor de posições.

11.4 Resumo

A Teoria Moderna da Carteira (TMC), desenvolvida nos anos 1950 e 1960, representou uma verdadeira revolução nas Finanças. O arcabouço teórico desenvolvido naquele período é utilizado até hoje por investidores no mercado financeiro. Técnicas desenvolvidas nas décadas seguintes, entretanto, ajudaram a tornar as estimativas propostas mais precisas. De forma geral, pode-se dizer que a TMC forneceu embasamento estatístico ao entendimento, já difundido à época, de que a diversificação leva à redução do risco. Neste sentido, a TMC determinou métodos para se delinear um conjunto de carteiras, chamadas eficientes, que um investidor avesso ao risco poderia considerar aplicar seus recursos. Tais carteiras são aquelas que apresentam o menor risco para um determinado nível de retorno esperado. Utilizando este conceito, este capítulo apresentou técnicas de estimação de carteiras ótimas para diversos tipos de instrumentos. Com objetivos didáticos, inicialmente consideraram-se apenas posições compradas em ativos arriscados. Em seguida, incorporou-se a possibilidade de se operar vendido em parte desses ativos. Posteriormente, inseriram-se entre as possibilidades de aplicação e captação as operações de renda fixa. Demonstrou-se, então, que é possível se estimar uma carteira ótima composta por ativos arriscados sem a necessidade de fazer qualquer inferência acerca do perfil do investidor (arrojado ou conservador). Tal carteira, denominada de Carteira de Mercado, seria insumo para a estimação da Reta de Mercado, composta por Carteiras Eficientes do ponto de vista da relação risco-retorno. Como os métodos de otimização utilizados para se apurar tais carteiras requerem a estimação de um grande número de parâmetros, apresentou-se o conceito de modelo de fatores. Os modelos de fatores permitem reduzir significativamente o número de parâmetros estimados para o cálculo da matriz de correlações a partir da estimação de fatores que determinam movimentos que são comuns a todos os ativos de uma carteira. Finalmente, em função das distorções associadas à estimação de valores esperados a partir de dados históricos, o capítulo apresentou o modelo de Black e Litterman (BL), que permite inserir a opinião do investidor no vetor de retornos esperados e recalcular as proporções dos ativos da carteira ótima de forma consistente. Espera-se que, com as técnicas apresentadas, o leitor seja capaz de reduzir o seu universo de escolha de carteiras para apenas aquelas em que um investidor racional, avesso ao risco, estaria disposto a aplicar. A partir deste ponto, a escolha da carteira dependerá exclusivamente das preferências individuais do aplicador, tema a ser explorado em outra leitura.

Referências

Alexander, 2008a. Alexander, C. (2008a). *Market Risk Analysis, Practical Financial Econometrics*. Market Risk Analysis. Wiley.

Alexander, 2008b. Alexander, C. (2008b). *Market Risk Analysis, Pricing, Hedging and Trading Financial Instruments*. Market Risk Analysis. Wiley.

Alexander, 2009. Alexander, C. (2009). *Market Risk Analysis, Value at Risk Models*. Market Risk Analysis. Wiley.

Artzner et al., 1999. Artzner, P., Delbaen, F., Eber, J.-M., and Heath, D. (1999). Coherent measures of risk. *Mathematical Finance*, 9(3):203–228.

Bellman, 1957. Bellman, R. (1957). *Dynamic Programming*. Princeton University Press.

Bera and Jarque, 1982. Bera, A. K. and Jarque, C. M. (1982). Model specification tests: a simultaneous approach. *Journal of Econometrics*, 20(1):59–82.

Berkowitz, 2001. Berkowitz, J. (2001). Testing density forecasts with application to risk management. *Journal of Business and Economic Statistics*, 19(4):465–474.

Black and Scholes, 1973. Black, F. and Scholes, M. (1973). The pricing of options and corporate liabilities. *Journal of Political Economy*, 81(3):637–654.

Bollerslev, 1986. Bollerslev, T. (1986). Generalized autoregressive conditional heteroskedasticity. *Journal of Econometrics*, 31(3):307–327.

Brace et al., 1997. Brace, A., Musiela, M., et al. (1997). The market model of interest rate dynamics. *Mathematical Finance*, 7(2):127–155.

Brigo and Mercurio, 2006. Brigo, D. and Mercurio, F. (2006). *Interest Rate Models – Theory and Practice with Smile, Inflation and Credit*. Springer Finance. Springer.

Casella and Berger, 2002. Casella, G. and Berger, R. L. (2002). *Statistical Inference*. Duxbury Pacific Grove, CA, 2 edition.

Christoffersen, 1998. Christoffersen, P. F. (1998). Evaluating interval forecasts. *International Economic Review*, 39(4):841–862.

Cox et al., 1985. Cox, J. C., Ingersoll Jr., J. E., and Ross, S. A. (1985). A theory of the term structure of interest rates. *Econometrica*, 53:385–407.

De Spiegeleer and Schoutens, 2011. De Spiegeleer, J. and Schoutens, W. (2011). *The handbook of convertible bonds: pricing, strategies and risk management*. Wiley.

Dowd, 1999. Dowd, K. (1999). *Beyond Value at Risk: The New Science of Risk Management*. Frontiers in Finance Series. Wiley.

Embrechts et al., 2005. Embrechts, P., Frey, R., and McNeil, A. (2005). *Quantitative Risk Management*, volume 10. Princeton University Press.

Engle, 1982. Engle, R. F. (1982). Autoregressive conditional heteroscedasticity with estimates of the variance of united kingdom inflation. *Econometrica: Journal of the Econometric Society*, pages 987–1007.

Fama, 1970. Fama, E. F. (1970). Efficient capital markets: A review of theory and empirical work. *The Journal of Finance*, 25(2):383–417.

Group, 1996. Group, R. (1996). Accounting for 'pull to par' and 'roll down' for riskmetrics cashflows. *RiskMetrics Monitor*.

Heath et al., 1992. Heath, D., Jarrow, R., and Morton, A. (1992). Bond pricing and the term structure of interest rates: A new methodology for contingent claims valuation. *Econometrica*, 60(1):77–105.

Hull, 2009. Hull, J. (2009). *Options, Futures and Other Derivatives*. Prentice Hall finance series. Pearson/Prentice Hall.

Hull and White, 1990. Hull, J. and White, A. (1990). Pricing interest-rate-derivative securities. *Review of Financial Studies*, 3(4):573–92.

Hull and White, 1998. Hull, J. and White, A. (1998). Incorporating volatility updating into the historical simulation method for value-at-risk. *Journal of Risk*, 1:5–19.

Jorion, 2006. Jorion, P. (2006). *Value at Risk, 3rd Ed.: The New Benchmark for Managing Financial Risk*. McGraw-Hill Education.

Lintner, 1965. Lintner, J. (1965). The valuation of risk assets and the selection of risky investments in stock portfolios and capital budgets. *The Review of Economics and Statistics*, 47(1):13–37.

Longstaff and Schwartz, 2001. Longstaff, F. A. and Schwartz, E. S. (2001). Valuing american options by simulation: A simple least-squares approach. *Review of Financial Studies*, 14(1):113–147.

Macaulay, 1938. Macaulay, F. R. (1938). *Some Theoretical Problems Suggested by the Movements of Interest Rates, Bond Yields and Stock Prices in the United States since 1856*. National Bureau of Economic Research, Inc.

Madan et al., 1998. Madan, D. B., Carr, P. P., and Chang, E. C. (1998). The variance gamma process and option pricing. *European Finance Review*, 2:79–105.

Markowitz, 1952. Markowitz, H. (1952). Portfolio selection. *Journal of Finance*, 7(1):77–91.

Massey Jr., 1951. Massey Jr., F. J. (1951). The kolmogorov-smirnov test for goodness of fit. *Journal of the American Statistical Association*, 46(253):68–78.

McKinney, 2012. McKinney, W. (2012). *Python for data analysis: Data wrangling with Pandas, NumPy, and IPython*. O'Reilly Media.

Merton, 1973. Merton, R. C. (1973). Theory of rational option pricing. *The Bell Journal of economics and management science*, pages 141–183.

Merton, 1976. Merton, R. C. (1976). Option pricing when underlying stock returns are discontinuous. *Journal of financial economics*, 3(1-2):125–144.

Mina, 1999. Mina, J. (1999). Improved cashflow map. *Morgan Guaranty Trust Company – Global Research*.

Morgan, 1996. Morgan, J. (1996). Riskmetrics: Technical document. Technical report, J.P. Morgan.

Mossin, 1966. Mossin, J. (1966). Equilibrium in a capital asset market. *Econometrica*, 34:768–783.

Nelson and Siegel, 1987. Nelson, C. R. and Siegel, A. F. (1987). Parsimonious modeling of yield curves. *The Journal of Business*, 60(4):473–89.

Richardson et al., 1998. Richardson, M. P., Boudoukh, J., and Whitelaw, R. (1998). The best of both worlds: A hybrid approach to calculating value at risk. *Risk*, pages 64–67.

Sharpe, 1964. Sharpe, W. F. (1964). Capital asset prices: A theory of market equilibrium under conditions of risk. *The Journal of Finance*, 19(3):425–442.

Steohen, 1986. Steohen, J. T. (1986). *Modelling Financial Time Series*. John Wiley, Chichester (UK).

Svensson, 1994. Svensson, L. E. (1994). Estimating and interpreting forward interest rates: Sweden 1992-1994. Working Paper 4871, National Bureau of Economic Research.

Taleb, 1997. Taleb, N. (1997). *Dynamic Hedging, managing vanilla and exotic options*, volume 64. John Wiley & Sons, Inc.

Tsay, 2005. Tsay, R. S. (2005). *Analysis of Financial Time Series*, volume 543. John Wiley & Sons, Inc.

Tsay, 2010. Tsay, R. S. (2010). *Analysis of Financial Time Series*. Wiley.

Vasicek, 1977. Vasicek, O. (1977). An equilibrium characterisation of the term structure. *Journal of Financial Economics*, 5(2):177–188.

Wilmott, 2007. Wilmott, P. (2007). *Paul Wilmott Introduces Quantitative Finance*. Wiley-Interscience, New York, NY, USA, 2 edition.

Índice Remissivo

ágio, 106
análise de cenários, 246
apreçamento por não arbitragem, 15
arbitragem, 11
árvore binomial, 61, 66
ativo subjacente, 4, 7

backtests, 238
bank-account, 134
black e litterman, 282
Black-Scholes, 40, 49, 59
bonds, 105
Bootstrap, 225
BRL Bonds, 118

calibragem, 138
  implícita, 139
call, 7
carteira de mercado, 276
carteiras eficientes, 268
cenários prospectivos, 246
clusters de volatilidade, 242
Comitê de Basileia, 174
compreensão de listas, 60
computação interativa, 57
condição de não arbitragem, 22
convergência, 67, 75
cópula
  de independência, 249
  de monotonicidade, 249
cópulas, 248
cupom de juros, 105

curva de juros, 118

debêntures conversíveis, 150
delta, 85
  hedge, 41, 86
  hedging, 49
delta-gamma hedging, 50
derivativos financeiros, 3
deságio, 106
dividend yield, 45
duration, 107

estrutura
  a termo das taxas de juros, 144
  a termo de volatilidade, 197
ETTJ, 118, 119
Euro Bonds, 118
expected
  shortfall, 262
  tail loss, 262

fat tails, 203
fator de decaimento, 219
framework HJM, 145
fronteiras eficientes, 276

gamma, 89
gestão de carteiras, 267
Globals, 118
gregas, 48, 85, 92

hedge, 49
hedging, 5

hipótese fraca de mercados eficientes, 32
holding period, 202
homocedasticidade, 206

índice de Sharpe, 43
Instrumentos Derivativos, 3

Jupyter Notebook, 57
juros, 102, 105

Lema de Itô, 36, 41
long, 4, 7
Longstaff e Schwartz, 83, 157

martingal, 32
matriz de covariância, 183
maturidade, 4, 7
medida
  de probabilidade, 23
  neutra ao risco, 23
  objetiva, 23
mercados eficientes, 32
Modelo
  Binomial, 20
  de Black, 46
  de Black-Scholes, 40
  de Black-Scholes-Merton, 44
  de Fatores, 278, 280
  de Garman-Kohlhagen, 45
  de Merton, 40
  EWMA, 187
  GARCH, 192
moneyness, 11, 50
Monte Carlo, 68
Movimento Browniano Geométrico, 31, 34, 72

Nocional, 4, 7

opção
  asiática, 76
  de compra, 7
  de venda, 7
  européia, 74
opções
  de compra europeias, 42
  de venda europeias, 42

europeias, 72
sobre futuros, 46

paridade *put-call*, 43, 45
passeio aleatório, 32, 205
payoff, 4
posição
  comprada, 4, 7
  vendida, 4, 7
prêmio de risco, 23
preço
  a termo, 4
  de exercício, 7
principal, 105
processo
  de Markov, 32
  de Wiener, 41
Propriedade de Markov, 32
put, 7
python, 56, 276

quantil, 202

random walk, 32, 205
rhô, 92
risco
  de crédito, 159, 172
  de liquidez, 172
  de mercado, 172
  diversificável, 279
  operacional, 173
  sistemático, 279
RiskMetrics, 174

seed, 87
séries temporais, 95
short, 4, 7
short-rate, 136
softwares matemáticos, 55
strike, 7
superfície de volatilidade, 98
Svensson, 124

Taxa
  Forward, 121
  Interna de Retorno, 105
teoria

Índice Remissivo

dos valores extremo, 255
moderna da carteira, 268
Tesouro Nacional, 109
teste
de Christoffersen, 242
de Kupiec, 239
testes de estresse, 245
theta, 89
TIR, 105
título *zero-coupon*, 118
Títulos
Públicos Federais, 109

Padronizados, 105

valor
de face, 105
futuro, 102
presente, 102
Valuation, 23
Value-at-Risk, 174, 201, 237
VaR, 237
vega, 91
volatilidade, 93, 182
implícita, 96